普通高等学校学前教育专业系列教材

学前教育史

（第二版）

主　编　霍习霞 范喜庆

编　者　（按姓氏笔画排列）

王　艳　王晓月　王慧敏　许琼华

李　伟　李　瑜　时　丽　张　金

张义勇　陆　兰　范喜庆　周玉衡

周宝红　栾文娣　谭　娟　霍习霞

复旦大学出版社

内容提要

　　本教材为学前教育专业系列教材之一，按学前教育的发展阶段大致分期，分为学前教育的萌芽、学前教育的起步、学前教育的发展、学前教育的完善、学前教育的瞻望五编，共计十七讲，详细介绍了各时期我国及世界主要发达国家的学前教育事业的发展历程，以及古今中外重要教育家的教育思想、教育方法。

　　本教材尝试阐述当代国内外学前教育发展的新实践、新理念、新成果，特别是20世纪80年代以来在世界范围内学前教育的改革与发展，以及我国"十三五"以来国家新颁布实施的助推学前教育大发展的相关制度及对新时期学前教育发展的展望。

　　本教材适合学前教育专业学生使用，也可作为学前教育专业职后进修培训教材及学前教育研究人员资料用书。

前　言

　　《学前教育史》(第二版)为学前教育专业系列教材之一,按学前教育的发展阶段大致分期,分为学前教育的萌芽、学前教育的起步、学前教育的发展、学前教育的完善、学前教育的瞻望五编,共计十七讲,介绍了各时期我国及世界主要发达国家的学前教育事业的发展历程,并着重介绍了古今中外重要教育家的教育思想、教育方法。教材编写力图与时俱进,尝试阐述当代国内外学前教育发展的新实践、新理念、新成果,特别是20世纪80年代以来在世界范围内学前教育的改革与发展,以及我国"十三五"以来国家新颁布实施的助推学前教育大发展的相关制度及对新时期学前教育发展的展望。

　　本教材适合学前教育专业学生使用,也可作为学前教育专业职后进修培训教材及学前教育研究人员资料用书。考虑到教学的实际需求,《学前教育史》(第二版)采用中外学前教育发展并行简史形式编写,以便师生开展比较学习,同时在正文中选配了图片、视频、文件等资源链接,拓展了教材资源,使教材更加立体化。每讲后选取一些教师资格证、入职考试等往届真题或模拟题,以便学生练习,使教材课证融合。教材配套教学资源,可登录复旦学前云平台(www.fudanxueqian.com)免费下载。

　　《学前教育史》(第二版)编写修订由石家庄幼儿师范高等专科学校霍习霞教授提出总纲、负责设计目录提纲,参加本教材编写修订的人员有:石家庄幼儿师范高等专科学校霍习霞、王晓月、谭娟,济南幼儿师范高等专科学校时丽,江苏第二师范学院王艳,安阳幼儿师范高等专科学校张义勇,河北女子职业技术学院王慧敏。谭娟老师协助稿件整理。复旦大学出版社黄乐老师给予了大力支持。

　　《学前教育史》(第一版)由潍坊学院周玉衡、张金、李瑜,西安文理学院周宝红,徐州幼儿师范高等专科学校栾文娣、陆兰,济南幼儿师范高等专科学校李伟、时丽,泉州幼儿师范高等专科学校许琼华,石家庄幼儿师范高等专科学校霍习霞编写(按第一版篇章顺序排序),由范喜庆、霍习霞统稿。在此一并表示感谢!

　　本教材编写修订力求完美,因时间和能力所限,仍不免有不足之处,望广大师生指正。

霍习霞

2021 年 1 月 7 日

目　录

第三编 学前教育的发展

第四编 学前教育的完善

第五编　学前教育的瞻望

第一编

学前教育的萌芽

第一讲　原始社会的儿童教育

本讲提要

原始社会是人类历史发展的最初阶段,是文明社会的前身。人类教育的历史最早可以追溯到原始社会,但教育此时还未从生产劳动中分离出来,和生产、生存有关的知识、技能是儿童教育的主要内容。随着生产的发展,社会生活日益复杂,教育的内容拓展到初步的智育、体育、德育等多方面,但因学校尚未诞生,此时的学前教育仍处于孕育之中。

一、人类原始社会的儿童教育概述

教育是人类特有的一种社会现象,它随着人类社会的产生而产生,并随着人类社会的发展而发展。由于原始社会历史是没有文字记载的历史,所以有关原始社会的儿童教育,我们只能根据对原始社会情况的科学论证,采取类比或推论的方式进行研究。

(一) 原始社会儿童教育的特点

在人类历史的最初阶段,原始教育是附着在一般生活中进行的教育。我们通常把原始社会分为以下四个发展时期:前氏族时期(旧石器时代的早期和中期)、母系氏族时期(旧石器时代晚期和新石器时代早期)、父系氏族时期(新石器时代末期至青铜器时代和早期铁器时代)、军事民主制时期(氏族社会向阶级社会的过渡期)。在原始社会发展的不同时期,幼儿的养育、教育与社会分工、婚姻形式以及男女的社会地位有着密切的关系。

1. 前氏族时期

前氏族时期又称原始公社时期。此时期生产力水平极端低下,生产工具非常简陋,生产资料也不易获得,所以人们共同生产、共同消费、没有阶级也没有剥削,实行群婚制,儿童"但知有母,不知有父",属于整个部落公有。

这一时期的劳动尚无男女分工,凡是能够参加劳动的成年男女都要一起出动,进行采集或捕猎。他们一般结成许多无性别分工的集体,每个集体由两组人组成,一组是成年男女,负责外出捕猎野兽,另一组是老人和儿童,老人负责看管动物、建设隐蔽场所并照顾儿童,成为儿童少年的教养者——他们在生活与劳动中教给儿童劳动工具的使用方法、生产劳动的技能和生活习惯、行为准则等。这种老少相随、以老带小的做法,就是人类最早呈现出来的一种儿童教育形态。

2. 母系氏族时期

母系氏族时期是氏族公社的第一阶段。进入此时期后,人们开始使用新石器,由妇女担负的畜牧业和种植业已经成为氏族公社成员的主要生活依靠,在这种情况下,男女两性分工逐步加强,女子在生产劳动中处于主导地位,开始产生对偶婚制。

由于女子处于主导地位,儿童主要在妇女身边受教育。儿童不属于生母,而属于共同喂奶并一起照顾所有儿童的该群体的全体母亲。儿童在八岁以前,不分性别地生活在一起,均由妇女抚养。八九岁后便分开居住,男孩由成年男子指导,学习男子应做之事;女孩则由妇女指导,学习女子应尽之责。

3. 父系氏族时期

父系氏族时期是氏族公社的第二阶段。新石器时代晚期,金属工具的发明和使用大大地促进了经济发展。第一次社会大分工——农业和畜牧业的分工产生了,以男子的劳动为主,男子取代妇女,在公社中占据主导地位。这时,对偶婚制继续发展,并开始向一夫一妻制过渡。

世系按父系计算,出现"大家庭"结构。大家庭不仅是生产单位,也负责对儿童的教育。儿童在幼儿期一般由氏族中的成年妇女来照管和教育,但在施行某些严格训练时,生母的弟兄可予以协助,祖父和外祖父也可帮助。这种情况下,儿童没有以生身关系区别近亲和远亲的观念,他们觉得大家庭中的成年男女都是可以依靠的且必须服从他们的教导,这种方式仍然具有公育的意味。

4. 军事民主制时期

军事民主制时期处于原始社会向奴隶社会转化的过渡时期,是在父系氏族解体后出现的。由于生产工具和技术的进一步改进和提高,生产产品有一定的剩余,可以用来进行产品交换,私有制由此萌生,家族、部落间为争夺财产相互争斗,战争及进行战争的组织就应运而生。

教育为满足军事民主制的需要,重视对全体部落成员的军事体育训练,因而,这一时期的儿童教育除了继续传授生产劳动知识和技能、社会习俗和规范之外,军事方面的知识技能,如学习使用武器和作战方法,以及锻炼强健的体魄,也成为必修课。孩子从小就习弄弓箭、学射鸟兔等。稍大一些的儿童还组织社队,练习作战。

(二) 原始社会儿童教育的内容

原始社会时期,由于教育尚未从生产劳动中分离出来,凡争取生存和延续群体生命所必需的知识、技能、习惯,都是每个社会成员必须掌握的,都是教育的内容。

1. 生产劳动教育

由于生产力发展水平低下,每一个劳动力还不能提供太多的剩余产品,所以每个有劳动能力的人都必须从事生产劳动,且每个儿童自幼年起就要向年长一代学习劳动技能,劳动生产成为主要的教育内容。

2. 生活习俗教育

原始人在劳动生产和社会生活中逐渐形成了各种习惯、传统和禁忌。由于集体生活是原始社会所必需的,所以氏族的生活习俗受到人们的普遍重视,生活在复杂血缘关系和氏族部落中的儿童,必须从小学习这些知识,才能有助于适应集体的生活,协调个人与社会的关系,维系氏族和社会的统一性。另外,通过学习也有助于养成对氏族、部落和家庭的责任感、光荣感和自豪感,忠于部落和氏族,以及为部落和氏族慷慨牺牲的精神。因而学习社会生活中的行为规范、禁忌和部落的光荣业绩与传统也是教育内容。

3. 原始宗教教育

在原始社会中,由于人们驾驭自然的能力极为低下,对许多事物无法解释,对控制自身的命运感到恐慌,于是产生了宗教。原始人崇拜的对象包括:图腾,祖先,太阳、山川等自然对象,各种动植物、精灵古怪等。各种宗教迷信都伴有仪式,宗教仪式的举行通常与唱歌、讽诵、舞蹈结合,这些宗教信仰、仪式、音乐和舞蹈亦成为原始社会的每一个成员所必须掌握的教育内容。

4. 体格和军事训练

"最古老的工具是些什么东西呢? 是打猎的工具和捕鱼的工具,而前者同时又是武器"。随着近亲复仇和部落之间的战争发展,学习使用武器和作战方法、锻炼强健体魄,也成为原始人必不可少的教育内容。

随着生产的发展,社会生活也日益复杂,原始社会的教育越来越具有多面性,其内容已经涵盖了智育、体育、德育、美育的初步内容。

(三) 原始社会儿童教育的方法

原始社会儿童教育的方法主要体现在以下几个方面:

1. 观察与实践

原始社会的教育还没有从其他活动中分离出来成为独立的活动领域,儿童在生活及游戏中观察、模仿成人的行为,在劳动实践中学会劳动技能和技巧,教、学、做是同步进行的。

儿童在参加生产活动之前采用在游戏中模仿的方式来学习成人的行为。等到一定年龄,他们要逐步参加生产活动而成为合格的劳动者。除生产劳动外,社会生活、宗教习俗、军事训练等方面的学习都是如此,这是原始社会教育的一种主要方法。

2. 传习与教导

原始人对教育青年一代的重要性已有自觉的认识,他们懂得利用实践过程以外的空间和时间,安排老年人对未成年人进行口耳相传的"传授"。这种长辈的解说、训诲和启发诱导,同样是原始社会经常采用的重要教育方法,这在道德培养方面尤为重要。

3. 奖惩

经过长期的教育实践,原始部落也摸索出一些比较成熟的教育技巧,比如在奖惩的运用上。有的部落以表扬、鼓励、放任为主,有的以严厉的惩罚和恐吓为主,另一些部落则侧重劝诫、说服以及良好的行为榜样。

原始社会已探索、总结出多种在当时对社会发展极为有效的教育方法。

(四)原始社会儿童教育的特点

上述四个时期虽然生产力、生产关系的发展状况不尽相同,但我们仍然能够从中概括出原始社会学前教育的基本特征:

第一,教育的平等性。

原始社会没有阶级之分,社会分工也只是按性别进行的,在教育方面人人享受平等的教育权,儿童是公有公育的。教育是为了整个氏族的生存和繁衍,体现出民主、平等的特点。

第二,教育的非独立性。

原始社会的儿童教育还没有从社会生产和生活中完全分化出来,成为独立的社会活动,这是儿童教育处于起始阶段的必然特征。其主要表现是:没有专门的教育机构和专职的教师,成年女性、年长者承担着教育者的角色,家庭及其周围驻地是自然的教育场所,儿童教育活动渗透在生产和生活中,因此也不可能有什么教育制度可言。

第三,教育的原始性。

原始社会教育儿童的主要目的是让他们获得生活的能力,因此教育的内容着重于对体力、顽强性、生产劳动的技能的训练,与自然斗争的经验的传授积累,社会风俗等方面的传习,智力的开发只是实践的"副产品",并没有被教育者意识到;教育的方法也以观察、模仿、实践等掌握经验的方法为主。形成这一特征的原因是原始社会生产力低下、人类自身发展水平低,以及社会物质生活和精神生活的缺乏。

二、中国原始社会的儿童教育

在我国的原始社会中也一直存在着以社会公育形式进行的儿童教育。

(一)原始社会儿童社会公育的实施

生产劳动教育是重要的儿童教育内容。由于当时生产力水平极为低下,每个有劳动能力的人都必须从事生产劳动,才能维持生存,每个儿童自幼年起就要向年长者学习劳动技能。

中华民族悠久的历史上有这样的传说:远古时期,有巢氏构木为巢,教民巢居;燧人氏钻木取火,教民熟食;伏羲氏教民渔猎;神农氏做耒耜,教民农耕。教民,当然包括教育儿童。对出土文物和遗址的研究表明,古籍中的上述记载并非面壁虚构,它基本上反映了原始社会人类生产生活和教育的实际状况。

原始社会阶段，为了使儿童能够参加社会生产生活，就必须把劳动技能和社会生活经验传授给他们。

除了生活和劳动教育外，原始社会对儿童的公育内容还包括思想教育，主要是道德教育和宗教教育。通过道德教育，传授成员之间交往的规范，照顾、赡养老人的观念和敬重家族族长的思想；通过宗教教育，则不仅能使新生的一代养成宗教意识和情感，而且还能使儿童在参加的宗教祭祀活动中学到一些生产知识、历史传说、自然常识，如让儿童参加自然崇拜性质的祭祀活动，无形中把太阳与万物生长的关系，以及靠太阳定时间、定方向等知识传授给下一代。

马家窑文化舞蹈纹彩陶盆

原始社会，人类已经开始形成审美意识，如他们把原始歌舞视为宗教祭祀活动中的重要组成部分，因此，在对儿童实施的教育中，美育（包括歌舞音乐、绘画等）也成为一项不可缺少的内容。此外，原始社会后期，部落之间经常发生战争，所以军事教育，如学习和使用武器和作战方法、锻炼健康强壮的体魄，也成为一项重要教育内容。

（二）原始社会后期儿童公育机构的产生

传说在五帝时期，中国原始社会进入了部落联盟与军事民主制阶段，产生了名为"庠"的教育机构。据史籍记载，"庠"是传说中虞舜时代的学校名称。但从严格意义上来讲，"庠"只能说是学校的雏形，是原始社会养老和实施儿童公育的机构或场所。

根据古代文献记载，"庠"的形成是这样一个过程。首先，从文字结构看，"庠"从广羊声，"广"是房舍的意思，可见"庠"的原意就是养羊的地方。另据《礼记·明堂位》中说："米廪，有虞氏之庠也。"这里的"庠"又由家畜饲养场所变成粮食仓库。然而，无论是储藏粮食的仓库还是圈养牲畜的场所，在当时都要由经验丰富、劳动力较弱、没有能力去狩猎的老年人看管，于是"庠"又具有了养老的功能，故《孟子》中说："庠者，养也。"《说文》中也说："庠，礼官养老。"《礼记·王制》中也有记载："有虞氏养国老于上庠，养庶老于下庠。"

在原始社会，教养新生一代的任务通常由老年人承担，因此，"庠"后来又具有对儿童实行保育和教养的功能。并且随着社会发展，这种功能越来越占据主导地位，使它成为学校的萌芽，或对儿童实施社会公育的专门机构。

原始社会是中国儿童教育发展的初期，这个时期儿童教育的特点主要有：① 对儿童实施社会公育；② 原始群落的老人是原始社会儿童教育的主要承担者；③ 原始社会儿童教育的内容是多方面的，与儿童日后将要进行的生产、生活实际密切相关；④ 原始社会教育方法主要是观察模仿、口传身授，在实际活动中进行教育。

第二讲　奴隶社会主要东方国家的学前教育

本讲提要

奴隶社会时期,诞生了独立的教育形态——学校,学校产生后,才有了"学前教育"的概念。这时期的教育发生了本质性改变,突出的特点就是教育被统治者独享,教育的平等性逐渐被等级性、阶级性取代。

一、古埃及、古印度、古希伯来的学前教育

公元前 4000 年至前 2000 年,古埃及、古印度和古中国等率先进入奴隶社会,建立起奴隶制国家,在这些地区产生了最早的文字、最早的学校。学校产生后,才有了"学前教育"这一概念。

(一) 古埃及的学前教育

1. 古埃及的社会背景

古埃及是世界文明的发源地之一,位于非洲北部的尼罗河流域,那里土地肥沃,气候温暖,雨水充足,畜牧业和农业发达。古埃及人民利用这得天独厚的地理条件,勤劳耕作,创建了世界上最早的文明古国。他们大约在公元前 3500 年进入奴隶社会,大约在公元前 3300 年,开始使用象形文字,极大地影响了古希腊字母的形成。古埃及人在天文、历法、建筑、数学、医学等方面也获得了相当的发展,而这类人才必须通过相应的教育来培养,这就促进了古埃及各级各类学校的产生,其中包括学前教育。

2. 古埃及的学前教育概况

(1) 教育场所

家庭。官吏子弟的学前教育主要在家庭中进行,儿童在 14 岁以前由母亲抚育,除了做游戏、锻炼身体和听故事外,男孩还要学习宗教歌曲、初步的社交礼仪以及舞蹈和写作,只有较好完成这些内容的官吏子弟,才能顺利进入政府机关开办的职官学校学习。

宫廷学校。奴隶主贵族及大臣以王宫活动为中心,五六岁以上的子弟可以出入宫廷和法老子孙同活动同学习,由僧侣、官吏、文人、学者任教,有时法老亲自任教。宫廷学校的教育是相当严格的。据史料记载,一位皇族子弟曾说过这样的一句话:"我每天挨打,如同吃饭一样的习惯和有规律。"[1]

其他。古埃及的专业工作者,如文士、医师、木乃伊师、建筑师等职业,多是父子相传,并没有系统的学校学习,其行业秘密由不同家庭长期把持。也可以说,不少家庭担负了国家专业教育的重要职责。

(2) 教育内容

古埃及儿童学习书写、阅读和简易的计算,以文字书写为主课。严格要求 5—10 岁的儿童练习书写,要他们自朝至暮伏案工作。就书写方法而言,开始时儿童临摹教师的提示范字,在此基础上,进一步

---

① 曹孚,滕大春,等.外国古代教育史[M].北京:人民教育出版社,1981:21.

抄录教师提示的格言或故事。

古埃及在道德品质方面首重敬神,且特别虔诚地敬畏太阳神。其次,强调儿童应孝顺双亲,尤应孝母。再次,应具有睦邻、恤苦、怜贫等品德。贪婪被古埃及人视为罪恶,自制和节欲受到人们的重视。儿童自小就被告知并践行"食物不可贪求饱腹""要把你的面包分给别人"等忍耐艰苦的思想。在道德和伦理教育方面,古埃及人并未在理论上作出详细的阐述,而是竭力在具体言行上教导新生一代。

虽然古埃及是世界最早的文明古国之一,并且创建了学校教育,但其学前教育只处于萌芽阶段,教育的内容、形式比较单一,教育方法简单粗暴,水平较低。但古埃及对学前教育所表现出的关注,以及办学形式的多样化,学习内容的广泛实用,在当时来说都是非常不容易的。

(二) 古印度的学前教育

1. 古印度的社会背景

古印度位于亚洲南部的印度半岛上,印度河和恒河流经大部分地区。古印度是文化发达的国家,在其发展过程中,逐渐形成了一套严格的等级制度——种姓制度。种姓制度是古印度所特有的阶级压迫制度,把人分婆罗门、刹帝利、吠舍和首陀罗四个等级(种姓)。具体地说,婆罗门是僧侣祭司,刹帝利是军事贵族,即武士。婆罗门种姓是享有最高权威的贵人阶级,刹帝利种姓也必须屈从于它。吠舍是农民、手工业者和商人,虽属再生种姓,享有自由身,但仍处于被压迫地位。首陀罗地位最低,不属于再生种姓,是无权利的被奴役者。

在古印度,教育以维持种姓制度和培养宗教意识为核心任务,这是教育(包括学前教育)的主导思想。

2. 古印度的学前教育概况

(1) 婆罗门教的学前教育

在各个等级中,婆罗门作为最高级的种姓,所受的教育体系比较完备。对儿童施教的场所主要集中在家庭。儿童约在 3～5 岁,经过剃度礼,开始接受家庭教育,内容包括养成有规则的日常生活习惯,而这种训练往往由母亲负责。除此之外,儿童主要任务是记诵《吠陀经》,这种教学有时请被称为"赖西斯"的圣游唱诗人担任。由于当时家长制盛行,父亲作为全家的统治者,决定着子女的命运、有权出卖甚至处死子女,当然也有教诲、培养子女的义务。为了保持种姓的世袭及善待僧侣,除了请赖西斯执教外,父亲也必须在家指导儿子记诵《吠陀经》,有时邻人子弟可以加入,形成一个小的学习团体。

刹帝利和吠舍子弟,虽然也有学习《吠陀经》的任务,但他们通常把大多数时间放到学习父辈行业的知识技能方面。

首陀罗子弟则被完全剥夺受教育的权利,奴隶主可以随意打骂、使用、交换和出售他们,他们仅仅是会说话的工具而已。

(2) 佛教的学前教育

佛教是世界三大宗教之一,相传由公元前 6 世纪古印度迦毗罗卫国的王子悉达多·乔达摩(释迦牟尼)创立。佛教是当时反婆罗门教的思潮之一,它主张善恶报应、生死轮回,反对婆罗门教的特殊地位,强调信仰平等、普度众生,追求大彻大悟。随着佛教的广泛发展,佛教教育也随之发展起来。佛教教育方面的改革有:主张四种姓平等,广泛传播人民群众接受初等教育的愿望,强调用方言代替梵文进行教学等。

佛教的学前教育一般在家庭中进行,也有的信徒在子女五六岁时把他们送入寺、庵中出家修行。入寺、庵前要参加一次专门的入学仪式:剪去头发,沐浴净身等。儿童除了接受道德品格教育和言行举止的训练外,主要是学习佛教经典。信仰方面要求儿童对佛祖释迦牟尼虔诚崇拜,定期跟随父母参加宗教仪式、吟诵经文;公德方面要求儿童坚持慈悲为怀、积德行善、普度众生、悲天悯人;行为习惯方面要求儿童勤奋、早起、打坐、洁净、生活俭朴、吃苦耐劳、乐于助人、慷慨施舍、皈依佛法等。经过 12 年的学习训练、检验合格者,可留寺、庵充当比丘(和尚)、比丘尼(尼姑)。在家修行的僧(尼)被称为优婆塞(优婆夷)。

古印度的学前教育与种姓制度、宗教神学密切相关,主张培养儿童的宗教意识。婆罗门教的教育内容以《吠陀经》为主,教学场所以家庭为主,教育具有明显的等级性;佛教主张吃苦修行、消极厌世、追求来生。虽然教学内容、方法简单,但其可以称为古代东方学前教育的典型代表。

（三）古希伯来的学前教育

1. 古希伯来的社会背景

古希伯来位于现在的西亚地区，为现代犹太人祖先的居住地。大约从公元前14世纪，希伯来人因饥荒向外迁移，进入埃及，沦为法老的奴隶。后在首领摩西的带领下，希伯来人逃出埃及，重返家园，其间摩西创立了犹太教。公元前11世纪，大卫王建立了统一的希伯来王国。不久后，分裂为北方的以色列和南方的犹太国，后来分别被亚述和新巴比伦所灭。大量犹太人被掳至新巴比伦，直到公元前538年，才得以重返巴勒斯坦，建立附属国。之后巴勒斯坦先后为马其顿王国、塞琉古王国、罗马统治，犹太王国彻底灭亡。古希伯来人在长期动荡不定的生活中，以宗教信仰来维系生存和发展，他们信奉犹太教，奉耶和华（上帝）为最高主宰，《圣经·旧约》是每个犹太教徒必须诵记的宗教经典，因此古希伯来的学前教育是以犹太教及其《圣经·旧约》为主导思想和主要内容。

2. 古代希伯来的学前教育概况

（1）早期的儿童观

希伯来人将妇女生孩子看作是上帝的恩赐，并渴望男孩的降生。希伯来人一般以家庭为子女的教养场所，父亲既是家庭的祭司，又是孩子的教师。在这种以父权为主的家长制的家庭组织形式中，儿童遭受棍打、鞭抽是极为普遍的情况，因为希伯来人认为儿童生性愚昧，又轻易堕落，因此必须严格管教和约束。

（2）摩西改革后的儿童观

摩西带领希伯来人返回故里后，被奉为"先知"，并推行了一些改革，儿童在家庭中的地位逐渐上升，家庭教育中注重父子之间亲密感情和说服感化，因为犹太教经典《塔木德》规定：子女并非父母私有物，而是未来的天国公民，他们赋有独立的人格；家长要"努力理解儿童，唤起他的兴趣，赢得他的积极同情"[①]，为儿童提供玩具，乃至与儿童共同游戏娱乐。

（3）教育内容

公元前586年前，学校尚未出现，培养儿童的主要场所是家庭，父亲是一家之长、家庭的祭司，理所当然地担负教育儿童的任务。对子女来说，父亲就是老师，父训就是法律，一切言行举止必须听命于他。由于希伯来人信奉宗教，因此家庭教育以宗教教育为主，并且他们认为这种教育应从早期开始。《圣经·旧约》中所记载的最著名的先知以赛亚，就主张婴儿断奶时就应该开始受教育。传说希伯来人还曾开设婴孩学校，收容5岁幼儿。在希伯来的家庭教育中，父亲经常召集子女共同背诵经典，并反复强调经典的条文是上帝的意志而不可更改。作为宗教教育的附带，也教授简单的文化知识、民族传说和祖先的训诫。至儿童稍长，家庭还对男孩进行职业技能的传授，而女孩基本由母亲管教。

公元前586年至公元前538年，犹太人被掳至新巴比伦为囚。在流放过程中，希伯来文化面临着被外族文化兼并、吞没的危险，许多年轻人对希伯来民族的历史和家乡一无所知，对此，犹太首领们意识到问题的严重性，想把犹太人团结起来，使他们怀念过去和设法回到故乡去，于是在新巴比伦国土上建立了犹太会堂。不管大人还是小孩，经常去那里聚会或做礼拜，倾听教士宣读《圣经》和上帝的教诲，使每一个人都铭记自己是希伯来人的后代，因此，以往以家庭为唯一教育场所的传统被犹太会堂取而代之。

希伯来人非常重视早期教育。他们有句该语是这样的："恰如一块小木可以燃烧一块大木一样，幼儿也可使年长儿童学得聪明；恰如一块铁可磨利另一块铁一样，一个儿童也可使另一个儿童变得敏慧。"不过，对于希伯来人来讲，教育就意味着严酷的纪律，只有纪律才能保证家庭和宗教教育的成功。民间有这样的寓言："鞭子是抽劣马的；笼头是套笨驴的；棍子是打蠢人的。""愚蠢在小孩心中，只有用棍棒才能把它赶走。"儿童从小在家庭或会堂中接受严格的教育，学习背诵祈祷词、圣诗、格言、谚语、《圣经·旧约》和圣歌，了解犹太民族宗教节庆和习俗惯例，崇尚自己的父辈和信仰。这些在一定程度上，把一个亡国的民族紧紧地联结在一起，并创造出新的未来，不论在民族史上，或是在教育史上都堪称奇迹。

---

① ［英］伊丽莎白·劳伦斯.现代教育的起源和发展[M].纪晓林,译.北京：北京语言学院出版社,1992：25.

二、中国奴隶社会的学前教育

大约在公元前 21 世纪,中国开始产生阶级,进入奴隶社会。一般认为,夏、商、西周时期,由于生产力的发展、国家机构的建立、文字的出现、文化的积累,学校开始形成。在古籍中,关于夏朝的学校有着明确的记载,而商朝的学校则不仅在大量的历史文献中有记载,而且有较多出土的文物可资佐证。有关西周学校教育的记载,无论在典籍之中还是出土文物之中,都较前代更加丰富和翔实。

学校教育的产生,意味着与之相对应的正规的学前教育也开始出现。父权为中心的家庭产生,让儿童公育制度消失,代之以家庭为单位承担学前儿童的教育。阶级开始出现,统治阶级为维护其特权地位,高度重视对子女的培养,垄断学校教育的权利,开展有目的、有计划的学前教育。

(一) 奴隶社会学前教育计划的制定

公元前 11 世纪至前 8 世纪的西周时期,是奴隶社会发展的鼎盛时期,也是奴隶社会学前教育实施较为成熟的时期。据文献记载,当时人们已经开始按照儿童年龄大小来制定循序渐进的学前教育计划。

《礼记·内则》中记载:"子能食食,教以右手。能言,男唯女俞,男鞶革,女鞶丝。六年,教之数与方名。七年,男女不同席,不共食。八年,出入门及即席饮食,必后长者,始教之让。九年,教之数日。十年,出就外傅……"

此段文字记载了西周王公贵族在家族中对儿童实施的学前教育计划,由此计划可见在奴隶主贵族的家族中,学前教育的内容贴近贵族子弟的日常生活,涵盖面较为广泛,既有生活自理能力和日常礼仪的训练,也有初步的文化知识启蒙,已经能够有意识地顾及儿童身心发展特点,并随着儿童的年龄增长逐步提高要求。在教育内容方面,已经出现男女之别。

《礼记·内则》中记载的学前教育计划作为中国教育史上最早的关于学前教育的记录,不仅是当时学前教育发展的一个标志,而且对中国封建社会学前教育的实施产生过一定影响,如宋代的司马光就曾以此为蓝本,制定过自己家庭的学前教育计划。在他的著作《涑水家仪》中,论述了幼儿教育的十年教学安排:六岁学习数与方名,男子研练书法,女子始习女工;七岁读《孝经》《论语》;八岁男子诵《尚书》;九岁男子诵《春秋》及诸史,女子亦为之讲解《论语》《孝经》,及《列女传》《女戒》之类;十岁男子,出就外傅、居宿于外,读《诗》《礼》《传》,知仁义礼智信,逐步通晓经史之学。

(二) 奴隶社会的宫廷学前教育

宫廷学前教育是宗法制教育的一种特殊形式,它是以处于学龄前的世子为教养对象,由朝廷委任德高望重的官员担任教师,在宫廷内实施的教育。广义上讲,它包括实施于天子宫廷内的学前教育和实施于各诸侯王宫内的学前教育。

1. 宫廷学前教育的目的和意义

中国奴隶社会实行的是家天下的宗法制和贵族专政。在这种政治制度之下,天子拥有至高无上的权威,天下的命运操纵于专制君主一人之手,如果君主是如商汤、周成王一样的君主,则可以使天下兴盛,国祚绵延。反之,在位者若是夏桀、商纣之流的暴君昏君,就将导致生灵涂炭、国破家亡。但一方面由于奴隶社会的王位实行嫡嗣继承制度,嫡长子无论其智与愚、贤与不肖,都在出生时乃至在母体内就决定着他将成为未来的统治者;另一方面,当时人们已经认识到,明主和暴君昏君并不是天生存在着本质的差异,而是后天的教育使然,尤其是幼时接受的教育对他的成长起着重要的作用。在这种情形下,由朝廷委派人员加强对未来王权继承人——太子进行早期的学前教育,使其德行趋向完善,就成为至关重要的大事了。由此也可见,加强宫廷学前教育具有政治与教育两方面的意义。

2. 保傅之教与乳保之教

为了加强对太子实施有效的教育,在奴隶社会时建立了保傅教育制度与乳保教育制度。所谓保傅教育制度,是指朝廷内设有专门的师、保、傅官以对君主、太子进行教谕的制度。

据史料记载,早在殷商时期就建立了保傅教育制度,如《尚书·太甲中》记载,太甲曾自称"既往背师保之训",说明在太甲时已有保傅官的设置。《尚书·泰誓下》中也有周武王曾称纣王因"放黜师保",才成昏君的记载。此外,据说伊尹曾是汤王的太傅,巫贤也曾对祖乙进行过师保之教。可见,殷商的师、保、傅的设置是一贯的。

西周继承了殷商的传统,也建立了保傅教育制度,太师、太傅、太保合称"三公","三公"对太子实施教育时有着明确的分工。其中,保,保其身体,即负责身体的保育;傅,傅之德义,即负责培养道德;师,道之教训,即进行文化知识及统治经验的传授。可见,师保之教的内容是较全面的,包括德、智、体三方面的内容。

西周除设"三公"外,还置有副职"三少",即少师、少傅、少保,他们时常相伴太子左右,以影响和指导太子。

奴隶社会建立的保傅教育制度,对培养未来的君主十分有利,常被后人视为殷商、西周社稷长久的重要原因,并为封建社会的统治者所继承,把它作为教育君主的有效制度。

所谓乳保教育制度,是指在后宫挑选女子担任乳母、保母等,以承担保育和教导太子、世子事务的制度。据《礼记·内则》记载,"异为孺子室于宫中,择于诸母与可者,必求其宽裕慈惠,温良恭敬,慎而寡言者,使为子师,其次为慈母,其次为保母,皆居子室。他人无事不往。"子师、慈母、保母合称"三母",她们分别承担母后的部分职责,由她们共同负责太子、世子德性的培养与日常起居的料理。

除"三母"外,当时的宫廷内还置有乳母,名义上是以乳汁哺育幼小太子、世子,但实际上由于乳母与幼儿朝夕相伴,无形中其自身的道德、知识等素养对幼小的太子、世子们也具有很大的影响,故当时对乳母的选择也非常慎重,一般由大夫之妾或士之妻担任。

西周时期行于宫廷内的乳保之教,也影响到当时一般大夫的家庭教育。此后封建社会时期,一些富贵人家也大都为幼儿雇有乳母。

(三) 奴隶社会的胎教

胎教是指通过对孕妇实施外界影响,或通过孕妇自我调节,达到作用于体内胎儿,使其能良好地生长、发育的教育过程。我国是世界上最早提出并实施胎教的国家。

据史料记载,我国实施胎教的历史,可以上溯到西周时期。最早实施胎教的是西周文王的母亲太任。据《列女传》记载:太任自妊娠后,"目不视恶色,耳不听淫声,口不出敖言,能以胎教"。

汉代学者贾谊在《新书·胎教》中说:"周妃后妊成王于身,立而不跛;坐而不差,笑而不喧,独处不倨,虽怒不骂,胎教之谓也。"意思是西周成王的母亲在怀孕时,不把重心偏倚一足而立,不半倚半躺而坐,不高声大笑,一人独处不呈张狂态,发怒时也不骂人。《大戴礼记·保傅》中亦有类似记载。古人认为,成王正是由于与文王一样在母体内即"气禀贤妣之胎教",故终亦成为贤明君主,太任与周妃后也被后人誉为"贤妣"。

为了保证胎教的实施,西周社会还建立了胎教制度,对孕妇进行约束。北齐学者颜之推曾说:"古者,圣王有胎教之法:怀子三月,出居别宫,目不邪视,耳不妄听,音声滋味,以礼节之。"意思是说,古代圣王的后妃在怀孕3个月后,即居住在专门的宫室内,一切行动均须循礼而动,受礼节制。

西周是我国胎教理论与实践发展的初始阶段,这个时期的胎教主要实施于帝王之家、宫廷之内,当时的统治者对胎教极为重视,但对下层百姓则秘而不宣。到了春秋战国时期,作为西周文化教育内容之一的胎教之道开始走出宫廷,渐为民间所知,为世人所行。

奴隶社会是我国古代学前教育的奠基时期,这个时期学前教育总的特点是:① 由于阶级的出现,原始社会的儿童社会公育已经消失,而代之以宗法家族承担教育学前期儿童的任务;② 由于奴隶主贵族居于统治地位,垄断着受教育的权利,因而儿童的学前教育也仅限于在奴隶主贵族的家族中实施;③ 学前教育与学校教育已有了较明确的年龄划分;④ 对幼儿实施的学前教育不仅有着鲜明的阶级性,而且已经注意到随着儿童年龄的增长,制定相应的学前教育计划;⑤ 奴隶社会的最高统治者对学前教育尤为重视,建立了针对君主教育的保傅制度,提出了实施胎教的要求。

第三讲　奴隶社会主要西方国家的学前教育

本讲提要

古希腊是西方文明之源,于公元前 8 世纪前后进入奴隶社会,政治、经济、文化的高度发展,促使古希腊的教育成为西方古代教育的典型代表。古罗马是欧洲第二个典型的奴隶制国家,在教育方面继承并发展了古希腊的教育,促进整个欧美教育的发展。

一、古希腊的学前教育概述

古希腊是西方教育的重要发源地,其教育可以分为三个时期:荷马时代的教育、希腊城邦制时代的教育和希腊化时代的教育。古希腊于公元前 8 世纪开始进入奴隶社会,公元前 5 世纪到前 4 世纪进入繁荣昌盛时期,其政治、经济、文化都得到高度发展。在奴隶制形成过程中,出现数以百计的城邦国家,其中最强大且具有代表性的当属斯巴达和雅典。这两个国家虽属同一时代的西方奴隶制国家,但由于具体的政治、经济和地理条件的不同,其文化教育的发展也具有不同特征,学前教育也是如此。

(一) 斯巴达的学前教育

1. 斯巴达的社会背景

斯巴达位于伯罗奔尼撒半岛南部的拉哥尼亚平原,四周群山环绕,交通不便,但是这里土壤肥沃,适于农业种植,并且已经开采铁矿,普遍使用铁器,更有利于农业的发展,是古希腊最大的农业城邦。

斯巴达是一个奴隶制城邦,居于统治地位的奴隶主斯巴达人是外来征服者,人数不多,只有 3 万人,但在公元前 7 世纪时却统治着 25 万人以上的奴隶(希洛人)和平民(皮里阿西人)。斯巴达人的残酷剥削和压迫常常激起奴隶和平民的反抗与暴动,他们还经常发动侵略别国的斗争,所以斯巴达人无时不处在军事戒备状态,加之争强好斗的民族传统和封闭的地理环境,统治者在教育方面提出了把全体奴隶主后代培养成性格坚定、英勇善战的军人的任务,这决定了斯巴达整个教育十分重视军事体育的特点,而这种教育必须从婴儿抓起。

2. 斯巴达的学前教育概况

斯巴达教育的唯一目的就是要通过严酷的军事体育操练把氏族贵族的子弟训练成为体格强壮的武士。因此,国家只准许身体和情绪正常的成年男女结婚和生育。婴儿出生伊始,就要受到严格的挑选,只有被认为体质合乎健壮标准的婴儿才被准许生存下来,身体虚弱或有残疾的,便弃之荒野,任其死去。

在斯巴达,儿童属于国家所有,母亲只对 7 岁前的孩子有养育的职责。斯巴达式的训练开始于婴儿诞生之时。斯巴达妇女通常把新生儿放在酒中洗浴,认为这样能够祛除软弱,健体强身;他们从不用衣物包裹婴儿,认为这样可让婴儿四肢自由运动,增强适应力;他们努力使婴儿不计较食物的品种与好坏,不挑剔衣服的颜色与样式,要始终保持知足、愉快,这一特征与做法在当时堪称独树一帜。当男孩长到五六岁时,便常被父亲带到斯巴达成年男子聚会或集体用膳的场所,通过观察成年人的活动,受到斯巴达生活方式的初步熏陶,这些都为他们7岁以后接受正规的军事训练打下了坚实的基础。7岁后,儿童进入正规的国家教育场接受严格的训练。女子在体力等方面也受到同样的教育,以便在男子出征时担负起保家卫国的职责,同时,她们长大结婚后能够生育出健壮的孩子。

斯巴达通过严苛的训练培养年轻一代坚强、不怕苦和服从纪律的品行,在造就全心全意为国家的无敌战士方面取得了巨大成功。但是,文化教育、科学教育受到忽视,被认为是毫无意义的事情。

（二）雅典的学前教育

1. 雅典的社会背景

雅典是古希腊另一个著名的城邦国家,地处阿提卡半岛,作为国家约形成于公元前8世纪。与斯巴达不同的是:此处有优良的海港、丰富的自然资源及发达的手工业。又因与埃及及腓尼基等古文化中心接触频繁,先进的东方文化遂源源不断地流入并促进了雅典科学文化的发展。

公元前6世纪末,工商业的发展使新兴的工商贵族战胜了保守的农业贵族,确立了奴隶制度下的民主政体。在民主政治下,雅典全体公民(包括奴隶主及有公民权的平民)都有参加公民大会的权利,决定国家一切重要事务。这种政治要求雅典公民具有全面的认识与"无所不包的才能与活动"。

2. 雅典的学前教育概况

雅典的教育与斯巴达相比发生了根本的改变:不仅要把统治阶级的子弟训练成身强力壮的军人,更要求把他们培养成为具有多种才能、能言善辩、善于通商交往的政治家和商人,以适应雅典社会发展的需要,尤其是民主政治的需要。雅典教育在组织形式、内容、方法上也较斯巴达教育更具广泛性、灵活性和多样性。对青年一代不仅强调体育和道德教育,也十分重视智育和美育,对儿童实施德、智、体、美和谐发展的教育,这奠定了西方教育发展的基础。

雅典的儿童属于家庭及父母所有。儿童出生后,也要受到严格的挑选,决定权属于父亲。7岁前男女儿童在家庭中由父母养育,享受同样的教育。襁褓期间,通常由母亲或奶妈抚育,富裕人家喜欢雇佣斯巴达妇女做保姆,因为她们善于调教婴儿,而且身体健康,奶水充足。婴儿断奶后,则由家庭女教师照料,她们通常是上了年纪、经验丰富的女奴。雅典家庭教育的内容包括以下方面:① 音乐。包括听摇篮曲、唱歌等,以陶冶性情。② 故事。在幼儿教育中,讲故事是必不可少的教育手段,《伊索寓言》成为当时主要的幼儿教材,另外包括简单的神话以及《荷马史诗》中古老的英雄故事等。③ 游戏。在雅典和其他希腊城市流行的游戏达50余种,包括掷骰子、猜单、玩双球、与小动物嬉戏等。④ 玩具。雅典的幼儿教育中十分重视玩具对儿童的作用,在全世界儿童中风靡的拨浪鼓就是著名数学家毕达哥拉斯的第二代弟子阿契塔发明的。另外还有彩陶娃娃、泥质动物、铁环、陀螺、玩具车等。⑤ 礼貌行为习惯的培养。

7岁以后,女孩仍继续由母亲照顾、教育,学习纺织、缝纫、刺绣等方面的技能,不进学校学习文化。男孩则从7岁开始,同时上文法学校和音乐学校,获得智、德、体、美和谐发展的教育,但是学校属于私立性质,需要收费。

综上所述,古希腊的学前教育的特点主要有以下几点:

① 国家对儿童的体质都非常重视,从出生起就采取优选法筛选健壮的儿童;② 教育都是在家庭中进行的;③ 对儿童从小就进行道德行为的熏陶,灌输奴隶主阶级思想意识;④ 整个学前教育还处在自发式的萌芽状态。

二、古罗马的学前教育概述

（一）古罗马的社会背景

古罗马位于意大利半岛,是继古希腊之后西方又一典型的奴隶制国家。古罗马的教育主要分为共和时期(公元前6世纪—前1世纪)的教育和帝国时期的教育(公元前1世纪—公元5世纪)的教育。

古罗马的教育除了受本国政治历史演变的影响外,还深受古希腊的影响。自公元前146年,古罗马在军事上完全征服古希腊之后,古希腊的精神财富与物质财富也一起源源流入古罗马,其学前教育也明显带有古希腊学前教育的印记。

(二) 古罗马的学前教育概述

1. 共和时期

公元前6世纪,罗马建立了共和政体,平民和贵族成为罗马公民,经济上以农业为主。一般平民,除耕种自己的土地外,还要到军中服兵役,这就决定了这一时期罗马教育主要是农民—军人教育,教育形式主要是家庭教育。古罗马以父权的家长制著称。7岁前的儿童由母亲在家庭中进行不分性别的教育。当男孩满7岁时,由母亲承担主角的女性教育便告结束,从此时起,父亲成为儿童真正的教师。男孩随同父亲在田间进行实地农事操作,学习有关农业生产劳动的知识和经验,劳动之余练习骑马、角力、游泳、使用武器,接受有关军事战争的知识、技能,同时参加各种社会生活活动(包括家庭生活及父辈日常教诲等),养成敬畏神明、孝敬父母、忠勇爱国的品性,也有些儿童进入学校学习文化知识;女孩则在家里协助母亲管理家务,学习持家的本领。

据史书记载,在古罗马,祖父母等长辈也可承担教养幼儿的义务。古罗马有早婚的习俗,女孩14岁即可嫁人,生育后代,此时孩子的祖辈有不少尚健在,倘若孩子的父母去世,其祖父母即可承担教养孩子的责任。

在共和早期,罗马学前教育的主要内容是有关礼貌及宗教色彩的知识,常以父亲的格言和歌谣的形式进行。共和后期,罗马成为地中海上的霸主,掠夺了大量的奴隶和财富。由于受到古希腊教育的影响,古罗马的学前教育还加入了希腊语的初步知识、简单的字母书写等内容。家庭中教育子女的不仅有父母,还有希腊保姆和希腊教仆(被俘虏的有文化知识的奴隶),共同为儿童的进一步学习作准备。

2. 帝国时期

公元前27年,罗马进入奴隶制帝国时期,并发展成为称雄西方世界的军事大帝国。罗马帝国建立后,奴隶制经济迅速发展,为了有效统治这个幅员辽阔的大帝国,罗马统治者改变了教育目标,核心是培养效忠帝国的官吏和顺民。在这种情况下,帝国时期的学前教育也成了一种忠实执行皇帝意志的工具。他们对不同阶级的儿童灌输不同的思想:奴隶主贵族子弟从小就被培养成自命不凡、好逸恶劳、贪图享乐、道德堕落的未来统治者;劳动人民的后代则被训练成麻木不仁、唯命是从的帝国顺民。

到了公元1世纪末,处于帝国鼎盛时期的罗马社会风气日趋淫靡。达官贵人醉生梦死,上层家庭的主妇亦抛弃亲自教子的传统,将婴幼儿交给希腊侍女或奴隶照管。儿童从小耳闻目睹靡靡之音、放荡举止,幼稚心灵被毒害。而这时,产生于巴勒斯坦的基督教已流传到罗马帝国全境。基督教声称上帝创造并主宰世界,认为人类从始祖起就犯了罪,并在罪中受苦,只有信仰上帝及其儿子耶稣基督才能获救。公元313年,基督教在罗马帝国取得合法地位,公元392年又被奉为国教。基督教兴起后,对学前教育产生了重大影响。从积极的方面看,早期基督教哲学家宣称新生婴儿为具有灵魂的人,谴责杀婴或弃婴的行为,有力地改变了以往杀婴或弃婴的陋习。从消极的方面看,基督教的某些教义对幼儿的发展极为不利。公元4世纪时,基督教会神学理论家奥古斯丁构建了一套神学理论体系,声称在上帝面前,没有人是纯净无瑕的,即便是刚刚出世的婴儿也不例外。奥古斯丁还根据人性本恶的观点,论证了体罚是儿童教育中不可缺少的手段,这些观点无疑是对儿童的一种摧残。

三、古希腊和古罗马的学前教育思想

在古希腊、古罗马学前教育的发展过程中,涌现出许多思想家和教育家。以柏拉图和亚里士多德为代表的希腊学前教育思想,为西方学前教育思想的发展奠定了基础,而古罗马的教育家昆体良的学前教育思想则是在吸收、传播和补充古希腊学前教育思想的基础上发展起来的,反映了古罗马的特色,在西方学前教育思想史上也占有自己的地位。

（一）柏拉图的学前教育思想

1. 生平及著作

柏拉图（公元前 427—前 347 年）是古希腊著名的哲学家、教育家。他出身名门贵族,母亲是梭伦后裔,自幼受到良好的教育。20 岁时师从苏格拉底研究哲学,是苏格拉底最得意的弟子之一。在苏格拉底被判处死刑后,柏拉图曾离开雅典在外游历 12 年,于公元前 387 年回到雅典,创建了阿加德米学园（Academy,也叫"柏拉图学园"）,在此执教 40 多年。学园的创建不仅为柏拉图提供了施展才华、进行教学活动的场所,而且成为欧洲学术思想交流的中心,先后涌现出许多著名的思想家和政治活动家,如亚里士多德。柏拉图终身未婚,在一次宴会中与世长辞,享年 80 岁,他是欧洲哲学史上第一个有大量著作流传下来的哲学家,他的《理想国》和卢梭的《爱弥儿》、杜威的《民主主义与教育》被称为教育思想发展的三个里程碑。

《理想国》是柏拉图社会政治学说的核心,也是柏拉图教育思想的出发点。他在书中提出建立完美理想国家的蓝图,而教育被当作实现"理想国"的重要手段或工具来加以重视。他强调教育是国家的重要职责,主张实施按能力而不是按出身选拔培养人才的筛选制度,构筑了一个从优生到成人教育的理论体系,幼儿教育是其中的有机组成部分。

2. 优生优育

在西方教育史上,柏拉图最早论述了优生优育的问题。他主张国家为人民选择婚配,最好的男子配最良的女子,以保证所生的后代属于优秀的种子。至于一般和不良的男女的婚配,越少越好,以免生育不好的后代。因此,治理者要巧妙安排壮年人抽签以决定自己的配偶。同时,要实行计划结婚和计划生育,要保持适当的人口,尽量使城邦不至于过大或过小。女子怀孕后必须接受胎教训练,以利于胎儿的发育成长。婴儿出生后,先天残缺或体弱的需被秘密处理,优秀的则送至国家教养机关,施以公共教育,由国家决定教什么内容和选择什么人充当教育者。柏拉图把这种做法视为保持治理者品种纯正的必要条件。

3. 论儿童的早期教育

在西方教育史上,柏拉图最早论述了学前儿童的教育问题。他指出,教育应从幼年开始。"凡事开头最重要,特别是生物。在幼小柔嫩的阶段,最容易接受熏陶,你要把它塑成什么型式,就能塑成什么型式。""先入为主,早年接受的见解总是根深蒂固不容易更改的。"[①]早期教育的任务主要在于对儿童施加合适的影响,以形成良好的习惯。幼年时期印入儿童心灵的形象,在一生中都是难以磨灭和改变的。

柏拉图主张把 0—7 岁的儿童分成两个阶段进行教育。儿童 3 岁以前在托儿所度过,由经过严格挑选的女仆照顾,由全城邦最优秀的女公民监督进行教育,要给孩子有益的空气和运动,让他们保持心平气和,并用摇篮曲和儿歌对婴儿施加影响性教育;3—6 岁时则由保姆带领到附设于神庙的公共游戏场里,由当局命令的性格温和、富有知识的妇女们进行照管,对儿童进行广泛的教育,教什么内容应由国家审查。柏拉图的早期教育思想形成了一套有内容、有宗旨的完整体系,体现为以做游戏、听故事、音乐熏陶和体操练习为形式,以培养儿童正直、善良、正义等道德品质为宗旨。

4. 论儿童的道德教育

柏拉图继承了老师苏格拉底"美德即知识"的思想,强调教育的最高目标是"智德统一",德是一个人最重要的品质。早期教育的核心无他,即儿童的德性培养。柏拉图认为可以利用儿童的模仿心,通过早期教育的内容发展儿童的德行。他认为:在人生的早期阶段,通过行动或实践来培养良好的习惯显得特别重要,儿童的道德可先知而后行。他在选择早期教育的内容如游戏、故事、音乐材料时,都强调正面教育的原则,希望经过慎重选择的教育材料为儿童树立勇敢、节制、虔诚、自由人物及品质的模仿对象,让儿童"从小到老连续模仿,最后成为习惯,习惯成为第二天性,一举一动,言谈思想方法上都受到影响"。

5. 论儿童的游戏和故事材料的选择

柏拉图认为游戏符合儿童的天性,在儿童生活中有着重要的地位及教育作用。游戏场以游戏为主,

---

① ［古希腊］柏拉图.理想国[M].郭斌和,张竹明,译.北京:商务印书馆,1986:71、73.

但游戏的内容、方法必须慎重选择,不应轻易变化,以免形成儿童喜新厌旧的心理。游戏的内容和方法必须符合法律精神,因为,"如果游戏是不符合法律的游戏,孩子们也会成为违反法律的孩子,他们就不能成为品行端正的守法公民了"[1]。这里的法律精神是指游戏应有教育性、规则性,应树立正面、积极的榜样以便儿童模仿。在不违反法律的前提下,柏拉图鼓励孩子玩自己发明的游戏,认为孩子自己发明的游戏是最好的。柏拉图深刻认识到孩子活泼好动和喜好嬉戏的天性,游戏是儿童自主活动和培养创造精神的最佳教育方式,要通过游戏的内在法律精神潜移默化地使孩子初步习得品行。

柏拉图提出要慎重选择对儿童讲述的故事,认为这是进行道德、政治教育的有效方式,可以铸造儿童的心灵。要严格审查创作故事的人及其作品,凡描写钩心斗角、相互倾轧、妒忌、说谎等等的故事,一律删去,而那些描述智慧、勇敢、友善的故事,则应列在目录上,劝导母亲和保姆讲给孩子听,以陶冶他们的心灵,培养良好的道德品质。

柏拉图是西方学前教育思想的奠基人,他的诸多学前教育思想开创了历史先河。他最早论述了学前儿童的教育问题,发出优生优育的倡议,提出儿童心灵和体质和谐发展的观点,指出故事、音乐、游戏在幼儿教育中的重要地位和谨慎选材的思想。所有这些至今仍有一定的价值。但受历史条件和阶级性所限,其教育主张不乏唯心主义色彩。

(二) 亚里士多德的学前教育思想

1. 生平及著作

亚里士多德(公元前384—前322年)生于希腊北方的殖民地色雷斯,父亲是马其顿国王的御医,从小受过良好的贵族教育。17岁时,年轻的亚里士多德来到雅典,入阿加德米学园,跟随柏拉图学习20年。柏拉图死后,他离开学园周游列国。42岁时,亚里士多德受聘为马其顿王子亚历山大的老师。8年后(公元前335年),他离开马其顿回到雅典,在一个名为吕克昂的公共体育场创办了一所哲学学校,讲学12年,并写出大量著作,这是他最有成就的时期。吕克昂附近有一座阿波罗神庙,有可供散步的林荫道,据传说,亚里士多德和他的学生常在林荫道上边散步边讲学,所以,他的学派被称为"逍遥学派"。

亚里士多德的典故

亚里士多德是古代希腊哲学家中最博学的人,具有"百科全书式的科学"知识。他精研哲学、逻辑学、心理学、物理学、历史学、政治学、伦理学和美学。他在《伦理学》和《政治学》两本著作中,集中阐述了他的教育理论以及幼儿教育思想。

2. 教育应由法律规定

亚里士多德认为教育应成为国家的头等大事,由法律规定,这是西方教育史上"教育立法"的开端。亚里士多德把教育当作实现其政治目的的最重要的手段。他认为,国家政治的优劣取决于城邦居民是否具有美德。优良的城邦,应该人人都是善人,而人之善则有赖于教育去实现。因此,应该把教育作为国家公共要务,由国家统一管理,专门制定有关法律,明确规定一定年龄的儿童必须接受国家给予的教育。亚里士多德意识到要使教育得到切实的发展,就必须把教育纳入国家法制的轨道。在亚里士多德看来,在国家政治生活中依据法律办教育,通过教育宣传国家的各种法律制度,培养人们遵纪守法的行为习惯,提高整个社会的法律意识,国家就易于治理。政令通畅,公民就能安居乐业。

3. 教育适应自然

亚里士多德十分重视对青少年身心自然发展特点的研究,首次提出了按儿童年龄划分受教育的阶段,并根据不同的年龄阶段实施不同的教育任务,他是西方教育史上首位论证身心和谐发展和首次提出"教育适应自然"原则的教育家。亚里士多德认为,人是由躯体和灵魂两个不可分割的部分组成。人的生长过程,先是躯体的发展,然后是灵魂的发展,而灵魂又是以先非理性灵魂后理性灵魂的顺序来发展。合理的教育,就应遵循人的自然行程,首先给予身体的养育,确保其有健壮的体魄;接着给予情感的训练,培养其良好的思想意识;然后给予理性的教育,促进思维、理解能力的发展,应当注重这三个方面的发展顺序,促进其和谐发展。据此,亚里士多德提出,按儿童年龄划分受教育的阶段,并根据不同的年龄阶段实施不同的教育任务。

---

[1]　[古希腊] 柏拉图.理想国[M].郭斌和、张竹明,译.北京:商务印书馆,1986:140.

第一阶段（出生—7岁），主要发展儿童的身体。引导儿童观察日后他所从事的活动。

第二阶段（7—14岁），主要进行德育。教育内容是体育和音乐，目的是"净化"非理性灵魂中的不良冲动和欲望。

第三阶段（14—21岁），主要是进行智育。目的是发展青年的理性灵魂，学习的内容有数学、文法、诗歌、修辞、伦理学和哲学等。按照这一年龄分期和相应的教育总设想，对第一时期深入而具体的论述，成为亚里士多德全部教育理论的一个有机组成部分。

4. 学前教育

亚里士多德的学前教育理论和观点主要包括胎教、婴幼儿体育训练、音乐教育和儿童的道德习惯培养等方面。

（1）胎教

亚里士多德主张优生优育，控制人口过度增长。他从生物学、解剖学、医学的观点出发，首先谈到胎教的问题。他说："父母具有何种体格对其子女最为有利，是我们讨论儿童教育时将充分考虑的问题。"经他长期考察、研究结果显示，介于运动家和虚弱者之间的体格为好，"运动家的体格不一定比虚弱的人更适于一个公民的生活或健康"。接着要注意的便是有关婚姻的问题，立法者应考虑男女双方及其寿命之长度。例如，他们的生殖力可能在同时期终止，双方的体力不可相去悬殊等等。男女双方都应该在最旺盛的年龄结婚、生育子女，以保证下一代的健康。为此他主张：男子适合在37岁左右结婚，女子出嫁的适合年龄是18岁；结婚的季节应该选择在冬季。已经结婚的男女应该在生育之前接受医生的专业指导，学习生育的知识。随后要考虑孕妇的保健问题，已经怀孕的妇女要注意自己身体的变化，主动摄取有营养的食物，养成经常运动的习惯，保持平和的情绪等。

亚里士多德的胎教思想受益于柏拉图的影响和个人经验，他对此类问题的论述和见解是难能可贵的，当然，也存在不妥之处，比如他认为的男女婚配年龄为37岁和18岁，显然是不科学的。

（2）婴幼儿体育训练

亚里士多德认为，5岁前婴幼儿阶段的教育中，"必须首先训练其身体"。在他看来，体育练习的目的在于使人健康有力和勇敢，进而养成体育竞技的习惯。能够参加各种体育竞技活动很有必要，成人可以协助他们做一些适合掌握的动作，但应注意保护他们的脆弱肢体免于骨骼弯曲，可以借助器械使他们的身体正直。因此，对于儿童的体育训练一定要适度，绝不能像斯巴达人那样，使人变得"凶猛，残忍"，否则会损害儿童的体格和妨碍他们的生长。此外，他认为不必禁止儿童的啼哭，因为啼哭时能扩张肺部，有助于身体的发育；应让婴儿尽早训练养成耐冷的习惯，这样既可促进健康，又可作为长大后服军役的先期训练。

（3）音乐教育

音乐教育是亚里士多德和谐发展教育思想的核心部分。在亚里士多德看来，音乐不仅是实施美育的最有效的手段，而且它还担负着智育的部分职能，并且又是实施道德教育不可缺少的内容。他认为，音乐是形成人的性格的一种重要的力量，它不但适宜于在少年时期学习，而且在各个年龄阶段都需要学习。因此，亚里士多德主张必须将音乐纳入教育计划之中，他认为，音乐教育的目的不是为了实际生活的需要，而是为了在闲暇时供理智的享受。

（4）儿童的道德习惯培养

亚里士多德还认为，为了把城邦治理好，必须注意公民的道德教育，尤其是5—7岁阶段，应以良好习惯的养成作为主要任务。这一时期的家庭环境对儿童性格的形成至关重要，所以要特别注意防止对他们造成不利的影响。决定儿童道德品质的构成有三个要素：一是天性，二是习惯，三是理智。在道德教育中，亚里士多德强调必须重视培养学生的习惯，因为在他看来，理性和习惯是人们具有"善德"的根基。因此，他指出，"在教育儿童时，我们当然应该先把功夫用在他们的习惯方面"[①]。"习惯成自然"这句谚语，在西方即源于亚里士多德。

亚里士多德在教育领域，首次提出教育要与人的自然发展相适应，提出胎教思想，开创了教育按不

---

① ［古希腊］亚里士多德.政治学［M］.吴寿彭，译.北京：商务印书馆，2017：419.

同年龄阶段实施的先例,重视美育(音乐教育),关心幼儿教育,强调儿童道德习惯的养成等,这些对西方学前教育理论与实践的发展产生了重要影响。但是作为一个奴隶主贵族思想家,其不少观点带有明显的阶级偏见和时代局限性。

(三) 昆体良的学前教育思想

1. 生平及著作

昆体良(约公元 35—100 年)是古罗马著名的律师、演说家和教育家。他出生在西班牙的一个书香门第家庭,其父亲是雄辩术的老师,自幼受到很好的家庭教育的熏陶。30 岁时就以富于哲理的言辞和精辟的分析能力,成为一名优秀的律师和演说家。公元 70 年前后,罗马帝国设立由国家支付薪金的雄辩术学校,昆体良是首任受聘者,被称为"雄辩术教授"。昆体良在此任教长达 20 年,大约在 50 岁时引退,专心于著书,将其 20 多年的教学实践予以总结,写出了长达 12 卷本的《雄辩术原理》。这是西方第一本专门论述教育问题的系统著作,在教育史上占有极重要的地位。

2. 论教育的目的

雄辩家在当时的罗马人生活中占有十分重要的地位,昆体良从维护罗马帝国的统治需要出发,把培养或造就一代心地善良、精于演说的雄辩家作为他的教育目的。他认为,未来雄辩家的培养应引导儿童"从咿呀学语开始,经过初露头角的雄辩家所必需的各个阶段的教育,一直达到雄辩术的顶峰"[①]。因此,雄辩家的培养必须从摇篮时代开始,重视儿童的早期教育。

3. 学前教育思想

(1) 重视儿童的早期教育

当时的罗马人认为,7 岁以后的儿童才能学习文化。昆体良则认为,7 岁以前的收获无论多么微小,也不应轻视。第一,这个年龄阶段的幼儿能接受道德教育,必然能学习文化知识;第二,7 岁以前的教育为儿童将来的发展可以奠定良好的基础,否则 7 岁开始学习,只能从基础开始;第三,初步识字需要的记忆能力,在儿童时代的表现更优于青年时代。因此,昆体良强调不应浪费早年的光阴,儿童的学习越早越好。

(2) 重视家庭环境对学前儿童的影响

昆体良重视家庭环境对学前儿童的影响,对保姆、父母和教仆都提出严格的要求。首先,保姆的人选要谨慎,最好是受过教育的妇女,在道德和语言方面表现优秀。其次,是孩子的父母,他们最好具有较高的教育水准,即使父母本身没有受过良好的教育,也不要因此而减少对孩子的关注;父母对儿童不应娇惯,但对儿童的教育也不能逼得太紧,应想方设法激发儿童的学习兴趣,不能让儿童对学习产生厌恶之心。

(3) 智育方面,主张教儿童认识字母、书写和阅读

昆体良主张教儿童认字母、书写和阅读,试图改进当时的教学内容与方法,在教育史上第一次提出双语教育的问题,他希望儿童最好先学希腊语,紧接着再学习拉丁语,因为拉丁语是通用语言,即使教师不让孩子学,他也会掌握。

昆体良强调书法的重要性,认为它是获得根基深厚的专业特长的源泉之一。主张当儿童开始摹写字母的时候,可将正确的字母刻在木板上,指导孩子用铁笔沿木板笔画的沟纹书写,帮助儿童准确地记住笔顺和字形。

在幼儿阅读方面,昆体良主张阅读应按照从力求准确到力求连贯的顺序去要求儿童,而且从幼年时就要注意纠正错误的发音,否则很容易变成难改的积习。

(4) 强调游戏的重要性

昆体良认为游戏活动应该在儿童早期的生活中发挥重要作用。儿童"爱好游戏……那是天性活泼的标志;那种迟钝麻木、没精打采的,甚至对那个年龄所应有的激动也漠然无动于衷的学生,我是不指望他能热心学习的"。他还主张在游戏中要渗透智育和德育,要求教师充分利用游戏这一儿童喜爱的活动方式,寓教于乐。

---

① [古罗马]昆体良.昆体良教育论著选[M].任钟印,译.北京:人民教育出版社,1989:6.

（5）提出德才兼备的教师标准

为更好地教育幼儿，昆体良提出德才兼备的教师标准。首先，教师要有良好的德行，特别是要热爱儿童。其次，要善于观察和了解儿童，一个高明的老师，应当弄清楚他所面对的儿童的能力和资质，注意个体差异。再次，要善于运用批评和表扬，主张以温和的方式对待儿童的错误，并尽早发现、纠正错误；对儿童的表扬做到既不吝啬又不泛滥。

昆体良提出因材施教的教育思想，强调应根据学生的能力、资质进行教学，把对儿童的统一要求和他们的个体差异相结合。一方面，针对儿童的不同性格采取不同的教育方法；另一方面，教师要善于使每个儿童在他最有才能的方面得到进步，扬长避短。

（6）论儿童的体罚

昆体良竭力反对儿童教育中的体罚现象，提出对幼儿的体罚更要禁止。还专门给体罚列举了五大罪状：第一，体罚事实上无疑是一种凌辱，是一种残忍的行为；第二，孩子一旦对体罚习以为常，教育就难以起到作用；第三，如果儿童在幼年时期遭受体罚，长大以后往往更难以驾驭；第四，体罚只能造就奴隶的性格，而不能培养雄辩之才；第五，体罚的结果必然使儿童心情沮丧压抑，经常感到抑郁，产生恐怖心理。

昆体良在教育史上是继柏拉图和亚里士多德之后又一个深入探讨学前教育问题的伟大教育家，提出有关幼儿早期教育、双语教学法、游戏理论、幼儿教师的教学原则、反对体罚等观点，都给我们留下了宝贵的教育财富。

第二编
学前教育的起步

第四讲　中国封建社会的学前教育及主要思想家的学前教育思想

本讲提要

在中国古代学前教育的发展历史中,特别是两千多年的封建社会时期,许多教育家、思想家从不同的角度论述过学前教育的目的、内容、方法等。他们关于学前教育的主张,对当时社会的学前教育的实施起着重要的指导作用。

中国古代的教育思想,包括学前教育思想,主要产生于古代的教育实践活动。古代社会的政治经济状况,特别是以家庭为本位的小农经济和以"礼"为核心的封建等级制度,除通过由之派生的教育制度、设施而间接影响教育思想外,还直接对教育思想产生决定性影响。古代的理论学派,特别是儒家学说,对教育思想的发展起着重要的指导和规范作用。此外,教育家、思想家个人的思维方式和认识水平,也是产生各种特色教育思想的重要原因。正是在众多的社会因素的影响下,形成了中国古代学前教育思想的体系和特色。在中国古代,有丰富的学前教育经验和理论的思想家、教育家很多,本讲只选贾谊、颜之推、朱熹、王守仁作为代表予以简述,他们的思想理论流传至今,值得我们深入研究和借鉴。

一、中国封建社会的学前教育

春秋战国之际,中国开始进入封建社会。伴随奴隶制度的崩溃,奴隶社会"学在官府"的局面被打破,私学大兴,教育对象扩大,原来为奴隶主贵族所垄断的文化与道德等方面的知识,为更多人掌握,从而也为家庭实施学前教育提供了更多的可能性,因此学前教育得到进一步的发展。

(一) 封建社会的学前家庭教育

家庭是社会的基本细胞,是子女与社会最早的接触点,也是我国古代儿童接受学前教育的场所。中国古代家庭教育发达是由家庭所处的经济、政治和社会地位决定的——我国古代家庭不仅是经济生活的共同体,从政治上说,个人的命运也与家庭的命运息息相关。

1. 封建社会学前家庭教育的目的

(1) 为培养统治人才服务

在封建社会,历代统治者多重视教育,他们的目的主要在于通过学校教育为封建社会培养统治人才。汉代太学的设立也能够说明这一点。太学是封建社会一种重要的官学机构,其最初就是西汉武帝接受当时著名的教育家董仲舒"养士之大者,莫大乎太学;太学者,贤士之所关也,教化之本原也"的主张,为造就官僚后备军而设立的。隋唐以后,虽然受科举制度的影响,学校日渐成为科举的附庸,但其最终的目标仍然是培养统治人才。

学前教育是学校教育的基础,其目的与学校教育的目的一样,都是为封建社会培养所需要的统治人才,因此封建社会的许多家庭在实施学前家庭

董仲舒

教育的过程中,长辈们常以"学而优则仕"的思想教育儿童,以供日后加官晋爵的知识启蒙儿童。同时统治者也非常重视学前家庭教育,视其为封建教育的重要组成部分和造就官僚后备军的开始。

（2）齐家治国的基础

古人十分重视家庭教育,并把它作为步入仕途、治国安邦的基础,而家庭学前教育的实施,又是家庭教育的基本内容与起点。从这个意义上讲,为齐家治国奠定基础,也是学前家庭教育的目的之一。

以家教与治国的逻辑联系为纽带的宗法政治统治,皇位实行嫡长继承制,百姓以血缘关系论亲疏。家庭内部以父权实施家长制管理,国家最高统治者则以君权实施"家天下"的统治,父权与君权名异实同。秦以后虽实行郡县制,但仍以家庭（家族）为国家对臣民进行统治的中介。中国封建社会的地方行政,一般都以县为基层行政单位,然而县境广阔,人口众多,要实行有效统治,还必须依靠地方自治性质的乡村组织。由于中国农村社会聚族而居的特点,家族成为乡村组织的基础。乡村组织对百姓实行的是族权与政权的联合统治,因此,国家的统治归根到底是要依靠家庭组织的力量。"家之不宁,国难得安。"由此,许多政治家、思想家提出国之本在家,欲治其国,须先齐家的观点,并赋予家庭人口生产、物质生产、教育三重职能,使中国传统的家庭具有特殊的意义。

（3）光耀门楣

如果说齐家治国是政治家为古代学前家庭教育制定的终极目标,那么光宗耀祖则是普通家庭实施学前教育的实质动机和目的。

将个体的光荣与家庭的荣耀联系起来,根源于中国社会的文化特点。中国古代是个注重血缘关系的社会,历代统治者制定法律,惩罚罪犯,并不只限于个人,有时甚至要牵连整个家族,所谓"一人当灾,全家遭殃",一人犯法,轻者罪及三族,重者株连九族。同样,"一人得道,鸡犬升天",一个人出人头地,不仅是个人的荣幸,也是全家的荣耀,如在科举时代,若家中有人高中举人、进士,则朝廷以大红喜报报喜,整个家族都将沉浸于喜气洋洋之中。正是由于个体与家庭间这种休戚相关、荣辱与共的关系,使得学前家庭教育在封建社会显得格外重要。家中长辈都视子女为私有财产,希望通过家教早日使子孙"成龙",以达到振兴家业、光宗耀祖的目的,同时,子孙亦以身许家,把光耀门楣作为自己的奋斗目标和报答父母养育之恩的最好方式。

2. 学前家庭教育的内容

纵观中国两千多年封建社会时期的学前家庭教育,其教育内容主要包括生活常规教育、初步的道德教育、早期的知识教育、身体保健等方面。

（1）儿童生活常规的教育与培养

封建礼教是封建时代人们思想行为的规范体系。孔子说:"非礼勿视,非礼勿听,非礼勿言,非礼勿动。"即要求人们一言一行、一举一动都必须符合"礼"的要求。"礼"的核心在于辨名分、定尊卑,明确君臣、父子、夫妇、长幼的等级差别,从而确定人际关系的准则及相应的行为规范,使每个人都能在自己所处的社会位置上安守本分、循规蹈矩,形成稳定的社会秩序。"礼"的精神和规范很大程度上要靠教育来贯彻推行,它的要求对象涉及社会上所有的人,贯穿于每个人的一生,存在于生活的各个场合,儿童自然也不例外。儿童年龄越小,尊长敬长的要求越突出,所以,古代十分重视儿童自幼的生活常规训练。

古代关于儿童生活常规的要求极多,被概括为"幼仪"或"童子礼",基本上都是为封建礼教服务的。这些生活常规总的原则是谦卑、恭谨、稳重。

在儿童自身的举止行为方面,古代对儿童的坐、立、行、跪、拜、起居、饮食等方面都有严格的规定。例如:坐应齐脚、敛手、定身端坐,不得靠椅背、伸腿、跷腿、支颐（手托腮）、欠伸及广占坐席。站立应拱手正身、双足相并,不得欠脚、歪斜、踏物、靠墙。饮食的约束就更多了,如不得抢先、拖后,不得挑食、拨食、撒饭、剩饭,吃饭时不得说话、左顾右盼、手足乱动、发声嚼啜,等等。总之,目的是使儿童自幼动静有度、举止儒雅。

在儿童与家中长辈的关系方面,古代更是制定了详尽的行为准则,称为"应对、进退之节"。在儿

孔子六艺[1]

[1]　央视网.孔子:六艺:礼、乐、射、御、书、数[EB/OL].[2016-01-04].https://tv.cctv.com/2016/01/05/VIDE1451965687291745.shtml.

童手足能自主活动时，就要教他作揖拱手。每日清晨和黄昏向父母请安，逢年过节及长辈寿诞的叩头行礼也在幼儿能走动时就开始训练。在与长辈日常接触的各种场合和各个环节都有具体要求和规定。例如：

长辈召见之礼。长辈召唤时，既不可慢走以失恭敬，也不可快跑以失稳重，正确的做法是立即快步前往。到了长辈面前，要面向长辈站好，不能侧着身、歪着头听长辈讲话。长辈有所教训时，必须低头听受，不可妄发议论。回答长辈的问话时，如已就座要站起来，语言要详缓，不可中途打断长辈问话，不可声音过大或态度不严肃，更不可顶嘴抗辩。如果长辈与自己挨得很近的话，说话时还必须用手掩口，既示尊重，也有不使口中气味触及长辈之意。

求见长辈之礼。求见长辈时要事先发出声音以使长辈有所准备，不可突然推门而入；进屋时应放低视线，不可四处张望。退时亦须疾趋而出，不可有一点怠慢之处。此外，与长辈在任何地方不期而遇，均应垂手侍立，长辈有话则应，无话则退。经过长辈屋外，长辈问是何人，要报自己的名字，不可答"我"。陪同长辈应酬时，不得妄自开口，随意与他人答话。总之，要表现出对长辈的谦恭、体贴的态度，不可恣意而行。

养成卫生的习惯也是古代培养儿童家庭生活常规的重要内容。平时应十分注意衣着整洁，保持环境卫生。古代要求儿童讲究卫生，除了为培养恭谨持重的品德，还有培养儿童自幼勤劳的习惯的作用。古人有"父兄劳于官，子弟逸于家"的俗话，认为这是败家的征兆，因此，必须使子弟自幼勤谨，方能继业。"洒扫"事虽小，却是有效的常规训练。

以上这些生活常规适用于所有晚辈子弟，相关训练自幼便开始，其中充斥着封建礼教的内容，烦琐而形式化的色彩较浓，而且许多要求是不适合儿童年龄特点的，是对儿童天性发展的禁锢。但古代制定的儿童生活常规也并非一无是处，它所体现的某种认真、严格的教育精神，以及对儿童行为举止作一些必要的约束，要求儿童尊敬长辈、体贴他人，不至于一切以自我为中心，等等，是有不可否定的积极意义的。

（2）初步的道德教育

重视道德教育在中国具有悠久的传统。孔子说："行有余力，则以学文。"行指品行、德行，意思是说在品行、德行修养有余力时才可以学习文化知识。以品德为先不仅是数千年封建社会学校教育、社会教育的主旨，而且也成为学前家庭教育的"纲领"。在家庭中对幼儿进行思想品德教育，主要是使儿童形成初步的道德观念，养成良好的行为习惯。这种德育内容主要包括下面四个方面。

① 孝悌

《吕氏春秋·孝行》中说："夫孝，三皇五帝之本务。"可见，注重孝道在我国有着悠久的历史。西周以后，孝悌之道更是成为古代道德的根本，因此在封建社会中，培养幼儿的孝悌观念，也就成为学前家庭教育的首要任务。

对幼儿进行"孝"的教育，主要是要求幼儿从小养成不违父母意志，服从父母绝对权威的习惯。还要求幼儿自小养成敬奉双亲的习惯。《礼记·曲礼》中要求儿子对父母应做到"冬温而夏清，昏定而晨省"，即冬天应使父母温暖而不受寒，夏天应使父母凉爽而不受热，晚上要为父母铺好床，早晨要向父母请安。东汉时的黄香可以说是实行这种孝行的典范，《三字经》也说："香九龄，能温席。"黄香9岁时，对父亲非常孝顺，寒冬时能用自己的体温为父亲暖被窝。因此他就被列为古代廿四孝之一，成了封建社会儿童学习的榜样。

注意从小培养儿童孝顺双亲的品德，是我国古代尊老孝亲传统道德意识的体现，同时，以此作为儿童道德意识形成的起步，也符合儿童道德形成的规律。当然，封建社会的"孝"从本质上说是"借正父子之论，以严君臣之分"，突出父权的"孝"，旨在强化对皇权的"忠"，而且这种"忠""孝"中，包含不问是非的"愚忠""愚孝"，在一定程度上扼杀了儿童的个性与自由，成为制造奴性和奴才的渊薮，这是我们应当批判的。

如果说孝是用以维系纵向的家庭关系，占主导地位，那么悌则是用以强化横向的家庭关系，居辅助地位。对幼儿进行悌的教育，主要是要求孩童自幼兄弟友爱，为兄者爱护弟弟，为弟者敬爱兄长。据说东汉时大文学家孔融4岁时，就能把大的梨让给兄长吃，而自取小的。这则"孔融让梨"的故事在封建社会

儒家思想
之孝①

---

① 央视网.孔子：儒家思想之一：孝[EB/OL].[2016−01−04].https://tv.cctv.com/2016/01/05/VIDE1451964079453988.shtml.

曾广为流传,并在学前家庭教育中作为进行悌的教育的典型事例而屡被引用。

孔融让梨

家庭教育中强调悌德的培养,目的是使兄弟和睦,家族兴旺,个人日后能在社会上立身。"兄友弟恭"始终是中国封建社会和谐家庭关系的重要内容。

② 崇俭

我国古代是个农业文明的国家,农村的稳定决定着朝廷的安危。农业生产艰辛,丰收得之不易,一如唐诗中所说:"谁知盘中餐,粒粒皆辛苦。"故珍惜粮食,崇尚俭朴就成为中华民族的传统美德和家庭教育的重要内容。

在封建社会中,父辈创下的家业,小辈坐享其成,难知其中的艰辛。"由俭入奢易,由奢入俭难",如果不使小辈养成俭朴的生活习惯,他们就有可能成为败家之子,这也是许多家庭重视对儿童进行崇俭教育的一个重要原因。

为使幼儿树立崇俭的观念,封建社会强调:生活的清贫、俭朴,常促人奋进、成才,而专尚奢侈则会使人堕入深渊。

为了培养儿童的俭朴生活习惯,对于幼儿的饮食与衣着,古人主张不能过于讲究,如《礼记·曲礼》中曾规定:"童子不衣裘裳",这不仅是因其过暖不利于儿童发育,更主要的是因其华贵不利于儿童养成崇俭的习性。

诸葛亮《诫子篇》

③ 诚信

诚信就是诚实无欺。幼儿的天性纯洁美好,绝假纯真,然而由于不正确的影响或幼儿自身因自夸或惧过之故,有时也会说谎,这是日后欺诈之心生长的萌芽。要使孩子诚实无欺,长辈首先应该从正面进行教育。而由于幼儿年幼无知,难辨是非,长辈又应以自身诚实的行为来引导幼儿。《韩诗外传》中记载了一则孟母教子无欺的故事:孟子幼小的时候,有一次看见邻居家在杀猪,便问母亲:"他们为什么杀猪?"孟母随口答道:"给你吃。"继而又很后悔,她想:自己这是在用假话去欺骗孩子,也是在教小孩不诚实。于是便去买了邻居家的猪肉给孟子吃,以免对孩子产生不良的影响。

一旦小孩由于某种原因说了谎,父母应该及时训诫,予以纠正,以杜绝此类事的再度出现。宋代邵博在《邵氏闻见后录》中曾记载史学家司马光儿时的一件往事:当司马光只有五六岁时,一次剥核桃吃,不会去皮,其姐要帮助他,没有成功。后来一婢女帮他用热水把核桃烫一下后,很容易剥去了皮。等姐姐再来时,便问是谁剥的皮,司马光回答是自己所为。恰好父亲在旁边目睹了此事的经过,听到司马光的回答便厉声训斥:"你怎么敢胡说?!"司马光从此再也不敢说谎了。

司马光说谎[1]

④ 为善

善,在封建社会主要是指合乎道义、合乎礼仪的事。古代学前家庭教育中非常注意使幼儿养成行善去恶的观念,经常教育幼儿除在家孝顺父母、敬爱兄长外,在外凡是合乎道义的利人之事都应为之。由于孩童年幼,不可能做出惊天动地的大善事,故许多家长都非常重视教育幼儿行小善戒小恶,积小善以成大德,如三国时的刘备曾遗诏教训后主说:"勿以恶小而为之,勿以善小而不为。"西汉的贾谊在《新书》中还记载了这样一则古人教子为善的故事:春秋时期的孙叔敖,幼时在外玩耍,见到一条两头蛇,回家后向母亲哭诉:"我听说看见两头蛇的人必死,今我见到一条两头蛇,恐怕我活不了多久。"母亲问他蛇在哪儿,他说:"我怕别人又看见它,已将它打死埋掉了。"母亲说:"你不必担忧,凡积善行善的人,老天爷会予以保护的。"古人重视教育幼儿为善积德,积小德成大德,这无疑是很可取的。

（3）文化知识教育

由于中国封建社会的文官选拔与文化考试紧密相连,人们异常重视知识(主要是儒家经典)的学习。

---

① 央视网.百家说故事:司马光说谎[EB/OL].[2020－07－01].https://tv.cctv.com/2020/07/01/VIDEt86zIFPNHPGFzZsNd3Ms200701.shtml?spm＝C53121759377.PBVLarG6KMJQ.0.0.

于是在"万般皆下品，唯有读书高"的思想支配下，文化知识便成为众多家庭幼儿教育的主要内容。封建社会家庭对幼儿实施的文化知识教育，主要是教他们识字、学书、听解"四书"，以及学习一些名诗、名赋、格言等。

识字教育是文化知识教育的重点与起步。在有条件的家庭中，幼儿的识字教育一般在3—4岁时便已开始，有的家庭还很注意研究识字教学的方法，如清代学者蒋士铨4岁时，其母以竹丝拼字，不仅能引起儿童兴趣，而且对于儿童清楚字的笔画结构亦有益处。此外，如清代学者崔学古、唐彪、王筠都曾对幼童识字教育进行过研究。

字书是封建社会幼儿识字启蒙教育的基本教材，历代颇为重视。南朝周兴嗣的《千字文》与宋代王应麟的《三字经》，以及无名氏的《百家姓》，简称"三、百、千"，则是古代蒙学字书编写的代表作，它们流传极广，甚至为朝鲜、日本所学习。这些字书虽不是专为家庭幼儿教育而编，但实际上许多家庭已将它们作为家教识字课本，原因在于这些教材编得生动活泼，而且均采用韵语，或三言句，或四言句，句短合仄，读来朗朗上口，便于幼儿记诵。此外，它们虽将字集中编排，但并非字的机械组合，而是把它们巧妙地组成富于思想意义的句子，由此介绍日常生活常规、自然科学知识和进行思想教育等。可见，从严格意义上讲，它们是分散与集中识字相结合的教材，这种编写方法很值得我们借鉴。

千字文①

王羲之指缸教字②

古代家庭教育中，由于人们普遍认为幼儿因手骨没有发育完全，执笔有一定困难，故识字教学与习字教学常常是分开进行的。一般的家庭在幼儿6—7岁时才开始教他们用毛笔在纸上练习写字。教幼儿习字的程序大致是先教幼儿把笔，其次是教幼儿描红，第三步则是教幼儿临摹名家碑帖，最后才是脱离碑帖习字。不过，古时也有出于种种原因，在幼儿4—5岁时即以芦荻或木棒代笔在地上教其学书的，如南朝的道教思想家、医学家陶弘景，又如北宋文学家欧阳修4岁时丧父，母亲郑氏督教很严，因家贫买不起纸笔，即以荻画地教子习字，后因以"画荻"为称颂母教的典故。教幼儿识字、习字是为了使幼儿能及早阅读儒家典籍。在某些家庭中，或出于父母望子成龙心切，或由于幼儿特别聪明，当幼儿4—5岁已能识得一些字后，便开始教授"四书"、《孝经》等。

由于诗赋是科举考试中的一项重要内容，故在家庭中亦极为重视对幼儿进行诗赋知识的启蒙。当时在家庭中主要是选择汉赋中的某些名篇、唐宋诗中的某些名家作品让幼儿背诵。最为常用的教材有《唐诗三百首》《千家诗》和北宋汪洙的《神童诗》等。

在学前家庭教育中，当时除重视对幼儿进行文化知识的传授外，还着意于使幼儿养成乐学、勤学的学风。为此他们常常鼓励幼儿要从小立下大志，以此作为勤学苦读的目标和动力。同时他们还经常用许多古今学者珍惜光阴、勤勉学习的范例激励幼儿勤学、苦学，如颜之推在家训中就曾引古时苏秦刺股苦读、孙康映雪读书、车武子囊萤照书等事迹教育子孙后代勤奋学习，从小养成踏实勤奋的求学作风。

画荻教子

（4）幼儿身体保健教育

古代学前儿童的教育内容以思想教育与文化知识教育为主，但同时在许多家庭中也注意到教养结合的问题，强调注重对婴幼儿身体的保健工作。为了提高婴幼儿抗御疾病的能力，许多中医学者反对婴幼儿过饱过暖，民间也有"若要小儿安，常带三分饥与寒"的谚语。

游戏是学前儿童喜爱的活动，也是古代家庭中加强幼儿身体锻炼的一种重要方法。古时能起到锻炼身体作用的幼儿游戏主要有拔河、跳百索（跳绳）、放风筝、踢毽子、踢球（琢石为球，以足蹴之，前后交击为胜）等，许多游戏至今仍为幼儿所喜爱。在《百子图》这幅画中，生动形象地描画出多种古代儿童的玩具，如图中的红缨枪、小陀螺，还有捉迷藏、玩木偶、打秋千等学前儿童的常见游戏。

① 央视网.中国影像方志：千字之文，凝缩天地人生，舞动蒙学经典[EB/OL].[2019－08－29].https://tv.cctv.com/2019/08/29/VIDEhpzZsnA3Vc2VLEYRTMDV190829.shtml.

② 央视网.百家说故事：王羲之指缸教字[EB/OL].[2020－06－12].https://tv.cctv.com/2020/06/12/VIDEszV2bq6gxFbbFV5Kxrc7200612.shtml.

《百子图》局部

纵观封建社会学前家庭教育的内容是非常丰富的,它涵盖了德、智、体等方面,与学校教育和社会教育的内容在本质上是一致的,体现了教育的连贯性。但古代学前家庭教育的内容又有偏颇,它过于突出德育与智育,而且许多繁杂的教育内容过于成人化与教条化,使幼儿难以承受,在很大程度上扼杀了儿童的天性。

(二)封建社会的胎教

中国封建社会的学前教育继承了奴隶社会胎教的传统,并进一步向前发展,在实践经验的基础上总结出了比较系统的古代胎教理论。由于时代的局限,古代胎教理论部分夹杂着封建意识和迷信色彩,但也积累了不少为当代科学所证实的合理的、宝贵的经验。

成书于秦汉时期的《黄帝内经》是中国古代最早的医学著作。该书结合"气"以及阴阳五行学说,对生命的成因、疾病的起源等作了唯物主义的解释,指出人的某些疾病起因在胎儿时期,成为"胎病"。为避免"胎病"发生,保证胎儿健康发育,以提高新生儿的天然素质,有必要对孕妇的日常生活进行指导,通过母教实施胎教。这是中国最早从医学角度探讨胎教问题的论述。

唐代以后,随着医学的发展,妇科、儿科分化出来构成独立的研究科目,而这些科目的对象大都是与胎教有关的。医师们继承了前人有关胎教实施内容的基本观点,同时开展对妊娠生理特点和胎儿生理特点的研究,进而阐发胎教的意义、作用、内容和方式,增强了古代胎教学说的科学性。

唐代名医孙思邈提出了胎教作用的一个基本理论,即"外象内感"。"外象"是指外界客观事物的影响,"内感"是指母体内的胎儿对外部客观事物的感应,"外象内感"的意思是说孕妇所接触的外界物象会直接让体内胎儿产生感应。他在《千金方·养胎》中叙述道:"旧说凡受胎三月,逐物变化,禀质未定。故妊娠三月,欲得观犀象猛兽,珠玉宝物;欲得见贤人君子,盛德大师;观礼乐、钟鼓、俎豆、军旅陈设,焚烧名香;口诵诗书,古今箴诫;居处简静,割不正不食,席不正不坐,弹琴瑟,调心神,和情性,节嗜欲……"孙思邈的胎教学说注重孕妇所处的外界环境对胎儿的影响,这一基本思想是正确的。

明代医学家万全重视孕妇的精神调节,从医学角度对孕妇情绪给胎儿的影响作出了较为科学的解释。他认为孕妇加强自我心理调节,注意控制情绪的波动是非常必要的。只有孕妇心绪和顺,胎儿才能健康成长。

古代的医学家们还十分重视孕妇饮食的调摄。宋代妇产科医师陈自明在《妇人良方》、元代医师朱震亨在《格致余论·慈幼论》中分别指出孕妇饮食的宜忌,北齐医师徐之才则在《逐月养胎法》中依据胎儿每个月的不同发育状态,为孕妇制定了相应的食谱。此外,他们还要求孕妇饮食清淡、饥饱适中,这样才不会使孕妇和胎儿受损伤。

总之,封建社会时期的胎教思想多持胎养和胎教相结合的观点,这种养教一体化的胎教观点,发展了前人的胎教思想,丰富了古代胎教的内容。纵观古代胎教的历史,可以看出,中国胎教由来已久,很受社会重视,有着相当程度的发展,积累了大量的经验,以下方面值得我们借鉴和重视。

1. 注重外界环境对胎儿的影响

在"外象内感"理论的指导下,古人强调要为孕妇创造一个尽可能良好的环境,避免各种不良事物对胎儿的影响。现代生理学的研究证明胎儿确实具有初步的感觉能力,能够对外界的影响作出反应。

2. 注重母体的精神因素对胎儿的影响

这也是"外象内感"的一个重要方面,古人要求孕妇一定要保持良好的、稳定的情绪,节制喜怒哀乐等情绪以及各种欲念的过度发作。这些做法也是现代胎教所提倡的。现代生理学的研究证明母亲的情绪波动会影响到胎儿的发育,因此,孕妇保持良好的情绪对胎儿身心发展大有好处。

3. 注重孕妇良好生活习惯的培养

古代胎教强调孕妇的饮食起居等日常生活习惯要有一定规矩,并且罗列了孕妇的种种禁忌,许多内容在今天看来近乎荒唐,如"割不正不食,席不正不坐"等,但这反映了古人深知孕妇的饮食起居、一举一动对胎儿的影响之大。因科学认识水平所限,只好多立禁忌,以求平安保险。强调饮食清淡、饥饱适中、举措有常,这对胎儿是有益的。

4. 注重胎教和母教的结合

古代胎教实际上也是母教,胎教对胎儿的影响是隐性的、间接的,对母亲的影响则是显性的、直接的。母亲怀孕期间在良好环境中,进行生活常规的训练,情绪和性格上的陶冶以及知识的学习和道德的培养,这些措施必然能促进母亲在身体、品德、智能方面均有较大的发展,从而为子女出生后的教育打下良好的基础。由此可见,它的作用不仅影响到胎儿的身心发育,还对婴幼儿教育以至整个家庭教育产生影响,具有长远的效应。

当然,古代限于科学认识水平的低下,特别是对胎儿生理心理发育缺乏系统的科学研究,胎教的理论和措施中也有不少非科学的东西。"外象内感"这一理论,强调客观环境对胎儿的决定性影响,应该说具有唯物主义观点,但过于绝对化,忽视了胎儿的遗传因素和自身的固有发展规律,无限夸大了"外象"的作用,以至认为胎儿"见物而化","因感而变",不仅品德、才能可因胎教而定型,甚至相貌、性别也可由胎教来决定,这显然是错误的。至于一些稀奇古怪的禁忌,如食兔肉则子缺唇,食鳖肉则子短颈,食骡肉则难产,看神怪鬼戏及猴戏则子貌酷肖之,等等,将所接触事物的某些特征与胎儿、孕妇的某些疾患牵强附会在一起,都是违背现代科学的东西。

两千多年的封建社会是我国古代学前教育大发展时期,这个时期儿童学前教育总的特点是:① 打破了过去奴隶主贵族垄断学前教育的局面,使学前教育成为普通平民家庭教育的重要组成部分;② 学前教育的内容大为丰富,涵盖了德、智、体诸方面,并出现了许多专为幼儿编写的用于思想教育、文化知识教育等方面的教材;③ 对幼儿的潜能进行了最大限度的挖掘,学前教育内容的难度与广度均有较大的增加;④ 学前教育的实施具有浓厚的功利主义色彩,在实施过程中,总体上是重教轻养;⑤ 儒家思想规范指导着学前教育的实施。

二、贾谊论早期教育

贾谊的一生①

贾谊(公元前200—前168年),西汉初期著名的政论家、文学家,洛阳人。18 岁时,即以能诵读诗书、善为文章称誉于郡中。20 余岁,廷尉吴公以其颇通诸家之书,荐于汉文帝,召为博士,掌文献典籍。不到一年,被擢升为太中大夫。朝廷上许多法令、规章的制定,都由他主持进行。贾谊的才华和文帝对他的信任,引起了一部分朝臣的不满。他们以"洛阳之人,年少初学,专欲擅权,纷乱诸事"的流言,动摇了文帝对贾谊的信任,结果文帝让贾谊离开长安,去做长沙王的太傅。后人称贾谊为贾长沙、贾太傅。在长沙任职的 3 年中,贾谊的心情一直抑郁不欢。文帝七年(公元前 173 年),贾谊被召回长安,任梁王的太傅。此时文帝虽仍赞赏贾谊的博学,但对于他多次上疏陈述的政治主张并不采纳。后来梁王骑马摔死,贾谊认为自己没有尽到太傅的责任,经常悲泣自责,不久忧郁而终,时年 33 岁。

贾 谊

---

① 央视网.文化大百科:贾谊[EB/OL].[2013 - 11 - 18].https://tv.cctv.com/2013/11/18/VIDE1384768284190739.shtml.

　　贾谊曾数次上疏,批评时政。他认为汉兴二十余年,当改正朔,易服色,制法度,定官名,兴礼乐。针对当时外有匈奴侵掠,内有诸侯王作乱的形势,他要求统治者应有处积薪之上的危机感。他一方面力主抗击匈奴贵族的攻掠,另一方面建议用"众建诸侯而少其力"的办法,削弱诸侯王势力,巩固中央集权。

　　贾谊的著述,今人辑为《贾谊集》,包括《新书》10 卷。他关于早期教育的论述,主要见于《新书》的《傅职》《保傅》《劝学》《胎教》诸篇。

（一）早谕教

　　贾谊对于早期教育的论述,主要是从加强中央集权的政治观点出发,针对皇太子的教育而言的。

　　贾谊通过对殷商国祚长久、秦朝二世而亡的史实考察,指出:"天下之命,县于太子。"太子的品行如何,预示、决定着他日后继承皇位时的道德表现。从这个意义上讲,他认为对太子的教育,实乃治乱之机要,如果太子能受到正确的教育,养成善良的品德,则"太子正而天下定矣"。

　　贾谊认为,对太子的教育应尽早实施,"太子之善,在于早谕教与选左右"。早期教育是教育的最佳期,当婴幼儿的赤子之心尚未受到外界熏染,先入为主对他实施教育,就会收到最佳的效果,他说:"心未滥而先谕教,则化易成也。"同时,早期教育也是整个人生教育的最重要阶段,一个人幼时接受的教育,往往决定着他日后的成长道路。因此,他强调"君子慎始"。并指出"殷、周之君有道之长","而秦无道之暴",就是由于前者对太子自幼便实施了良好的早期教育,而后者则不然。

　　贾谊认为,胎教是早期教育之始端,王室之家应当重视对太子实施胎教,在太子未出生以前要设置专门实施胎教的处所——"蒌室",安排专人监护孕妇的饮食、视、听、言、动等,使其合乎礼的规定。孕妇自身亦须有胎教意识。贾谊的胎教理论虽无甚新意,只是祖述"古制",但他却是汉代最早提倡胎教的教育家。

太子的学习①

（二）进左右

　　贾谊认为,慎选左右是对太子进行早期教育成功的保证。为加强皇太子的早期教育,在宫廷内应设置专门辅导、教谕太子的师、保、傅官,建立保傅教育制度,一如西周时教育成王一样,设太师、太傅、太保,合称"三公"。除"三公"之外,当时还置有少保、少傅、少师,简称"三少"。"三少"是保傅官的副职,他们常与太子同居处,共出入,起着监护人的作用。

　　设置"三公""三少"旨在于太子周围形成良善的教育环境。他们一方面以孝仁礼义之道教导太子,另一方面充当卫翼太子的屏障,使太子自幼闻正言、见正事、行正道,同时逐去邪人,不使太子耳闻目睹恶言、恶行、恶事。贾谊认为:"习与正人居之,不能无正也,犹生长于齐之不能不齐言也;习与不正人居之,不能无不正也,犹生长于楚之不能不楚言也。"师、保、傅是太子最早、最重要的教育者,他们的品行直接影响着太子德性的形成,最终关系到国运能否长久。为此,贾谊要求统治者必须慎择师、保、傅官,宜以"天下之端士,孝悌博闻有术者",即德才兼备者充任"三公""三少"。贾谊还指出,慎选太子的早期教育者,乃存亡、治乱之枢机,"夫教得而左右正,则太子正矣;太子正而天下定矣"。

（三）重儒术

　　贾谊是西汉初期继叔孙通、陆贾之后又一位向统治者提出以儒术治国的儒家学者。对于皇太子的早期教育,他当然企望以儒家思想统摄其心。为此,他向统治者进言,要求注重儒术,按儒家的理想人格来塑造太子,以儒家学说作为太子早期教育的主要内容。太子的文化知识教育,贾谊主张应注重《春秋》《礼》《诗》《乐》等儒家经典的传授。在贾谊看来,儒家经典不仅记载了中国古代文化,而且含有丰富的道德涵养价值。贾谊还提倡加强历史知识的学习,他认为,太子只有接受了古代典传知识的教育,才能通晓上古先王以德治国的方法,明了历代兴亡的史实,从而产生警戒、畏惧重蹈覆辙的心理。

---

　　①　央视网.法律讲堂(文史版):汉武帝尊儒之谜(三)·太子的学习[EB/OL].〔2012－12－26〕.https://tv.cctv.com/2012/12/26/VIDE1356537066912794.shtml.

在道德教育方面,贾谊主张应使太子自幼形成儒家倡导的忠、信、义、礼、孝、仁等道德观念,在他看来,具有此"圣人之德"的人,就是道德上的完美者,也即具备儒家理想人格者。为此,他要求对于太子不合上述道德规范的行为,教师应及时予以矫正。

对将来君临天下的太子的教育,传授"君国畜民"之道自然是绝不可少的。为此,贾谊提出,师、保、傅官应使太子自幼通晓儒家德行并举的治国方略,懂得文武之道乃治国之本,知道对臣子应赏罚分明、公正。

此外,关于太子的早期教育,贾谊还提出了教养结合的主张,即除进行道德与知识教育外,还要由少保负责健养其身体。一方面监护太子,注意防止太子有可能伤害身体的过激行为,如暴饮暴食、狂欢无态等;另一方面还要照料太子的日常起居。正是由于贾谊把保护太子的身体视作师、保、傅官的一项重要的职责及教育内容,故当梁王坠马而死后,他引以自责,竟郁郁寡欢,英年早逝。

贾谊作为西汉初期的政治家,他关于早期教育的论述虽然只是针对太子的特殊教育提出来的,而且其列举的实施方法也大多是综述文武三代之道,少有新意,但他毕竟是先秦以来第一位较为全面地论述早期教育问题的教育家,他的思想对封建社会早期教育理论的发展起着不可缺少的桥梁作用。

三、颜之推的家庭教育思想

颜之推(531—约595年),北齐文学家。字介,原籍琅琊临沂(今属山东),世居建康(今南京)。出身于士族官僚家庭,12岁时听讲老庄之学,因"虚谈非其所好,还习《礼》《传》"。生活上有魏晋之风,"好饮酒,多任纵,不修边幅"。他博览群书,为文辞情并茂,得梁湘东王赏识,19岁就任国左常侍。后投奔北齐,累官至黄门侍郎。公元577年,北齐为北周所灭,他被征为御史上士。581年,隋灭北周,他又于隋文帝开皇年间,被召为学士,不久以疾终。他曾叹息自己"三为亡国之人"。

颜之推的传世著作有《颜氏家训》和《还冤志》等。《颜氏家训》共20篇,是颜之推为了用儒家思想教训子孙,以保持自己家庭的传统与地位,而写出的一部系统完整的家庭教育教科书。这是他一生关于士大夫立身、治家、处事、为学的经验总结,在封建家庭教育发展史上有重要的影响。后世称此书为"家教规范"。

育子宝典:
《颜氏家训》①

颜之推

(一)固须早教

家庭教育本来就是人生最早受到的教育,而早期教育的理论又是开展家庭教育的价值基础,颜之推正是抓住了这一点。颜之推认为家庭教育要及早进行,有条件的还应在儿童未出生时就实行胎教。

他引用孔子"少成若天性,习惯成自然"的思想作为理论依据,又引俗谚"教妇初来,教子婴孩"作为例证来论证自己的观点。他主张儿童出生之后,便应以明白孝仁礼义的人"导习之"。"当及婴稚,识人颜色,知人喜怒,便加教诲",就是说教育当自婴儿会看大人脸色的时候开始。

颜之推认为早期教育之所以重要,至少有两条原因:其一,幼童时期学习效果较好得益较大。他说:"人生小幼,精神专利。长成以后,思虑散逸,固须早教,勿失机也。"他根据幼童阶段与成年以后的不同心理特征,说明幼年时期受外界干扰少,精神专注,记忆力旺盛,能保持长久的记忆。而成年人思想复杂,精神不易集中,记忆力逐渐衰退。其二,人在年幼时期,心理纯净,各种思想观念和行为习惯尚未形成,可塑性很大。颜之推认为这个时期,儿童受到的教育与环境影响,会在儿童心灵上打上很深的烙印,长大以后也难以改变。所以一定要抓住早期教育的最佳时机。

---

① 央视网.文明之旅:育子宝典:颜氏家训[EB/OL].[2016-03-28].https://tv.cctv.com/2016/03/28/VIDER1msT8AH9vWpJ1K64K8k160328.shtml.

颜之推认为早期教育最重要的，就是培养儿童良好的行为习惯，包括认真接受父母教育的习惯在内，能够"使为则为，使止则止"。

（二）威严有慈

如何处理对子弟的慈爱与严格要求两者之间的关系，是家庭教育中极为重要的一个问题。在这个问题上，父母自然对子女爱护，他说："骨肉之爱，不可以简，简则慈孝不接。"但父母更要对子女担负起教育的义务，他主张父母对子女的正确态度是将慈爱和严教结合起来。

颜之推批评当时许多家庭的父母对子女"无教而有爱"，一味放纵。别人提醒他时还不以为然。这样，孩子就会以为一切都是理所当然，等到孩子逐渐长大，不良行为也愈加明显，这时父母才觉察到，开始加以管教。然而已经难以奏效了，反而导致子女的抵触对抗。

颜之推主张父母对孩子从小就要严格要求，勤于教诲，不能溺爱和放任。父母在子女面前要庄重严肃，但不能过于严厉，要严慈有度，所谓"父母威严而有慈，则子女畏惧而生孝"。

颜之推认为肉体惩罚是家庭教育中不可缺少的有效手段。在他看来，鞭挞体罚孩子，以促其反省悔过，是完全必要的，犹如以苦药治其疾病。

颜之推要求父母对子女威严有慈，慈严结合，不能无教而有爱，这无疑是正确的。但他对棍棒教育推崇备至，显然是不可取的。

（三）均爱勿偏

颜之推认为，在家庭教育中应当切忌偏宠，不论子女聪慧与否，都应以同样的爱护与教育标准来对待。然而在实际生活中，人之爱子，罕有能均者，聪慧有才的子女往往为父母所偏宠，而失于严格的教育，这只能导致儿童狂妄自大。

为引起后人对家庭教育中"均爱勿偏"原则的重视，颜之推还从反面列举了许多事例，以为家庭教子的龟鉴。如春秋时期郑庄公的母亲武姜宠爱幼子共叔段，予其待遇优厚，"僭越"其等级。共叔段逐渐养成骄横霸道的习气，后因起兵谋位被诛。颜之推指出："共叔之死，母实为之。"

又如汉高祖刘邦之子赵隐王如意，深为父母溺爱，曾欲代太子位，赖大臣反对而不得。高祖去世后，如意为吕后鸩杀。颜之推认为："赵王之戮，父实使之。"

颜之推结合历史事例得出结论，偏宠儿童的父母，虽本意是要厚待之，然而实际上是为其招来祸害。意愿与效果相反，这是值得家庭教育者深思的。

溺爱的后果[1]

（四）应世经务

颜之推主张上自明王圣帝，下至庶人凡子，均须勤奋学习，学习的目的在于"行道以利世"，要掌握"应世经务"的真实本领。因此，除必读儒家的五经之外，还应"涉百家之书"，否则就会产生偏差，像"博士买驴，书券三纸，未有驴字"。这种烦琐而不得要领的学风，是颜之推竭力反对的。

他批评当时许多世族子弟不学无术，饱食终日，庸庸碌碌，知识浅薄，夸夸其谈，不务实学，脱离实际。例如，他抨击了当时教育培养出来的尽是不可理事、脱离实际的人物：一类是玄学空谈家，他们虽然能品评古今事物，但只能纸上谈兵。另一类是死守章句的腐儒，他们整天"诵短章，构小策"，却完全脱离实际。这两类人才实是废才，于国家毫无用处。

颜之推主张要广泛接触社会生活，学习各种杂艺：琴、棋、书、画、数、医、射、卜等。还要熟悉农业生产知识。他特别强调要掌握一技之长，以为立身之本，所谓"积财千万，不如薄技在身"。

（五）重视风化陶染

所谓风化，是指"自上而行于下者也，自先而施于后者也"，在家庭中即父母或其他成年人对年幼者

---

[1]　央视网.百家说故事：颜之推：颜氏家训［EB/OL］.［2020 - 01 - 20］.https://tv.cctv.com/2020/01/20/VIDEKKlCFlXCHgjCRw NXJSfS200120.shtml.

的示范作用。颜之推认为，家长是儿童感情上最亲近的人，也是儿童心目中的权威，他们的言行常被儿童奉为金科玉律。父母对子女的影响远远超过他人，故为父母者必须加强自我道德修养，否则，"父不慈则子不孝，兄不友则弟不恭"。

与孔、孟等儒学大师一样，颜之推十分重视让儿童"必慎交游"。他认为家庭教育要注意选邻择友，是因为儿童的心理处于发展阶段，尚未定型，而儿童的好奇心和模仿性都很强，总在观看模仿别人的一举一动，无形之中，周围人的为人处世给儿童以"熏渍陶""潜移暗化"。因此，邻友对于儿童的影响，有时甚至可能比父母的作用还大。

此外，颜之推认为语言的学习应该成为儿童教育的一项重要内容。在家庭教育子女学习正确的语言，是做父母的重要责任。一事一物，不经查考，不敢随便称呼。学习语言应注意规范，不应强调方言，要重视通用语言。

颜之推的家庭教育思想是他整个教育思想的精华。他关于家庭教育的地位、作用、原则和方法的论述，虽是基于使后代"立身扬名""光宗耀祖"的宗旨而发出的一家之训，但由于涉及了古今教育中普遍存在的问题，包含一定的合理因素，至今仍不失其价值。

四、朱熹的儿童教育思想

朱熹（1130—1200 年），字元晦，一字仲晦，号晦庵，徽州婺源（今江西婺源县）人。南宋时期著名的哲学家、思想家、教育家。生于书香门第，父朱松进士出身，曾师从北宋理学家程颐、程颢的再传弟子罗从彦。朱熹天资聪颖，自幼接受儒学教育与理学启蒙，奠定了学术和思想基础。18 岁"举建州乡贡"，次年考中进士，后被授泉州同安县主簿，开始其政治与教育生涯。然而仕途坎坷，50 岁时才被任命为偏僻之地南康军知军，以后又在浙东、漳州、潭州等地任官，晚年受宰相赵汝愚推荐，为焕章阁待制兼侍讲，遭谗言，仅 40 余日即被解职，结束其政治活动。

朱熹一生热衷于教育事业，从政仅 14 年，而专门从事教育活动 40 余年之久。即使在为官期间，他也重视文教、锐意办学，未曾间断教育工作，如任南康知军时，修复白鹿洞书院，并在其中讲学，制定学规，对后世影响很大；为潭州知州时，倡导州学、县学，亲自主持修复岳麓书院，处理政务之余，仍教诲诸生不倦。

朱熹曾师事二程的三传弟子李侗，他的理学思想直接继承了二程（特别是程颐）的学术思想，同时吸收了周敦颐、张载的主张，成为宋代理学思想的集大成者。朱熹的教育理论是其理学思想体系的一部分。

朱熹著作颇丰，主要有《诗集传》《四书集注》《周易本义》《近思录》等，后人编有《晦庵先生朱文公文集》《朱子语类》等。他的儿童教育思想除散见于一些诗文中，还见之于他为儿童编写的教材《小学》与《童蒙须知》中。

（一）重视蒙养教育

朱熹依据古代的教育经验，把整个学校教育的过程划分为小学与大学两个阶段，8—15 岁为小学教育段，即蒙养教育段；15 岁以后为大学教育段。他认为这是两个相对独立、相互联系的阶段，小学教育是大学教育的基础，大学教育则是小学教育的扩充和深化。

朱熹特别重视蒙养阶段的基础教育作用，他说："古人之学，固以致知为先，然其始也，必养之于小学。"又说："古人由小学而进于大学，其于洒扫应对进退之间，持守坚定，涵养纯熟，固已久矣。是以大学之序，特因小学已成之功。"认为如果儿童在幼时"不习之于小学，则无以收其放心，养其德性，而为大学之基本"。同时他从儿童的心理特点和教学的要求出发，指出只有使儿童"讲而习之于幼稚之时"，才能收到理想的教学效果。

为了说明蒙养教育的重要性，他还把小学阶段的教育形象地比喻为"打坯模"阶段，并指出倘若自幼失了小学，或坯模没打好，大了要补填就十分困难。总之，在他看来，蒙养阶段的教育非常重要，必须抓紧抓好。

（二）要求慎择师友

由于幼儿模仿性强，是非辨别能力弱，周围的环境对他们的影响很大，因此朱熹也与古代许多教育家一样，强调在幼儿教育中应注意慎择师友。

朱熹认为，对于普通的士大夫家庭，慎择幼儿的教师应自慎择乳母开始。因为乳母与婴幼儿接触的时间较长，对婴幼儿的影响也较大，作为婴幼儿的最初教育者，"乳母之教，所系尤切"。如何选择乳母呢？朱熹提出的条件是：必选求宽裕慈惠、温良恭敬、慎而寡言者为子师。这是对乳母的要求，实质上亦是朱熹期望儿童所应具有的品行。

择友的标准①

儿童稍长，除须慎择教师外，还应开始注意培养儿童辨别是非、交游益友的能力。朱熹曾在《与长子受之》这封家信中教育儿子所交朋友要有亲疏之分，"益友"应近之，"损友"则应远之。

普通人家的子弟要善择师友，对太子、皇孙来说，师友的选择就更为重要。针对当时皇太子、皇孙师友选择不当的情形，他大胆地指出太子、皇孙左右的官僚之选，罕有称其职者，同时劝告统治者，应效仿古之圣王教世子法，选拔端方正直、道术博闻之士为太子师友。

（三）强调学"眼前事"

朱熹认为小学的主要任务应当是"学其事"，学习眼前日用的事。他指出："小学之事，知之浅而行之小者也"，具体而言，包括"洒扫应对进退之节""礼乐射御书数之文"和"爱亲敬长隆师亲友之道"这样一些内容。朱熹认为儿童学习这类"眼前事"不仅符合儿童认识的发展水平，而且能够为大学"学其理"打下基础，因为"理在其中"，事事物物之中都存有一个理。

为使儿童"眼前之事"的学习有章可循，朱熹亲自为儿童编写了《小学》与《童蒙须知》两部教材。《小学》系将古代童蒙读物加以选择、扩充，加上古今圣贤名流的嘉言善行汇集成书，全书共分内外两篇，内篇有四：《立教》《明伦》《敬身》《稽古》；外篇有二：《嘉言》《善行》。《小学》一书对后世所产生的影响极其深远，其地位相当于"四书"。《童蒙须知》则是朱熹为儿童制定的学习"眼前事"的具体标准与要求。它依童蒙习学之序，始于衣服冠履，次及言语步趋，次及洒扫涓洁，"凡盥面，必以巾帨遮护衣服，卷束两袖，勿令有所湿。凡就劳役，必去上笼衣服，只著短便，爱护勿使损污"。又规定"凡百器用，皆当严肃整齐，顿放有常处"等等，虽然比较琐屑，但却也有不少合理成分。

朱熹强调学习"眼前事"，注重道德行为操作的训练，要求儿童的学习由浅入深，自近及远，这不仅符合儿童认识发展与道德形成的规律，易为儿童掌握，而且也有助于培养儿童良好的道德习惯，养成践履笃实的作风。古语说：一室不能扫，何以扫天下？小节不拘，大德怎成？注重"眼前事"的学习，也就是要求从小事、身边事做起，至今这仍是儿童品德教育中必须遵循的原则。

（四）提倡正面教育

朱熹在教育工作中一贯重视和提倡以正面教育为主，对儿童教育他更为强调多积极诱导，少消极限制，要求"多说那恭敬处，少说那防禁处"。同时在他编写的《童蒙须知》中，对儿童的日常生活行为规定也主要着眼于进行正面的具体的指导。

根据正面教育为主的原则，朱熹还对教师提出指导、示范和适时启发的要求，并把教师对学生的适时启发比喻为"时雨之化"。

朱熹的儿童教育思想是他多年教育实践经验的总结，在某种程度上反映了他对儿童身心发展规律的直观理解，包含了不少有积极意义的内容，在古代学前教育理论发展史上占有重要的地位。

---

① 央视网.百家讲坛：中华家训（16）择友的标准　交友看品质［EB/OL］.［2017－02－03］.https://tv.cctv.com/2017/02/03/VIDEEcaTKItjfe9rIP90vMoj170203.shtml.

五、王守仁的儿童教育思想

王守仁(1472—1529年)，字伯安，浙江余姚人。明代中叶著名的哲学家、教育家。曾筑室越城(今绍兴)附近的阳明洞，隐居修道，自号阳明子，学者称阳明先生。弘治十二年(1499年)中进士。正德元年(1506年)，因得罪宦官刘瑾，谪贵州龙场驿。正德五年(1510年)，任吉安府庐陵县知县，同年迁南京刑部主事，后任南京鸿胪寺卿。正德十一年(1516年)，升左金都御史，巡抚南安、赣州等地。曾参加镇压农民起义，又平定宗室贵族宁王朱宸濠之叛乱。最后官至右副都御史、南京兵部尚书。

王守仁于弘治十八年(1505年)开始授徒讲学，曾讲学于稽山书院和龙泉寺中天阁等处，并从事著述。创"心学"，认为心是天地万物之主，心即理，心外无物，心外无理；又以知行合一、致良知为标志，世称"王学"。著有《传习录》《大学问》《王文成公全书》(即《阳明全书》)等。

王守仁

(一) 顺导性情，鼓舞兴趣

关于儿童教育，王守仁的基本思想是：教育儿童应根据儿童生理、心理特点，从积极方面入手，顺导儿童性情，促其自然发展。他说："大抵童子之情，乐嬉游而惮拘检，如草木之始萌芽，舒畅之则条达，摧挠之则衰萎。"意思是说儿童性情好动，喜欢嬉戏玩耍，而害怕受拘束和禁锢，就像草木刚刚萌芽，顺其自然就会使它长得枝叶茂盛，摧挠它则很快会使它衰败枯萎。因此对儿童进行教育，必须注意顺导儿童性情，不宜加以束缚和限制。

王守仁认为，顺导儿童性情进行教育，最重要的就是要激发儿童学习的兴趣，兴趣在提高儿童教育质量方面起着十分重要的积极作用。他认为，儿童如果对学习兴趣盎然，则学习时必然心情愉快，能生动活泼地学习，这样进步自然不会停止，就像时雨春风滋润草木花卉，没有不生机勃勃、自然而然地一天天长大的。反之，如果忽视了儿童兴趣的培养，则会压抑儿童学习的积极性，使儿童的学习很难进步，如同遭遇冰霜的花木，"生意萧索，日就枯槁"。

为此王守仁对当时流行的无视儿童兴趣，摧残儿童天性的传统教育方法进行了尖锐的批评，他指出其结果不仅使学生厌恶学习，憎恨教师与学校，而且会使学生想尽办法蒙骗老师，品德日趋败坏。他认为这种教育不是教人为善，乃是驱人为恶。可见，王守仁提倡顺导儿童性情，鼓舞儿童兴趣的教育方法，是与传统教育方法根本对立的，在当时具有非常积极的意义。

(二) 循序渐进，量力而施

王守仁认为，对儿童进行教育必须注意"从本原上用力，渐渐盈科而进"。在他看来，任何人的认识水平都有一个由婴儿到成人的发展过程。教育者必须根据儿童这种"精气日足，筋力日强，聪明日开"的成长过程，循序渐进地进行教育。

循序渐进的原则应用到教学中，必然要求教育者在确定教育内容时，注意量力而施，符合儿童的认识发展水平。他认为，对儿童不能像对成人一样要求，儿童认识发展到何等水平，教学就只能进行到什么水平。

(三) 因材施教，各成其材

王守仁认为，教育者对儿童施教，不仅要考虑儿童认识发展水平的共性特征，还要注意个体发展水平的差异，针对每个人的个性差异，因材施教，就像良医之治病，对症下药。

王守仁认为，因材施教的目的在于使受教育者"各成其材"，他说："因人而施之，教也，各成其材矣，而同归于善。"他认为每个儿童都有其长处，教育者如能就其长处加以培养，就可以使他们某一方面的才能得到发展。他举例说：譬如有三人习射，"一能步箭，一能马箭，一能远箭，他射得到俱谓之力，中处俱可谓之巧；但步不能马，马不能远，各有所长，便是才力分限有不同处"。这是就才能而言。针对儿童性格方面的不同，他也要求教师应根据儿童各自的特性，采取不同方法，分别予以适当的陶冶，各成其长。

王守仁的因材施教，各成其材的思想，承认了发展个性的必要性，对传统教育抹杀儿童个性的存在，以一个模式培养儿童的教育方法可以说是一个有力的批判，同时也体现了他思想的进步意义。

（四）全面诱导，不执一偏

王守仁认为，对儿童进行教育的内容和途径应当是多方面的。他说："教人为学，不可执一偏。"为此他对教育者提出了通过习礼、歌诗和读书对儿童进行全面教导的要求，并对习礼、歌诗和读书的教育意义和作用分别作了说明。

为了能够有条理、有步骤地进行多方面的教育，他还在《社学教条》中拟订了一个比较详细的日课表，课程安排，除了读书、习礼、歌诗之外，还增加了考德和课仿，内容相当全面，同时在顺序上注意到动静交错，张弛结合，也有一定的科学性。此外，王守仁在教学方法方面也有一些创造，如用比赛性质的教学方法，对于培养学生的学习兴趣具有积极意义。

王守仁关于儿童教育的论述，是其整个教育思想的精华，它不仅在反对当时传统教育方面具有明显的积极意义，而且在很大程度上符合儿童教育的规律，与近代进步的教育学说多有一致的地方。尤其是他的"自然教育论"的提出，比西方最早表达自然教育思想的法国卢梭的名著《爱弥儿》的出版时间（1762年）早了 200 多年，实属难能可贵。

思考与练习

一、选择题

1. 以下哪一部医书是"药王"孙思邈的著作？（　　　　）

A.《千金方》　　　　　B.《本草纲目》　　　　C.《伤寒杂病论》　　　D.《妇人良方》

二、填空题

1. 我国古代第一部系统完整的家庭教育教科书是_____。

2. 集中反映朱熹儿童教育思想的是他编著的《小学》和_____。

3. 提出"师保傅"思想的教育家是_____。

三、简答题

1. 原始社会儿童社会公育有哪些特点？

2. 简述封建社会胎教的主要观点。

3. 评述贾谊的早期教育思想。

4. 评述颜之推的家庭教育思想。

5. 朱熹的学"眼前事"教育主张对儿童教育有何借鉴意义？

6. 试分析王守仁的儿童自然教育思想。

第五讲　欧洲中世纪和文艺复兴时期的学前教育

![本讲提要图标] **本讲提要**

　　公元476年,西罗马帝国灭亡,西欧从此进入了封建社会。直到17世纪中期英国资产阶级革命为止,欧洲的封建社会持续了1 200多年。在其发展过程中,大致经历了三个阶段:5—11世纪为封建社会的产生和形成时期;11—14世纪上半叶,是封建社会的发展时期;14世纪下半叶至17世纪初期,是封建社会走向解体,资本主义生产方式开始萌芽、形成和不断发展的时期,即由封建社会向资本主义社会过渡的时期。在世界历史上一般称前两个时期为"中世纪",意思是处于古典文化和文艺复兴之间,把最后一个时期称为"文艺复兴"时期。此时人们的思想观念发生了重大变化,学前教育也随之发生了巨变。

一、欧洲中世纪的学前教育

(一) 欧洲中世纪的社会特点

　　西欧中世纪是在罗马帝国的废墟之上,由文明程度远低于罗马人的外来"蛮族"建立起来的。一方面由于战争的破坏,另一方面由于占领者的文化水准还不足以欣赏、学习和消受古希腊、古罗马时代所遗留下来的文化遗产,因此,中世纪早期,古希腊、古罗马的文化成就为世人所遗忘,西欧的文化教育水准大幅度下降。宗教和僧侣垄断了政治、经济、文化和思想,这使得西欧中世纪早期的封建教育带有浓厚的宗教性。

　　西欧封建社会是以封建所有制为基础的,封建统治在分封土地的基础上形成了严格的等级制度。国王是封建国家的首脑,其下分别为公爵、伯爵、男爵、子爵,骑士是封建阶梯中最低的等级。教会后来也仿照世俗封建主的等级制度,在教会内部建立起了教阶结构。这样西欧的封建社会形成了一个严格的等级结构,它的教育也具有明显的等级性。

(二) 中世纪的儿童观及幼儿教育

1. 性恶论的儿童观及畏神禁欲的教育

　　基督教起源于1世纪左右的巴勒斯坦,后来逐渐传播到欧洲和世界各国。中世纪的欧洲,基督教居于统治地位,同样也垄断了当时的教育,不允许一般的世俗学校存在。基督教鼓吹由于儿童是带有"原罪"来到人世的,故生来性恶,人人必须历经苦难生活的磨难,不断赎罪,才能净化灵魂。为了得到未来天堂的幸福,人人应当听从教会的训诫,常年敬畏上帝,实行禁欲;应当从幼年起就抑制儿童嬉笑欢闹、游戏娱乐的愿望,并采取严厉措施来禁止这类表现。教会学校中,宗教居于所有学科之上,儿童从小就要盲信、盲从圣书和教师的权威,不允许有任何自主性和独立意识的流露。以性恶论及禁欲主义作为依据,教会要求摧残肉体以使灵魂得救,所以教育中体罚盛行,且取消了体育。

2. 预成论的儿童观及幼儿教育的成人化

　　中世纪前期,欧洲在基督教宗教蒙昧主义的统治下,自然科学的发展长期停滞,教育理论也徘徊不前,幼儿教育的研究更是成为被人遗忘的角落。在此状况下,一种沿袭古代的、人们称为"预成论"的儿童观与性恶论相并存,在社会中占统治地位。[①] 按照预成论的观点,儿童与成人不应有重要区别,从幼儿开始,儿童的身体和个性已经被认为成人化了。儿童与成人的区别仅在于身体大小和知识多少的不同而已。儿童被看成是一个缩小了的成人,因此在欧洲 14 世纪以前的绘画,总是不变地以成年人的身体比例和面部特征来画儿童的肖像。预成论否认儿童与成人在身心特点上的差异,也否认了儿童身心发展的节律性、阶段性。由于受预成论的影响,人们无论是在社会教育还是家庭教育中,都忽视儿童的身心特点,忽视儿童的爱好及需要,对儿童的要求整齐划一,方法简单粗暴。

(三) 西欧中世纪学前教育的实施

1. 基督教会的学前教育

使受教育者虔信上帝、熟读《圣经》,以求做一个合格的基督徒是基督教会学前教育的目的。这种教育从幼儿开始,从小要把他们训练成为一个个笃信上帝、服从教会的"圣童",从而为培养一个真正的基督徒奠定坚实的基础。这种教育主要是通过基督徒对子女进行宗教意识的熏陶与幼儿跟随家长参加众多的圣事礼仪和节日活动来实施的,有时还组织儿童欣赏教会音乐、陶冶其宗教情感和增强其对上帝的信仰。其教育方法则简单、粗暴,以体罚为主。

2. 世俗封建主的学前教育

封建贵族的幼儿教育一般按等级分为两类:

(1) 宫廷学校的教育

宫廷学校是一种设在宫廷中,主要培养王公贵族后代的学校,最早的宫廷学校出现在 7 世纪上半叶。768 年法兰克王国的统治者查理曼大帝即位以后,大力发展文化教育,宫廷学校更加成为欧洲的重要世俗教育形式。

宫廷学校的学习科目和当时的教会学校一样,主要学习七艺,教育内容是作为未来统治者所必需的自然和社会的知识以及某些粗浅哲理,教育方法多采用问答法。

(2) 骑士早期教育

骑士教育是集封建思想意识的熏陶与军事体育训练于一体的一种特殊形式的家庭教育。它产生于 9 世纪后半期,骑士教育的目的是训练能够骑马打仗、忠于封主、懂得宫廷礼节的职业军人。它的形式是家庭教育,其过程分为三个时期:出生至 7 岁的家庭教育时期,主要是身体的保护、宗教信仰和道德的陶冶;7—14 岁的侍童教育时期,主要学习骑士七技;14—21 岁的骑士侍从时期,主要侍奉领主。

骑士并不像誓词中所说的那样是仗义勇为的侠义之士,而是对教会和封建主无限忠诚,对下层劳动人民无比残忍的武士。骑士教育以军事知识为主,轻视文化知识的学习,因此,许多骑士目不识丁,甚至不会签自己的名字。

西欧中世纪的学前教育还不具备明确划分的学习阶段,显得粗浅、简单,它按照儿童所在的不同社会地位而实施不同的教育内容。西欧中世纪的早期教育,不论是宫廷学校还是骑士教育,都带有鲜明的宗教性和等级性,这正反映了它们为封建主阶级利益服务的性质。

二、欧洲文艺复兴时期的学前教育

(一) 人文主义的特征及教育观念的转变

文艺复兴运动是 14—17 世纪欧洲在意识形态领域里向封建主义和天主教神学体系发动的一场伟大的文化革命运动。文艺复兴的基本精神是"人文主义",提倡以人为中心,反对以神为中心;歌颂人的伟大,实现人的尊严;强调个性解放,主张教育应该培养身心健康、知识广博、多才多艺的新人。以此为

---

① 杨汉麟,周采.外国幼儿教育史[M].南宁:广西教育出版社,1998:55-56.

指导,人文主义的教育家和思想家批判了性恶论的儿童观,反对把儿童看成被"原罪"污染的有待赎罪的羔羊;认为儿童是自然的生物,应当得到成人的细心关怀和照顾;他们重视人的身心全面发展,重视教育培养人的作用,关注儿童身心发展的一般规律和个别差异,强调体育和游戏的重要意义;他们重视家庭教育,认为儿童在入学前应在家中受到良好的道德行为和语言文字方面的预备教育;他们看到了环境尤其是家庭环境对儿童教育的影响,要求父母、教师应该注意自身的言行,为幼儿树立表率;他们反对体罚儿童,提倡启发儿童的兴趣和积极性。相对于中世纪的阴霾,文艺复兴时期更加展露出新时代的灿烂曙光,开欧洲近代教育之先河。

在人文主义教育家的著作中,多方面地论述了年轻一代的培养问题,形成了这一时期的教育理论,促进了这一时期教育的发展。这些理论虽然还不系统、不全面,却代表着一种新时代的潮流,重视人才培养、重视早期教育和勇于改革是它们共同的特征。

(二) 伊拉斯莫斯论儿童教育

尼德兰的伊拉斯莫斯(1469—1536年)是一个对欧洲教育具有巨大影响的北欧著名人文主义学者和教育家,著有《愚人颂》《基督教君主的教育》和《论童蒙的自由教育》。

1. 论教育的目的和任务

伊拉斯莫斯嘲讽和攻击天主教会的腐败和丑恶,提出了革新宗教的理想。针对"原罪论"观念,提出了儿童的性善说,认为这种善良的禀赋只有通过持续不断地教育才能得以巩固和发展。认为人并非生而为人,要成为人,必须通过教养,以理性的道德约束和教育获得发展。所以在他看来,教育的目的就是培养"善良"的人。教育的任务则是在年轻人头脑中播下虔诚的种子,使之热爱并认真学习自由学科,习惯于基本礼仪,为生活作好准备。

2. 教育的作用及环境的重要性

伊拉斯莫斯高度评价了教育和环境在改造社会和人性中的重要作用,他还认为影响儿童教育和身心发展有三个因素:自然(儿童的禀赋)、教导和练习,后两者起主导作用。他说,没有一只野兽如此狂暴、粗蛮,以至于训练者不能加以驯服。对于人类来说,教育的作用则更不可低估;任何人都是可教育的。他还指出:家庭条件优越的儿童则更要加强教育——土壤的质地越好,如果农人不注意,则越易荒芜,以致长满无用的野草和灌木,育人的道理也是如此。他认为环境对人的影响也很大,只能让幼儿和品德优良、谦虚谨慎的孩子交朋友。应使孩子远离死硬的酒鬼、下流猥亵的人,特别是溜须拍马的人,不要让孩子闻其声,观其行,以免受到影响[1]。

3. 早期教育的意义、儿童观及教育方法

伊拉斯莫斯竭力陈述儿童早期教育的重要性,他要求家长深刻认识教育的社会意义。提出对幼儿进行及早教育,可从襁褓中开始。他认为幼儿尚处于有待成熟的过程中,具有的稳定的习惯很少;儿童喜欢模仿,易效仿良好的榜样,也容易接受负面影响而染上恶习,所以应及早给儿童以良好的榜样。

在儿童观方面,他主张不应再把儿童当成小大人看待,要求对幼儿进行教育时要注意让他们的身心获得均衡发展,首先要注意体育,但是也要重视道德和知识教育。他还强调幼儿教育必须照顾到儿童由于天性爱好所引起的个性差异,认为应该通过游戏和故事来让儿童学习,主张采用直观教具进行教学。在幼年时期的教育要注意培养儿童的记忆力。儿童经过家庭的早期教育,为日后入学奠定基础。

此外,他还力主推行人文主义基督教化或基督教人文主义化的幼儿教育,把基督教和人文主义结合起来。他以发表论文、从事教学工作、编写教科书等形式大力促进了欧洲学校的人文主义化,但对于当时正在蓬勃发展的自然科学则熟视无睹,而这也正是文艺复兴留给后代欧洲的消极遗产,从那时起300余年中,欧洲中学一直是以文科为中心的,自然科学只有在对文科传统的艰难斗争中,才逐渐挤入了学校的课程表,这与伊拉斯莫斯重文轻理的教育影响是有关系的。

(三) 蒙田论儿童教育

蒙田(1533—1592年)是法国文艺复兴后的人文主义思想家、散文作家和教育家。主要著作有《随

---

① 杨汉麟,周采.外国幼儿教育史[M].南宁:广西教育出版社,1998:64.

笔集》(中译本名《蒙田随笔》),于1580年出版,为享誉世界的文学名著,其中有一些篇章专门论述或涉及儿童教育问题。

蒙田所憧憬的教育是培养体智全面发展的新的绅士。"心智与身体决不能一个得到训练,而另一个没有训练,两者同样需要指导,好像两匹马配合起来合力拉车一般。""我们所训练的,不是心智,也不是身体,而是一个人,我决不能把两者分开。"教育必须顺应儿童的天性,儿童的教育是人一生中最重要的事情。教育内容方面,强调一切运动和锻炼,如长跑、击剑、舞蹈、音乐、骑马、打猎,都应该是学习的一部分。教育方法方面,他反对死记硬背,常告诫人们"不要孩子多背诵功课,而是要他行动。他应该在行动中复习功课"。此外,他还提倡独立思考和练习,主张教师应让学生说话,让他们轮流表达自己的观点。家庭教育方面,蒙田反对娇生惯养,主张严格要求,并分析了溺爱子女的恶果,强调父母要为孩子做出榜样。

蒙田虽然没有写下系统的教育专著,但其《随笔集》充满了睿智的教育观念,闪耀着新的教育思想的火花,为后世教育理论的发展奠定了基础。

(四) 康帕内拉论儿童教育

康帕内拉(1568—1639年),是文艺复兴晚期的意大利思想家和早期空想社会主义的著名代表。在他的代表作《太阳城》(1602年在狱中完成,1623年出版)中,他描述了一个立足于科学和社会平等的共产主义的城市国家。他主张国家办教育、普及教育,以及男女教育平等。在其有关教育的构想中,幼儿教育占有特殊的地位。

康帕内拉的
《太阳城》

1. 提倡优生与胎教

他设想在太阳城中,体格匀称和美貌的女子只能同体格匀称和健壮的男子结合,此外胖男配瘦女,瘦男配胖女,性格暴躁者配性格温和者,以便互补。他还对结婚的最佳年龄、妇女的受孕时机以及受孕前双方的准备工作都作了详细的探讨,其目的就是生育健康的后代,以便后代成为最优秀的人物[①]。

2. 儿童的养育和教育

在太阳城里,儿童一生下来就可送到国立公共育儿室,在医生指导下由母亲对婴儿进行抚养。婴儿的哺乳期为2年。一经断奶,立即转到国立托儿所,由国家录用的男女教养员实施教育。他们通过城市壁画和罗马字母进行语言、文字、谈话及绘画教育。此外还进行竞赛、散步、摔跤等体育活动。将3—7岁的儿童编为4个组,每一组都配有1名年长学者。这个时期的儿童都能轮流受到以科学基础为内容的教育和体操、竞赛、铁饼等体育方面的训练,以及以参观各种工场为中心的手艺教育。从7岁起开始正规学校教育[②]。

康帕内拉的上述思想在当时虽然只是空想,但完全超出了一般人文主义者的思想,并给予夸美纽斯以及19世纪空想社会主义者以深刻的影响。

文艺复兴时期的人文思想家开始尊重儿童的天性,关注儿童的兴趣和需要,提出了一些适应幼儿身心发展特点的教育内容和方法。虽然缺乏系统的理论论述和实践尝试,但它毕竟扫荡了中世纪的阴霾,展露了新时代教育的灿烂曙光,为近代学前教育的发展奠定了坚实的基础。

思考与练习

1. 简述西欧中世纪儿童教育的儿童观与教育状况。
2. 文艺复兴时期儿童教育观念发生了哪些转变?
3. 人文主义教育家儿童教育思想述评。

---

① [意]康帕内拉.太阳城[M].陈大维,等译.北京:商务印书馆,1997:18-20.
② 同上书,20.

第六讲　夸美纽斯的学前教育思想

📚 **本讲提要**

在夸美纽斯漫长的教育生涯中,其研究与贡献涉及教育的许多领域,学前教育是其中最有建树的领域之一。本讲概述夸美纽斯的主要教育观点和思想,着重介绍他在学前教育领域的研究成果和教育思想。

一、生平及著作

夸美纽斯(1592—1670年)是17世纪捷克教育家。1592年,他出生在一个"捷克兄弟会"(捷克的一个民主教派)会员的家庭,父亲是磨坊主。夸美纽斯12岁时失去双亲,由兄弟会资助接受中等和高等教育。他16岁入拉丁语学校,毕业后去德国上大学,1614年回国后担任兄弟会的牧师,并主持兄弟会学校的工作。在此期间,他以极大的热情探索教育改革:传授实用的自然科学和社会科学知识,使教育为现世生活服务,编写简易拉丁文课本。1618年,捷克人民举行了反对德意志天主教贵族统治的起义,以这次起义为导火线,爆发了持续30年的战争(1618—1648年)。1620年,捷克战败,德意志天主教会和封建贵族对捷克人民和新教派别进行了残酷的镇压和掠夺,强迫捷克新教徒改信旧教,并以德语为国语。夸美纽斯在战火中丧失了全部藏书和手稿,又在战后瘟疫中失去了妻儿。

夸美纽斯

1628年夸美纽斯被迫离开祖国,从此终身在国外流亡。此后,他在极其艰苦的流亡生涯中仍孜孜不倦地继续从事教育理论研究及教育实践工作,曾在波兰担任兄弟会文科中学的校长14年,后来又应邀到英国、匈牙利、瑞典等国从事教育改革,1670年在荷兰的阿姆斯特丹去世。

夸美纽斯的班级授课制

夸美纽斯的教育代表作主要有:①《母育学校》,这是一本为父母所写的学龄前儿童教育指南,也是世界历史上第一部学前教育专著,它详细论述了在家庭中进行幼儿教育的各个问题。②《大教学论》,此书是夸美纽斯的教育思想代表作,他在书中论述了诸如教育的目的、任务、作用、教学原则、内容、方法等,《大教学论》的问世,标志着教育学作为一门独立的科学而存在,被视为是近代教育理论的奠基之作,夸美纽斯也被视为近代教育学的奠基人。③《世界图解》,这是世界历史上第一部带有儿童插图的识字课本,自出版后被译成欧亚各国十几种文字,保持其教科书地位200多年,夸美纽斯也被视为"儿童插图书的始祖"。

二、泛智教育

"泛智"思想是夸美纽斯一生教育活动与教育思想的核心。所谓"泛智",就是使所有的人通过接受教育而获得广泛、全面的知识,并使智慧得到普遍的发展。夸美纽斯认为,应该研究并总结出一个包罗万象的知识体系,而且要求人人都应掌握这种对于现实生活有益的、有用的知识。因为只有通过广泛地普及知识,才有助于消除轻视研究实际事物的习气,使人类的智慧得到普遍的发展,从而培养出善于处理各种事务、胜任各种实际活动的人。夸美纽斯的"泛智"思想,反映了文艺复兴以来反对宗教蒙昧主义,提倡认识客观世界和发展科学的时代精神,以及广泛发展教育的资产阶级民主主义要求,具有反对封建主义的进步意义。

三、论教育的作用

夸美纽斯高度评价了教育对于社会生活的作用,认为"教会与国家的改良在于青年得到合适的教导"[①]。他希望通过教育改变社会道德普遍堕落的现象,从而减少黑暗,得到光明与和平。同时他坚信,受过良好教养的民族,将善于利用自然力和地下宝藏,把土地耕种得"像在天堂里"那样好,还可以扫除愚昧和贫困,从而生活得富足、幸福。

夸美纽斯还高度评价教育对人的发展的作用。他认为,人生来便具有"学问""道德"和"虔信"的"种子",但是,它们的发展完全取决于人所受的教育。他说:"假如要去形成一个人,那便必须由教育去形成","只有受过一种合适的教育之后,人才能成为一个人"。[②] 他认为人的心灵生来什么都没有写,但是什么都能写上,而且它没有限度,可以不断地被书写、雕镂;他又把人的心灵比作园地中的泥土,可以栽种各色花木,结出累累果实。他以这些比喻说明,只要教师像高明的画家和辛勤的园丁那样,肯于努力又讲求工作艺术,那么,人的知识和智慧是可以无限地发展起来的。这也说明了人人都可以接受教育、得到发展,夸美纽斯指出事实上智力极低的人犹如生来便没有手脚的人一样,是极其少见的。他满怀信心地说:"我们差不多找不出一块模糊的镜子模糊到了完全反映不出任何影像的田地,我们也差不多找不出一块粗糙的板子粗糙到了完全不能刻上什么东西的地步。而且,即使如此的话,镜子还可擦干净,木板也可以先刨平。同样,假如教员肯充分卖力气,人们是可以被琢磨好的。"因此,夸美纽斯告诫教师,不要对儿童的发展失去信心,更不要轻易武断地把儿童视为难于教育而放弃自己应有的努力。

四、论教育的主导原则

教育适应自然或称自然适应性,是夸美纽斯提出的教育主导原则。他是继亚里士多德之后又一提出教育适应儿童自然的教育家。他尖锐批评了旧学校的种种弊病,认为旧学校只以无用的死的文字材料填塞学生的头脑,而不重视认识实际事物;它只靠死记硬背让学生记住许多没有价值的结论,而不是通过观察与思考学习有益的知识。这就造成了学习时间与儿童精力的极大浪费。加之方法不当,纪律严酷,"以致学校成了儿童恐怖的场所,成了他们的才智的屠宰场"。夸美纽斯认为这样的学校是违背自然的;改革这种学校教育,必须在各方面遵循自然,这就是贯穿在夸美纽斯全部教育思想中的教育必须适应自然的原则。夸美纽斯提出的教育适应自然的原则也正是时代要求在教育领域中的反映。

所谓教育适应自然,按照夸美纽斯的解释,主要是指教育要遵循自然界的秩序,他认为在自然界中存在着一种起支配作用的普遍法则,这种法则,他称之为秩序。他把人看作是自然的一个部分,因而人的发展以及对人进行教育的活动,也应服从这一普遍法则。例如,在《大教学论》中,在"自然遵守合适的时机"这一"法则"之下,他列举鸟类在气候温暖适宜的春天而不是在寒冬或炎夏孵化小鸟,园丁和建筑师也选择在适宜的季节,比如春天进行种植和建造房屋等事例,说明适应自然的教育亦应从人类的春天——儿童时期开始;在一天之中,又是早晨最适于学习。

---

① [捷] 夸美纽斯.大教学论[M].傅任敢,译.北京:人民教育出版社,1984:257.
② 同上书,39.

夸美纽斯还十分强调教育要依据人的自然本性，即儿童的天性、年龄特征。他说：我们的格言应当是：凡事都要跟随自然的领导，要去观察能力发展的次第，要使我们的方法依据这种顺序的原则。夸美纽斯在实际观察的基础上，总结出许多使教育、教学工作适应儿童年龄特征的具体要求，并反复说明，为了使儿童顺其自然地得到发展，必须废止强制性教育的错误观念和做法。

夸美纽斯教育思想中许多有益的主张与合理因素，是他本人和前人长期的教育实际工作经验的总结，当然不是模仿自然"秩序"得出的结果。由于历史条件和科学发展水平的限制，夸美纽斯并不理解教育作为一种社会现象的特殊规律性，也不可能全面揭示自然界和人类发展的普遍法则。但是，在他的教育思想中，又确实包括对于教育工作的个别的、局部的客观规律的正确认识，这是不容忽视的。

五、论学前教育

（一）儿童观及学前教育的意义

在西欧中世纪，基督教以悲观消极的态度看待人生，儿童被看成与生俱有原罪的生灵，他们只有历尽磨难不断赎罪才能得到上帝的救赎，在此观点支配下，儿童没有快乐的童年，其个性受到压抑，身体遭受摧残。文艺复兴之后，人文主义者努力改变这一传统观念，夸美纽斯在《母育学校》里，以满腔的热情，把儿童比作"上帝的种子"，比作比金银珠宝还要珍贵的"无价之宝"，并警告那些欺辱儿童的人，要他们像尊敬上帝那样去尊敬儿童。夸美纽斯还把儿童比作一面镜子，在它里面，人们可以注视谦虚、有礼、亲切、和睦以及其他基督徒的品德。认为只有具有赤子之心的人才能进入天国[①]。在夸美纽斯的儿童观中，虽然还表现出宗教思想对他的束缚，但毕竟已从根本上不同于中世纪的儿童观，表达了夸美纽斯将未来新社会的理想的实现寄予新生一代的热切愿望。

夸美纽斯的学前教育思想立足于他对于早期教育的重要性的深刻认识。从他关于教育遵循自然的原则出发，夸美纽斯呼吁父母们都要承担起孩子的教育责任。人比其他动物更高贵，不能像动物那样只注意身体的养护和外表的装饰，而更要注意人的灵魂。要以教育去滋补它，抚爱和照管他们的心智。对他们施以包括虔信、德行、知识和体育在内的全面的训练，把他们培养成忠实的，能够智慧地管理自己的各种事务的有才能的人。

（二）母育学校的性质、意义和任务

夸美纽斯依据儿童的年龄特征，把人从出生到成年接受教育的过程分为前后衔接的 4 级单轨学制：① 从出生到 6 岁为婴幼儿期，儿童在母育学校接受家庭教育；② 6—12 岁为童年期，儿童在设在村落的国语学校接受初等教育；③ 12—18 岁为少年期，由设在每个城镇的拉丁语学校实施教育；④ 18—24 岁为青年期，通过设于省或王国的大学接受高等教育。[②]

在夸美纽斯所倡导的学制系统中，第一所学校是"母育学校"。在夸美纽斯看来，每一个家庭便是一所母育学校，孩子的母亲便是最主要的教师。他认为上帝既然把儿童赐给了父母，那么父母就要承担起孩子童年时期的教育，假如在自己孩子 6 岁前把他托付给别人教育，那就是对上帝犯下的罪。母育学校就是他的先后衔接的统一学校系统的第一个必不可少的阶段。他第一次从普及教育的角度和儿童心理发展的连续性和阶段性的角度，提出学前阶段教育的重大任务。他认为学前教育的目的和任务在于培养儿童体力、智力和道德的初步基础，通过感觉器官的训练和发展使幼儿获得有关自然界、社会生活和家庭生活的初步认识。特别要重视儿童的健康，为将来入学校学习作好准备。儿童最终总归要跨入学校的大门，去接受学校教育，在此之前先给他们一定的基础知识和学习能力，使其尽快适应学校的学习生活，这是符合教育的循序渐进原则的。

① 任钟印.夸美纽斯教育论著选[M].任宝祥，等译.北京：人民教育出版社，2005：17.
② ［捷］夸美纽斯.大教学论[M].傅任敢，译.北京：人民教育出版社，1984：220－221.

（三）母育学校的教育内容及用书

1. 教育内容

关于学前教育的内容，他论述了胎教、体育、德育和智育四个方面。

（1）胎教

夸美纽斯认为教育应当从胎儿时期就开始。孕妇的心理状态对胎儿的影响很大，如果孕妇不能控制自己的感情，经常处于恐惧、愤怒、仇恨、悲哀、忧伤的不良情绪中，就会生一个怯弱的、易激动的婴儿，甚至可能造成死胎或生下孱弱的婴儿。因此，孕妇的情绪要稳定，他还特别强调孕妇的饮食应该富有营养，不能饮酒。行动要谨慎，生活要有规律。夸美纽斯在 17 世纪前期就明确提出这个问题，实在难能可贵。

（2）体育

在体育中，他敢于向旧传统挑战（西欧中世纪学校中没有体育）。他提出婴儿出生后的主要问题是合理喂养，婴儿应由母亲亲自哺乳；饮食要有营养，幼儿的食物应该是软的、甜的、易消化的，不宜吃刺激太强的食物。另外，要保证幼儿的身体健康，为此要求建立合理的生活制度。为儿童以后良好生活习惯的养成打好基础。要给儿童充分活动、游戏的机会，利用玩具、音乐、看图画等促使他们活泼健康地成长。

夸美纽斯特别重视锻炼和娱乐对儿童身心发展的重要性。不要让儿童习惯于用药，要使他们生活有规律并保持愉快的精神。

（3）德育

夸美纽斯十分重视学前儿童的道德教育，因为儿童生下来不是要做一头小牛或一匹小驴，而是要成为一个有理性的人。德育应在邪恶未占内心之前及早进行，他强调必须在幼年生活中的头几年，就奠定他们的好德行的基础。在道德教育的内容方面，夸美纽斯强调让儿童学习有关德行的初步知识，尤其强调培养儿童的文明礼貌行为和良好的生活习惯。为此他提出了两方面的要求：一是要自幼培养儿童勤劳俭朴、爱整洁的习惯，举止要文雅，学会控制自己的情感；二是在待人接物方面，要求儿童对人要亲切、温和、大方、有礼貌、诚恳、谦逊、诚实、不损害他人、不嫉妒、落落大方和爱劳动等等，在上述一系列品质中，夸美纽斯特别重视节俭和勤劳等良好品质的培养。他认为节制和俭朴是健康和生活的基础，是其他一切品德的根本。在德育方法上，他认为应充分重视榜样、教导、示范、训练、惩罚、表扬等方法的作用，但对中世纪以来家庭教育实践中广泛采用的体罚持反对态度，主张在万不得已时才可使用。

（4）智育

关于学前儿童的智育教育内容方面，夸美纽斯教育思想中最有特色的部分，是他在西方学前教育思想史上，第一次为 6 岁以下的儿童的智育提出了一个广泛而详细的教学大纲。这个大纲包括自然、光学、天文学、地理学、年代学、历史学、家务、政治学、辩证法、算术、几何学、音乐、语言等学科。他强调"应当把一个人在人生的旅途中所当具备的一切知识的种子播植到儿童身上"[①]。夸美纽斯相信，通过这种启蒙性质的教育，就可以为儿童奠定各门科学知识的最初步的基础。在教学方法方面，夸美纽斯从他的唯物论的感觉论出发，特别强调在教给儿童初步知识的过程中，始终依靠儿童自己的亲身观察。如学习光学，可以观察月亮、颜色、天空、树木、花草、照镜子等等。在夸美纽斯的幼儿教学法中，他还注意到由近及远，由易到难，强调要循序渐进。

夸美纽斯的这一理论是以他的泛智教育思想为基础的，他主张用自然科学知识来教育儿童，反对中世纪教会学校用极其狭隘和烦琐的经院哲学来束缚儿童的大脑的做法，反映了新兴资产阶级对于科学知识的渴望，也反映了他对教育的要求。但是由于时代的局限性，他的这一思想没有完全摆脱宗教的束缚，他认为儿童所养成的道德习惯应该是符合宗教要求的，这当然应是我们应该剔除的部分。

2. 父母教育指导书及教材

在西方学前教育史上，夸美纽斯第一次专门为学前儿童的父母写了教育指南《母育学校》，以及学前儿童所使用的教材《世界图解》。夸美纽斯认为，要想帮助父母和保姆有效地教育好自己的孩子，必须为

---

① ［捷］夸美纽斯.大教学论［M］.傅任敢，译.北京：人民教育出版社，1984：218.

他们写一部手册，这本手册应包括几个方面：① 父母及保姆的教育责任；② 儿童所应当学习的各种科目的教导大纲；③ 教学方法，主要是指出教导每一种课目的最合适的时间和灌输它们所应当采用的最佳的言语和姿态。夸美纽斯的上述思想集中反映在他写的《母育学校》里。

其次，夸美纽斯认为还应为儿童编写一本图画书，这本书应当直接放到儿童手里。夸美纽斯认为在学前阶段，教育的主要媒介应当是感官的知觉，而视觉又是感觉里面最主要的一个，所以应当把各门学问中最重要的事物的图像呈现给儿童，如山岳、山谷、树木、鸟儿、鱼儿、马、牛、羊和各种年岁、高度的人们等等。总而言之，图画书中的内容和《母育学校》中提出的广泛的教学大纲的内容相对应，可以配套使用。夸美纽斯不仅注意到图画书对于发展儿童的感知觉的作用，也重视儿童语言的发展，他提出每张图画的上端应写出它所代表的物体的名称，如"屋""牛""狗""树"等。这种图画书有三个用处：① 它可以帮助事物在孩子心里印下一个印象；② 它可以使孩子养成一种观念，认为从书本上面可以得到快乐；③ 它可以帮助他们学习阅读。[①] 这本书就是《世界图解》，在 1658 年出版以后，被迅速译成欧洲各国的文字，流行 200 多年之久，教育了一代又一代的儿童。不仅如此，他所提出的适应学前儿童的特点为他们编图画教材的观点，也有很大影响。皮亚杰和维果茨基等人都曾把自我为中心的语言占主导地位的直观思维期，看作是向逻辑思维过渡的时期，看作是表象思维的时期，因此对幼儿来说，这种图画书有助于丰富词汇，丰富表达能力，活跃形象思维活动进而有利于培养逻辑思维能力。当今我国广为儿童喜爱的识字卡片、看图识字之类的东西，实始于《世界图解》。《世界图解》及其编写原则之所以长久以来为人重视，正是因为它们切合了幼儿心理发展的特点。

（四）论幼儿的游戏及玩具

1. 活动及游戏

夸美纽斯对于学前儿童的游戏、玩具和作业也有许多宝贵的意见。在西方学前教育思想史上，夸美纽斯是第一个从幼儿的年龄特征来论证上述诸方面问题的教育思想家。他指出，爱好活动、喜欢模仿是儿童的天性，他们血气旺盛，不许他们静止。所以，对他们不应加以限制，而应规定儿童常常有些事情可做，像蚂蚁一样不停地干事情。他甚至规定了这样一条原则"只要对他们没有什么伤害，不论孩子们喜欢玩耍什么东西，与其限制他们，不如满足他们，因为就精神和身体而言，不爱活动比爱好作业反而更有害处"[②]。他认为给儿童以活动的自由有三大好处：一是锻炼身体增进健康，二是运用和磨炼思想，三是练习四肢五官趋于灵活。

至于活动方式，夸美纽斯认为游戏这种活动方式最适合幼儿。因为游戏的时候，人的精神专注于某种事物，而这种事物又经常磨炼人的能力。游戏可以使儿童"自寻其乐，并可锻炼身体的健康、精神的活泼和各种肢体的敏捷"[③]。儿童从游戏里可以学到许多日后所需的有用事项。因此他在论述幼儿的智育、语言发展、体育和德育时，都提到了要用游戏的方式进行教育。他号召父母们积极行动起来，帮助和指导儿童玩游戏，陪着他们玩游戏，就像当年雅典的一位最高执政官施米斯塔克莱斯（公元前 520—公元前 449 年）以芦苇当马和儿子共骑的行为那样。

2. 玩具

夸美纽斯对玩具也提出了详细的切实可行的意见。他认为真的工具常会给孩子带来危险，所以必须找些玩具以代替真的工具，如小的铁刀、木剑、锄头、小车、滑板、踏车、建筑物等等，儿童也可以用自己所喜欢的泥土、木片、木块或石头搭起小房子，这样显示他们建造房屋的一种初步建筑术。夸美纽斯强调儿童之所以需要游戏，是因为富有活力的儿童为了散发多余的能量。夸美纽斯还建议要为儿童的眼、耳及其他感官提供一些小的作业，认为这些作业对增强他们的身心力量将是大有裨益的。

（五）论进入公共学校的准备

夸美纽斯在《母育学校》中还详细论述了儿童在何时入小学以及入学前应作些什么准备的问题。他

---

① ［捷］夸美纽斯.大教学论[M].傅任敢，译.北京：人民教育出版社，1984：223.
② 任钟印.夸美纽斯教育论著选[M].任宝祥，等译.北京：人民教育出版社，2005：44.
③ 同上书，43.

认为儿童 6 岁前入小学是不合适的。一方面,稚龄儿童需要更多的监护和照顾,这远非一位教育许多儿童的学校教师力所能及的;另一方面,在儿童五六岁之前,其头脑还未凝固,对于该年龄的儿童来说,使其在游戏中自然地、不自觉地感知事物就可以了。[①] 但儿童到 6 岁时,他的骨骼和头脑的发育日益完善,已经能容易地学完需要在家庭里学会的东西,这时如果再不把他送到真正的学校去,会使他习惯于无益的休闲,甚至养成类似粗野的缺点。当然,6 岁入学也不是绝对的,可以根据幼儿各自能力发展的不同情况,推迟或提前半年到一年。

夸美纽斯提出,某儿童是否适宜进入公共学校学习,可以参考如下标准:该儿童是否真正获得了在母育学校应学会的东西;他对问题是否有注意和辨别、判断的能力;他是否有进一步学习的要求和愿望。

夸美纽斯指出,父母没有准备就将其送往学校是不智之举。正确的准备是在儿童接近入学的时候,首先父母、家庭教师和监护人应当以快乐的心情尽力鼓舞儿童,告诉儿童上小学将带来的愉悦,消除儿童对学校的焦虑感和恐惧感,唤起儿童对学校生活的向往。其次,要激发儿童的求知欲望,唤起儿童上学校学习的兴趣。再次,要培养儿童对学校和老师的信任感和敬爱感。千万不要用学校和教师来恐吓儿童,使儿童心怀畏惧而不愿入学。

六、在学前教育史上的地位

夸美纽斯对世界学前教育的发展作出了重要贡献。他在历史上第一次把学前教育纳入其充满民族色彩的单轨学制,撰写了历史上第一部学前教育专著《母育学校》,历史上第一本看图识字课本《世界图解》,首次深入研究了家庭条件下学前教育的完整体系,规定了其目的、内容和基本方法。他在论述学前教育时,不仅广泛吸取了以往和当时教育思想发展的成果,还力图在当时科学发展的水平以及他个人对儿童生理及心理发展的认识水平上,把学前教育建立在一定的科学基础上。夸美纽斯的学前教育理论,为近代西方学前教育理论的发展奠定了一定的基础,标志着西方学前教育研究从神学化向人本化的方向转变。

夸美纽斯的学前教育思想影响深远。不仅在他之前,甚至在他之后的近 200 年中,还没有一个人对学前教育作过当时条件下所允许的系统研究,更没有人写过全面论述学前教育的专门著作,近代著名幼儿教育家福禄培尔、蒙台梭利在创立自己的理论时明显受到了他的影响。作为一位新旧交替时期的历史人物,由于受时代历史的局限、科学发展水平的制约,夸美纽斯的教育思想仍有其局限性,如他的教育思想仍受宗教观的束缚。但就其贡献而论,总的来说,夸美纽斯堪称"在教育史上居于首屈一指的地位"。

思考与练习

1. 试述夸美纽斯论教育适应自然原则的意义。
2. 试评夸美纽斯学前教育思想。
3. 试论夸美纽斯在学前教育史上的地位。

---

① 任钟印.夸美纽斯教育论著选[M].任宝祥,等译.北京:人民教育出版社,2005:68.

第三编

学前教育的发展

第七讲　近代发达六国的学前教育

本讲提要

1640 年开始的英国资产阶级革命,标志着世界近代史的开始。之后,英、法、德、俄、美、日等国通过各自不同的途径,先后确立了资本主义制度。近代资本主义及生产力的迅猛发展必然要求建立与之相适应的教育制度,在这个背景下,近代幼儿公共教育产生了。最早诞生的近代学前教育机构是英国的欧文在 1816 年创办的幼儿学校,它一度成为欧洲一些国家学前教育的楷模。到 19 世纪中期,德国的福禄培尔所创办的幼儿园,又成为世界许多国家效法的榜样,福禄培尔的学前教育思想和实践经验很快流传到世界各国。到 19 世纪末,学前教育在西方各国教育制度中已初具规模,确立了基本的基础地位。

一、英国的学前教育

英国是最早进行资产阶级革命的西方国家,但君主立宪政体的确立,使当时的英国教育保留浓厚的传统教育色彩。自 18 世纪 60 年代开始,以蒸汽机的改良和推广为标志的第一次工业革命,让大规模机器生产逐渐代替手工生产,极大促进了生产力的发展。但资本的原始积累和资本家对利润的贪得无厌,使工人阶级遭受无情的剥削,特别是低工资女工和童工人数急剧增加。劳动妇女迫于生计,无暇照顾自己的孩子;生活贫困使劳动人民的幼童得不到必需的营养和生长环境,更别奢谈对幼儿的教育了。因此,幼儿问题日趋严重,成为当时亟待解决的社会问题。出于对社会问题的关心和对贫困儿童的同情,从 19 世纪初开始,一些慈善家、开明工厂主和教会人士着手建立幼儿学校,近代英国学前教育正是以欧文的幼儿学校为起点,形成一场规模浩大的幼儿学校运动,一度遍及欧美各国。40 年代后,政府开始重视幼儿教育,对幼儿学校加强补助和控制。

(一) 幼儿学校运动的开展

1. 幼儿学校运动概况

1816 年,空想社会主义者欧文在苏格兰创办英国也是世界上第一所幼儿学校——新拉纳克幼儿学校,激起很大的社会反响。其后,热心人士纷纷仿效,一时形成了英国幼儿学校运动,其领导人是维尔德斯平。

维尔德斯平原来是欧文的助手,1818 年离开新拉纳克后,于 1820 年在伦敦斯平托地区开办一所幼儿学校,继续从事对劳动阶级幼儿的教育工作。维尔德斯平先后担任过"中央模范幼儿学校"和"都柏林模范幼儿学校"的校长,曾用了大约 20 年的时间,周游英国各个地区,致力于幼儿学校的普及,直接受教于他的幼儿就多达 2 万余名。他为推动英国学前教育的发展和幼儿学校的普及作出了重要的贡献。

1825 年,在教育大臣布鲁姆等开明人士的发起和组织下,"伦敦幼儿学校协会"成立,并企图在全英国普及幼儿学校,但该协会在 1829 年因故被取消。1836 年又成立"英国及殖民地幼儿学校协会",协会创办人是梅欧兄妹和雷诺鲁兹。他们以裴斯泰洛齐的直观教学法为原则,来培养幼儿学校的教师。到 1850 年成立了以女子为培养对象的专门幼儿学校养成所,并成功获得了国会的补助。这两个协会对近

欧文幼儿学校游戏场

代英国幼儿教育的发展具有历史性的意义。资料显示,1820年至1825年,英国共开设60所幼儿学校,以后的两年内至少增加到200所,到1840年达到300多所。当时英国的幼儿教育走在世界的前列。

2. 维尔德斯平的幼儿学校

维尔德斯平(1792—1866年)是英国幼儿学校运动的领导人,他所倡导的幼儿学校运动,推动了幼儿学校在英国的普及,并曾对世界幼儿教育的开展产生影响。1820年他在斯平托地区开办幼儿学校,在办学中形成具有自身特色的幼儿学校体系。

(1)幼儿学校的开办目的

维尔德斯平幼儿学校主要招收贫民和工人的幼儿,以保证幼儿的安全和健康为目的。这主要是基于以下原因:由于贫民和工人生活贫困,使幼儿身体健康受到严重损害,营养不良、发育滞后。成人忙于生计将子女丢弃在家里,幼儿因为缺少照看而经常发生意外伤害(如从楼梯上滚落,在家被火烧伤等)。

(2)幼儿学校的教育内容与方法

维尔德斯平非常重视幼儿学校的智育,智育目标在于致力于贫困儿童的"知识改善"。智育内容主要包括:国语、算术、自然、社会、音乐和宗教等,这些内容与初等学校教育内容没有什么两样。这致使他的幼儿学校具有主知主义性质而遭受批评,认为教育内容不考虑儿童的兴趣和能力水平。但维氏的智育计划是有特定的历史原因的,一方面是幼儿家长要求幼儿学校教授读写算等知识;另一方面,是由于当时英国贫民子女的教育年龄被限制在8岁以内,8岁后他们就要被迫去参加劳动。在智育方法上,维尔德斯平反对背诵和鹦鹉学舌式的教育方法,重视实物教学,主张让学生思考、讨论,以获得独立求知的能力。他还独创一种新的教学法——开发教育方法,包括五个方面:激发好奇心,通过感觉学习,从已知到未知,让幼儿独立思考,把教学和娱乐结合起来。为便于教学,维尔德斯平设计了"阶梯教室""游戏场",以及"数学架""教学柱"和"旋转秋千"等教具和设施,自编"发展课文"等教材。维尔德斯平设计的教育内容和方法影响非常广泛,被许多国家的学前教育机构仿效。

在德育方面,维尔德斯平指出德育的目的在于预防贫困儿童的道德堕落,消除虚伪、下流、贪欲、残酷和粗暴等不道德行为,培养爱和同情、服从父母、守秩序、正直、勤勉、节制和尊重私有财产等德性。在道德教育原则上主张要"爱儿童";德育方法强调"赏",以奖励代替惩罚,即使要惩罚幼儿也要带着悲伤和遗憾的表情。

维尔德斯平幼儿学校很关心幼儿的健康问题,将游戏场作为学校的重要组成部分,在幼儿学习感到疲劳、注意力开始分散的时候,组织幼儿进行放松活动。

维尔德斯平对幼儿学校的教师提出很高的要求,认为教师应有"受人欢迎的风采""生机勃勃的气质""很大的忍耐性、温顺、坚韧、冷静、精力旺盛,具有人性的知识,尤其是虔诚——朴素的、诚实的,而且实际的虔诚",同时教师必须研究幼儿的心理状态及掌握知识的情况。

维尔德斯平幼儿学校在德育、智育、体育和游戏等方面颇具特色,尽管维尔德斯平不是幼儿学校的创始者,在他的努力下,英国幼儿学校有了长足的发展,不仅对英国的学前教育发展作出了重要贡献,也对 19 世纪欧美各国的幼儿学校运动产生广泛的影响。

（二）英国政府的幼儿学校政策

早在 1697 年，在教育家洛克的倡导和参与下，英国政府颁布《国内贫民救济法》，提出设置"纺织学校"和"贫穷儿童劳动学校"的计划。其中规定，对年收入不足 40 先令的家庭中 6—14 岁儿童全部实施免费义务教育，4—6 岁儿童可以自由入学。在每一个教区设立"劳动学校"，为教区内受救济贫民的 3—14 岁儿童提供受教育的机会。尽管上述计划未能完全实施，但它明确提出要对 3—7 岁幼儿实施有组织教育的要求，对学前教育发展起到积极的作用。在 1833 年，英国国会开始对教育实行国库救助政策。但直到 1840 年，幼儿学校才从这项政策中受益。同年，枢密院教育委员会视学官首次发出关于幼儿学校检查项目的训令，包括学校设备、娱乐和身体练习、劳动、艺术模仿、学习音标、自然常识、阶梯教室的教学和纪律等 34 个项目的检查。此外，枢密院教育委员会还专门制定"有资格教师"和"注册教师"的等级和考核制度。

英国政府通过国库补助金政策、派遣视学官检查幼儿学校，以及控制幼儿学校教师资格考试等方式，加强了对幼儿学校的控制，开辟了近代英国管理学前教育制度的基础，并有力地影响到世界各国学前教育的政策。

（三）福禄培尔幼儿园运动对英国学前教育的影响

在福禄培尔幼儿园运动倡导者别劳夫人来英国之前，福禄培尔幼儿园就由德国流亡政治家洛安格夫妇引进英国。1851 年，洛安格夫妇在自己的住处首设一所德语幼儿园，招收在伦敦居住的德国人的子女。1854 年，该园开始招收英国儿童入园，并改用英语教学。1855 年，洛安格夫妇编著《英语幼儿园入园手册》，宣传福禄培尔思想。以后此书再版 10 余次，足见其影响之大。但 19 世纪 60 年代，幼儿园发展受政府政策影响一度受阻。

1870 年英国颁布《初等教育法》，福禄培尔幼儿园运动再次迅猛开展起来：1873 年曼彻斯特福禄培尔协会成立，1874 年伦敦福禄培尔协会成立，福禄培尔著作的英译本以及恩物在英国广为流行。在两个协会的活动下，各地幼儿园相继被建立起来。

到 19 世纪末，英国社会出现了少量慈善性质的"免费幼儿园"，招收贫民和工人的幼儿。第一所免费幼儿园是由马瑟爵士于 1873 年在曼彻斯特开办的。免费幼儿园由私人出资创办，为贫民和工人的孩子提供食品、衣服以及洗澡、休息和游戏的场所，只收取很少的伙食费或免费。这些幼儿园按福禄培尔幼儿园的教育方针，鼓励户外活动和自由游戏，采用恩物和作业，保证幼儿的身体健康和发展。1919 年后，免费幼儿园改名为"保育学校"。免费幼儿园的产生意味着福禄培尔幼儿园运动在英国的普及和发展。

福禄培尔幼儿园运动对英国学前教育的影响主要在两个方面。一是英国引进福禄培尔幼儿园后，学前教育机构开始存在两种制度的并立：一种是原来收容工人阶级和贫民子女的幼儿学校，另一种是以中上层阶级子女为对象的幼儿园。二是英国幼儿学校自身也受到福禄培尔幼儿园运动的影响，福禄培尔精神渗透到幼儿学校中，增加游戏时间，减少读写算的训练，突出学前教育的特点。

二、法国的学前教育

1789 年，法国爆发资产阶级革命，于 1792 年建立共和国，资本主义制度在法国确立。近代法国的幼儿教育深受英国幼儿学校运动的影响，奥伯林编织学校被认为是法国近代学前教育的开端，此后出现众多的托儿所。19 世纪 30 年代开始，法国政府认识到学前教育的重要性，逐步将学前教育纳入中央集权的教育行政管理体制，把托儿所视为公共教育体系的一个重要组成部分，加强对托儿所的财政资助，有力地推动法国近代学前教育的发展。

（一）奥伯林编织学校

奥伯林（1740—1826年）是法国新教派的一名牧师，从1767年担任布鲁德堡教区牧师起，采取种种措施来改善该区居民的生活，他在改革和整顿学校教育方面成绩卓著，创办幼儿教育机构是其中重要的一项。

1770年，奥伯林创办编织学校，被认为是"近代幼儿教育设施历史开端的象征"。奥伯林编织学校招收3岁以上幼儿和年幼学童，专门在农忙季节开放，每周只开放2次。学校有2名指导教师，1名负责指导手工技术，1名提供文化和游戏方面的指导，并挑选一些稍大的女孩当"助教"。

编织学校的教学内容包括：标准法语、宗教赞美诗、格言、观察、采集植物、绘画、地理、童话故事，传授缝纫和编织的方法，还带领儿童做游戏。从这些教学内容可以看出，奥伯林编织学校主要是教育而非保育。在奥伯林1826年去世前，附近5个村庄均办起同类学校。

实际上，奥伯林编织学校从未得到官方的支持，无疑是一种慈善机构，但奥伯林的学前教育实践，对法国近代学前教育发展具有开创性的意义，曾对英、德等国的学前教育产生一定的影响。19世纪初欧文在英国创办幼儿学校，曾从奥伯林编织学校中获得启示。

（二）柯夏的托儿所

柯夏（1789—1841年）是当时巴黎第12区的区长，曾亲赴英国考察幼儿学校，深受启发。1828年，他借鉴英国幼儿学校的经验，在巴黎创办"模范托儿所"，专门招收贫穷家庭儿童。到1830年已开办同等性质的托儿所6所，入托儿童990名。在柯夏的努力带动下，1836年仅巴黎地区的托儿所就有24所，入托儿童约3 600人。

柯夏创办的托儿所，对法国近代托儿所的设立起到指导作用。在他所著的《托儿所纲要》一书中，指出：在公共贫民救济设施中，托儿所是最有效、最现实、最有成果的，无论于国于民都有重要意义。在教学内容上，强调将宗教和道德教育放在首位；在智育方面主张百科全书式的知识教育，包括读、写、算、几何、地理、历史、博物、图画等，这些内容与初等学校完全一样，只是程度稍微降低。在教育方法上使用直观教学法，以实物教学为主。在教育设施上也设立"阶梯教室"，使用教学柱、置换架等教具。

可见，柯夏托儿所明显受英国维尔德斯平幼儿学校的影响，具有偏重智育的倾向，但它远比维尔德斯平幼儿学校具有合理性和人道主义的特点，反对任何体罚行为。

（三）法国政府的学前教育政策

托儿所的发展，引起法国教育当局的重视，法国早于其他各国制定了旨在保护幼儿教育设施的法令，并借助国家的力量迅速增加学前教育设施。从19世纪30年代起，法国学前教育机构就归属教育部管辖，是世界教育史上国家主办学前教育的开端。

1833年，法国《初等教育法》（即《基佐法案》）颁布后，政府将托儿所视为初等教育的基础，要求公共教育部给予财政援助。1835年，公共教育部颁发《关于在各县设立初等教育的特别视学官的规定》，提出视学官对托儿所具有视察和监督的权力。这是国家正式管理托儿所的开端。同年，公共教育部给托儿所补助费高达25 900法郎，各市县的经费补助也达到24 000法郎。政府的经费补助，有力地推动法国托儿所的发展。1836年，教育大臣布雷发布文件，将学前教育划入初等教育管理的范畴，明确规定托儿所是公共教育部领导下的学校，同初等学校一样接受市镇村教育委员会和郡教育委员会的领导。

1837年，为了进一步加强对托儿所的统一管理和监督，法国政府发布《托儿所管理条例》，该条例作为世界上第一个有关托儿所教育敕令而载入史册。它明确规定托儿所的性质、内容、教育方法和管理要求等。主要内容是：① 托儿所是为6岁以下儿童开办的慈善机构，分公立和私立两种，教学内容包括宗教、读、写、算、唱歌等初步知识。② 托儿所所长称"监督"，由24岁以上的男女担任，但必须持有"能力证书""道德证书"和"住地证书"。③ 各地各级教育委员会对托儿所具有一般的管理、监督权。④ 建立托儿所女视学官制度，负责监督托儿所的各方面工作和财政管理。这项规定使法国托儿所成为公共学校体系的一部分，将它完全纳入中央集权教育行政管理体制的轨道。

经费补助和有关的立法规范,有力促进法国近代学前教育的发展。据统计,1843 年,托儿所总数为 1 489 所,托儿人数为 96 192 名;到 1850 年,托儿所增加到 1 735 所,托儿人数达到 160 244 名,达到历史新高。

(四)福禄培尔幼儿园运动对法国学前教育的影响

最早将福禄培尔幼儿园介绍到法国的同样是别劳夫人,她曾在法国逗留 3 年。别劳夫人积极宣传福禄培尔教育思想和幼儿园事业,并设法得到法国政府的支持。她以"国际托儿所保姆培训学校附属托儿所"为试点,通过法国中央集权教育领导体制,自上而下地将福禄培尔幼儿园引入法国。

福禄培尔幼儿园对法国学前教育的影响也表现在两个方面:一是出现与英国类似的学前教育机构双轨制。一方面为上层社会的幼儿创办幼儿园,这种机构设施、条件优越,质量较高,但收费也高,数量少;另一方面,为普通民众的幼儿设立托儿所,条件简陋但数量较多。二是将福禄培尔幼儿园教育内容和方式引入托儿所中,提倡儿童游戏和户外运动,采用福禄培尔的恩物作为教具,改善托儿所的教育状况。

19 世纪末,受福禄培尔幼儿园影响,母育学校诞生。法国政府颁布《费里法案》,法案规定:以实施"母性养护及早期教育"为宗旨,将国内幼教机构改称为"母育学校",并将其纳入公共教育系统,招收 2—6 岁幼儿。母育学校的特点是:① 偏重智育,学习范围较广;② 清除了宗教教育内容,代之以资产阶级道德教育;③ 注意让儿童学习日常生活中的实用知识;④ 根据儿童的身心发展水平进行教育;⑤ 采取直观教学法,注重儿童的游戏活动。

《费里法案》的颁布,标志着法国基本上确定了近现代资本主义幼儿教育制度,对法国近现代幼儿教育影响深远。母育学校作为法国统一的学前教育机构,名称一直沿用至今。

三、德国的学前教育

德国是近代第一所幼儿园的诞生地,但近代学前教育起步却晚于英、法等国。19 世纪中期以前,德国社会长期不统一,经济、文化发展受到影响,直到 1871 年建立德意志帝国。受英国幼儿学校运动的影响,德国学前教育有了快速的发展,尤其是福禄培尔幼儿园的创办,更是极大地推动了学前教育的发展,从而使近代德国学前教育走在世界的前列,成为其他各国仿效的榜样。

(一)巴乌利美设施

在德国最早的学前教育设施中,比较有名的是巴乌利美设施。

巴乌利美设施是由巴乌利美侯爵夫人(1769—1820 年)于 1802 年在多特蒙德设立的一个保育所,原本是为让穷苦孩子的母亲安心劳动,不必为留在家中的孩子牵肠挂肚而设立的一个机构。

巴乌利美设施招收 1—4.5 岁的农村孩子,保育时间是农忙季节的上午 6 点到下午 8 点,从初夏开始到晚秋结束,是季节性的托儿所。由 12 名贵妇人自愿轮班监督保育所的日常工作,另外由一些孤儿院和职业介绍所转来的 12—16 岁的女孩子当保姆,负责照看孩子。巴乌利美设施有良好的卫生条件,提供营养丰富的饮食,还提倡户外游戏,把婴幼儿的健康放在工作的首位。教育内容主要有训练、唱歌、社会道德培训和生活规律培养。

总之,被称为"巴乌利美设施"的保育所,是巴乌利美夫人站在人道主义的立场,为帮助贫穷母亲解脱育儿困境和保护婴幼儿健康而开设的季节性托儿所,其教育的成分处于附带或从属的地位。但是,巴乌利美设施作为德国最早的幼儿保育和教育设施,成为德国学前教育史上光辉的一页。此后,这类的保育所在德国相继开办起来。

(二)弗利托娜的幼儿学校运动

19 世纪初的英国幼儿学校运动也波及德国,其领导者是弗利托娜。

弗利托娜(1800—1864 年)是阿尔萨斯州威鲁德城的新教派牧师,她曾经两次访问并参观英国幼儿学校,1835 年,她在自己的教区建立一所奥伯林式的编织学校,一年后将其改名为"幼儿学校",招收 2 岁以上贫穷工人的幼儿 40 名。

弗利托娜幼儿学校的主要目的在于对工人阶级的孩子进行宗教教化和道德教化。因此,在内容上重视知识教育、宗教教育和道德教育,力图使幼儿养成礼貌、节制、服从命令、勤劳和讲卫生等习惯,把宗教、道德、读、写、算、唱歌、图画、军事训练、手工劳动等作为正规课程。弗利托娜主张这些课程应以"愉快的、有益于孩子身心发展的方式"来教给孩子,即采用"游戏式"教学。幼儿学校房屋宽敞、设备条件良好,设有游戏场,重视幼儿的游戏活动。一天的野外游戏时间超过 4 个小时,学校还购置了英国幼儿学校流行的秋千架、球等数目繁多的玩具。教师一般不去干涉幼儿的户外活动,而是让幼儿自由地跳、跑和游戏。

为培养合格的幼儿学校教师,弗利托娜幼儿学校附设了幼儿教师培训机构,名为"看护修女养成所",修学时间一般为 3—4 个月,学习的课程有《圣经》、唱歌、算术、博物、德语、观察和家务劳动等。幼儿教师培训不仅提高了学前教育的水平,而且扩大了幼儿学校运动的影响,促使以莱茵省为中心的地区共新办幼儿学校 38 所,到 1851 年培养幼儿学校女教师达到 400 多人。

弗利托娜幼儿学校影响广泛,一时形成弗利托娜幼儿学校运动,对德国各邦学前教育的发展起了积极的推动作用。

(三) 各邦政府的学前教育政策

与巴乌利美设施类似的学前教育设施在各地发展起来后,加上弗利托娜幼儿学校运动的推动,引起各邦政府对幼儿学校的重视。1827 年,普鲁士教育部颁发文件,推荐维尔德斯平的学前教育论文,并号召各地迅速建立幼儿学校。之后普鲁士政府对现有的以贫民子女为教育对象的学前教育设施采取了一些保护措施。1838 年,批准了为援助柏林托儿所设立的"中央基金"。与其他国家不同的是,普鲁士政府不拨款支持,而是规定由市民捐助或遗产捐赠等其他途径筹措资金。

1839 年,拜恩以内务部的名义制定了关于托儿所各项事务的规定,它是当时对德国各邦托儿所教育最详细的一项政策法规。主要内容是:① 将托儿所视为私人慈善机构而予以鼓励设立,并加强监督管理。② 强调宗教和道德教育,目的是培养下层贫民子女具有顺从、守纪律、勤劳、节制等品质。③ 反对在托儿所里进行像英国幼儿学校那样的读写算等正规课程的教学。贫民子女的教育设施主要是给予幼儿安全的住所和良好的照顾,因此采用"托儿所"的名称。④ 重视儿童在室外进行轻松愉快的游戏活动,以保持其身体健康,为将来成为劳动者作准备。

可见,德国各邦对学前教育总的政策倾向是"控制但不援助",对托儿所实行加强控制而不给予实质性支持的政策,这与英、法等国的"控制且援助"的政策形成鲜明的对照。尽管如此,德国各邦的托儿所增加到 500 多所,德国近代学前教育有了较大的发展。

(四) 福禄培尔幼儿园运动

严格地说,上述的学前教育设施具有救济贫民性质,不能算是正规的教育设施,直到 19 世纪 30 年代末福禄培尔创办了真正的幼儿园,并在德国境内兴起福禄培尔幼儿园运动。从 19 世纪 50 年代开始,福禄培尔式幼儿园先后传至英、法、美、俄、日等国,对于欧美等国学前教育的发展产生极为深刻的影响。

1837 年福禄培尔在德国勃兰根堡设立了一所学龄前儿童教育机构,并于 1840 年将它正式命名为"幼儿园"。福禄培尔幼儿园成立,世界上才有了真正的学前教育机构,标志着学前教育由"看管"转向"教育",从此,德国学前教育走在世界前列。德国 1848 年革命失败后,福禄培尔幼儿园一度被查封,直到福禄培尔去世后的 1860 年才恢复。

福禄培尔幼儿园很注意培养保教人员,其本身也是培养幼儿教师的实习场所,招募一些热爱儿童的青年妇女进行培训。后来这些妇女活跃在德国 21 个城市的学前教育机构中,致力于推广福禄培尔幼儿园的恩物和教育方法,最有名的就是别劳夫人。

玛伦霍尔兹·别劳夫人(1810—1893 年)是一位侯爵夫人,是福禄培尔的女弟子,在推广普及幼儿园方面作出了很大贡献。在福禄培尔去世后,她成为福禄培尔幼儿园运动的领袖。她领导的两个团体,

"幼儿园"名称的由来

一个是 1860 年成立的以别劳夫人为名誉会长的"柏林福禄培尔主义幼儿园促进妇女会"，另外一个是别劳夫人于 1863 年春天设立的"家庭教育和民众教育协会"，尽量多设立幼儿园，为福禄培尔幼儿园在德国的普及作出了重要贡献。福禄培尔幼儿园得以重办，也与别劳夫人的努力是分不开的。

别劳夫人还把福禄培尔幼儿园介绍到国外，在 19 世纪 50—70 年代，她的足迹遍及英、法、比利时、荷兰和意大利等国。福禄培尔幼儿园教育思想与实践传播到世界各地，在全世界范围流行起来，别劳夫人的历史贡献不可埋没。

四、俄国的学前教育

近代俄国的经济、文化教育均比较落后。1861 年，沙皇政府废除了农奴制度，为俄国资本主义经济发展创造了有利条件。俄国对文化教育也进行了一些改革，使学前教育有了明显的发展。19 世纪后期俄国的学前教育发展也受到福禄培尔幼儿园运动的影响，一些进步人士积极推动学前教育的发展。

（一）别茨考伊的教养院

18 世纪后半期，在俄国陆续出现一些慈善教育机构，以此解决弃婴孤儿的收容问题。当时自诩开明的女皇叶卡特琳娜二世（1762—1796 年在位）启用进步教育家别茨考伊，来进行教育改革。

别茨考伊（1704—1795 年）曾旅居法国多年，与法国启蒙思想家狄德罗和卢梭有过交往，受到他们思想的影响。在别茨考伊的努力下，1763 年，俄国第一所教养院和产科医院在莫斯科成立，收容弃婴和孤儿，别茨考伊任教养院院长。

该教养院收容 2—14 岁的弃婴和孤儿，但不只是单纯的慈善机构，它还非常重视对儿童的教育。教育内容包括游戏、体育、德育、劳动等，分三个阶段实施：针对 2—7 岁的儿童主要是开展适龄的游戏和劳动；7—11 岁主要学习识字和计算，男孩学习园艺和其他手艺，女孩则学习编织、纺织和刺绣；11—14 岁主要学习算术、地理、教义问答和图画，男孩还要加学管理菜园、花园，女孩学习烹饪、缝纫等家政工作。别茨考伊特地编著一本《从初生到少年期的儿童教育论文选集》，提出许多合理的见解，如应根据儿童的爱好去进行知识教育，学习过程对儿童来说应当是愉快的，不能强迫儿童学习知识；教养院重视道德教育、体育锻炼，禁止体罚。

在别茨考伊的带动下，1770 年，在彼得堡成立莫斯科教养院分院，不久独立设置彼得堡教养院，其他各省市也仿效成立教养院。但是，这些教养院未得到政府实际财政资助，全靠慈善募捐来维持，因为经费短缺、物质匮乏，造成入院儿童死亡率居高不下。

（二）葛岑教养院

为改变当时教养院儿童大量死亡的问题，一些进步教育家提出种种办法，曾经出现一种幼儿领养制度，即将教养院的幼儿交给一般居民抚养，但是并没有改善这些儿童的痛苦处境。

1802 年，彼得堡教养院在彼得堡近郊葛岑开设一间教养院，办院宗旨是为儿童提供自然清新的社会环境，以降低儿童的死亡率。1832 年，奥博多夫斯基、古里耶夫和古格里等进步人士提议在教养院内附设"幼儿学校"，为那些寄养在居民家里的孩子提供白天的教育，但意见未被采纳。于是，他们自筹资金在奥博多夫斯基所在的葛岑教养院设立一所小规模的幼儿实验学校，第一批招收 10 名寄养幼儿。古格里为幼儿学校制定专门的培养计划，着重对幼儿进行德育和智育，强调培养他们良好、整洁的卫生生活习惯；组织幼儿做手工作业，开展室内外的游戏活动；还专门带领 5—6 岁儿童学习识字、计算和唱歌，并要求教师关心体贴孩子，给他们母爱的温暖，不准体罚孩子。这所幼儿学校的实验获得相当的成功，以至于孩子喜欢学校的生活，不再喜欢回到环境恶劣的村民家里去。

俄国 19 世纪前半期，除了教养院外，还存在一种由慈善机构开设的"孤儿院"。1837 年，在彼得堡"劳动妇女救济院"中开办了最早的一个收容所，专门收容那些因父母出外谋生而被遗弃的儿童。以后其他城市也纷纷设立孤儿院，其经费主要靠社会和个人捐资。

（三）福禄培尔幼儿园运动对俄国学前教育的影响

随着俄国资本主义经济的发展，妇女就业的增加，同时在福禄培尔幼儿园运动的影响下，19 世纪 60 年代，在彼得堡、莫斯科等大城市建立了第一批幼儿园。1866 年，在彼得堡发行了俄国最早的学前教育杂志——《幼儿园》，出版了以宣传福禄培尔的学前教育思想体系为主的教育杂志——《家庭和学校》。1870 年，在彼得堡、基辅成立了"福禄培尔协会"，宣传福禄培尔的学前教育理论，培训学前教育师资，推行幼儿园运动，促使幼儿园在俄国各地的开办。这样，学前教育很快成为俄国整个教育体制中的一个重要组成部分。

阿·斯·西蒙诺维奇幼儿园是当时最好的幼儿教育机构之一，该园开展音乐、舞蹈、图画、游戏和手工工作等活动，他们不仅有选择地实施福禄培尔学前教育理论和方法，还对俄国著名教育家乌申斯基的教育思想进行研究和运用，取得了较好的效果。

这些福禄培尔式幼儿园均为私人出资开办的收费幼儿园，招收中上阶层的子女，对贫民子女拒之门外。直到 1866 年，彼得堡"廉价住宅协会"开办一所免费的人民幼儿园，招收劳动人民的子女。以后陆续出现一些平民幼儿园，但是由于经费有限，它们的规模很小，无法满足广大城市劳动者家庭接受公共教育的需求。

可以说，十月革命前，俄国学前教育相对落后。1896 年，俄国共有收费幼儿园 66 所，1903 年增至 84 所，与其他国家相比明显较少。

（四）乌申斯基对俄国学前教育的贡献

乌申斯基（1824—1870 年）是俄国著名的资产阶级民主教育家，他的教育实践和教育理论对俄国教育的发展起了重要的作用，也为俄国学前教育理论的创立奠定了基础。他一生从事教育工作，曾任加特钦孤儿院的俄语教师和总监。教育代表作主要有《人是教育的对象》《祖国语言》《儿童世界》、教育论文《论公共教育的民族性》等。

乌申斯基教育思想中最重要部分就是"教育的民族性原则"，这是他整个教育理论体系的基础。乌申斯基提出的教育的民族性原则有鲜明的时代特征和针对性，是对沙皇农奴教育制度及官方民族性的有力反驳。其主要内涵一是俄国的教育不能简单地照搬别国的教育制度，而应该从本国的教育实际出发，制定完全符合本国特点的国民教育制度；二是要继承俄罗斯民族的优秀文化遗产，必须重视使用本民族的语言进行教学。

根据这一原则，在儿童教育方面，乌申斯基主张让儿童从幼年起就要接触本民族的语言宝藏，努力使儿童从小通过学习民族语言来继承优秀传统，弘扬爱国主义精神，形成民族自豪感和责任感。他编写的儿童教材《祖国语言》一书，符合幼儿及学龄初期儿童的心理特征，达到内容与形式的完美结合，一问世就产生很大的反响，被誉为"19 世纪的《世界图解》"。

五、美国的学前教育

美国是资本主义国家的后起之秀。1775 年北美独立战争爆发，1776 年成立独立的美利坚合众国。其后，经过 1861—1865 年的南北战争，废除了南部的奴隶制度，成为近现代政治、经济发达的国家。美国的学前教育起步较晚，主要是学习欧洲的学前教育，到 19 世纪中期才有真正意义上的学前教育机构。但是，美国学前教育一经产生便迅速发展起来。

（一）幼儿学校的兴衰

英国欧文幼儿学校的办学经验对美国影响很大。1818 年，幼儿学校传入美国，1824 年欧文访问美国，在印第安纳州建立"新和谐村"，两年后开办示范性的幼儿学校。其后许多州纷纷仿效创办幼儿学校，一度掀起"欧文幼儿学校运动"的热潮。1830 年，这些幼儿学校改称初级部，与初等学校相互衔接。

但是由于地方教育当局不愿承担办校经费，幼儿学校仅靠收费或募集难以维持生存，因此，经历了1837年的经济危机后，幼儿学校逐渐衰微。

（二）福禄培尔幼儿园的开办

1. 德语幼儿园

美国近代学前教育开创时期的基本做法是从德国引进福禄培尔学前教育理论和方法，直接应用于幼儿教育和幼儿园教师培训工作中。美国最早的幼儿园是德语幼儿园，由德国移民舒尔茨夫人（1832—1876年）在威斯康星州的维特镇开办，专门招收德国移民的子女。舒尔茨夫人曾受福禄培尔的亲自指导，为躲避国内政治迫害而移居美国，出于教育子女的考虑而开办了德语幼儿园。之后又吸收亲戚朋友家的一些幼儿，采用福禄培尔的教育方法，指导孩子们做游戏、唱歌和作业。

之后，美国陆续有德国人开设的德语幼儿园产生，到1870年这类幼儿园已有10所，但仅限于局部地区，并且多是自发性的小规模学前教育机构，未能引起美国社会的足够重视。

2. 皮博迪的英语幼儿园

1860年，美国妇女伊丽莎白·皮博迪（1804—1894年）在波士顿开办美国第一家英语幼儿园，使学前教育在美国得到普及和发展，她被公认为美国幼儿园的奠基人。

皮博迪夫人是一位才华横溢、能力出众的具有传奇色彩的人物。1859年她与舒尔茨夫人相识，对福禄培尔学前教育理论和实践产生极大的兴趣，并立志献身于学前教育事业。开办第一所英语幼儿园后，皮博迪和她的母亲一起进一步宣传福禄培尔的学前教育思想，并于1863年出版《幼儿园指南》一书。在书中，皮博迪强调应把幼儿园办成儿童的乐园，让儿童在其中自由活动和游戏。

办园六七年后，尽管皮博迪的幼儿园在美国享有盛誉，但她感到自己欠缺理论素养，于是在1867年关闭自己的幼儿园，专程去德国系统学习，对幼儿园的许多相关问题进行进一步的研究。学成归国后，皮博迪还亲自撰写文章、讲课和演说，广泛宣传福禄培尔的思想，积极倡导创办幼儿园，并从德国聘请富有经验的玛果夫人母女赴美任教。1868年底在波士顿幼儿园附设美国第一所幼儿教师培训所，为社会输送了一大批优秀的幼儿园教师，她们成为美国普及幼儿园运动的有力骨干力量，为美国的学前教育事业的发展作出了很大的贡献。

（三）慈善幼儿园的发展

工业革命之后，美国社会贫富分化加剧，大量移民涌入城市形成城市移民。在这个背景下，慈善幼儿园应运而生。教会和社会慈善团体为收容贫穷家庭的儿童开办慈善幼儿园，免收学费，其中比较有影响的有：1877年创办的俄亥俄州托利多的托雷尼特教会幼儿园，1878年创办的纽约安东纪念教会幼儿园。1878—1889年，由昆西·肖夫人资助兴起免费幼儿园运动。这一时期，几乎大中城市都举办免费幼儿园，到1912年，全美已有教会幼儿园108所。

教会开办幼儿园的主要目的是进行宗教教育和济贫。它们发展很快的另一重要原因是，市政当局将幼儿园作为救济贫民和改良社会的一项事业来看待，因此给予鼓励和支持。

慈善幼儿园对促进改良社会和改善贫困家庭子女生活状况确实起到显著的作用，同时它还传播福禄培尔的教育方法。由于慈善幼儿园与教会的传教事业和社会福利政策有密切关系，所以幼儿园教育很快被美国社会各界接受，为美国公立幼儿园系统奠定了一定的基础。

（四）公立幼儿园运动

随着经济的繁荣、社会的进步和文教事业的发展，19世纪30年代至50年代在美国掀起一场声势浩大的公立学校运动。它是一场旨在建立由公共税收维持、公共行政机关监督，向所有儿童免费开放的学校教育制度的运动。到19世纪末，北部及东部各州都设置了向所有儿童开放的免费公立小学。公立学校运动也影响到学前教育领域。

美国第一所公立幼儿园是威廉·哈里斯（1835—1909年）和苏珊·布洛（1843—1916年）共同创建的。哈里斯是当时密苏里州圣路易斯市的教育局局长，是公立学校运动的积极支持者。在皮博迪的建议下，1873 年秋天，哈里斯创办了美国第一所公立幼儿园，聘请曾在德国考察过幼儿园的布洛作为该园的第一任教师，招收第一批 20 名幼儿。布洛运用福禄培尔的教育思想与方法对幼儿园进行实际指导，在许多方面作出杰出的贡献，促使美国公立幼儿园进入一个全盛时期。因此，布洛被誉为公立学校运动中的"幼儿园之母"。

在哈里斯和布洛的密切合作和共同努力下，这所幼儿园获得巨大成功，在美国反响很大，各地纷纷仿效。一些私立幼儿园也逐步被纳入公立学校系统，到 1901 年公立幼儿园有 2 996 所，超过私立幼儿园的数量。公立幼儿园运动使学前教育成为公共教育制度的一个有机组成部分，促进幼儿园在美国的普及，保证幼儿受学前教育机会的均等。因此，它在美国教育史上具有重要意义。

六、日本的学前教育

日本是资本主义国家中后来居上的佼佼者，是一个在长期封闭后实行开放而迅速发展和富强的资本主义强国。1868 年开始的日本明治维新中，政府提出三大方针：一是富国强兵（即国家独立化），二是殖产兴业（即经济工业化），三是文明开化（即文化西方化）。在教育上，日本广泛吸收欧美资本主义国家的教育思想和教育制度，为建立近代日本教育制度奠定了基础。在福禄培尔学前教育思想和美国幼儿园运动的影响下，日本近代学前教育得到初步发展，到 19 世纪末逐步普及，形成一定的规模。

（一）学前教育机构的产生与发展

1. 国立幼儿园的创办

近代日本政府一直把发展教育（含学前教育）作为促进资本主义政治、经济发展的重要途径。1871 年设立文部省，主管全国的文化教育事业。1872 年文部省颁布近代第一个教育法令《学制令》，具体规定了日本的教育领导制度和教育制度。其中一项规定是开设幼稚学校，招收 6 岁以下的幼儿。虽然这项规定未被真正实施，但这是日本近代有关学前教育机构的最早规定。

1874 年，文部省决定成立以培养学前教育师资为目的东京女子师范学校。这是日本第一所培养幼儿园教师的机构。1876 年，按文部省次官田中不二麻吕的提议，在东京女子师范学校附设幼儿园，它是日本学前教育史上第一所国立幼儿园。东京女子师范学校附属幼儿园是以美国幼儿园为样板设立的，首批招收幼儿 75 人，大多是富贵官家子女，设行政监事（相当于园长）1 人，首席保姆 1 人，保姆 2 人，助手 2 人。

1877 年，该园制定幼儿园规则，内容有：① 幼儿园的目的是：发掘学龄前儿童的天赋知觉，启迪其固有心智，滋补其健全的体魄，使其通晓交际情谊，具备良好的言谈举止；② 入园年龄为 3—6 岁，特殊情况接受 2 岁以上或超过 6 岁的幼儿；③ 一天保育时间：6 月 1 日至 9 月 15 日，上午 8 时入园，保育 4 小时；9 月 16 日至翌年 5 月 31 日，上午 9 时入园，保育 5 小时；④ 保育科目有物品科、美丽科、知识科，其中包括 5 色球等 25 个小项目，它们大部分参考了福禄培尔的 20 种恩物游戏。

这一规则被后来日本各地幼儿园仿效，对幼儿园的兴办起了示范和推动作用。但开办这种幼儿园需要投入很多资金，因此难以得到普及，到 1882 年，全日本仅有类似学前教育机构 7 所。

2. 简易幼儿园的出现

为改变幼儿园发展缓慢的状况，增加幼儿园的数量，使一般平民子女也能接受学前教育，1882 年规定文部省所属幼儿园的一切费用完全由政府承担，各地幼儿园也享受同等待遇；并提倡办简易幼儿园，办园规模不宜过大，办园方式可任意选择。

这类简易幼儿园的特点是：设施比较简陋，收费相对低廉甚至免费，实施不分年龄的集体保育，这样可以节省开支，适宜乡村及边远地区幼儿园的普及。由于这一政策的实施，加速了幼儿园的普及，促进日本学前教育的发展。仅 1882 年就增加了 6 所，1885 年全日本共开办简易幼儿园 30 所，入园儿童 1 893 人。

3. 托儿所的产生

19 世纪末，日本的平民学前教育机构中，除了简易幼儿园外，还出现了一种新的机构——托儿所或保育所。1890 年，民间人士赤泽钟美夫妇于新潟市创办近代日本第一所常设托儿所，名为"新潟静修学校幼儿保育会"。它是一所由私人出自慈善动机而开办的私立机构，专门招收平民子女，主要起着看管孩子的作用。受其影响，日本各地陆续出现一些托儿所，并曾受到内务省的少量资助。

此后，日本学前教育事业走上一个新的轨道，到20世纪初，形成了以幼儿园与托儿所为代表的双轨制学前社会教育机构，这一体制一直延续到今天。

（二）第一个幼儿园规程的颁布

1899年，文部省颁布《幼儿园保育及设备规程》，这是日本首次由政府颁布的有关幼儿园的正式法令。它详细规定了幼儿园的目的、设施、设备和保育内容、保育时间等，奠定了日本近代学前教育体制的基础。

其主要内容是：① 幼儿园是为年满3岁至学龄前儿童开设的保育场所；② 保育时间为每天5小时；③ 1名保姆可照料的儿童数在40人以内；④ 每所园招收儿童的数量为100人，个别情况可招收150人；⑤ 保育目的在于使儿童身心健全发展，培养良好习惯及辅助家庭教育；⑥ 保育内容包括游戏、唱歌、谈话、手技等；⑦ 有关幼儿园所需设备的规定，如园舍应为平房，保育室以4名幼儿占一坪（3.3 m^2）为标准，室内应备有恩物、绘画、玩具、乐器、黑板、桌椅、钟表、温度计、取暖设备等。

《幼儿园保育及设备规程》是近代日本学前教育走向制度化的重要开端，不仅成为19世纪末20世纪初日本幼儿园设置和编制课程的标准，还成为日本幼儿园新章程的基本依据。

（三）福禄培尔幼儿园运动对日本学前教育的影响

在日本向西方学习的热潮中，福禄培尔学前教育思想对日本影响最大，成为推动近代日本学前教育发展的动力。最早介绍福禄培尔思想的是东京师范学校的校长中村正直，1876年他在《日日新闻杂报》上发表《福禄培尔幼儿园理论概要》的文章。中村的学前教育思想被认为是日本第一所幼儿园——东京女子师范学校附属幼儿园创立的理论依据。

随后关信三推崇并积极宣传福禄培尔思想，他把福禄培尔发明的教具——恩物介绍到了日本，并使其成为幼儿园教学的重点。关信三是东京女子师范学校附属幼儿园的监事（园长），是日本明治维新时期的学前教育家，曾留学英国，回国后从事女子教育和学前教育。他译著的《幼儿园记》被认为是近代日本有关幼儿园教育的第一本重要著作。他还编写了《幼儿园二十例游戏》一书，把福禄培尔的恩物以"二十种游戏"的方式进行了图解说明，当时这本书曾作为学前教育的基础教材被广泛地应用。

在明治维新时期，日本引进和吸收欧美进步的教育思想和教育经验，特别是对福禄培尔教育思想的吸收和改造，形成了学前教育制度。近代日本从落后的封建锁国状态一跃跨入资本主义强国的行列，其兴旺发达的强大动力之一正是教育（包括学前教育）。从整体来看，日本政府对幼儿园重视不够，当时幼儿园发展仍较缓慢，与国民实际需求还有很大差距。

（四）日本近代的学前教育对中国的影响

鸦片战争后，中国被迫打开国门，向西方寻求救国强国的真理。清政府实行"新政"，确定了向日本学习的政策，因此当时中国的教育（包括学前教育）受日本影响最深。1904年颁布的第一个学制——"癸卯学制"就是参照日本学制制定的。其中的《奏定蒙养院章程及家庭教育法章程》确立了清末的蒙养院制度，更是严重抄袭日本的《幼儿园保育及设备规程》，如规定保教内容为游戏、唱歌、谈话、手技，课程教法也仿照日本，聘请日本保姆为教师，甚至设备也由日本购进。引进日本学前教育的经验，对清末民国初蒙养院制度的建立和实施产生很大的影响。

思考与练习

一、选择题

1. 1816年，新拉纳克幼儿学校——世界最早的学前教育机构是由（　　　）创办的。

A. 欧文　　　　　　　B. 巴乌利美　　　　　C. 维尔德斯平　　　　D. 奥伯林

2. 1876 年创办的日本教育史上第一所国立幼儿园是( )。

A. 东京女子师范学校附属幼儿园   B. 简易幼儿园

C. 托儿所

二、简答题

1. 19 世纪上半期欧美幼儿学校运动述评。

2. 19 世纪上半期福禄培尔幼儿园运动述评。

第八讲　近代外国主要学前教育思想

本讲提要

从 17 世纪到 19 世纪末,伴随着资本主义教育制度的确立,出现了许多著名的教育家,他们对学前教育问题进行探讨,提出各自的学前教育理论。这些思想是在批判传统封建教育制度弊端的基础上产生的,反映了新兴资产阶级的要求,主张培养资产阶级所需要的新人,对世界学前教育的发展起到积极的推动作用。在各种教育思想互相影响、互相借鉴中,教育家提出了新的儿童观,对教育内容、教学原则和方法作了更为详细的论述,尤其是创造出许多有价值的教育教学方法,在近代世界学前教育史上占有重要地位。

一、洛克的学前教育思想

(一) 生平

约翰·洛克(1632—1704 年)是 17 世纪英国著名的哲学家、政治家和教育家。他出生在一个乡村律师家庭,从小接受严格的家庭教育,先后在威斯敏特公学和牛津大学接受系统的学校教育,大学毕业后留校,担任希腊文、修辞学和伦理学等学科的教学。

洛克深入细致地观察、了解英国绅士所处的那个世界,从而形成了自己的绅士教育理论。洛克的绅士教育思想集中表现在《教育漫话》这本书里,这是继夸美纽斯《大教学论》之后的又一本教育经典著作。此书一问世就产生了很大的影响,对当时英国上层社会子弟的教育起了重要的推动作用。这本书对卢梭、对法国唯物主义者,以及德国泛爱主义教育运动的代表人物巴西多的教育观的形成都有直接的影响。

洛 克

(二) 论教育作用与目的

洛克从维护资产阶级利益的原则出发,反对专制制度及君权神授论,主张国家起源于契约及自然权利的"社会契约论"。在哲学观上,洛克批判了笛卡儿的天赋观念,提出了著名的"白板说",即在人的意识中没有先天的思想观念(诸如上帝、善恶标准、数学公式),人的心灵原来就像一块白板,一切思想观念都是从后天经验中获得的,因此教育对人的发展起非常重要作用。洛克尤其重视早期教育的作用,因为既然幼儿的心灵犹如白板,那么通过教育的作用就"可以随心所欲地做成什么式样的"。

洛克提出教育的目的是培养绅士,养成绅士应具有的德行、智慧、礼仪和学问等。绅士的基本特征是:① 具有精明的处理事务的才干,善于赚取财物,从而使自己得到幸福;② 具有德行和勇敢的精神;③ 懂"礼仪",具有文雅的风度。这一教育目的显然反映了当时资产阶级新贵族的教育需求,而要培养这种绅士,必须从幼儿期开始。

不过,洛克认为当时英国学校教育存在种种弊端,不利于绅士的培养,因此主张采取家庭教育的形式,不赞成学校教育。

(三) 论儿童教育的内容与方法

洛克把教育内容分为德、智、体三个部分,这种划分在西方教育史上还是第一次。

1. 健康教育

"健康之精神寓于健康之身体",洛克是第一个提出并详细论述儿童体育问题的教育家,他把身体的养护看作全部绅士教育的基础。由于当时许多贵族家庭对子女教育有溺爱的风气,加上洛克本人自小就身体不好,曾花许多时间旅行以增强体质,因此洛克反对娇生惯养,对儿童的健康教育尤为重视。

洛克从医学角度出发探讨儿童身体保健及运动锻炼等一系列问题,认为通过体育活动可以锻炼儿童的身体,孩子只要从小注意锻炼,他的身体就能适应任何环境。多过露天生活,多呼吸新鲜空气,多运动,才能增强体质,增强免疫力。在运动方面,洛克特别看重游泳和户外活动。

在饮食方面,洛克主张儿童饮食要极清淡、简单,两三岁前最好忌吃油腻的肉食,不用调味品。儿童一日三餐要有节制,不吃零食。洛克认为儿童最好的食物应该是牛奶、粥、面包、蔬菜和水果。

在生活起居方面,洛克认为要培养儿童良好的生活习惯。儿童的生活应该有规律,睡眠要充足,并且要养成早睡早起、睡醒即起的好习惯。儿童的卧床应该坚硬,宁可用棉絮也不要用羽绒,儿童不可穿紧身衣或被束缚,衣着也不可过暖,常用冷水洗脸、洗澡。要按时排便,少用药物更不可滥用药物。

2. 道德教育

在绅士教育理论体系中,洛克指出道德教育是核心的内容。因为良好的德行是一个绅士最重要、最不可缺少的品性,德行越高的人,获得其他的一切成就也越容易,如果没有德行就无所谓人生幸福可言。要使绅士具有理智、礼貌、勇敢、节制等品性,必须及早进行教育,要在"儿童极小的时候早早加以管教"。在德育方法上,洛克提出教育方法要适合儿童的心性,符合其年龄特征。

说理教育:对儿童来说,温和说理要比强制命令容易接受,效果也好得多。但是,说理要符合儿童的理解力,尤其不要长篇大论地说教。道理要讲得"明白晓畅",以达到让儿童明辨是非的目的。同时,说理的时候,态度要镇定、态度要温和,使他们感到这些要求是合理的,对于他们是有益的。

榜样教育:因为儿童举止大部分都是模仿得来的,榜样在儿童心目中能够留下深刻的印象。洛克说:"在各种教导儿童及培养他们礼貌的方法中,其最简明、最容易而又最有效的办法是把他们应该做的或是应该避免的事情的榜样放在他们的眼前。"

实际练习:注重道德练习,通过实际的道德行为训练,来养成儿童某种行为习惯。因为儿童不是靠规则可以教好的,规则总是被他们忘掉,如果导师和父母创造机会让儿童进行道德行为的练习,那么好习惯就容易被养成。且一次培养的习惯不能太多,如果花样太多,反而一种习惯都培养不成。

奖励与惩罚:洛克反对体罚,本着培养有理智、有德行的人的原则,他反对滥用奖惩来对待儿童的行为。可以奖惩儿童但运用要得当。洛克提倡的是精神鼓励,尊重儿童,当众赞扬其良好的行为,使儿童觉得自己是"有名誉的人",这才是对儿童正确的奖励方式。他坚决反对物质引诱,因为拿金钱、糖果或其他物质奖励孩子,会使他们变得贪婪、骄傲、奢侈。惩罚要少用,如果非用不可,必须让儿童认识自己的错误,做到以后不重犯。

3. 智育

洛克认为,一个有德行的绅士比一个掌握许多脱离实际学问的大学者更为可贵,因此在绅士教育体系中,智育没有德育那么重要,但要成为"有德行、有用、能干"的人,儿童还必须学习知识和发展智力,因此,儿童应学习那些对培养绅士品格和日常生活实际有用的、多样的知识。他提出一个范围广泛的学科体系,包括阅读、写字、图画、速记、法文、拉丁文、历史、地理、算术、天文、几何、伦理学、法律、逻辑学、音乐、骑马、击剑、商业等,甚至还有园艺、旅行,内容十分广泛。洛克主张让儿童自己去学习,寓学习于游戏中。

洛克在《教育漫话》一书中特别提到儿童游戏和玩具的一些主张,儿童非常喜欢自由自在的游戏活动,成人对此要给予最大限度的满足。父母和教师要从儿童身心发展的角度对游戏进行指导,以此培养儿童好的品质。儿童应该拥有各种玩具,但成人不要购买那些价格昂贵、精巧易损的成品玩具,而应给他们一些自然界或日常生活中的小物品作为玩具,儿童还要尽量自己动手制作玩具。

（四）简评

洛克的绅士教育体系，是根据自己的唯物主义经验论，概括了当时先进的资产阶级教育经验而提出来的，它比那宗教色彩还十分浓厚的夸美纽斯的教育理论更富有现实性和实际意义，因而在近代教育史上有深远的影响，成为资产阶级教育思想发展的一个新起点。洛克有关儿童教育的内容十分丰富，包括体育、德育和智育，其中有很多精辟的见解，如注重儿童德行的培养和身体的养护，强调发展儿童的智力和学习有用的知识，至今仍有重要的参考价值。但洛克代表的是资产阶级新贵族的利益，只强调家庭教育而低估学校教育的价值，过分注重所谓绅士礼仪的教育，阶级性十分明显，需要我们一分为二来看待。

二、卢梭的学前教育思想

（一）生平

卢梭（1712—1778 年）是 18 世纪法国杰出的启蒙思想家和教育家，18 世纪法国大革命的思想先驱，启蒙运动最卓越的代表人物之一。

卢梭出生在瑞士日内瓦一个贫穷的钟表匠家庭，一生坎坷不平，从小寄人篱下，曾经当过学徒、店员、仆役、家庭教师等，这使他对下层社会人民的生活有深入的了解。从 1732 年起，他学习音乐，成为音乐教师，他特别喜欢伏尔泰的《哲学通讯》。后来他结识了伏尔泰、狄德罗，并参加了《百科全书》的撰写工作。1749 年，他看到第戎学院的征文"科学艺术的复兴对改良风俗是否有益"，卢梭因应征论文《论科学与艺术》得了头等奖而一举成名。1753 年，第戎学院又以"人类不平等的起源"为题公开征文，卢梭又写了《论人类不平等的起源和基础》一文。在这篇文章里，卢梭明确指出，私有财产是人类不平等的根源。虽然这篇文章因观点前卫而没有得奖，但它所表现出来的思想的深刻性超过了第一篇。

卢 梭

卢梭没有受过正规的教育，全靠坚持不懈地自学成为知识渊博的学者。1762 年，卢梭出版《社会契约论》，在这部不朽的社会名著中，他深入阐明了自己的民主主义政治思想。同年，长篇教育哲理小说《爱弥儿》问世。《爱弥儿》一书集中反映了卢梭的自然教育思想，他提出培养真正符合社会需要的新人的构想，描绘了一幅培养新人的蓝图。这部讨伐传统教育的长篇檄文，刚一发表，就轰动了整个法国和西欧。因为将矛头指向教会和封建专制统治，卢梭遭受迫害而流亡国外，晚年才得以回国。

（二）自然教育论

1. 教育要顺应自然的原则

针对传统封建教育戕害人性和违背自然的特点，卢梭提出教育要"归于自然"，适应自然。继夸美纽斯后，卢梭再次提出和强调了教育的自然适应性原则。他在《爱弥儿》中开卷即写道："出自造物主之手的东西都是好的，而一到了人的手里，就全变坏了。"虽然还承认上帝的存在，但卢梭反对"原罪说"，认为人性本善。自然赋予人类自由、平等、博爱的善良本性，但由于不合理的社会制度、宗教、传统偏见以及人为的文化教育的影响，人的善良本性全被毁坏了。因此，必须通过自然教育使人的本性得到自然发展。最好的方法是到远离城市的乡村中去接受教育，即在大自然的怀抱中接受教育。

2. 自然教育的目的是培养自然人

卢梭教育思想的核心是自然教育理论，自然教育的目的是培养自然天性充分得到发展的"自然人"。卢梭所说的自然人，并不是原始社会的野蛮人，而是身心和谐发展的人。自然人体魄健康，心智发达，道德高尚，处事干练；完全可以适应发展变化的客观环境，不必固定于某一特定的地位、阶级或职业；绝不是寄生坐食而行为邪恶的暴君和歹徒，而是一个消除传统偏见，能够从事生产劳动而自食其力的人；他动手像个农民,而思考则如思想家。总之,他是一个全新的人,一个资产阶级社会的新士绅。要培养这种"自然人",教育必须顺应儿童天性发展的自然历程,即遵循儿童身心发展的特点,同时还要尊重儿童的个性特点。卢梭说:"大自然希望儿童在成人以前就要像儿童的样子。如果我们打乱了这个次序,我们就会造成一些早熟的果实,它们既不丰满也不甜美,而且很快就会腐烂;我们将造成一些年纪轻轻的博士和老态龙钟的儿童。"卢梭将教育理解为"自然的教育""人的教育"和"事物的教育",卢梭认定,人的教育和事物的教育必须顺应自然的教育,因为"在这三种不同的教育中,自然的教育完全是不能由我们决定的,事物的教育只是在有些方面才能够由我们决定,只有人的教育才是我们能够真正地加以控制的"。卢梭要求教育内容、方法以及儿童生活和学习的环境,都必须适合儿童自然发展的进程,教师应当成为自然的有理性的助手,为儿童自然发展创造条件。

卢梭的自然教育理论存在着天性至上,把教育视为自然生长等偏激的观点,但在当时,这种思想有着巨大的反封建教育的进步意义,这种强调儿童是教育主体的全新的儿童观,开辟了现代教育理论的先河,他的论证初步触及遗传、环境、教育对人发展的作用问题。

3. 教育要适应儿童发展的年龄特征

卢梭之所以强调教育必须遵循儿童的年龄特征,主要是在他看来,儿童生理、心理的发展有其规律,是不可能改变的。卢梭按照儿童(以爱弥儿为例)年龄发展的自然进程,将教育年龄划分为四个阶段,并规定了教育的任务、内容和方法(见下表)。

自然发展进程	特　征　及　教　育
婴儿期 0—2 岁	婴儿完全处于长身体的自然状态,以身体养护为主。应坚持使用大自然赋予婴儿的一切力量,让婴儿自由发展。
儿童期 2—12 岁	儿童言行多受感性支配,缺乏适当的理性力量,处于"理性睡眠期",以体育锻炼和感官训练为主,让儿童到农村的"自然环境"中去,与大自然相接近,接受自然的熏陶,以获得丰富的感觉经验。对待儿童错误行为要采用"自然后果法",在自然状态下,利用适合儿童特点的事物去影响他,而不要用理性去教育儿童。
少年期 12—15 岁	爱弥儿具有较强壮的体格、发展较好的感觉器官,因此本阶段应以智育和劳动教育为主。让孩子学习生活所必需和使用的知识,培养学习兴趣,指导学习方法,让他们通过劳动发展自己的体力,掌握专门的手艺。
青年期 15—20 岁	本阶段是"暴风雨和热情的时期",必须施以道德教育。主要任务是培养善良的感情、善良的判断和善良的意志,其核心是博爱。通过一系列的自然教育,爱弥儿到了 20 岁已成为身体健壮、心智发达、感情丰富、善于劳动、博爱人类的自然人。

这里我们主要讨论卢梭提出的前两个时期的儿童教育。

(1) 0—2 岁的婴儿期教育

卢梭认为,这个时期婴儿身体方面的特点是软弱无能,但柔韧、善于活动,能够接受锻炼。在心理方面,"他没有任何心情,没有任何思想,几乎连感觉也是没有的;他甚至觉察不到他本身的存在"。根据这些特点,卢梭认为教育的基本任务是身体的保健和养护,教育要适应儿童身体的自然发育,以保证儿童的身体健康。卢梭接受洛克健全精神寓于健康身体的思想,高度评价健康身体的重大意义。为了使婴儿身体健康成长,卢梭对他们的饮食、衣着、睡眠、沐浴、长牙、断乳、医药以及学步、说话等等,都进行了详细的论述。

卢梭主张从出生到 2 岁的婴儿应由父母养育。他认为儿童的第一个保育员是母亲,第一个教师是父亲,父母不应以任何借口推脱抚育子女的责任。他还指出,幼儿不仅需要细心养护,而且更重要的是锻炼,因为锻炼可以帮助抵御灾患。卢梭反对溺爱儿童,反对娇生惯养。

(2) 2—12 岁的儿童期教育

卢梭认为,孩子在这个时期理智还处于睡眠状态,他们"不能接受观念,而只能接受形象"。如果在本阶段进行理智教育,这是违背自然的,会阻碍儿童体力的发展。因此,本时期的教育任务是发展儿童的外部感觉器官,使其获得丰富的感觉经验。另外,还要继续进行体育,使提供感官的身体健康强壮。通过训练感觉和身体器官,可以为儿童智力发展打好基础。

在如何发展感觉,训练儿童各种感官方面,卢梭提出了许多有益的见解。

因为人并不是平均地使用感觉官能的，在各种感觉中运用最多的是触觉，所以，首先必须发展触觉，其次是视觉，最后是听觉。卢梭把各种活动，游戏、写生、唱歌、制图等，视为感觉教育的最好途径，当然在日常生活中也要引导儿童多利用感官，比如，让孩子目测观察用仓房里的梯子能否摘取一棵樱桃树上的樱桃；估计院子里的一块木板可不可以搭在一条很宽的溪流上；通过赛跑游戏，让孩子正确判断出达到目标的最短距离等。

卢梭从反对封建教育出发，认为这个时期的儿童不应该读书，这个年龄段也没有道德观念，不要教他道德观念，也不要强迫他接受道德规则，只应结合具体事物进行教育。他依据自然教育理论提出"自然后果"的道德教育原则，就是让儿童从自己错误行为的不良后果中获得经验，从而认识到哪些是该做的，哪些是不应该做的。

卢梭本着教育要顺应自然的原则，主张从这个时期开始，儿童就要离开颓废堕落的策源地——城市，到农村的"自然环境"中去，接近大自然，接受自然的熏陶。

（三）简评

卢梭是西方近代教育史上具有划时代意义的人物，他把文艺复兴以来重视儿童的思想推向一个新的境界。他提出的自然教育思想，开辟了资产阶级教育理论的新阶段。他在自然教育理论中提出，通过教育培养自然人，教育要顺应儿童的天性发展，把儿童作为教育的主体，主张教育者要热爱儿童，尊重儿童，研究儿童及其心理特点，否则教育不会成功。这些思想具有很强的反封建性，反映了新兴资产阶级新的教育要求。另外，他从教育内容和教育方法上对封建教育进行了全面声讨，主张改革封建的教育，建立以发展儿童天性为目的的资产阶级的新教育。卢梭的教育思想对欧美近、现代教育理论的发展产生过重要影响，很多教育家都从他的自然教育理论中得到启发，在此基础上形成自己的教育观点，如裴斯泰洛齐、福禄培尔、杜威等。他提出全新的儿童观是值得我们参考的，在今后的教学中我们要更加关注儿童的天性，尊重他们，让他们更加自由快乐地发展。

但是，卢梭的教育理论也有其局限性，在理论和实践方面存在一定的矛盾，如片面强调教育要顺应自然，把儿童的天性过分理想化，在教育的年龄分期方面缺乏科学依据。还有，过分强调儿童的个人生活经验，过分强调感觉，而忽视理论知识的学习，等等。而最根本的缺陷是卢梭还没有认识到教育首先受到社会、政治、经济等方面因素的制约和影响，强调完全按照人的本性来培养人，这种完全摆脱社会制约来培养人的理论，是不切实际、不能实现的空想。

三、裴斯泰洛齐的学前教育思想

（一）生平

裴斯泰洛齐（1746—1827年）是18世纪末19世纪初瑞士著名的资产阶级民主教育家，一生致力于发展贫民教育，希望通过教育来改变人民的贫困状况。

裴斯泰洛齐出生于一个医生家庭，幼年丧父，由母亲和忠诚的女仆抚养长大。母爱以及女仆无私的精神，对他一生影响很大。1769年，他在涅伊霍夫建立了一个"模范农场"，在那里进行新的耕作方法的实验。1774年，又开办了一所孤儿院（也称"贫儿之家"）。从1780年到1797年，他把自己的教育理想和教育改革方面的探索以论文和小说的形式写出来，他的教育小说《林哈德和葛笃德》（又名《贤伉俪》，共分四部分）就是这一时期写出来的。他在书中阐述了社会和教育的关系，表达了他通过教育改良社会的思想，体现了资产阶级的民主教育观。

1798年，瑞士爆发了资产阶级革命，裴斯泰洛齐被资产阶级新政府派去担任斯坦兹孤儿院的管理和领导工作。斯坦兹孤儿院共收容了80名5—

裴斯泰洛齐

10岁的儿童,裴斯泰洛齐努力探索合理的教育方法,他的学校教育家庭化、教育与生产劳动相结合、教育心理化等重要的教育思想和教育原则,都在斯坦兹孤儿院的教育实验中得到进一步深化和发展。斯坦兹孤儿院的教育有两方面内容最为突出:① 实施爱的教育,激发儿童的良心,培养儿童善良的情感和团结友爱、互助合作的精神,使孤儿院的教育和生活家庭化;② 实施劳动教育,根据儿童的年龄特点,组织儿童从事手工和农业劳动,使他们受到多方面的劳动训练,促进他们的体力、智力和道德的发展,从而获得生活所必需的劳动技能。

斯坦兹孤儿院的教育方法也比较先进,教学和教育工作注意从观察入手,将展现生动、直观的事例和教师的榜样作为最好的教育手段,即坚持教育教学直观化的原则。另外,在教育过程中还注意尊重儿童的个性和人格,发展儿童的自主精神,鼓励他们在生活中进行自我服务,自己管理自己。

在教育史上,裴斯泰洛齐第一个提出"教育心理化"的主张。

(二) 论教育的目的

裴斯泰洛齐本着资产阶级人道主义的社会政治观,对当时大多数人无权受教育非常不满,坚信通过教育可以消除贫困,改造社会。他认为:"为人在世,可贵者在于发展,在于发展各人天赋的内在力量,使其经过锻炼,使人能尽其才,能在社会上达到他应有的地位。"因此,教育的目的就是促进人的一切天赋能力的和谐发展。为实现这一目的,必须做到教育要适应自然。

裴斯泰洛齐吸收了卢梭自然教育理论的主要精神,他特别强调教育要适应自然,按照儿童的天性及其发展顺序来进行教育。他指出:儿童天赋力量和才能有其自然发展的规律,教育必须适应儿童的天性,即教育要与儿童的自然发展规律相一致。裴斯泰洛齐不像卢梭一样将儿童的天性理想化,主张教育遵循自然的同时,还要通过教育来约束天性中恶(动物性)的一面,才能使人的自然天性完善。

(三) 论爱的教育及家庭教育

为了培养身心和谐发展的完人,裴斯泰洛齐提出实施和谐发展的教育内容,包括德育、智育、体育和劳动教育。裴斯泰洛齐把道德教育放在重要的地位。在裴斯泰洛齐看来,道德教育就是"爱"的教育。他从资产阶级人道主义的思想出发,认为爱是一种原始的能力,一种基本的感情,它只要在一定的条件下加以适当指导、进行适当训练,就可以发挥其效力。无论哪种形式的教育,只要是以爱的思想为前提,并把这种爱的情感贯穿始终,那么这种教育一定能够顺利进行。他说:"如果不能爱孩子,我不懂得还能谈到有什么规则、方法和技能。"正是这种无私的"教育爱",才使孤儿们的身体、智慧和道德都得到发展,裴斯泰洛齐的教育实验获得巨大的成功。

爱的教育贯穿在裴斯泰洛齐的全部教育观点和教育活动之中,他还提出了在家庭教育和学校教育中如何实施爱的教育问题。在家庭中父母要给予孩子充分的父爱和母爱,而且从孩子刚出生时就要体现出来;在学校里,教师要像慈祥的母亲一样热爱儿童,教导儿童,教师应当与儿童共同生活,产生深厚的感情,并通过良好的示范作用,全心全意地以母爱精神去感化儿童。与这种爱的教育相联系的是宗教教育,裴斯泰洛齐认为,儿童应当完全顺从上帝的旨意,这才是爱的最高表现。

对年幼儿童实施爱的教育,裴斯泰洛齐认为,家庭教育是儿童教育的第一阶段和最好方式。他从三个方面来说明家庭教育的重要性,尤其强调母亲对儿童的教育作用。

第一,母亲在儿童教育中占据着重要地位。母亲和孩子之间的爱和信赖的关系是教育的必要条件。

第二,母亲最了解自己的孩子,她知道自己孩子的个性和能力,所以在孩子的教育方面最有发言权,也最适宜进行遵循自然的教育。一个母亲出于爱的本能力量,精心照顾自己的孩子,喂他和保护他,使他欢喜和感到愉快,这样爱和信任的种子就在孩子的心里发展起来。裴斯泰洛齐认定,母亲的影响是引起爱和忠诚的开端的自然途径。

第三,教育应从摇篮开始,应从儿童诞生的第一天开始。母亲是天生的和伟大的教师,也是孩子的第一位教师和向导。在母爱的影响下,儿童首先感觉到对母亲的依恋和信任,再推及父亲和兄弟姐妹,逐步扩大范围,乃至爱全人类并意识到自己是整个人类中的一员。

总的来说，裴斯泰洛齐把家庭教育视为最能体现教育适应自然原则的教育途径，即家庭教育能追随儿童的天性，能很好地促进儿童潜在力量和才能的发展。裴斯泰洛齐还把家庭教育作为整个教育体系的基础，提倡学校教育和社会教育都要以家庭教育为榜样。他在教育实践中也是这样做的，斯坦兹孤儿院始终就像一个大家庭，呈现出一幅家庭生活的图景。他提出家庭教育的内容也和学校教育一样，包括体育、德育、智育和劳动教育四个方面。

裴斯泰洛齐的贡献在于他力图探索出一套符合儿童心理特点的、并使每个家庭的母亲都可以运用的简化教学法，从而使每个家庭都可能对儿童实施初等教育。裴斯泰洛齐塑造的理想母亲葛笃德一边教孩子们纺纱，一面教他们读书、计算、诵读诗词，了解瑞士的历史和学习音乐。

裴斯泰洛齐把家庭教育列入教育体系，并强调家庭教育的重要性以及在儿童教育中的作用，这些都是正确的。但是他过分强调家庭教育，主张其他形式的教育都要以家庭教育为榜样，以至设想用家庭教育取代学校教育。他的教育思想中有浓厚的宗教色彩，这显然是片面的。

（四）论要素教育

要素教育理论是裴斯泰洛齐教育理论的精华所在，是他的教学理论的核心，集中体现了裴斯泰洛齐教育民主化的要求。裴斯泰洛齐认为教育过程必须从一些最简单的因素开始，逐渐转向复杂的因素，从而促使儿童各种天赋能力的全面和谐发展。德育、智育、体育和劳动教育，不同的方面有不同的要素，在各育中都能找到一定的最简单的要素作为实施教育的起点。

体育最简单的要素是关节活动，抛、搬、推、拉、戳、摇、转等基本动作是儿童体力发展的基础。由于劳动是体力活动的一个方面，因此关节活动也是劳动教育的基本要素。儿童从小就要进行各种关节的运动，再逐步扩展到全身的、更为复杂的体力劳动。

德育最简单的要素是儿童对母亲的爱。这种爱的种子是母亲对婴儿的热爱及满足其身体上的需要而激发起来的，这种爱反映和表现得最早，再逐步扩展到对家庭其他成员，甚至爱全人类。

智育最简单的要素是"数""形状""词"。因此，在教儿童通过感官观察事物时，必须做到三点：面前有多少物体，有哪几种物体（数）？它们的外貌、形状或轮廓是怎样的（形）？它们的名称是什么？怎样用一个声音或一个词表达一个物体（词）？

裴斯泰洛齐在要素教育的基础上，进一步确立了初等教学法。不仅研究了各门学科的简单要素，而且还研究了各门学科的教学步骤，从而形成了各门学科教学法。

（五）简评

裴斯泰洛齐是一个伟大的人道主义者，将其毕生精力奉献给贫儿的教育，树立了世界教育史上的楷模。裴斯泰洛齐在教育理论和实践上均作出了杰出的贡献，他是近代教育史上提倡和实施爱的教育的杰出代表，有评价者说，在外国教育史上，对儿童发挥无尽爱心的教育家中，裴斯泰洛齐应排名第一。他重视家庭教育的作用，尤其突出母亲的作用，将前人的教育适应自然的思想发展到一个历史新高度。他深受卢梭自然主义教育思想的影响，但其思想的某些方面甚至比卢梭的更深刻。裴斯泰洛齐开启了19世纪欧洲教育心理化运动，使教育学在科学化历史进程中迈出重要一步，他根据心理学原理论证要素教育理论等，这些观点与主张同样对当前的学前教育具有启发作用。裴斯泰洛齐教育思想对后世如赫尔巴特、福禄培尔等教育家的思想起着重要影响，欧文在他的幼儿学校中也运用裴斯泰洛齐的教学方法。

四、赫尔巴特的学前教育思想

（一）生平

赫尔巴特（1776—1841 年）是 19 世纪德国著名的教育家、心理学家和哲学家。他出生在普鲁士的一个法官家庭,从小受到良好的家庭教育,先后进入奥登堡文科中学和耶拿大学学习。赫尔巴特曾经当了 3 年的家庭教师,积累了丰富的教育实践经验,其间结识已负盛名的裴斯泰洛齐。1802 年后,他分别在哥廷根大学和柯尼斯堡大学任教,承担教育学、哲学、伦理学和心理学课程的教学和研究工作。

赫尔巴特主要著作有:《普通教育学》《教育学讲授纲要》《裴斯泰洛齐的直观教学 ABC 思想》《裴斯泰洛齐教学方法批判》等。其中《普通教育学》是赫尔巴特的教育代表作,它是西方最早以"教育学"来命名的教育专著,这本书奠定了赫尔巴特在教育史上的重要地位。在西方教育史上,赫尔巴特被誉为"科学教育学的奠基人"。

赫尔巴特

(二) 论教育目的

赫尔巴特的教育理论是建立在他的哲学、心理学和伦理学思想的基础上的。赫尔巴特认为,教育的最高目的就是"道德",教育的唯一工作和全部工作都可以总结在这一概念中。他把教育所要达到的目标集中于道德培养方面,分成两个部分,一是"必要的目的"——道德的目的:在于养成内心自由、完善、仁慈、正义和公平五种道德观念,培养具有完美道德的人,它贯穿于整个教育过程;另一种是与每个人未来职业有关的目的——"可能的目的",就是要培养儿童多方面的兴趣,达到一切能力的和谐发展。他更看重的是前者。

(三) 论儿童的管理

1. 管理的目的

赫尔巴特把教育过程分为三个阶段:管理、教学和训育。在教育过程中应当管理先行,因为儿童生来就有一种处处都会表现出来的、不服从的、盲目的强烈情绪的种子,它是儿童不守秩序的根源,如果不及早加以管束,势必影响后面的教育教学工作。他把对儿童的管理看作整个教育过程的前提,是教学必不可少的。管理的目的就是要克服儿童"天生的野性",为教育教学工作的顺利进行创造良好的外部秩序。在赫尔巴特看来,管理也是实现教育总目的的强有力手段,反对一味地顺应儿童的自然本性,认为把人交给自然,甚至把人引向自然,在自然中锻炼是"一件蠢事"。

2. 管理的措施

(1)课业。赫尔巴特认为最有效的管理方法莫过于课业本身。如果课业本身没有组织好,儿童就会空闲、懒散,就会到处惹是生非,因此无论什么时候都要让儿童有事做。课外要让儿童参加手工劳动和野外活动。成人应对儿童提出活动的任务和规则,以保证在活动中养成秩序。

(2)威胁。赫尔巴特认为"一切管理首先采取的措施是威胁",威胁是一种带有强制性的手段,由家长或教师向儿童宣布一些切实而具体的命令和禁则,并设置惩罚记录本,专门记载儿童的过失。

(3)监督。对于威胁方法不起作用的儿童,就需要用监督的方法,即将他们严格控制在父母和教师的监督之下,一发现过失就马上纠正。因为年幼儿童控制行为能力差,经常不能遵守成人的规定,因此监督对他们极为有效。但不应给儿童太大的压力,以免影响其才能和个性的发展。

(4)惩罚。如果上述措施均不奏效,当儿童出现恶劣行为,就必须加以惩罚,包括体罚、剥夺自由、挨饿、关禁闭室和站墙角等。赫尔巴特还是赞成体罚的,但他又主张不宜常用。

为了克服前几种方法带来的消极后果,赫尔巴特把父母和教师的威信以及对儿童的爱,作为管理儿童的辅助方法。

(四) 论教学

1. 教育性教学的原则

在西方教育史上,赫尔巴特第一次明确、系统地提出并论证了教育性教学的原则,把教学视为道德教育的最主要和最基本的手段。他说:"我想不到有任何'无教学的教育',正如在相反方面,我不承认有任何'无教育的教学'。""教学如果没有进行道德教育,只是一种没有目的的手段。道德教育(或者品格教育)如果没有教学,就是一种失去了手段的目的。"以此说明教学与道德的关系。赫尔巴特认为,教学的目的有两种:终极目的和一般目的。教学的终极目的是与必要的教育目的相一致的,即通过教育、教学把儿童培养成为具有完善的道德品质的人。赫尔巴特的突出贡献在于阐明教育与教学之间的本质联系,但他把教育与教学完全等同起来。

2. 兴趣与课程

赫尔巴特把儿童的兴趣分为两大类六个方面,并且根据六个方面的兴趣设置了一个广泛的课程体系(参见下表),包括自然知识方面兴趣(经验的兴趣、思辨的兴趣、审美的兴趣)和社会交往方面的兴趣(同情的兴趣、社会的兴趣、宗教的兴趣)。

兴趣类别	经 验 的	思 辨 的	审 美 的	同 情 的	社 会 的	宗 教 的
相应的学科	自然科学 物　理 化　学 地　理	数　学 逻辑学 文　法	文　学 唱　歌 绘　画	外国语(古代语 与近代语) 本国语	历　史 政　治 法　律	神　学

当代世界各国教育历经多次改革之后,现行普通教育课程体系的基本类型还是与赫尔巴特当年提出来的相一致,足见其影响之深远。

3. 形式阶段教学法

赫尔巴特以其观念心理学为基础,特别是依据"统觉作用"原理把教学过程分为四个阶段,每一个阶段由于观念活动的状态不同,儿童所表现出来的心理活动也就不同,因此需要教师根据儿童不同的心理活动来确定不同的教学任务,采取不同的教学方法。具体内容如下:① 明了阶段——学生明确地感知新教材,所采用的方法是叙述法;② 联想阶段——学生形成新旧知识的联系,所采取的方法是分析法;③ 系统阶段——学生将知识系统化,采用综合的方法;④ 方法阶段——知识的运用,采取应用的方法。赫尔巴特这一形式阶段教学法,后来被他的学生发展成为"五阶段教学法",即把教学分为预备、提示、联系、总结、应用五个阶段。

赫尔巴特教学理论被后世归纳为三个突出的中心,即课堂中心、教材中心和教师中心,他本人也被称为"传统教育的鼻祖",以后遭受杜威的猛烈批判。

(五)论学前教育

赫尔巴特在其著作《教育学讲授纲要》中曾专门论述了0—8岁的婴幼儿教育问题,他把婴幼儿教育分成两个阶段:0—3岁和4—8岁。

1. 0—3岁的教育

0—3岁教育的主要任务是照料儿童的身体,因为这时期儿童生命很脆弱,必须精心照顾。成人应为儿童提供安全的活动场所,以供儿童四肢充分地活动,并使他们通过自己的尝试促进对事物的观察。

赫尔巴特提倡对3岁前儿童及时地实施智育活动,因为他们具有巨大的潜能,但他也提到,这应根据儿童的健康状况而定,不宜使儿童负担过重。智育主要以感官教育和语言教学为主,成人应为儿童的眼、耳等感官提供丰富的感性材料,同时特别注意说话时避免不正确的表达和儿童不能理解的内容,以防止对儿童语言表达产生不良影响。

德育方面,主要任务是防止0—3岁儿童养成任性的毛病,要训练他服从成人的管理。对儿童的管理要及早进行,任何人不应听从儿童的摆布,要让儿童不断感受到成人的长处而觉得自己是无能为力的,这样他才会自觉服从成人的管理。

2. 4—8岁的教育

4—8岁阶段的儿童,赫尔巴特主要强调德育和智育两个方面。

在德育方面,他要求对儿童继续加强管理,要彻底消灭其任性的毛病,还要防止其他坏习惯的养成。有些儿童身上常常表现出后天学会的恶习,赫尔巴特主张利用让儿童过集体生活,在集体生活中受严格的纪律约束。这阶段另一个重要任务是培养儿童合理的生活习惯,从中学会克制自己的欲望,约束自己的行为。另外要给儿童一些自由,以使他们有机会公开发表自己的意见。

在智育方面,赫尔巴特主张在这个阶段应进行初步的综合教学活动。教学内容包括数数、组合、观察学习、计算、阅读、绘画、书写等,以此增长儿童各方面的知识。并对教学方法提出了一些合理的建议:① 鼓励儿童提问题。儿童在努力谋求新经验的过程中会产生各种天真幼稚的问题,但老师应认真对待,及时、彻底回答儿童的提问。② 寓教学于游戏之中。尽量避免使教学成为儿童反感的事物,要注意激发儿童的学习兴趣。

(六) 简评

赫尔巴特是近代教育家中试图使教育学成为一门科学的开山鼻祖,试图在心理学和伦理学的基础上建立系统的教育学理论,开辟了教育学发展的新途径,对后世产生极大的影响,尽管他未能真正达到建立科学教育学的目的。

赫尔巴特儿童教育思想非常丰富,有许多方面至今仍有借鉴作用,如教育性教学原则,主张知识教育与道德教育的结合,重视教师的指导作用等,他对0—8岁儿童教育的主张也有一定的合理性。但过于强调对儿童采取严酷的管理,过于强调教师的作用以至于忽视儿童的主动性,这些都存在明显的局限。赫尔巴特作为传统教育的代表,在世界教育史上影响深远。

五、欧文的学前教育思想

(一) 生平

罗伯特·欧文(1771—1858 年)是著名的空想社会主义代表人物和教育改革家,出生在英国北威尔士的一个手工业者家庭。因家贫只上过四五年小学,9 岁就离家谋生,通过刻苦自学获得丰富的学识。1791 年,年仅 20 岁的欧文被曼彻斯特一家纱厂聘为经理,1800 年,他买下苏格兰新拉纳克棉纱厂的部分股份,并担任该厂的经理。在那里,欧文实施社会改革计划,努力改善工人的劳动和生活条件,开办幼儿学校、小学向工人及其子女提供教育。1816 年,欧文将其合并成"性格形成新学园",招收工人区的儿童,家长每年只支付 3 先令,由工厂每年提供 1 200 英镑学校经费。其中的幼儿学校是英国也是世界上第一所为工人阶级创办的学前教育机构。欧文在新拉纳克的改革获得巨大成功。1824 年改革在英国受阻后,欧文远赴美国继续他的社会改革实验,以后又返回英国创办劳动公社,但均以失败而告终。

欧　文

(二) 性格形成学说

性格形成学说是欧文从事教育活动的依据。该学说继承了法国 18 世纪"人的性格是环境的产物"这一思想。欧文认为,人的性格是从出生之日起由外力形成的,他说:"无论是具有神性还是具有人性的人的性格,是由外力在他不知不觉中为他形成的,并且现在完全可以为所有的人从出生之日起就形成的。"欧文目睹了工人贫穷悲惨的生活处境导致他们精神面貌和思想行为的种种缺陷,这使他认识到:这一切都是由于恶劣的环境使人的理性和性格不能正常发展的结果。如果一个人在他出生时就被置于优良的环境中,并对他实施正确的教育,这种教育就使受教育者形成了能够抵抗邪恶影响的牢固品格;如果受到不良环境的影响,那他们的身心就会受到损害。因此欧文认定"教育人,就是培养他的性格",认为儿童在很小的时候就应该在很好的环境中受到良好的教育,以养成如公正、诚恳、仁慈等良好的品行。

另外,欧文认为儿童具有天赋能力(体、智、德等),并且有发展天赋能力的可能性。他认为,如果某种印象在儿童幼年时留下深刻的印象,就会使儿童在以后的人生中养成一种习惯,会永远不忘并加以应用。人先有了身体的天赋能力，然后通过社会环境的作用而形成性格，环境是形成人性格的决定性因素。这个观点即欧文强调儿童早期教育的出发点，也是欧文建立幼儿学校的出发点之一。

（三）欧文的幼儿学校

1. 设立幼儿学校的目的

欧文在他的代表作《新社会观》（又名《论人类性格的形成》）中，指出了当时工人阶级家庭儿童的生存现状。工人阶级居住条件恶劣，狭窄的空间和简陋的家庭设施不利于儿童的成长。由于童工的广泛使用，广大劳动人民的子女很少有受教育的机会。幼童的父母普遍工作时间长，无暇照顾子女，所以被疏于照顾的孩子极易受到坏人引诱，导致道德堕落，引发严重的社会问题。父母无知、完全不懂如何对待孩子，在养护和教育他们方面没有正确的教育方法，如有个母亲为让孩子安静一点，竟给孩子喝鸦片药水，致使他悲惨地死去。

欧文从性格形成学说出发，提出建立幼儿学校，为儿童成长提供优良的环境，从小就给予性格的陶冶。因此设立幼儿学校的目的是为儿童形成合理的性格奠定基础。

2. 幼儿学校的原则

新拉纳克幼儿学校包括幼儿所、幼儿园和游戏场，招收 2—5 岁的儿童。欧文在幼儿学校创设中遵循"要尽力使小朋友快乐"的原则，每天儿童在教室的时间为 3 个小时左右，其余的时间他们就在室外的大草坪上玩耍，或由年轻女工负责照顾。幼儿学校的学生，主要在学校学习唱歌、跳舞和体操，并参加一些户外活动。教育的主要方法是游戏以及通过和幼儿的亲切交谈，引起他们学习的好奇心。

3. 幼儿学校的教育内容与方法

（1）智育

欧文批判旧学校的书本比无用还糟糕，他反对死记硬背的方法，主张学习实际有用的知识。他强调发展儿童的推理能力和独立意志，使他们能分辨什么是正确的，什么是谬误的，才会获取真实的知识。欧文认为首先要用儿童最熟悉的周围事物来唤起儿童学习的兴趣。他批评当时那种理论脱离实际的教学方法，严重损害和摧残了儿童的智力。教育方法上，提倡直观教学，重视用实物、模型和图画等直观的方式让儿童掌握知识，教师要用亲密的动作、友好的谈话等启发儿童思考，从而获得有用的科学知识。教师要经常带儿童到户外活动，开展各种游戏活动，激发儿童学习的兴趣。欧文希望孩子们将学习当作一种娱乐或游戏。游戏场是欧文幼儿学校的重要设施，幼儿可以在那里尽情地玩耍和游戏。

（2）体育、音乐与舞蹈

体育包括：幼儿的保育、体操和军训。首先，欧文主张应该给孩子营养丰富的食品，他认为，合理的营养是儿童健康成长的重要条件；儿童要多参加户外活动，他们的衣服要宽松、肥大，以适应他们的生长发育和活动的需要。其次，重视儿童体操。欧文说过："指派在游戏场上管理儿童的人应当能够指导和训练儿童的体操。"儿童通过体操训练，可以锻炼身体，形成良好的体型，养成动作协调、精力集中和遵守纪律的好习惯，又可以逐渐适应以后军训的要求。关于军训，欧文主张游戏场管理负责人承担教导和训练儿童的任务。孩子们训练时可使用重量和大小合适的仿真武器，也可操练较复杂的军事动作，为成为"祖国未来的保卫者"打好基础。

欧文还主张设置娱乐性课程：音乐、乐器、唱歌和跳舞等。他强调指出，无论男孩或女孩，都将在 2 岁学习舞蹈，4 岁学习唱歌，如果发现有音乐天赋的男孩，还要学习演奏乐器。这样，通过唱歌、舞蹈的学习，可以使儿童身体健康，体态优美，为形成一种善良、合乎理性和幸福的性格打下基础。

（3）德育

德育是欧文全面教育思想的核心部分，欧文十分重视儿童集体主义精神的培养，提倡在集体中培养儿童的仁慈、正义、正直、诚实、有礼貌、守秩序等好的品格。他认为集体主义精神是新道德的基础，要求儿童"从幼年起就接受集体的道德教育"。在幼儿学校里，教师要把"尽力使别的小朋友快乐"当作每个儿童必须知道的一条原则，并让儿童深刻认识到：个人的幸福与团体的幸福及他人的幸福是不可分割的。

欧文指出，对儿童进行德育的时候，不应该有任何形式的惩罚，德育的唯一手段是教师的亲切关怀和通情达理。无论什么时候，教师都要和颜悦色地与幼儿谈话，态度亲切、语气柔和。可见，欧文认为运用扎根于儿童之间的，以及儿童和教师之间的那种依恋是进行德育的最好方法。

（四）简评

空想社会主义者欧文从性格形成学说出发，提倡对儿童进行早期教育。他试图通过幼儿学校来形成一种能促进幼儿全面发展的新的教育体系，培养出智、德、体、美全面发展的新人。欧文重视早期教育及儿童全面教育的思想在其创立的幼儿学校中得到运用。欧文创办第一所幼儿学校及其学前教育思想紧紧地与当时科学实践、教育实践相联系，推动了 19 世纪上半期英国幼儿学校运动的兴起，对英国学前教育体制的完善产生了深远的影响。但是，欧文将发展教育的希望寄托在统治者和慈善家身上，并试图通过教育来改造社会环境，注定使他的教育思想带有空想的性质。

六、福禄培尔的学前教育思想

弗里德里奇·福禄培尔（1782—1852 年）是德国 19 世纪著名的幼儿教育家，出生于德国图林根的一个牧师家庭，从小受到浓厚的宗教影响。福禄培尔幼年丧母，这使他深刻体会到母爱和家庭对儿童发展的重要意义。成年后的福禄培尔先后两次前往瑞士的伊佛东学院，师从著名的教育家裴斯泰洛齐。为充实自己，先后在耶拿大学、哥丁根大学和柏林大学学习。1816 年福禄培尔在家乡图林根建立"德国普通教养院"，按照裴斯泰洛齐的教育原则办学。他主要的著作《人的教育》就是总结这段教育经验写成的。1834—1836 年福禄培尔在瑞士担任柏格多夫孤儿院的院长。

《人的教育》
内容简介

福禄培尔

1837 年，55 岁的福禄培尔回到德国，在风景优美的勃兰根堡创立了一所试验学校，招收 3—7 岁幼儿，以实施他的幼儿教育理想。该校建立在山林中，山清水秀，风景如画，他目睹草木花鸟的生趣，把儿童比作植物，把教师比作园丁，把学校比作花园。1840 年，他正式将这个学校命名为"幼儿园"，确定了幼儿园游戏和作业的内容与方法。这也是世界上最早创立的命名为幼儿园的学前教育机构。同时他又开办了讲习班，训练大批幼儿园教师。在福禄培尔的倡导下，德国幼儿园发展很快，福禄培尔也培养了一大批信徒和教师，在世界范围形成了福禄培尔幼儿园运动。福禄培尔把自己的毕生精力献给了幼儿教育事业，建立了较完整的幼儿园教育体系。福禄培尔其他著作还有《慈母游戏和儿歌》《幼儿园教育学》。

（一）论教育与儿童的发展

福禄培尔教育思想的哲学基础是德国的唯心主义哲学，其教育原则主要有：

1. 人是不断发展的

福禄培尔认为宇宙万物都是在无限发展着的，因此人也是在连续不断地发展的。他主张，不能把人和人性看作"一种已经充分发展的和完全形成的、一种已经固定和静止的东西"。他反对把各个发展阶段孤立起来看待，而主张应看到各个阶段之间的联系。婴儿、幼儿、儿童、少年、青年、成年、老年等发展阶段，是"从一个阶段向另一个阶段上升"的过程，彼此是有关联的。他进一步指出，人类的教育活动就应当按照儿童的本性，连续、协调地促使他们在各个方面得到发展。

2. 教育适应自然的原则

人的发展与自然的发展法则一样，因此，教育要适应自然、遵循自然的法则。福禄培尔曾以园丁修剪葡萄藤为例说明这一原则，他说，葡萄藤应当被修剪，但如果园丁在工作中不是十分耐心地、小心地顺应植物本性的话，无论园丁是出于多么良好的意图，葡萄藤很有可能由于被修剪而彻底被毁灭。因此，对人的教育，要遵循同样的道理，即必须顺应儿童的特点和正确对待他们。

福禄培尔把教育适应自然的原则理解为适应潜藏在人体中的力量和才能的自我发展，而这种力量和才能的发展是"上帝的本源"的表现。他把儿童的本能分为活动的本能、认识的本能、艺术的本能和宗教的本能。提出教育要追随活动的本能，就是要唤起和发展儿童的积极性、创造性和自动性。

（二）教育分期与各时期的任务

福禄培尔接受了卢梭关于儿童分阶段发展的设想，但他认为发展是渐进连续的，每一阶段的完成是下一阶段发展的必然要求。他以人类某些要求和兴趣为依据，将儿童发展分为下面三个时期。

1. 婴儿期

福禄培尔把婴儿期称为"吸收期"，主要以身体养护为主。婴儿发展外部器官，从外界吸收和接受多种多样的东西。因此，这阶段要提供条件让婴儿发展自己的感官，运用自己的四肢，并激发儿童最初的求知欲。

2. 幼儿期

福禄培尔认为幼儿期才是"真正的人的教育开始的时期"，除了身体的保育外，还应多注意儿童心智的发展。福禄培尔呼吁母亲、父亲和家庭要承担起对幼儿的教育，要顺应儿童的内在需要，顺应自然地采取游戏的方式教育幼儿，培养儿童游戏的能力，使儿童成长为完全的人。"游戏和说话是儿童这时生活的要素"，借助语言和游戏的方式，儿童开始把他的内在本质向外表现。如果幼儿期教育不当，阻碍儿童本性和各种天赋潜能的发展，那必将为儿童今后的教育和发展带来极大的困难。

3. 少年期

福禄培尔认为少年期主要是使外部的东西成为内部东西的时期，即学习的时期。如果说幼儿期教育注重儿童先天的禀赋，以儿童为中心，少年期则应以后天的环境为主，以课程为中心。应借助实例和言语进行教学以达到这一目的，但福禄培尔强调游戏与家庭生活仍是少年期教育过程的要素。

（三）幼儿园教育学

1. 幼儿园教育的作用与任务

福禄培尔认为幼儿时期是人生的一个最重要的阶段，是人真正受教育的开始。这个时期儿童的生活方式和所受的教育将影响他整个一生。受到夸美纽斯和裴斯泰洛齐的影响，福禄培尔认为家庭和母亲在早期教育中占有重要地位，但又指出，许多母亲没有充分的时间教育自己的子女，而且也没有受过相当的教育训练，不清楚幼儿教育的任务、内容和方法，不能胜任对其子女的教育，因此，有必要建立公共的幼儿教育机构来弥补家庭教育的缺陷。鉴于此，福禄培尔提出要建立专门的学前教育机构——幼儿园，对幼儿实施社会的公共教育，由训练有素的幼儿教师担任教育职责。福禄培尔强调他创建的幼儿园与以前已存在的其他学前教育机构是不同的，"它并不是一所学校，在其中的儿童不是受教育者，而是发展者"。他把自己的学校称为"幼儿的花园"（幼儿园），把幼儿放在生长发芽的种子的地位上，把教师放在细心的、有知识的园丁的地位上。

福禄培尔规定幼儿园教育的任务，主要有三个方面：① 保护儿童身体和精神的健康成长，包括：发展幼儿的体格，促进幼儿的各种感官和语言的发展，培养儿童的社会态度和民族美德，认识自然和人类，使儿童在游戏娱乐和天真活泼的活动中，作好升入小学的准备。② 培养训练有素的幼儿教师。③ 推广幼儿教育经验。

总之，这些思想都大多很有意义，但是，他认为，幼儿园还要进行宗教教育和道德教育，培养顺服、忍耐、节制等品格，这也是当时德国的反动封建统治所需要的。因此，福禄培尔有关宗教教育、道德教育的观点是落后不可取的。

2. 幼儿园课程

（1）游戏及恩物

福禄培尔阐述了游戏对于儿童发展的重要意义。他认为，随着幼儿期的到来，游戏在学前教育体系中占有独特的地位，它既有组成儿童生活的一个重要方面，也是学前教育中一个主要的教育手段。游戏还能预示儿童未来能力的发展倾向。福禄培尔认为，在游戏过程中最能表现出儿童的积极性、主动性和创造性。但是，福禄培尔又从神秘的宗教观念出发，把游戏解释为是儿童内部本能的表现，认为儿童正是通过游戏表现其内在"神的本源"的。

福禄培尔制定的儿童游戏体系将游戏分为两大类：第一类是活动性游戏，它是一种圆圈游戏，并且是团体游戏和配合诗歌的游戏，让儿童模仿自然及周围生活中的一些事物，如模仿小河流水，模仿磨坊、蜗牛及旅行等进行游戏。福禄培尔幼儿园拥有一个供游戏用的宽敞明亮的大房间，并与一个花园相连，只要天气许可，孩子们随时可以到花园去进行活动性游戏。第二类是精神性游戏，主要是为了发展儿童的认识能力、创造力、想象力和道德品质。福禄培尔专门为这类精神性游戏设计了玩具——恩物。

恩物是福禄培尔为幼儿设计的一系列玩具，供幼儿游戏时使用，之所以叫"恩物"，按照福禄培尔的理解，这些玩具都是上帝恩赐给儿童用来发展儿童各方面的能力的，是上帝的恩赐物。福禄培尔力图用恩物来发展儿童的认识能力和创造性，训练他们手的活动技能。组成这套恩物的基本形状有球体、立方体和圆柱体。该套恩物仿照大自然事物的性质、形状和法则，体现了从简单到复杂、从统一到多样的原则。恩物这个概念具有神秘色彩，其实是福禄培尔本人的幼儿游戏理论在玩具设计和游戏实践方面的具体运用。

主要恩物及其作用如下。

恩物1：是6只柔软的彩色小球，用于认识各种颜色和数目。

恩物2：是木制的球体、圆柱体和立方体，用于认识形状。

恩物3：是由8个同样大小的正方体组成的大立方体，用于认识部分与整体的关系，培养数的概念。

恩物4：是由8个小长方体组成的大立方体，用于认识长方体与正方体的关系。

恩物5：可以分为27个等大的小立方体的木制立方体。其中3个小立方体又分别对分，形成6个三角体，有3个小立方体分别4等分，形成12个三角体。

恩物6：可以分为27个小长方体的木制立方体。其中有一些不可分木板、斜角等更小部分，便于开展积木游戏，为以后学习几何和数学打基础。

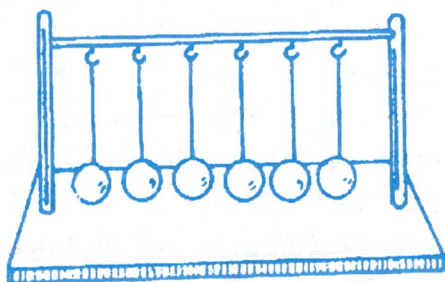

恩物1

恩物2

恩物3

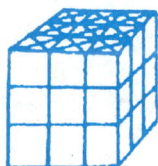

恩物4　　恩物5　　恩物6

恩　物

以后福禄培尔和他的追随者又开发了其他恩物,主要目的是使幼儿有更多练习机会,训练他们的建造能力,为将来学习数学打下基础。

（2）作业

福禄培尔为幼儿园确立了一种教育活动形式——作业,作业活动是促进儿童体力、智力和道德品质和谐发展的一个主要方法。作业种类很多,有纸工、绘画、拼图、串联小珠、镶嵌、泥塑等。作业与恩物关系十分密切,如与恩物中几何体相对应的作业活动有泥塑、纸工等。作业体现出福禄培尔关于"创造"的教育原则,他要求将恩物的知识运用于实践,福禄培尔指出,幼儿只有掌握恩物的使用后,才能进行作业活动,因此,恩物的作用在于吸收或接受,作业的作用在于表现或建造。

（3）歌谣

福禄培尔在著作《慈母游戏和儿歌》中,专门设计了一套精选的歌谣及其图画的表示和游戏方式的说明。编写该书的目的,是为了帮助母亲教育自己的孩子,使儿童活动自己的肢体,发展他们的感觉。

（4）语言

福禄培尔还提到,无论在游戏还是在作业中,成年人要注意结合使用各种材料发展幼儿的语言。

在福禄培尔的游戏体系中,他论述了教学游戏体系和体育游戏体系,其目的是发展儿童的认识能力、创造力、想象力、体力和道德品质。这些都是他对幼儿园教育所作出的贡献。同时他又为各种游戏规定了严格的次序,儿童在游戏中多半是机械模仿教师的动作,很大程度上使游戏变成了令人厌倦的单调的练习,这些又阻碍了儿童各种能力的发展。

（四）在教育史上的地位与影响

福禄培尔是近代系统的学前教育理论的奠基者,也是近代影响最大的幼儿教育家。他首创了幼儿园教育体系,使学前教育成为教育领域中的一个重要分支和独立部门,标志着学前机构的作用开始由"看管"转向"教育",客观上顺应了19世纪以来工业革命不断发展要求发展学前社会教育的要求。

福禄培尔在借鉴前人经验的基础上,详细论述幼儿园工作的体系、内容和方法,为幼儿园创造教学材料、玩具,设计一整套作业体系的思想和方法,这在整个学前教育史上是首创,具有重大的历史意义。虽然他在利用恩物等玩具和材料进行教学和作业的方法过于枯燥和形式主义,但如果我们能结合儿童实际灵活运用这套恩物和作业体系,确实可以发展儿童的各种能力。因此,福禄培尔的恩物和作业体系在西方各国的幼儿园中被广泛采用,影响很大。他的学前教育理论的某些思想材料成为杜威教育思想的渊源之一,直到今天,对当前学前教育的发展仍有重要的启发意义。但是,由于他的理论是建立在其唯心主义哲学观上的,因此不可避免地带有神秘主义和浓厚的宗教色彩。

思考与练习

一、选择题

1.（　　）提出了著名的"白板说",认为人的一切观念都来自后天的经验,而不存在什么天赋。

A. 夸美纽斯　　　　B. 卢梭　　　　　　C. 洛克　　　　　D. 福禄培尔

2. 在西方教育史上,（　　）是第一个提出并详细论述儿童体育的教育家。

A. 杜威　　　　　　B. 裴斯泰洛齐　　　C. 洛克　　　　　D. 欧文

3. 从科学知识取向转向儿童经验取向的代表性教育著作是（　　　）。

A.《理想国》　　　　　　　　　　　B.《爱弥儿》

C.《大教学论》　　　　　　　　　　D.《林哈德与葛笃德》

4. "自然后果法"是哪个教育家提倡的教育方法?（　　　）

A. 夸美纽斯　　　　B. 洛克　　　　　　C. 卢梭　　　　　D. 裴斯泰洛齐

5. 卢梭自然教育的方法是（　　　）。

A. 积极教育　　　　B. 消极教育　　　　C. 不管不问　　　D. 自由发展

6. 与柏拉图的《理想国》、杜威的《民主主义与教育》并称为西方教育史上具有里程碑意义的教育代表作是(　　)。

  A. 洛克的《教育漫话》   B. 福禄培尔的《人的教育》

  C. 蒙台梭利的《童年的秘密》   D. 卢梭的《爱弥儿》

7. 在教育史上,(　　)是提倡爱的教育和实施爱的教育的典范。

  A. 裴斯泰洛齐   B. 卢梭   C. 洛克   D. 福禄培尔

8. 世界上第一个承认游戏的教育价值,又系统地把游戏列入教育过程的教育家是(　　)。

  A. 蒙台梭利   B. 卢梭   C. 夸美纽斯   D. 福禄培尔

9. 福禄培尔认为儿童有四种本能,包括活动的本能、认识的本能、艺术的本能和(　　)。

  A. 制作的本能   B. 创造的本能 C. 宗教的本能 D. 运动的本能

二、简答题

1. 简述洛克绅士教育思想的主要内容及其借鉴意义。

2. 简述卢梭的自然教育思想及其对后世的影响。

3. 裴斯泰洛齐学前教育思想述评。

4. 试述赫尔巴特学前教育思想的主要内容及其特点。

5. 谈谈欧文论幼儿学校的基本观点。

6. 简述福禄培尔关于学前教育地位和作用的基本观点。

第九讲　近代中国的学前教育

本讲提要

　　1840年鸦片战争后,中国沦为半殖民地半封建社会,开始了近代社会的种种变革。随着社会政治经济的变化,在教育领域也发生了深刻的变化。从19世纪60年代起开始产生了近代的学校,并逐步发展。20世纪初清政府被动地推行了学校教育制度,即"癸卯学制"。"癸卯学制"是当时清政府正式颁布和实施的一个学制,在这个学制中明确规定了学前教育的地位。从此,学前教育在我国教育史上揭开了新的一页,开始摆脱过去基本上由家庭进行的封建传统模式,逐步向由社会专门教育机构组织实施的方向发展。

一、近代学前教育产生的背景

　　有组织的学前教育是生产力发展到一定阶段的产物。纵观世界学前教育的发展,诸如幼儿学校、幼儿园等学前教育机构都是社会发展到资本主义阶段才产生的。我国封建社会历时两千多年,封建教育思想和制度在我国根深蒂固,它在学前教育领域的体现是以封建式的家庭教育为基本形式。19世纪中期以来,帝国主义为掠夺我国资源,在我国领土上办工业,开发矿山,清政府的洋务官僚也兴办工业企业,我国工人阶级队伍开始出现。到19世纪末20世纪初,我国民族资本主义逐渐发展,据统计,1900年完全由民族资本家举办的工矿企业,资本在万元以上的已有122家,资本总数为2 277万元。民族资本主义的初步发展,又进一步壮大了工人阶级的队伍。一些妇女为生活所迫,开始走出家门、走进工厂、走向社会。这样,就使近代学前教育的产生有了客观的需要。帝国主义列强的入侵,震惊了中国人民,救亡图存的声浪遍及全国。一些先进人士纷纷向西方寻求救国真理,企图找到一条救国救民的道路。西方的教育制度便成了他们重要的学习对象,在维新运动的推动下,效法西洋、倡办西学很快地成为风行一时的潮流。当时,维新运动领导人康有为、梁启超在学习、介绍西方教育制度时,都注意到了学前教育的问题。例如康有为在其所著《大同书》中,第一次系统地提倡资产阶级教育制度,其中就包括了学前教育阶段。梁启超在《教育政策私议》中介绍日本学制时,也提倡设立两年制的幼稚园,招收5岁以下的幼童。先进思想家的积极宣传,为近代学前教育的产生作了舆论和思想准备,但在当时的历史条件下,他们发展学前教育的愿望还不可能实现。

　　19世纪末20世纪初,由于帝国主义列强对中国侵略的不断加深,民族危机更为严重,清政府宣布实行"新政",被迫进行改革。"新政"在教育方面的主要内容,就是废八股、停科举、兴学校、厘定教育宗旨。为此,1902年张百熙奉命草拟了《钦定学堂章程》,即"壬寅学制",但此学制虽经颁布,并未实施。1904年初又颁布了由张之洞、张百熙、荣庆合订的《奏定学堂章程》,即"癸卯学制"。"癸卯学制"中确定了更为详备的近代学制系统,其中包括了蒙养院制度。在这种情况下,我国的近代学前教育才开始产生并逐步发展起来。

梁启超

二、蒙养院制度的产生和实施

（一）第一个学前教育法规的颁布

《奏定学堂章程》，也称"癸卯学制"，于1904年初颁布实施。学制将整个教育过程划分为三段七级。第一段为初等教育，分蒙养院、初等小学堂（5年）、高等小学堂（4年）三级；第二段为中等教育，只有中学堂一级（5年）；第三段为高等教育，分高等学堂或大学预科（3年）、大学堂（3年至4年）和通儒院（5年）三级。

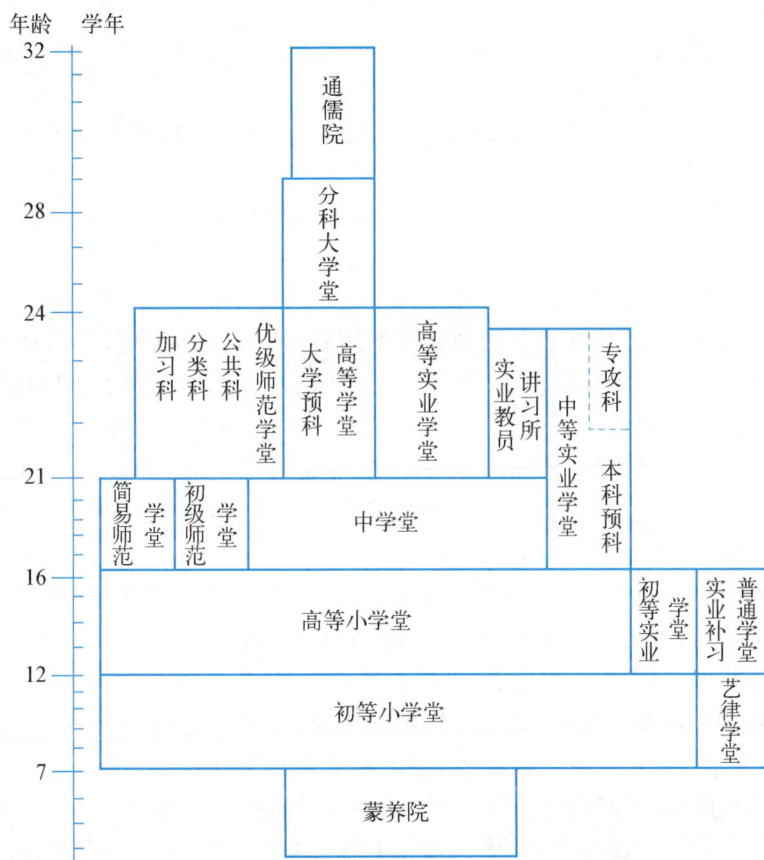

"癸卯学制"的三段七级

在《奏定学堂章程》中，为学前教育专门制定了《奏定蒙养院章程及家庭教育法章程》。这是中国近代学前教育的第一个法规。它充分肯定了学前教育的重要意义、作用，指出了学前教育在国民教育体系中的基础地位。这也是中国第一次用国家学制的形式，把学前教育机构的名称和地位确定下来，蒙养院成为我国最早的学前教育机构，我国幼儿教育从此由几千年的家庭教育走向社会教育。[①]

1. 蒙养院的对象

《奏定蒙养院章程及家庭教育法章程》规定，蒙养院招收的对象是3—7岁儿童，每日受教时间为4小时，并强调学前儿童教育在内容和方法上都"与初等小学之授以学科者迥然有别"。

2. 蒙养院的设置

蒙养院并不单独开设，而是附设在育婴堂和敬节堂内。

育婴堂始建于宋代，属于慈善恤孤性质的慈幼机构，收养被遗弃的小孩。清末，育婴堂在各地被普遍兴建起来。这种机构虽然收的都是幼儿，但主要目的在于救济养育孤苦无依的儿童，师资是没有受过

---

① 侯莉敏.百年中国幼教事业的变化及发展[J].幼儿教育,2004(3)：14-15.

专门训练的节妇。严格说来，育婴堂并不是教育机构。章程规定，利用育婴堂，开辟蒙养院，于堂内划出一院为蒙养院。

敬节堂本为收养寡妇之所，因为她们能守节，受封建社会"敬慕"，故为之设院。章程规定堂内划出一院为蒙养院。

3. 蒙养院保姆的来源与培训

蒙养院的老师称"保姆"，保姆由育婴堂的乳媪（为人哺乳育儿之妇）和敬节堂的节妇充任。近代学前教育的保教人员，应该出自幼儿师范学校，但清末蒙养院实是半殖民地半封建制度下出现的畸形儿，"癸卯学制"未确立女子受教育的地位，相反认为如果设立女学，则流弊甚多，这是断断不相宜的，因而没有设置幼儿师范学校，形成有幼儿教育，但无幼教师资培养的局面。

训练保姆的方法，是在育婴堂或敬节堂中，选择一识字的妇女当教员，如堂内无识字的，可以请一识字老妇人入堂任教。

（二）蒙养院制度的实施

随着第一个近代学制的颁布推行，幼教师资培训机构和中国学前教育机构开始出现。

1. 女子师范中保姆的培训

学前教育机构的创立，应该是以有幼教师资为前提的。清朝末年幼教师资的培训，经历了一个从无到有的过程。

首先是教育领域打破"女禁"。

中国第一代幼教师资，是敬节堂的节妇和育婴堂的乳媪。蒙养院制度，实为从东洋运进来的舶来品，不但没有师资的准备，而且因为不允设女学，师资无法培养，便请来了节妇、乳媪这样的保姆。

中国教育上的"女禁"最初是在洋人的大炮下轰开的。1844 年英国女子促进会会员传教士爱尔德赛在宁波创办女塾。这是中国土地上第一个女子学堂，它是新生事物，但却带有殖民性质。

1898 年 5 月 31 日，上海电报局局长经元善发起创办经正女学，设于上海城南，延请中文教习 2 人，西文教习 1 人，招收 8—15 岁女学生 20 余人。10 月末，经正女学又在城内增设分塾一所，延请中西教习各 1 人。次年初，学生增至 70 余人。学校课程分中文、西文两种，中文课如《女孝经》《女四书》《幼学须知句解》《内则衍义》、唐诗、古文等；间日讲习女红、图画、医学；西文课于读书写字之暇，兼习体操、针补、琴学等。因戊戌变法失败，这所女子学校于 1900 年停办。

资产阶级革命派为宣传资产阶级自由、平等、博爱的思想，推翻帝制，培养革命人才，也办了一批女子学堂，以实践其男女平权的主张。最有名的是蔡元培主持的爱国女学，该校 1902 年开办于上海。

继爱国女学以后，还出现了其他女子学校。1904 年，贵州同盟会在贵阳办光懿女小学，同年，李钟珏在上海创办女子中西医学校，1905 年汤剑娥在上海办女子体操学校。同年，南京旅宁第一女子学堂开学。1906 年，天津北洋女子师范学堂开学。同年，苏州办振华女学，第二年添设简易师范科。这些女学，虽然皆为初创，但女子负笈就学，已成为现实。1905 年，湖南派遣女学生 20 名赴日本，在实践女校学速成师范科，于 1906 年 7 月毕业。女子不但走出家门就学，而且走出了国门留学。

打破"女禁"已是大势所趋，1904 年慈禧太后批准在中南海内创设女学，学习东西文，并于 1906 年 2 月 21 日，面谕学部，振兴女学。

1907 年 3 月，清政府正式颁布了《女子小学堂章程》和《女子师范学堂章程》，中国女子教育由此正式取得合法地位。《女子师范学堂章程》中规定："女子师范学堂，以养成女子小学堂教习，并讲习保育幼儿方法，期于裨补家计，有益家庭教育为宗旨""教授女师范生，须副女子小学堂教科、蒙养院保育科之旨趣，使适合将来充当教习、保姆之用"。

武昌蒙养院师生合照

其后,女子师范学堂在各地开始建立。据张宗麟在《中国幼稚教育略史》中所述,至宣统末年(1911年),全国女学生的数目已经有二三十万,其中也有学幼稚教育的女子。例如1907年,吴朱哲女士在上海公立幼稚舍创办保姆讲习所。上海公立幼稚舍,是上海务本女塾于1904年所办。当时务本女塾经理吴馨派吴朱哲女士去日本保姆养成所学习,1907年回国,开办了这所中国第一个私立保姆传习所。规定学习科目有保育法、儿童心理学、教育学、修身学、谈话、乐歌、图画、手工、文法、习字法、理化、博物等。同时,北京京师第一蒙养院设立了保姆讲习班,广州也设立了保姆养成所。

2. 蒙养院的设立

清末蒙养院可分官办和私办两种。

(1) 官办蒙养院

中国最早创办的公立幼儿教育机构,是1903年在武昌创立的幼稚园。当时正值两湖总督张之洞在湖北执掌政务,在他的推动下,兴起了倡办新式学校的热潮,先后创办部分军事学堂、实业学堂、师范学堂等。1903年秋,湖北巡抚端方在武昌创办了幼稚园,1904年1月改名为武昌蒙养院,也叫武昌模范小学蒙养院。为了促进幼稚园的发展,在张之洞的主持下,附设了女子学堂,招收15—35岁女子,专门学习幼儿师范课程。这是中国幼儿师范教育的萌芽,但不久就停办。湖北幼稚园教员主要由日本人担任,当时聘请了户野美知惠等3名日本保姆。户野美知惠毕业于东京女子高等师范学校,是日本来华最早的幼教工作者,任湖北幼稚园园长。1904年她拟订了《湖北幼稚园开办章程》,规定幼稚园"重养不重学",设园宗旨有三:"(一)保育身体之健旺,体育发达基此;(二)培养天赋之美材,智育发达基此;(三)习惯善良之言行,德育发达基此。"保育幼儿包括发展身体,开发智识,培养行为习惯3个方面。就课程来讲,开设行仪、训话、幼稚园语、日语、手技、唱歌、游嬉7项。所学年限招收5—6岁的一年毕业,4岁以下的二年毕业。毕业后升入武昌模范小学。该园为官办,入园幼儿所用服装、图书、保育物品,均属官备,饭费由家庭负担。每日保育时间,以3小时为度。

同年,北京的京师第一蒙养院也宣告成立,院长是日本保姆师范毕业的,师资、教材也仰给于日本。

不久,湖南蒙养院于1905年成立,由巡抚端方创办,为官立。聘请日本人春山、佐腾为保姆,招收3岁以上至学龄(六七岁)的儿童。课程由一位日本保姆制定,注意从德、智、体、美诸方面进行保教活动。课程有谈话、行仪、读方、数方、手技、乐歌、游戏7项。谈话与行仪2项,主要是奠定德育之基,谈话,主要是向儿童传授为人之道,具体的如从二十四孝故事中,摘选幼儿可以接受的部分;行仪,指在日常生活实践中训练一些行为规范。属于知识教育的有读方、数方、手技,读方,即识字课;数方,是借用指数器教孩子用各种方法数数;手技一项,采用德国学前教育家福禄培尔创造的恩物,包括积木、板排、箸排、镶排、豆细工、纸织、纸折、纸剪、纸刺、缝取、画方等,来培养儿童心智,融入初步的几何学知识。此外,乐歌伴以舞蹈,即培养美感,又涵养性情;配合体操,强健四肢。游戏一项,或在课堂,或在室外,以活泼儿童生趣,调和性情,体育的基础在此。由此看,湖南蒙养院保教内容已超出了《奏定学堂章程》的规定。

(2) 私立蒙养院

癸卯学制颁布以后,也曾出现过一些私人办的蒙养院,如天津严氏蒙养院。严氏蒙养院,是清末翰林院编修、学部侍郎严修所设。1902年,严修在自己的家中开设严氏女塾,1905年创办严氏女子小学,并设蒙养院和保姆讲习所。蒙养院和保姆讲习所基本采用日本的经验,聘任日本教师,吸收采用日本教材,甚至设备也是由日本购买的。严氏蒙养院保教情况与湖北、湖南官办蒙养院基本精神是一致的。

清末影响比较大的学前教育机构,还有京师第一蒙养院(1903年)、上海公立幼稚舍(1904年)、上海爱国女学附设的(1907年)蒙养院等。它们星星点点设在几座大城市,发展缓慢。据袁希涛所写《五十年来中国之初等教育》记载,1907年,入蒙养院的幼儿生有2 613人,1908年有2 610人,1909年有2 664人。

除中国人自己办的蒙养院以外,清末外国资本主义国家还在中国开办了不少幼儿教育机构,他们并不执行癸卯学制中关于蒙养院的规定办法,由教会开办管理。

(三)蒙养院制度的评价

总的来说,当时的中国幼儿教育,保育教导儿童,除要"留意儿童之性情及行止仪容,使趋端正"外,还要"发育其身体,渐启其心知",同时根据儿童身心发展,不使其疲劳过度,要"体察幼儿身体气力之所能为,心力知觉之所能及"。蒙养院的保教内容,有游戏、歌谣、谈话、手技4项。游戏分随意游戏,即儿童各自运动;同人游戏,即众多儿童一起运动。歌谣指教幼儿浅易小诗,使他们心情和悦,涵养德性。谈话即选幼儿易了解、有兴味的事讲给他们听,也可与儿童对话,训练他们讲话能力。手技是教儿童用纸、木片、竹签、黏土做各种形状的物件或播种草木花卉,以引导幼儿手眼用于有用之处,以开发其心智和涵养身心。按这些内容,保教幼儿的时间,每日不得超过4个小时。

清末虽然有了蒙养院的建制,但幼儿教育仍主要在家庭中进行,采取的是"蒙养家教合一"的方针。《奏定蒙养院章程及家庭教育法章程》规定:"蒙养家教合一之宗旨,在于以蒙养院辅助家庭教育。"蒙养院不过是学前教育从家庭教育向社会教育的一种过渡,是辅助家庭教育的组织。训练保姆的教材,也要每家散给一本,以供教育孩子使用。家庭也可以雇保姆教养子女。保姆成绩合格,发给保姆教习凭单,听其自营生意,也可受聘于家庭成为家庭保姆。蒙养院从内容看,保留了浓厚的封建色彩;从形式上看,它是在新学制实施过程中,接受了西方幼儿教育机构的样式开设的。但中国学前教育终究是前进了一步,在家庭教育以外,产生了社会教育机构,并从制度上确定下来。

从清末蒙养院制度的确立和实施不难看出:

第一,学前教育完全由家庭负担的历史结束了,清末蒙养院制度在通向学前教育社会化的道路上,迈出了第一步。

第二,清末学前教育机构的产生,既反映了近代大生产的发展要求学前教育与之适应的一般规律,又反映了它是自上而下被动出现的特点,是随着中国的近代学制出现而勉强确定的,这不同于西方很多国家。

第三,蒙养院办院的纲领,体现了"中学为体,西学为用"的总原则。它既不肯放弃传统儿童教育的核心——封建伦理道德的灌输和行为习惯的训练,又具有了近代社会幼儿教育的形式和内容。

第四,严重抄袭日本。清末蒙养院制度基本上照搬了日本《幼儿园保育及设备规程》,在实施中,教员从日方聘任,课程、玩具、教法也多参照日本。所以说中国的蒙养院,采用的是日本的一套体制,显示出极大的半殖民地半封建社会教育的特点。

三、帝国主义列强在中国的学前教育活动

鸦片战争后,帝国主义列强凭借不平等条约,取得了在华传教、办学等特权,对中国进行文化渗透,先后在中国设立了许多教会学校,其中主要包括学前教育机构和幼教师资培训机构。

(一) 创办幼稚园

19世纪80年代,外国教会在中国沿海福州、宁波开始办幼儿教育机构,以后教会办的幼稚园逐渐增多。根据美国传教士林乐知所著《五大洲女塾通考》第十集记载:清光绪二十八年(1902年)外国教会在中国设立的幼教机构"有小孩察物学堂6所,学生194人(男女各半)",小孩察物学堂即幼稚园。以后,在福州、宁波、上海、北平等地都有外国人办的幼稚园出现。民国初期以后,更有发展。1913年,基督教全国会议议案中又规定,各地教堂都要附设幼稚园,教会幼稚园数目大增。根据1921—1922年中华基督教教育调查团的报告,基督教教会学校在五四运动前夕共开设幼稚园139所。据调查,1924年全国有幼稚园190所,其中教会办的有156所,占全国总数的80%。张雪门1928年参观了30所幼稚园,其中就有洋教士办的12所,日本式的幼稚园5所,由中国人办的普通式幼稚园只有13所。可见,外国人在中国办的幼稚园远远超过了中国人自办的数目。这些幼稚园还通过各种途径对中国人自办的幼稚园施加影响,造成幼稚教育的"洋化"。

帝国主义列强在华办教育,其目的是很明显的,就是要培养治华代理人和实施中国基督教化。学前教育的宗旨,自然也离不开这个总目标,尤其重视对幼儿心灵的熏陶,使其接受基督精神,为培养殖民地国民打下根基。欧美国家在中国设立幼稚园,均通过教会来组织,这些幼稚园内宗教色彩浓厚,使儿童

从小忠于基督，成人以后便可以服服帖帖地受洋人摆布。牧师梅因就曾颇有把握地讲，如果给他机会训练儿童，一直到 7 岁，便可以保证使儿童以后对教会一直保持忠诚。

外国人在中国办的学前教育机构，大致可分为两种：一种是日本式的，一种是宗教式的。日本式的幼稚园兴办于清末民初。清末"癸卯学制"和民国初年"壬子癸丑学制"，主要借鉴于日本。这种日本式的幼稚园很像小学校，也可叫作"小学式的幼稚园"。教学内容有游戏、谈话、手工、唱歌、识字、算术、图画、排板、检查身体、习字、积木等，像小学校一样，各科明明白白地被规定在逐日的功课表里，不许混杂。保姆就像小学里的教员，高高地坐在讲台上，孩子一排一排整齐地坐在下面，不许乱说乱动。可见，这种教育学龄前儿童的办法，忽视了儿童自身的心理特征。这种幼稚园对我国清末民初的幼儿教育影响很大。由于中国传统礼教的影响，如此呆板的教育形式，很容易被人们接受，蒙养院及蒙养院时期的教育主要仿效这种形式。

另一种是欧美国家在中国办的学前教育机构。它本先于日本在华办的幼稚园，但兴盛时期在日本之后。五四运动以后，中国主流教育思想主要受欧美的影响，特别是美国影响，日本的学前教育影响逐渐减弱。这种学前教育都由教会掌管，所以也被称为"教会式的幼稚园"。这些幼稚园一般都有美丽的教室，小巧的桌椅，精致的玩具，孩子在幼稚园的活动要较在日本人办的幼稚园内的自由得多，课程排得也不那么死板。在安排自由活动以后，工作以前，孩子们要闭一会儿眼睛，唱一支祷告的诗曲。早晨相见，放学话别，都要唱出"上帝祝福"诗一样的调子。教会办的幼稚园，保姆都是教徒，他们教孩子的目的是培养新教徒。因此，这种幼稚园虽然有好的设备，也很难受社会欢迎。且由于设备过于奢华，一般家境的孩子也无法进入。

教会式的幼稚园活动内容比较丰富。以上海崇德女子中学附属幼稚园为例，这是由美国传教士黎曼顾硕士开办的，建于 1920 年。根据《大上海教育》杂志第一卷第二期刊载，这所幼稚园作业的情况是这样的：

上　午	下　午
8:30—9:00　入园	1:15—1:30　入园
9:00—9:10　朝会（清洁检查）	1:30—1:45　睡觉
9:10—9:40　作业活动（包括恩物、美术、工艺）	1:45—2:10　识字游戏
9:40—9:50　批评已成工作	2:10—2:30　户外游戏
9:50—10:00　解手	2:30　2.40　点心
10:00—10:30　户外游戏	2:40—2:50　日记
10:30—10:45　静息	2:50—3:00　游戏
10:45—11:10　音乐（律动、节奏在内）	3:00—3:30　散学
11:10—11:20　故事（儿歌、故事表演在内）	
11:20—11:30　游戏	

宗教式的幼稚园，实行洋化教育，用外国式的设备，玩外国玩具，唱外国歌曲，孩子不过中国传统节日却过外国的圣诞节，甚至吃点心也要外国货。如此培养，无疑是训练基督教徒。

（二）培植师资，兴办幼稚师范

中国人出国接受幼教专业训练的国家，首先是日本。日本从 1872 年颁布学制后，便开办了女子学校。中国女学生赴日最早在 1901 年，到 1902 年，已有留日女学生十余名。最初就学的学校有日本实践女学校附属中国女子留学生师范工艺速成科。师范科科目有：教育、心理、理科、历史、算术、体操、唱歌、日语、汉文。工艺科科目有：教育、理科、算术、体操、唱歌、日语、汉文、刺绣、编物、图画等。这所学校，虽分此两科，但均有幼稚园保姆的训练。

1905 年，湖南省派 20 名女生到日本学速成师范科。1907 年奉天（今辽宁省）女子师范学堂派 21 名学生到日本学习，就读于日本实践女学校师范科。江西也派出 10 名官费女学生赴日留学。到 1907 年，仅日本东京一地，便有中国女留学生近百名。中国女学生在国外，求学心切，气度不凡，当时日本人曾评价她们说:"此等留学生,举止娴雅,志趣高尚,对日本人亦不畏惧,彬彬有礼,为日本妇女所不及。"她们回国后,不少从业于幼儿教育。例如回国后的吴朱哲女士1907年在上海公立幼稚舍开办的保姆传习所,招收学生36人,教授内容和管理办法全是日本式的,课程除一般文化课外,有保育法、儿童心理学、教育学等。

除日本以外,欧美国家也积极争取中国留学生。清末,中国留日学生中,革命党人(邹容、陈天华、秋瑾等)十分活跃,成为反清的一股强大洪流。清朝政府与日本政府联合,由日本文部省于1905年颁布《清国留学生取缔规则》,1906年由清政府颁布留学规则,对赴日留学生严加控制。与此同时,欧美便加紧吸引中国留学生的活动。1907年出洋考察的清朝大臣端方访美,美国耶鲁大学、康奈尔大学及卫理斯尼(女子)学院,便与端方协商,每年可派免费留学生赴美。1908年,美国总统罗斯福决定退还一部分庚子赔款,作为中国派遣留美学生费用。以后其他各国,也仿照美国的办法。中国留学生去西方的逐渐多了起来。中国学前教育,也从仿习日本逐渐向学习欧美转变,并深刻地影响了中国近代学前教育的发展,如教育家陶行知,回国后结合中国实际,提出了生活教育理论,并在实践平民教育、普及教育、乡村教育、民主教育等方面作出了艰苦卓绝的努力;著名的儿童教育专家陈鹤琴早年也曾留学美国,他批判地吸收西方教育理论,在探索中国化、科学化的幼儿教育方面作出了突出的贡献。

帝国主义除了为中国培训师资之外,还在华设立幼稚师范学校或女学。1844年,美国女子教育协进会会员、传教士爱尔德赛在宁波创办女塾,这是近代外国人在华设立的最早的教会女学,也是中国最初出现的女子学堂,以后各国在中国办的女学逐渐增多。这些女学,很多担负着培养幼稚园保教人员的任务。

1892年,美国监理公会女传教士海淑德,在上海创办幼稚园师资培训班,每周六下午上课,收学生20名,为教会幼稚园培训师资服务。中国新学制产生后,英、美教会鉴于当时在中国培养师资的重要性,在各地开设师范学校,部分附设幼稚师范科,如苏州景海女学幼稚师范科(1916年)、厦门怀德幼稚师范学校(1901年为幼稚师范班,1912年正式取校名为怀德幼稚师范学校)、浙江杭州私立弘道女学幼师科(1916年)、北京协和女书院幼稚师范科(1905年)、北京燕京大学幼稚师范专修科。1913年基督教会全国大会议案提出教会要设立幼稚园,同时也要设立养成幼稚人才的学校,还要收教外学生,以供官立幼稚园用。

这些幼稚师范学校都为教会所办,重视宗教教育与英文教学,有较为完备的教学设备。例如景海幼稚师范课程可分为3类,第一类是为适应外国在华办教育的需要开设的课程,英文占的学分最多,一年级各科总学分为54,英语占20,二年级全年各科总学分为53,英语占10,三年级各科总学分为59,英语占10,在校学习3年,外语几乎占去了总课时的1/4。同时开设宗教学、圣道教法这些课程,直接为资本主义国家传布基督精神,培养顺民服务。第二类是文化课,如国文、体育、生理及卫生、生物学、音乐等。第三类是专业课,如心理学、学校管理法、实习、幼稚教法、启智用具教法等。教会办的这种幼稚师范,一般规模比较小,毕业生人数不多,如杭州弘道女学幼稚师范科历届毕业生人数,少的年份(如1918年、1920年)只有1名,多的年份(1931年、1933年、1935年)也不过10名,从1917—1942年,共有19届毕业生,总计不过108人。

(三) 任教于中国幼稚园,翻译教材,出版幼儿读物

外国教习在中国官办、私办的学前教育机构中任职,自清末蒙养院诞生起就很盛行,最初多为日本教习。请外国教员(包括日本的和西方的)在中国幼稚园中任教,一直持续到新中国建立前,几乎官办、私办的蒙养院都有日本教习任教,此外还有女学、女子师范学堂,也都要请日本人当教员。这些学校中主要文化课和专业课都由日本教习任教。

学前教育所用书籍,包括幼稚园读本、幼稚师范生教材等也多由外国进口。对此,东、西洋也是十分积极地向中国施加影响,他们很重视利用教材影响中国,认为为中国编辑教科书是传播西方"文明"的极好形式。传教士默多奚说:"把你们所要加于这个国家生命之中的东西,放在学校里,就可以达到目的""达到这目的之最有效的办法是把它放进学校教科书里去"。到1937年,翻译的日本书籍中,教育一类的书就有140余种。西洋的教育书籍就更多。

东西方国家还编译和出版了不少儿童图书和期刊,如《儿童故事》《儿童乐园》《童男须知》《童女须知》等,更加广泛深入地影响中国儿童。

(四) 兴办各种"慈幼机构"

在设立幼稚园和幼稚师范的同时,帝国主义还以兴办"慈善"事业为名,到处设立孤儿院、慈幼院、育婴堂之类慈幼机构。早在 19 世纪 40 年代,教会就在湖南衡阳开办了一所慈幼院,此后其他地方的教会也陆续开办了一些这类"慈善"机构。在这些"慈善"机构中,儿童们长年被关在高楼深院里,与世隔绝,生死大权完全掌握在"慈善家"手里,饥饿、疾病、体罚不知夺去了多少无辜的中国小生命。据调查,武昌花园山育婴堂、南京圣心儿童院以及广西、西安、芜湖等地的类似机构中儿童的死亡率,少则占 60%,多者竟达 99%。有的孤儿院还设有剥削和压榨童工的工厂。帝国主义除从肉体上摧残儿童外,还从精神上腐蚀、毒害中国儿童,使之感恩戴德,长大了死心塌地为之传教服务。

帝国主义的卑劣行径,不能不激起中国人民的无比愤慨,许多爱国有识之士严正指出育婴堂是杀婴堂,并愤然抗议。1868 年,外国传教士在扬州设立的育婴堂,有不少婴儿受虐待致死,引起群众极大的愤慨。当时,参加扬州府考的文武生员发布揭帖,揭露传教士的罪行,群众也纷纷参加,最后大约有 1 万人结合起来,捣毁教堂救出婴儿。1870 年的天津教案中,群众也愤怒地焚毁了法国教堂、育婴堂、领事馆。但是,由于当时和以后的反动政府甘心投靠帝国主义,卖国为奴,致使这种摧残毒害婴幼儿的罪恶行径一直延续到中华人民共和国成立以后才最终结束。

(五) 收回教育权的斗争

鸦片战争后,帝国主义列强在中国办学,从幼稚园至留学教育,从普通教育到师范教育、技术教育、盲聋哑教育等,形成独立的教会学校网。外国在华办的文化教育事业,不受中国政府管辖,不能在中国政府立案,一些传教士利用他们办学的合法机构,从事危害中国人民利益的侵略活动和宗教宣传,引起中国人民的强烈不满,并不断地受到中国人民的抵制。蔡元培 1917 年提出"以美育代宗教"的主张,李大钊也著文论述宗教问题,更有恽代英撰文《打倒教会教育》,反对外国利用宗教办学,破坏中国教育主权,压制学生。1923 年爆发了非基督教运动,李大钊、蔡元培、陈独秀、吴虞、胡汉民、汪精卫等人在北平发起组织全国"非基督教大同盟"。蔡元培在非宗教同盟第一次大会上发表演说,提出大学不必设神学科,各学校均不得有宗教教义课程,不得举行祈祷式,以传教为业的人,不必参与教育事业。

1924 年,随着中国革命形势的发展,首先由广州开始,成立"广州学生收回教育权运动委员会",当时有影响的全国性教育团体,如中华教育改进社、全国教育会联合会等都开会、撰文支持和参加收回教育权的斗争。中华教育改进社要求政府制定注册条例,全国教育会联合会通过《学校内不得传播宗教案》《取缔外国人在国内办理教育事业案》。1925 年"五卅"运动前后,收回教育权运动在全国范围内达到高潮。许多教会学校学生退学、教员辞职,不少教会学校关闭或改组,数量上大大下降。

在运动的推动下,当时的北洋政府于 1925 年 12 月公布了《外人捐资设立学校请求认可办法》,共 6 条:"(一)外人捐资设立各学校,遵照教育部所颁布之各等学校法令规程办理者,须依照教育部所颁关于请求认可之各项规则向教育官厅请求认可;(二)学校名称上冠以私立字样;(三)学校之校长须为中国人,如校长原系外国人者,必须以中国人充任副校长,即为请求认可时之代表人;(四)学校设董事会者,中国人应占董事名额之半数;(五)学校不得以传布宗教为宗旨;(六)学校课程必须遵照部定标准,不得以宗教科目为必修科。"

收回教育权运动取得了一定的成绩,这是中国人民反对外国强夺中国教育主权斗争的成果。此后,凡外国在中国办的幼稚园、幼稚师范学校或幼师培训班,都要向中国政府注册,课程也要大致符合中国教育部所颁发的课程标准的要求。例如景海女学幼师科,1927 年以后,在中国立案并开始聘中国人为校长,第一任中国校长是江贵云,任校长职务一直到 1951 年。杭州弘道女学师范科,冠以"私立"二字,全称为"浙江杭州私立弘道女学师范科",1927 年首次由中国人倪雪梅为校长。课程设置与中国教育部的规定也比较接近,如美国传教士费启鸿夫人在上海创办的修德幼稚园,1934 年课程设置有:训育、谈话(故事、谜语)、工作、美术、游戏、音乐、识字、计数、卫生、社会、自然、餐点等,与教育部颁发的幼稚园课程相差不多。

20 世纪 20 年代收回教育权的斗争，虽然取得了一定胜利，但也有不少流于形式，真正收回教育主权只能在收回政治、经济、军事权之后。

四、康有为的学前公育思想

康有为（1858—1927 年），广东南海人。清末著名的政治家、思想家、教育家，资产阶级改良派领袖，后为保皇派首领。

（一）生平与教育活动

康有为出生在一个世代为官的家族里，早年接受了严格的家学熏陶。17 岁时开始接触西学，曾读《瀛寰志略》及从日本传入的《地球图》诸书。1879 年末，初游香港，进一步确立了向西方学习的思想。

1888 年，鉴于在中法战争中清政府的无能，他第一次向光绪皇帝上书，要求清政府图强变法，因遭顽固派阻挠，未能上达。这使他认识到：深刻的社会变革必有思想文化运动为其先导。为此，他把从事教育工作当作进行政治维新运动的重要手段。

1890 年春，康有为在广州讲学，陈千秋、梁启超先后及门。次年，万木草堂正式于广州长兴里开学，"讲中外之故，救中国之法"。1895 年，康有为偕梁启超再次进京会试，时值《马关条约》即将签订，康、梁联络在京举子 1 300 余人，联名上书光绪，请求拒和、迁都、变法，史称"公车上书"。1898 年 6 月 11 日，光绪帝正式宣布实行维新变法。不久，以慈禧太后为代表的顽固派发动戊戌政变，光绪帝被囚瀛台，谭嗣同等六君子血洒北京菜市口，康有为也乘英舰仓皇逃至香港，后抵日本。他在流亡期间，曾对欧洲的法、意等 11 国进行游历考察，希望能从中寻求解救中国的良药。辛亥革命胜利后，康有为结束流亡生活返回祖国，但此时他已堕落为保皇派并参与了张勋复辟帝制的活动。1926 年，他曾在上海创办天游学院，自任院长兼主讲，让学生学习中外古今的人文科学与自然科学等方面课程。次年 3 月 31 日，康有为猝然病逝于青岛。

康有为一生写下了许多在当时和以后都极有影响的著作。他在"万木草堂"讲学期间所完成的《新学伪经考》和《孔子改制考》为维新变法奠定了理论基础，而他在《大同书》里，则设计了一个理想社会的蓝图。该书计 30 卷，共 20 万字，分为《人世界观众苦》《去国界合大地》《去级界平民族》《去种界同人类》《去家界为天民》等 10 个部分。康有为认为如果能实现他在书中指出的各项主张，就可以建立一个既没有阶级，也没有压迫，财产公有，男女平等，天下太平，世界极乐的理想社会。在康有为设计的理想社会中，对儿童从出生前到出生后一律实行公养公育是一项重要的内容。他是我国儿童公育最早的倡导者之一。

（二）论儿童公养公育

康有为早在 1884 年写的《礼运注》中，就提出了"人人教养于公产而不恃私产"的儿童公育思想。以后，在《大同书》中，他又在《去家界为天民》这一部分更充分地阐发了他的上述思想。首先，他用较大篇幅揭露了封建社会中"家"的种种罪恶和黑暗，认为一家人之间意见不合而强制地生活在一起，不符合平等自由的原则。同时他指出"有家必有私"，并列举"有家之害大碍于太平"的 13 条罪状，认为有家则人性不能善，人体不能健，人格不能齐，还会产生私狭、奸诈、贪盗等恶行，阻碍社会福利的扩大，影响教育正常地进行，更无从使私产变公产，对世界之人，尤其是贫苦之人实行公养。所以他主张"去家界为天民"，即消灭家庭，解除封建伦常对人们的束缚，认为只有这样才能使人得到自由平等，人人成为大同世界的公民，实现天下为公、太平大同、世界极乐。

至于消灭家庭的方法，他指出应由公立政府办理婚姻、生育、教养、医病、老死诸事。就儿童的教育而言，他认为应当使父母对子女"无鞠养顾复之劬，无教养靡费之事"，完全由公立政府"公养人而公教之"。可见，康有为主张对儿童实行公育，是以实现大同世界必须消灭家庭为出发点的。尽管这是不可能实现的空想，但他反对封建社会男尊女卑思想及主张铲除封建社会最害人的宗法家族制度，反映了新兴资产阶级的要求，具有民主主义思想的进步性。

康有为设计的儿童公育体系，包括儿童在出生前即母亲怀孕时起，在人本院接受胎教，及出生断奶后入育婴院、慈幼院接受公育，满6岁后进入小学接受公教，直至中学和大学。

（三）论胎教

康有为首先论述胎教的重要性，指出"生人之本，皆在胚胎，人道之始，万化之原也"，必须"教之于未成形质之前"，才能"正生人之本，厚人道之原"，从而使人能成为"至善"之人。因此，胎教的好坏，直接关系着人一生教育的成效。他说："胎教既误，施教无从。"康有为不但将胎教视为教育最基本的一环，还肯定了胎教是"人种改良之计"，这种优生学观点是很有远见的。

其次，为了实施胎教，康有为对专为孕妇设立的人本院的环境、建筑、设备、医疗、卫生、保健、教育、服务等方面提出了40多条要求。他十分强调外感影响的作用，认为人脑"一有所感于外物，终生受之而不忘，迁事逢时，萌芽发扬"。同时他指出"胎孕多感地气"，把一个人的面相、性格、肤色以至人口出生的多寡都归之于受不同地区、不等地势以及不同气候的外界影响而产生的结果。他认为山谷崎岖深阻之地，生人多瘿瘤突额，性情褊狭，热带黑人不仅其貌不扬：黑面银牙、尖腮斜面、脑后颐前，且皮肤黑黄，汗出太多聪明亦减。因此他主张胎教之地一定要选择温冷带间，平原广野，水泉环绕之地。当时，康有为能够注意到环境对胎教的影响，应当说是有积极意义的，但他过分强调地理环境的作用，并有种族歧视之意，这是不可取的。

为了保证胎教的正确实施，康有为还要求孕妇入院后，一切衣食住行都应由医生安排、照顾，有专门的女傅为其讲课，使孕妇学习"人类公理""育儿之法"等知识，还要为孕妇选取所看之画、所读之书，注意交往的人，使乐音不绝于耳。总之，一切以能使胎儿得到良好的生长发育为前提。

此外，康有为还认为人本院应给孕妇极大的尊重，他指出："妇女以生人为大任，故公立政府尊崇之、敬养之"，认为"孕妇代天生人，为公产人，盖众人之母也"，且孕妇有生子之苦，故"公众宜为天尊之、为公敬之"。他提出孕妇每生一胎，政府都应奖给"宝星"以使人把为天生子、为公尽职视为神圣光荣的事。

康有为的胎教思想既来源于我国古代及民间的传统，又吸收西方资产阶级民主和科学的思想，因此，他的胎教思想尽管有不足之处，但与古代的胎教思想相比，无疑是前进了一步，增加了一定的科学成分。

（四）论婴幼儿教养

凡婴儿出生后，满6个月即断奶，产母离开人本院，婴儿则被送到育婴院养育。满3岁后，移入慈幼院或怀幼院教育，如不设慈幼院，则仍在育婴院受教育，直到6岁入学为止。这样就免去了母亲生育孩子后怀抱与抚育孩子的责任，一律由公立政府另请专人负养育之责。康有为非常重视婴幼儿阶段的教育，并提出了17条措施，其内容可以概括为以下几方面：

首先，对工作人员的任用提出了具体要求，拟订了分工和奖惩制度。选择德性慈祥、身体强健、资禀敏慧的女子作"女保"。规定2岁以下的幼儿每位女保专抚1人，2岁以上的幼儿则可以每位女保看护2—3人。由于女保负有代母之任，有大公德于公众，应以殊荣异礼对待她们。女保以2年满任，在其满任后可视其表现赠以仁人慈保宝星，宝星愈多则愈光荣。

其次，对院址的选定和院舍的布置作了规定。他特别强调院址"不得在山谷狭隘倾压、粗石荦确、水土旱湿之地"，更不能靠近市场、戏院、坟地、作厂、车场等哗器和污秽之处；同时要求院内应楼居少而草地多，爽垲而通风，多植花木，多蓄鱼鸟。

再次，对教育目标、内容也作了明确的规定。他把"养儿体、乐儿魂，教儿知识"作为教育目标。教育的内容有语言、歌谣、常识、手工等，特别重视手工制作对日后谋生或从事管理工作的作用。

此外，他还非常重视婴幼儿的保健工作，规定早晚由医生巡视两遍，穿衣饮食、游戏都要适度。小儿有病，则每日诊视 3 次，重者则特殊护理。

综上所述，康有为在我国学前教育史上，首次提出了一整套儿童公育思想，设想了从胎教到幼教的完整的学前公共教育体系。他的理想虽然是永远实现不了的空想，却反映了新兴资产阶级的要求，吸取了西方资产阶级教育思想的某些合理因素，对我国近代儿童公育思想的发展以及学前教育机构的产生都起了促进和奠基作用。

思考与练习

一、选择题

1. （　　）认为实现政治改革的关键是摧毁家族制，相应地，应对儿童实行"公养""公育"制度。

A. 梁启超　　　　　　B. 康有为　　　　　　C. 孙中山　　　　　　D. 蔡元培

2. 1903 年（　　）的成立，是我国设立幼儿教育机构之始。

A. 京师第一蒙养院　　　　　　　　B. 上海务本女塾附设幼稚舍

C. 湖南蒙养院　　　　　　　　　　D. 湖北省立幼稚园

二、简答题

1. 蒙养院的保教内容是什么？

2. 试分析蒙养院制度的特点。

3. 简述康有为的学前教育思想。

第四编
学前教育的完善

第十讲　20 世纪发达六国的学前教育

![本讲提要图标] **本讲提要**

　　进入 20 世纪以后,英、法、德、美、日等国先后成为发达的资本主义国家,伴随着经济的发展,学前教育事业也有了长足的发展,并深刻地影响着当代社会教育;十月革命后,苏俄也逐步建立起社会主义学前教育体系。本讲主要介绍了英国、法国、德国、美国、日本、苏俄与苏联六国现代学前教育机构的创立与发展历程,以及各国现代学前教育机构的改革和发展状况等,特别是对各国的现代学前教育机构的类型、师资、经费、管理、教育理念及特色等方面作了介绍。

一、英国的学前教育

(一) 第二次世界大战前的英国学前教育的发展

　　20 世纪初,在儿童中心主义教育思潮广泛传播的背景下,美国进步教育运动、蒙台梭利方法以及新教育的其他方法逐渐影响到英国学前教育,英国幼儿教育界非常重视革新幼儿教育方法。一些幼儿学校开始了"做中学""设计教学法"的改革实验。对英国这一时期幼儿教育方法的影响更为深刻的是蒙台梭利的方法,1915 年,在蒙台梭利协会的倡导下,英国召开了"新教育理想协议会",蒙台梭利关于自由教育、环境布置和感官教具的理论与实践为幼儿教师所接受。

1. 保育学校的创立与发展

　　第二次世界大战前的英国幼儿教育的发展以保育学校的创立、发展和幼儿教育方法的改革为主要内容。

　　1870 年,英国颁布了《初等教育法》,开始设立地方公立学校。1880 年代又颁布并落实了义务教育的规定,确定了儿童从 5 岁开始接受初等义务教育,幼儿园被纳入保育学校系统。在此基础上,英国麦克米伦姐妹创设了保育学校。

　　1908 年,麦克米伦姐妹在博乌开设实验诊疗所,1910 年改称"德普特福特学校治疗中心",1911 年发展为野营学校,1913 年正式命名为"野外保育学校"(Open Air Nursery School)。该校为 5 岁以下儿童提供教育,特别是贫民和工人的子女,其办学的首要目的是为幼儿提供适宜的环境及增进幼儿健康。办学特点是:融合欧文、裴斯泰洛齐、福禄培尔及蒙台梭利的教育方法,反对拘谨的形式主义教学,注重幼儿的手工教育、感觉训练、言语教育、家政活动训练及自由游戏。麦氏的保育学校的创办受到英国社会各界的赞誉,英国政府也大力支持保育学校,1919 年,保育学校开始接受国库补助,英国的幼儿园也改称"保育学校"。1923 年,以玛格丽特·麦克米伦为首的英国保育学校联盟成立,致力于推广保育学校及保育学校教师的培训工作。

　　随着保育学校的不断发展,教育理论也得到不断充实。格雷斯·欧文在 1920 年出版的《保育学校教育》一书中提出:保育学校应尊重儿童的自然本能,努力增进其各类经验;多组织集体活动,以培养幼儿的协作精神,不应对幼儿进行读、写、算的正规教学或各种形式的测验。幼儿心理学家苏珊·艾萨克斯在《幼儿的智力发展》和《幼儿社会性的发展》等著作中,主张幼儿期的教育和纪律应是宽容的,反对压抑和绝对服从;强调应尊重个体差异;此外还倡导蒙台梭利教具及教学法。英国保育学校的理论经过麦氏姐妹、欧文及艾萨克斯等人的努力,到20世纪30年代已初步形成了体系。

2.《费舍法案》

一战后,由于政治、经济和文化的发展需要,英国再一次将改善国民教育问题提上议程,于1918年通过了新的初等教育法《费舍法案》。该法案的目的是在英国建立一个包括保育学校、小学、中学和专科学校在内的公共学校系统。法案要求将小学分为5—7岁(幼儿学校)和7—11岁(初级学校)两个阶段,此外正式承认保育学校属于国民学校制度的一部分,应实行免费(伙食费、医疗费除外)入学。要求地方教育行政部门设立和援助保育学校,并决定对13所保育学校实行国库补助。但由于经费问题没有得到解决,有关扶持保育学校的规定执行未得到保证。从1919年到1929年的10年间,英国保育学校仅增加了15所。

3.《哈多报告》

1933年,以哈多为主席的调查委员会对英国初等教育进行调查后,发表了《关于幼儿学校及保育学校的报告》(简称《哈多报告》)。《哈多报告》提出:① 良好的家庭是5岁以下儿童成长的最佳环境,但同时认为保育学校对城市儿童的发展有重要作用。建议将保育学校定为"国民教育中的理想的机构";提倡大力增设麦克米伦式的学校、幼儿学校幼儿部附设的保育班。② 建议成立以7岁以下幼儿为对象的独立的幼儿学校。指出5岁并不是区分儿童重要发展阶段的界限,而向7岁以上的少年学校过渡才是其重要发展阶段。③ 幼儿学校的教师也应遵循保育学校的原理,即注重对6岁以下儿童开展户外体育、游戏等自然性的活动和进行会话、唱歌、跳舞、图画、手工等表现能力的训练;对6岁以上的幼儿才加进读写算的正规教育。

这一报告吸收了裴斯泰洛齐、蒙台梭利、福禄培尔和麦克米伦等人的幼儿教育思想,被认为在英国学前教育史上具有划时代的意义,但受到经济危机的影响,暂时被搁置起来,到1936年教育委员会要求地方教育行政局调查保育学校的情况,报告中谈及的保育学校的问题才得到解决,并发展起来。

(二) 第二次世界大战后的学前教育

二战后,老牌资本主义国家英国想恢复战前的霸主地位,特别重视教育事业的发展和人才的培养,更加关心学前教育,出台了一系列法案来确保学前教育质量。

1. 学前教育改革——《巴特勒法案》

1944年丘吉尔政府通过了一个重要的教育改革法令,即《巴特勒法案》。该法案以1918年的《费舍法案》为蓝本,确定了英国现代教育体系的基础。法案中明确指出,"以教育5岁以下儿童为主要目的的初等学校就是保育学校",其主要作用是"培养全面发展的正常儿童,主要是进行教育,其次是进行补偿"。法案规定了:2—5岁的儿童都应该进保育学校,地方教育当局应该提供保育学校和保育班的经费;保育学校由国家教育部门和地方教育当局管辖;初等教育由三种学校实施,① 为2—5岁的儿童设保育学校(这一年龄不属于义务教育之内),② 为5—7岁儿童设幼儿学校,③ 有的地方如果设立5—11岁的初等学校,则可在校内附设保育班,招收3—5岁的儿童。

《巴特勒法案》规定设置保育学校或保育班是地方教育行政当局不可推卸的义务,但幼儿教育的连贯性还是被以5岁为界的规定打破,法案的颁布并不意味着学前教育有明显的进步。

2.《普洛登报告书》和教育白皮书

1967年,教育咨询委员会委员长普洛登女士发表了一篇报告书,呼吁大力发展英国的幼儿教育,尤其是在教育不发达的地区。提议:① 大量增加幼儿教育机构,希望到1980年时3—5岁的儿童都能进入幼教机构。幼儿教育应以20人为1组组成1个"保育集体",1—3个保育集体组成一个"保育中心",它们可以与保育所或者儿童中心的诊疗所结合起来。保育集体每60人应配备各种资格的教师,每10人至少配有1名修完2年培训课程的保育助理来担当每天的保育工作。每周保育5天,分上午部和下午部。② 在公立保育机构得到扩充之前,地方教育当局有权对非营利私立保育团体进行援助,以资鼓励。③ 最理想的是将包括保育集体在内的一切幼儿保护机构都统一在有关机构及小学的领导之下。同时,在制定新的地区计划和老区重新规划时,也充分考虑到幼儿教育。④ 在幼儿教育活动中增加教育因素,凡接受政府资助的幼儿教育机构应接受教育科学部门和地方教育当局的双重管辖。⑤ 努力提高幼教机构的设备和师资,提高幼教师资的素质。⑥ 应向贫困家庭的儿童和有语言障碍或潜在学习困难的儿童提供接受学前教育的机会。1968 年英国又制定一项《都市发展纲要》,规定在纲要颁布后的 12 年中,由政府拨款资助城市贫民子女,包括为这些城市贫穷儿童设立专门的幼儿教育机构、进行身心发展方面的社会服务,等等。《普洛登报告书》为英国幼小衔接更为合理的开展,为英国幼儿教育的发展作出了贡献。

1972 年 12 月,教育科学大臣萨切尔发表《教育扩展规划》(Education:A Framework for Expansion)白皮书,提出将"扩大幼儿教育"定为内阁将要实行的四项教育政策之一。白皮书肯定了《普洛登报告书》中具有实践意义的建议,并制定了实施计划,打算 10 年内实现幼儿教育全部免费,并扩大 5 岁以下儿童的教育。为此,提出以下要求:第一,要调动各方面积极性。除政府外,还要依靠地方教育行政当局的周密规划,以及自由团体、教师、家长的大力协助。政府努力扩充保育学校,使 4 岁幼儿入园率达到 90%,3 岁幼儿入园率达到 50% 的目标能在 80 年代完成。第二,确保有相当数量的教师队伍。必须在进一步改革大学幼儿教师培训课程的同时,对非正式教师进行特别训练。第三,政府为实现上述计划提供必要的经费援助。政府拨给幼儿教育的经费在 80 年代增加到 1972 年的 5 倍以上。第四,政府将为那些因居住环境等其他不利因素而有保育需求的 3—5 岁儿童优先提供全日制的设施。全日制的设施的扩充目标是:能接受全国幼儿人口的 15%。

总体上,教育白皮书发表后,英国的幼儿教育有了一定发展,但受到经济因素的影响,发展比较缓慢。到 1980 年,英国的 2—5 岁幼儿入园率只有 18%。进入 80 年代,英国政府增加了对幼儿教育事业的投资,掀起了"尽快行动起来普及幼儿教育"的热潮,使英国幼儿教育获得迅猛发展。

3. 学前教育机构类型

20 世纪 80 年代以来,英国的幼儿教育作为初等教育的重要组成部分,类型灵活多样,比较重要的有以下几类。

(1)保育学校和保育班

保育学校是独立的幼儿教育机构,由教育部门开办,招收 2—5 岁的儿童,人数从 40 名到 120 名不等,幼儿与教师的比例为 10:1—13:1;保育班附设于小学,招收 3—4 岁的儿童,进行 1—2 年的学前教育,儿童就近入学,以半日制为主,全日制为辅。保育学校和保育班没有正式的课程,从幼儿的实际需要出发设计教学内容,由幼儿自己选择日常活动,以游戏为主,为幼儿提供安全、轻松的环境,为其进入小学作准备。

(2)托儿所

英国的托儿所分为日间托儿所和寄宿托儿所。目前托儿所在社会福利机关登记立案,主要招收 2—5 岁儿童,儿童依家庭经费情况交纳费用。托儿所一般只能收 30 个儿童,幼儿与保育人员的比例是 13:1。近年来,社会安全和健康部、教育和科学部共同发展联合性的保育托儿机构,全国儿童之家和儿童局也参与支持各种联合性的托儿机构。托儿所根据以下标准优先选择儿童:第一,高度危险儿童,包括非意外伤害所造成的严重障碍儿童、复杂问题家庭的儿童。第二,中度危险儿童,包括单一家长的儿童、祖父母照顾的儿童、处境不利的儿童、家庭文化刺激贫乏的儿童、生理有缺陷的儿童等。

(3)日托中心

1870 年时称托儿所。公立和私立的日托中心都必须接受地方社会福利部门的定期检查,只有在教师资格、环境设计等方面符合要求以后,才准予开办、招生。日托中心全年开放,招收出生 8 周至 5 岁的儿童,儿童在中心的时间为上午 8:00 至下午 6:00;按儿童年龄分班,不同年龄班的规模不同,幼儿与教师的比例也不同,在 0—3 岁年龄班,最多只能有 6 名儿童,在 3—5 岁年龄班,最多只能有 10 名儿童,幼儿与教师比从 3:1 到 4:1 或 5:1。

(4)学前教育中心

学前教育中心为父母及儿童提供良好的设备,有些还成立妈妈娃娃班、游戏小组和其他一些非正式的托儿班。他们提供看护和养育的服务,工作人员包括一位合格教师、几位受过专业训练的护士、有时还有一位社会工作人员和一位医护人员。例如父母婴儿小组为 3 岁以下儿童提供服务,大多数小组每周活动 1 次,每次 2 小时,父母和孩子在一起做游戏,保教工作者和家长(如孕妇、父母、祖父母)或其他对幼儿教育感兴趣的人共同讨论教育子女中的问题,分享教育经验。

（5）学前游戏小组

大多数学前游戏小组是由家长资助、装备和领导的,为儿童提供游戏的伙伴、游戏的时间和空间,为儿童家长提供交流、学习的机会。家长通过参加儿童的游戏,能了解自身的教育价值,提高自信心,在家庭中更好地照顾和教育儿童。幼儿与教师的比例为 8∶1 左右。

（6）家庭保育

家庭也可以开办保育机构,这是英国幼儿教育的一个特色。这种家庭必须符合健康、安全标准,在地方社会服务部注册以后方有资格开展保育活动。英国十分重视对家庭保育的管理,资助对保育者的培训,成立国家儿童保姆协会等以提高儿童保育者的素质。承担家庭保育工作的家庭全年全日开放,由主妇担当教育自己孩子和别人孩子的任务。最多只允许照看 3 个 5 岁以下的儿童（包括自己的孩子）。

（7）联合托儿中心

为了方便父母的工作,英国还有一种幼儿教育机构,即联合托儿中心。招收 0—5 岁的儿童,全年开放,每天从上午 8:00 到下午 6:00,父母可根据工作需要,接送孩子。该机构还设有父母屋,鼓励父母积极参加中心的活动。使保育和教育有机地结合起来,使幼儿园、家庭、幼儿三方面都能受益。

4. 学前教育师资培训

幼儿教育师资队伍的水平直接关系到幼儿教育的质量。英国的保育学校、保育班由教师、保育助理、保育学生和临时工作人员组成。托儿所由保育护士或保育助理和教师组成。学前游戏小组有一名学前游戏小组指导者。

（1）任用资格

要成为一名合格的教师有三种途径:其一,最常见、最普遍的一种是年满 18 岁的英国青年,至少有两门功课得了"A"级,经过任何学科的三年学位学习,再加上一年或两年的教育学研究生资格证书学习就可成为一名合格教师;其二是经过大学本科四年教育学学习;其三是经过三年的教师证书学习班学习。

想成为保育助理的学生须在扩充教育机构修满两年保育人员训练课程后,参加并通过考试获取国家保育考试协会证书（Certificate of the National Nursery Examination Board,简称 NNEB）。

托儿所的保育护士和保育助理的任用以修完 NNEB、PCSC（Preliminary Certificate in Social Care）等课程,参加考试并获得证书后才具备资格。

学前游戏小组通常任用修完经认可的学前游戏小组课程者为学前游戏小组指导人。

（2）职前教育

保育学校和保育班教师的培养与小学教师的培养相同,由教育学院、多科技术学院教育系和艺术训练中心实施。地方教育当局对教育学院的招生对象作出了具体规定:具有良好的性格和身体、曾从事过幼教工作半年以上、年满 18 岁、具有高中毕业文凭等。

英国幼儿教育师资（主要是保育学校及保育班的教师）所学的课程包括:① 普通教育课程,包括英语、数学、宗教、体育、教育学、心理学、教育史等。② 职业教育课程,包括幼儿教育法、幼儿保健法、游戏等。③ 教学实习。

保育助理在扩充教育学院所学的 NNEB 的主要课程有:儿童照顾和发展（理论与实际）、儿童的健康和照顾、家庭社区服务、一般科目、沟通和创造艺术、环境研究、家庭和社会。实习时间为 40%。修业期限为两年（2 000 小时）。

学前游戏小组指导人的专业训练计划在各个地方并不一致,但基本上以 1975 年国家颁布的《学前游戏小组指导人基础课程训练纲要》为训练计划基础,在扩充教育机构开设两年制的训练课程。课程内容由 6 部分组合而成:家庭和儿童,儿童和学前游戏小组,学前游戏小组和社区,儿童发展,组织学前游戏小组的实际和行政,成人和儿童、家庭、社区的关系。训练时间则根据地区不同而有一些弹性变化,一般有这样几种情况:① 每周一天,30 周以上;② 每周一个半天和一个晚上,2 年共需 120 小时;③ 10 周 6 次,2 年,共需 120 小时。

（3）在职培养

学前教师的在职培训是确保高质量学前教育的基础。由于英国学前游戏小组的指导者中有不少未接受过专门的职业训练,所以英国的"学前游戏小组协会"委托扩充教育机构和空中大学积极在各地兴办学前游戏小组指导者的在职培训。时间由几个星期至一年不等,结业时发给证书。

教师的在职进修,与他们日后的晋级和加薪是相互联系的。因为晋级的主要依据是教师的学历水平、教学能力和教学质量。1992年英国政府发布的教育白皮书,规定新任教师要有1/5的时间进修,正式教师每7年轮流脱产进修一次,力求在任何时间内,有3%的教师能够带薪进修。在职的幼儿教师同样执行此规定。

5. 英国的家庭与社区的作用

幼儿园教育离不开家庭的参与,教师和家长之间的沟通交流是至关重要的。1988年颁布的教育法,从法律上保证了父母可以参与学前教育机构的管理和儿童的学习,规定学前教育机构的管理组织中要有父母代表,地方教育机构要为父母提供培训课程,以提高教育儿童的水平。家长通过以下形式了解、参与幼儿园活动:

(1) 父母联系卡。由教师通过卡片与家长取得联系,卡片上记录着学前教育机构的教育内容和方法、儿童在各方面的发展情况以及教师对家长的建议。

(2) 父母屋。学前教育机构设有父母屋,在这里,教师和父母对儿童教育中的一些热点问题进行交流、讨论。

(3) 布告栏。在班级门口或班级的一角设有布告栏,及时向家长公布幼儿园的大事,或向家长介绍儿童教育心理专家的科研成果。

(4) 参与家庭教育讲座。学前教育机构不定期地举办家庭教育讲座,父母通过参加讲座了解儿童身心发展的知识,掌握家庭教育的措施。

(5) 成立家长委员会。家长委员会的重要职能是为学校筹款,如通过组织游行、秋季时装表演、夏季家庭迪斯科舞蹈会、万圣节舞蹈会等。

(6) 参与学校的工作。有的学校每天都有一些家长自愿来学校帮助老师照顾孩子,每天每班至少有1—2位家长,不仅参观幼儿作品展示,观看幼儿的演出和劳动成果,还和老师一起评论课程,共同商讨儿童的睡眠习惯、如厕训练、饮食内容和方法等对于儿童具有重要性的事物,父母常常和自己的孩子在教室里共同阅读、讲故事,或者一起动手操作去探索问题。家长在幼儿园里待的时间越长越好,这会使儿童感到安全、舒适。一旦孩子安顿下来,家长就可以以结构化的方式参与幼儿园活动,从而学到很多东西。这样可以帮助教师尽量有效地支持儿童。学校所有时间向家长开放,家长和老师成了伙伴关系。

(7) 参加各种辅导班。教师利用周末、节假日,长期为周围居民家长办班上课,如幼儿教育班、英语班、法语班、美容班、舞蹈班等。

此外,在教师的帮助下,居住在附近的几个家庭组成一个邻里互助小组,父母们相互讨论、交流,总结经验教训,相互支持,共同克服教育困难。

学前教育机构还要广泛地利用社区教育资源,如社区中的玩具图书馆、美术馆、展览馆、科学馆、博物馆等,为5岁以下儿童提供各种各样有趣的服务项目,教师也鼓励家长经常带领孩子去参观,让孩子从中受益。许多社会服务机构还帮助幼儿园满足儿童的特殊需要。这些做法都有助于提高幼儿园的质量,确保高质量的保育和教育。

6. 体制与管理

英国的学前教育在宏观管理体制上实行国家、地方、学校三级管理。国家负责制定幼教的方针、政策、法规、制度,地方负责国家政策法规的贯彻执行,学校负责日常事务的具体操作。

由于英国义务教育的年龄范畴是5—16岁,因此在英国学前教育以小学附设托儿所、小学附设保育班为主要形式。学校实行学校管理委员会领导下的校长负责制,托儿所或保育班负责人在小学校长的领导下,分工负责托儿所或保育班的工作。托儿所或保育班的负责人一般都是由小学副校长、学科组长或学校负责特殊教育的人员兼任。

幼儿教育的经费主要来自国会核发的一部分税收金额。65%的经费由政府支出,分配给所在地方教育行政单位,不足的由地方教育当局从地方税收抽额补助。托儿所的创办与维护由法定与自愿团体共同负责,构成所谓的"双重管制"。保育学校和保育班的经费完全来自英国政府或地方当局,或接受公款补助。

学校的课程与教学、课本内容与性质不是教育科学部负责，而是由教师选出的督学团负责的。

二、法国的学前教育

（一）第三共和国时期的学前教育

1881年，法国通过《费里法案》，提出国民教育的三个原则："免费""义务""世俗化"。同年8月2日，在政府颁布的教育法令中又宣布，改托儿所为"母育学校"，并将其列入免费的公共教育系统，实施统一的"母性养护及早期教育"。母育学校招收2—6岁儿童，根据不同年龄男女混合编班。保教内容有：德育、日常生活知识、语言训练、唱歌、绘画、书法、体操、博物，以及初步读、算等。宗教教育被取消。1886年，法国政府规定：凡拥有2 000名以上居民的乡、镇，都必须建一所母育学校。同时，法国政府又发布政令，对母育学校应具备的设施作了规定。1881年的两个法令基本上确立了法国的近代幼儿教育制度。"母育学校"也一直被作为法国幼儿教育机构统一的名称。

1905年，教育部部长对母育学校过于强调传授知识的倾向提出批评。1908年，教育部部长再次发布指令指出：母育学校的目的是对学前儿童加以照料，满足他们体、德、智三方面发展的要求；母育学校不是一般意义上的普通学校，对于有流落街头之虞和处于不良家庭的孤独的幼儿来说，母育学校乃是他们的避难所；强调要鼓励无人照料的儿童到母育学校来，并给予平等的热情的接待、照顾。1927年，法国政府又发出指示，详细规定了母育学校必须具备的校舍和设备标准。

（二）20世纪下半期学前教育的改革与发展

1. 各项改革措施及发展

1975年，法国政府颁布《哈比改革法案》，将发展幼儿教育、提高教育质量列为1976—1980年第7个五年计划的重点任务之一，要求学前教育发挥教育、补偿、诊断治疗、与小学衔接的四重作用。法案规定学前教育的目标是：启发儿童的个性，消除儿童由于出身和家庭条件差异而造成的成功机会的不均等，帮助儿童顺利完成学前教育向小学教育的过渡。

1976年的法令规定，幼儿学校应有助于儿童的身体、智力和情感方面的个性品质发展。促进儿童早期发展，并从教育方面处理存在的障碍，以使他们在今后整个学习过程中实现机会均等。

1977年，教育部进一步明确规定了幼儿学校的3项目标，即"教育、学前准备和照料"，同时提出从以下方面对儿童进行教育培养：情感、身体、运动、行为、发音、造型表现力、想象力、口头语言、认识发展。

进入20世纪80年代以后，法国学前教育进入一个新的发展时期。1986年，国民教育部在《幼儿学校：作用与任务》的报告中指出："幼儿学校的总目标在于使儿童的各种可能性得到发展，以形成其个性品质，并为他们提供最佳机会，使其能在学校学习和社会生活中获得成功"，使儿童"受学校教育"成为幼儿学校的首要目标。

1989年《教育方针法》又指出学前教育的目标是"通过对美感的启蒙，对身体的意识，对灵巧动作的掌握和对集体生活的学习，发展幼儿的语言实践能力和个性，同时还注意发现儿童在感觉、运动或智力方面的障碍并及早诊断"。

为了加强学前教育及其与小学教育的衔接，1990年9月6日颁布的法令重新规定，幼儿学校的总目标是：开发儿童的各种潜能，提高他们的语言能力，通过审美、身体、灵巧等方面的培养和对公众生活的适应，使之形成个性，为接受小学教育并取得成功作好准备。新的法令将学前教育和小学教育作为一个整体，并把这两种教育分为3个相互关联的教学阶段：幼儿学校为起始阶段，幼儿学校的大班和小学一二年级为基础阶段，小学的后三个年级为加深阶段。每阶段的教学条件应当适合本阶段儿童的特点，教师应经常对学生进行评估并向家长通报有关情况。根据规定，每个阶段均有全国统一的培养目标、课程计划和评估标准。学前教育和小学教育在教学上的交叉，将有利于学前儿童顺利进入小学。

法国幼儿教育是初等教育的组成部分之一，由国家来统一管理。法国母育学校在教育行政上由省一级政府领导，但由于长期的传统使之与市镇有着密不可分的联系。在这样的双重领导下，校长没有财政和行政自主权，一般情况下，都是校长接受所在市镇的领导，直接处理行政、财务、教学、联络等事宜，不再设专门职能部门，也没有其他专职管理人员。一般而言，校舍等不动产归市镇所有，后勤工作也由他们管理；教师是国家工职人员，教育大纲由全国统一制定，人事和教学工作主要由省管辖。

儿童的教育活动都由母育学校的教学小组和教育小组共同负责。教学小组由教师（包括校长和教师）组成，其任务是负责实施服务于教育目的的教学活动；教育小组包括教师、保育员、家长和校医。以上所有人员都应关心和支持儿童的成长，而不论他们的年龄、性别、社会及文化背景如何。

法国的教师及所有的教育行政人员都是国家公务员，待遇列入国家预算，教育方面的重要开支根据国家的财政预算决定，教育经费主要来源于国家和地方政府的财政支出。1965年在政府负担的教育经费中，国家和地方分别占84.7％和15.3％。1979年开始，教育经费超过国家预算，成为国家最大的经费开支。

法国的学前教育机构绝大部分为公立性质，1997—1998学年，法国公立幼儿学校有18 460所，私立幼儿学校有300所。学前教育机构的招收对象为2—6岁儿童，凡年满2岁的儿童均可就近入学。儿童大都进入教育部管辖的、免费的母育学校和幼儿班，私立幼儿学校则由家长付费。根据教育法的规定，幼儿每周在校时间为26小时。可开设体育、科技入门、语言交流（说、写）、手工、美术课程，由教师根据教学计划决定具体教学内容。

2. 法国幼儿教育机构

法国幼儿教育机构形式多样，主要有以下九种。

（1）母育学校

母育学校与其他国家的幼儿园相似，是法国幼儿教育机构的主要形式，也称"幼儿学校"，有公立和私立两种，受教育部或地方当局管辖。按照法国政府的规定，公立母育学校由国家和地方自治团体开办并支付经费，实行免费制，但不属于义务教育。相对公立母育学校，私立母育学校在母育学校中所占比例极小。私立母育学校多由慈善团体、联合产业、商会及私人开办，同样实行免费制。母育学校招收2—6岁的儿童，幼儿按年龄分班：2—4岁为小班，4—5岁为中班，5—6岁为大班。教育内容根据儿童年龄特征安排，中班后渗入较多文化知识性内容，大班则加强读、写、算的基础训练。各种班级均有半日制与全日制两类，随个人意愿选择。母育学校每周开放4天半（周一、二、四、五及周六上午），每天开放6小时（上、下午各3小时）；目前，为满足社会的需要，每天开放时间延为10—12小时。母育学校重视与家长的联系，幼儿定期接受医生对其身体健康状况的检查和心理专家对其心理发展水平的测定，学校全天保育并坚持到傍晚最后一个孩子离开学校为止，班级规模在不同地区是不同的，乡镇每班10—15人，城市每班25—30人。现在政府正创造条件，减少班级规模，以保证教育质量。

（2）托儿所

这是法国学前教育中最古老的一种形式，隶属于保健部门，多附设于农村小学，有公立及私立两种。托儿所的性质与母育学校相似，招收2—5岁儿童，在对儿童进行保育的同时，也对他们进行文明礼貌等方面的教育，使他们逐渐适应未来的初等教育。

（3）幼儿班

以前，幼儿班附设在小学里，主要招收3—5岁的儿童，为儿童进入小学作好身心的准备。现在有些幼儿班独立开办，招收2—6岁儿童。农村小学附设幼儿班的监督工作，由教育部的母育学校女视学官担任。多数私立幼儿班由小学的督学官负责监督。

（4）温和过渡班

这是幼儿进入正规幼儿教育机构之前的一种过渡性质的机构，它的招收对象是16个月到5岁的儿童，每次活动两个半小时，每次活动人数不超过10人，其设立的目的是使幼儿逐步习惯离开家庭到幼儿集体中来。由于幼儿参加活动的时间不太长，家长又可以随时接送，儿童便不再因突然离家到幼儿园而产生心理上的陌生感和生活上的不适应。

（5）小小俱乐部

这种机构主要为了解决幼儿又想参加集体活动，又不愿离开家长的矛盾。招生对象是2个月至8

岁的儿童,每次活动人数为 10—15 人。这种"小小俱乐部"离家近,收费少,活动时间和方式灵活,使幼儿在集体中仍有一些家庭生活的感觉,很受社会和家长的欢迎。

（6）保育室

保育室为有紧急事件的家长而设,临时照看学前儿童,解决家长的后顾之忧。

（7）流动车

对偏远地区的儿童,利用流动车,实行送教上门,到家服务。

（8）儿童假期中心和休息中心

这种中心主要是在寒暑假中组织儿童活动。一般招收 4—6 岁幼儿,每次活动（一期）为 20—25 天,在这段时间里教师组织幼儿到社会中去,到大自然中去,从而达到陶冶幼儿情操、锻炼幼儿体质、增强幼儿独立生活能力的目的。

（9）微型托儿所

微型托儿所是在新建的公寓中留出部分住房,收托 10—12 个 3 岁以下的儿童,以解决就近入托的问题。

可见,法国学前教育机构正朝着规模小型化、活动多样化、组织灵活化、教育个人化、环境家庭化的方向实验性地发展。

三、德国的学前教育

（一）第二次世界大战前的德国学前教育

德国的幼儿教育历史比较悠久,1840 年德国幼儿教育家福禄培尔就创办了世界第一所幼儿园。

德国在魏玛共和国时期,按照民主的原则对教育进行改革,强调所有儿童都享有受教育的权利,教育的目的是使儿童在身体、精神和社会方面都得到发展,成为有才干的人。同时决定设立公共儿童保护机构——儿童保护局,负责监督和指导民间儿童福利事业,执行 1922 年《儿童福利法》第 4 条所规定的给婴幼儿、学童等提供福利设施的任务,既设立公立的幼儿园,又鼓励民间慈善团体和宗教机构开办幼儿教育机构。1922 年,德国政府制定《青少年法》,其中强调要设立"白天的幼儿之家",包括幼儿园、托儿所及幼儿保护机构等,同时提出训练修女担任看护工作,此外还要求加强幼儿教师的培训。

（二）联邦德国时期的学前教育

1. 学前教育的指导思想及内容

联邦德国的学前教育深受福禄培尔的影响,逐渐形成了约定俗成的观念,即倡导"自由发展""自我教育",注意为幼儿创造良好的环境,重视游戏与活动,努力使幼儿通过各种活动发展体力、智力和道德感。联邦各州在学前教育指导思想上不完全一致,但是有很多共识:幼儿园是协助家庭对幼儿进行教育的机构;为培养优良的个性和为幼儿的全面成长打下良好的基础,幼儿园教学的主要内容有两类:① 语言教学,包括说、听、看图说话、唱歌、游戏活动等;② 观察能力和思维能力的培养,包括日常生活中经常遇到的色彩、形态、数量、时间等概念的辨别能力的训练,并开展游戏、音乐等活动。在教育方法上,除采纳福禄培尔的基本方法外,还吸取杜威的主张和蒙台梭利的教学方法,从做中学,注重实际操作。福禄培尔的恩物及蒙台梭利的教具亦得到应用。在教学组织形式上,主张个别教学、小组活动,不要求组织全班儿童进行集体教学。

2. 学前教育机构的主要类型

联邦德国的学前教育主要在幼儿园及学校附设幼儿园实施,此外还有多种形式的其他辅助幼教机构。

幼儿园:大多由地方政府、教会、企业、社会团体或私人开办,未纳入国家教育计划。幼儿园在学前教育中占据主导地位。此外就是学校附设的幼儿园及学前班。

托儿所:接受 0—3 岁儿童。

"白天的母亲":由联邦青年、家庭、健康部 1974 年核准设立的幼儿保教计划。

特殊幼儿园：专门为身体有残疾、智力发育不正常或聋哑儿童开设的幼儿教育机构，承担治疗和教育的双重职能。

3. 学前教育师资

联邦德国设有专门培训幼教师资的学校，招收初中毕业生和具有同等学力人员（修业两年）。由于联邦德国的学前教育不属于义务教育，幼儿教师的社会地位和工资待遇都不如其他教师，因而师资严重缺乏，教师素质也不高，阻碍了学前教育的发展，与其他发达国家相比差距显著。

4. 学前教育管理和学前教育政策

联邦德国的幼儿园主要是由教会、普通慈善机构和民间团体开办的，对幼儿园的监督工作由开办团体自行负责。二战后，联邦德国所有公、私幼儿园都归儿童局负责督察，入园制度大多由各州自行规定。各类幼儿园中，公立的仅占 1/3，远低于教会所办的幼儿园。这是因为政府对幼儿教育采取控制但不援助的政策，学前教育长期由市民或非政府机构自行管理，宗教团体的活动异常活跃，成为私立幼儿园的主导力量。幼儿园民办几乎成为一种传统，直到 20 世纪 60 年代中期才有所改善。

1966 年以后，在美国及其他发达国家的诸如开端计划、开发幼儿智力等计划及思想的影响下，政府开始意识到学前教育的重要性。1970 年，联邦教育审议会公布了包括学前教育在内的《全国教育制度改革方案》。此方案把 3—4 岁幼儿教育纳入教育体系的基础部分，列入初等教育；把 5—6 岁幼儿的教育纳入义务教育。从此，5 岁以上的幼儿普遍入学，3—5 岁幼儿入园率迅速提高。据统计，1960 年，3—6 岁幼儿入园率为 30%，1997 年柏林幼儿园入园率为 55%，而巴登-符藤堡州却高达 98%，萨尔州的幼儿园儿童甚至超过了当地儿童的实际人数。

联邦德国的学前教育与其他发达国家相比，有不足之处，但经过长期的发展，也形成了自己的特色。孩子入园自愿，宗教团体开办幼儿园盛行。幼儿园不属学校系统，不受国家约束。联邦德国没有专门的管理幼儿园的机构，所有幼儿园都由各州的青少年局负责监督管理，国家和地区政府没有规定幼儿园的教育大纲和教育方法，而由幼儿园的开办者自行决定，这和政府一贯坚持的地方分权的联邦制是一致的。这种管理一方面能调动地方和团体办幼儿园的积极性，有利于充分利用各地方的财力和人力，发挥各自的特点和优势；另一方面，又造成了德国学前教育发展极不平衡，不利于整体学前教育质量的提高。

德国的幼儿园在年龄编班上，有一个非常鲜明的特点——混龄编班，即将不同年龄组的儿童编在一个班级（德国称之为"小组"）中游戏、生活和学习。这种混龄编班在德国全国范围内所有幼儿园中实施。德国混龄班的年龄跨度非常大，他们最早是研究 3—6 岁儿童之间的混龄编班，并进行实践，以后逐渐往两头延伸为 0—12 岁的混龄编班。在教师的配备上，基本为一个班级 2 名教师，包括一名幼儿教师（班级负责人），一名幼儿看护（教育的后备力量），有的班级还另外配备一名准实习生（正在接受培训的学生）。为配合混龄教育，德国幼儿园的环境创设也作了很大的努力。混龄教育的基本理念之一是幼儿园的班级类似于一个温馨的家庭，在这样一个家庭中，有不同年龄的孩子，他们像兄弟姐妹般地生活在一起，一起游戏、一起学习，这样很好地促进了孩子的社会性发展。

联邦德国的幼儿园被认为是协调家庭对幼儿进行教育的机构，幼儿园的主要任务是创设不间断的、能够从幼儿园很自然地过渡到初级小学阶段的条件。幼儿园严格禁止读、写、算等基础知识的学习，儿童以自由活动为主，各班设活动室，儿童独自活动或寻求伙伴一起游戏。大部分幼儿园为半日制，中午家长可以带孩子回家，全日制的幼儿园下午也以儿童的自由活动为主。

四、美国的学前教育

（一）20 世纪上半期美国的学前教育

1. 进步主义幼儿园运动

19 世纪末至 20 世纪三四十年代，美国开展了进步主义幼儿园运动，强调研究儿童，注重幼儿教育与实际生活的联系，它是具有美国特色的学前教育改革的开始。

在 19 世纪下半期美国的幼儿园中,福禄培尔的幼儿教育理论占绝对统治地位,恩物和作业成为所有幼儿园的主要教学手段,但是人们常常曲解游戏和恩物的意义,福禄培尔理论的合理因素逐渐被人们忽视,而其中的神秘主义、象征主义却被奉为至宝,恩物、作业的内容一成不变,趋向形式主义。到 19 世纪末,随着美国经济和政治的发展,改革这种脱离儿童发展和美国社会生活实际的幼儿园教育势在必行,进步主义幼儿园应运而生。

为进步主义幼儿园运动提供理论依据的是美国心理学家霍尔和哲学家、教育家杜威。霍尔提出了心理进化理论"复演说",他赞同福禄培尔关于儿童发展阶段及游戏的一些观点,但认为恩物理论及象征主义是不科学的,幼儿园教师闭关自守的本位主义也是非常不合理的。他在调查和实验的基础上,指出美国的幼儿教育中存在着脱离儿童生活实际、忽视儿童健康等方面的问题。该理论为进步主义幼儿园运动提供了心理学依据。

杜威是美国进步主义教育运动的"精神领袖",他的哲学思想、心理学思想和教育思想也给进步主义幼儿园运动以指导性的影响。他从"教育即生长""教育即经验改造""教育即生活""做中学"等基本观点出发,认为教育目的是培养儿童适应社会生活的能力,教育应以儿童为中心,让儿童通过活动积累直接经验。杜威肯定了福禄培尔理论中关于儿童的自我活动、游戏及社会参与等原则,反对福禄培尔理论的神秘色彩,指责恩物和作业脱离儿童的生活经验,主张把游戏和家庭日常生活联系起来,在现实生活中得到发展。杜威的理论为进步主义幼儿园运动提供了理论依据。

进步主义幼儿园运动主要领导人是安娜·布莱恩、帕蒂·希尔。布莱恩是进步主义幼儿园运动的先驱。19 世纪 80 年代,她最先公开批评福禄培尔式幼儿园的种种缺陷,并在自己的幼儿园里开始试验用新的方法来教育幼儿。她认为应将幼儿看成是主动的、活泼的人,教师应帮助孩子自己思考而不是强迫幼儿领会恩物,将日常生活引入幼儿园,强调父母的责任,加强幼儿与父母的联系。布莱恩的批评和改革在美国幼儿教育领域产生很大的影响,使美国幼儿教育界日益形成两大对立的派别——进步派(或称"自由派")和传统派(或称"保守派")。两派展开了长期针锋相对的论战,最终促进了美国学前教育理论和实践的发展。

希尔是美国进步主义幼儿园运动最杰出的代表之一,曾先后就学于杜威和霍尔。她 1893 年接管了路易斯维尔免费幼儿园协会和路易斯维尔师范学校,经过 12 年努力,使这里成为进步主义幼儿园运动的中心。1905 年希尔应邀前往哥伦比亚师范学校执教,在此后的 30 年里,她不停地教书、实验、写作、讲演,培养了大批学生,把进步主义幼儿园运动引向深入。她主张儿童玩具应是积木、桌子、椅子等实在的东西,而不是符号化的东西,并设计发明了一组大型积木玩具被称为"希尔积木",很快被各地幼儿园采用。进步主义幼儿园运动强调研究儿童,注重幼儿教育与实际生活的联系,开展多方面的实验活动,在实践中突破幼儿园闭关自守的局面,使幼儿园逐渐发展成一种同小学教育紧密结合的新型机构。还强调家庭和社会的责任,主张对家长、教师进行培训。这些都是值得肯定的,但是另一方面,也暴露出一些缺陷。主要是过分强调活动,某些解决问题式的教学方法超出了儿童的能力,不利于儿童进一步学习;而且,对广大学前教育工作者来说,还没有能力将学术上的研究成果完全理解并运用到教育实践中去,往往陷入缺乏科学性和实证性的经验主义泥潭,所以进步主义幼儿园运动虽然是具有美国特色的学前教育改革的开始,但在 20 世纪 30 年代后受到许多非议。

2."蒙台梭利热"

意大利幼儿教育家蒙台梭利在罗马创办"儿童之家"获得成功,1910 年,蒙台梭利教育方法连同她所设计的教具传入美国。数百名美国学前教育工作者读了蒙台梭利的著作《蒙台梭利方法》后,兴奋不已,奔赴罗马"朝圣"。1912—1915 年,蒙台梭利两次访美,宣传自己的学说。1913 年,美国蒙台梭利协会成立,"蒙台梭利学校"纷纷成立,"蒙台梭利热"达到顶峰。1916 年后,美国的"蒙台梭利热"迅速冷却。重要原因是遭到进步教育家的批评,克伯屈曾指责蒙台梭利法"实属 19 世纪中期的货色",其感官训练是"非强制不可的""孤立的""脱离幼儿生活实际和生活体验的"和"缺乏创造性训练的"。此外,在美国占主导地位的行为主义、精神分析等学派心理学家也对蒙台梭利法进行了批判。"蒙台梭利法"尽管"昙花一现",但她在美国学前教育界的影响仍然很大。她的著作通俗易懂,引起了人们对学前教育的普遍重视,强调"儿童的自由"及"自我活动",促使人们重新探索福禄培尔的"儿童自动性原则"及"自由作业"的真正含义。蒙台梭利重视感觉训练和智力训练的思想使人们更加认识到智力开发的重要性,这为在20世纪后半期"蒙台梭利热"的再一次升温埋下伏笔。

3. 保育学校的传入

受英国麦克米伦姐妹创办保育学校的启发,芝加哥大学教授夫人团体自发地以集体经营的形式,于1915年开设了美国第一所保育学校。伊利奥特及怀特为推动保育学校在美国的传播和普及作出了突出贡献。她们曾赴英国麦克米伦姐妹的保育学校学习办学经验,伊利奥特于1922年1月在波士顿创办"拉格街保育学校",怀特在底特律迈瑞尔-柏尔玛母亲学校创办了一所附属保育学校,并从麦克米伦中心请了部分教员,她们遂成为20世纪20年代美国保育学校运动的主要领导人。1919年,美国第一所公立常设保育学校成立。10年后成立了"全国保育协会"。初期的保育学校多作为教育实习或具有研究性质的实验学校。

1933年,处在经济萧条期间的联邦紧急救助署宣布公立保育学校配合罗斯福的新政,为发展经济和儿童发展服务。全国设立的保育学校已达600多所。第二次世界大战期间,为了确保妇女投入到军事产业中来,联邦政府对保育学校实施经济援助,成立战时紧急保育学校,使保育学校数量猛增。到1945年2月止,全国共有1 481所保育学校,招收幼儿69 000名。虽然当时的保育学校教师素质不高,但从社会效益看,这种措施还是成功的。战后,联邦政府停止了经济援助,公立保育学校在经营上困难重重。与此同时,私立的收费保育学校却急速发展起来,且占绝对优势,这种保育学校由于收费昂贵,所以其教育对象只限于认识到早期学前教育意义的少数知识分子阶层的子女。

(二) 20世纪下半期美国学前教育的发展

1. 学前教育机会均等运动的兴起

二战后,美国工业得到飞速发展,而贫富差距也越来越大,种族歧视仍继续恶化,这使得广大黑人和少数民族的子女往往被排斥在学前教育之外,在进入义务教育年龄段时,处于明显不利的地位,社会要求政府解决学前教育机会不均等呼声越来越高。在此形势下,50年代后,美国顺应教育民主化的潮流,兴起了包括学前教育在内的教育机会均等运动。

美国政府于1963年、1964年宣布向贫困宣战,提出了一系列福利措施和计划,使贫困儿童获得与富裕儿童同等的环境、同等的教育机会就是其中的重要措施之一。1966年,美国全国教育协会和美国学校行政协会的联合组织"教育政策委员会"提出了"对所有5岁儿童和贫困而且没有文化教育条件的所有4岁儿童扩大公共教育"的提案,要求为所有儿童提供学前教育机会,这些提案的呼吁得到了社会各界的强烈反响。

2. 开端计划

开端计划属政府行为,是美国政府为实现幼儿教育机会均等的目标而实行的一项重要计划。

1965年秋,美国联邦教育总署提出"开端计划",并在全国范围内实行,要求对处于困境的家庭的子女进行"补偿教育"。计划目标有五个方面:为学前儿童看病治牙,开展为儿童心理发展的服务,为幼儿进入小学作必要的准备,加强对志愿服务人员的培训与使用,开展社会服务与家庭教育。具体计划是:由联邦政府拨款将贫穷的黑人、印第安人、因纽特人及外国贫困移民家庭等4—5岁的幼儿免费收容到公立特设的学前班,进行为期数月至一年的保育,保育内容包括体检、治病、自由游戏、集体活动、户外锻炼、校外活动、文化活动(手工、绘画、搭积木、听故事、音乐欣赏、传授科学常识)等,以消除他们与其他儿童入学前形成的差异,实现"教育机会均等"。据统计,1973年参加训练计划的幼儿总数达37.9万人,到1977年,达100万人以上,一般幼儿的智商因此提高10—15IQ。

儿童刚入学时,"开端计划"的短期效果是好的,但长期效果则不够理想,引起了各方面的争议。反对派认为"开端计划"中的儿童尽管在认知方面有所进步,但情绪情感方面并未得到相应的发展。许多服务方案只重于服务范围和数量的扩大,而忽略了教育质量,投资过大,而效益不大。此后对开端计划进行了修正:缩减保育幼儿总数,提高教育质量;从1972年后收纳10%的残疾儿童,并着手进行包括幼儿家庭、社区在内的综合革新实验计划;进行与学前教育机构或小学衔接的实验规划;有计划地培训老师等。尽管人们对这一计划的效果褒贬不一,但是总的说来,这一计划的实施大大促进了美国学前教育的普及。

3. 幼儿智力开发运动

1957年,苏联成功发射人造地球卫星,使美国开始反省本国教育的失误。为了提高中小学的教育质量,从20世纪50年代末60年代初开始,美国掀起了中小学课程与教学方法的改革运动,早期儿童研究也蓬勃发展,大规模的幼儿智力开发运动开始展开,各种旨在促进幼儿智力开发的学前教育研究计划及学前教育实验纷纷出现。

(1)学前教育研究计划。"佩里学前教育研究计划"是20世纪60年代由赫斯教育基金会组织,儿童心理学家魏卡特领导,探讨学前教育成效的一项长期跟踪研究计划。

1962—1965年,此课题组在密歇根州伊皮西兰特一个黑人贫民区招收了123名3—4岁,智商为60—90IQ的黑人儿童作为被试对象。所收儿童随机分为实验组和对比组,对实验组的儿童进行全面学前教育,对对比组的儿童则不采取任何措施,任其自然发展,被试儿童年满5岁后被安排进入同一幼儿园及学校。实验结果表明:实验组孩子只是多经历了1—2年的学前教育,其后各年龄段的发展均胜过对比组。例如,智商方面:实验组儿童4岁时高于对比组13IQ;5岁时高11IQ,6—7岁时高5IQ。精神发展迟缓比率:实验组为15%,对比组为49%。19岁进大学或职高的比率:实验组为38%,对比组为21%。在社会道德规范及犯罪率上,实验组明显优于对比组。

(2)以开发智力为核心的学前教育实验

幼儿智力开发运动模式丰富多彩,以蒙台梭利运动的再度兴起和布鲁纳、皮亚杰理论对幼儿教育实验的影响和指导最为突出。

20世纪50年代后期,"蒙台梭利热"再度兴起。蒙台梭利对早期教育的重视、对于智力发展的看法、感官训练的方法,以及强调个别指导和科学研究的态度与方法,在需要智力的时代引起人们的兴趣。到1972年美国蒙台梭利学校达到762所。进入80年代以后,蒙台梭利教学法不仅在学前教育领域极受欢迎,并逐渐向小学、中学教育扩展。

20世纪60年代后,布鲁纳结构主义教育理论和皮亚杰的认知发展理论被应用于幼儿教育实践。布鲁纳主张,只要做到使学科教材适合儿童发展的阶段,并按照儿童理解的方式加以组织和表达,则任何学科都可用某种方式有效地教给处在任何发展阶段的任何儿童,学前儿童也不例外。他还认为儿童存在着极大的智力发展的潜力。在他的影响下,学前教育界日益重视幼儿智力开发,强调对幼儿进行科学教育。

随着皮亚杰的影响日益扩大,美国也将皮亚杰的认知发展理论应用于幼儿教育实践,为此设计了种种幼儿教育实验方案,较有影响的是拉瓦特里的"儿童早期课程方案"和威斯康星大学皮亚杰学前教育方案。这些实验都注重儿童个性发展及发展儿童的认知创新能力等,在具体措施和表达方面各有千秋。

此外,智力开发还有一些重要举措。1963年,美国科学促进协会在科学工作者和教师的共同协助下,出版了适用于幼儿园和小学低年级的《科学教育见闻》,主张对于幼儿园和小学一年级的孩子,科学教育应从空间观察、数的关系与测量入手。1969年,许多电台开播儿童电视节目"芝麻街",在每天1小时的幼儿节目中,进行科学启蒙教育。节目生动活泼,趣味横生,适应幼儿发展需求,每天约有半数以上的幼儿收看。此节目还传播到许多国家,深受各国幼儿欢迎。

4. 20世纪80年代以来的学前教育改革运动

进入20世纪80年代以来,世界各国面对新技术革命的发展,国家之间的竞争表现为更深层次上的科技竞争、综合国力的竞争。1983年一份《国家在危急中:教育改革势在必行》的教育改革调查报告在美国引起了震动,一场以整体性、综合性为特点的包括学前教育在内的教育改革运动开始了。主要改革如下:

(1)学前教育的正规化、科学化不断加强,各州采取措施使入园率迅速提高

20世纪80年代以来,各州都采取了一定的改革措施:① 把幼儿园纳入公立学校系统。1986年密西西比州开始为所有5岁儿童办幼儿班,随后全美50个州都先后把幼儿园正式纳入公立学校系统中。② 把教育和保育统一起来。随着研究的深入,各种类型的学前教育方案都强调教育和保育的统一。许

多州采取了协调措施：1989年阿依华州教育厅设立"儿童发展协调处"，纽约教育厅设立了"早期儿童服务办公室"，弗吉尼亚教育厅设立了"儿童保育与教育处"等等。③把儿童的整体发展作为学前教育的目标。许多州的各种学前教育方案中将幼儿的社会性发展、认知发展、情感发展和身体发展定为确立学前教育目标的基础。④加强社会生活知识技能的教育，为孩子参与社会生活作准备。美国学前教育机构注重利用社区资源、视听材料及操作材料，如绘制地图、美工等方式，向幼儿传授美国社会生活的基本知识、基本态度和基本技能，这也成为美国学前教育独特的一方面。⑤强调学前教育面向全体儿童，即面向包括残疾儿童在内的社会各阶层的所有儿童。到目前为止，美国3—4岁的幼教机构中入学率在逐年以极大的比例增加，而5岁儿童的入学率几乎达到100％。

（2）政府出台各种法律法规，加强投入，引导全社会重视学前教育，提高保教质量

科学的证明，现实的需要，广泛的宣传，使美国全社会都重视学前教育，各级政府、工商业界人士、各种社区及个人都积极加入发展学前教育的行列。首先是政府对把学前教育作为国家最重要最迫切的需要，加以立法，增加拨款，保障学前教育发展。1988年美国国会通过《中小学改善修正案》和《家庭援助法案》，前一项法案提出开展"公平教育计划"，政府每年拨款用于成人扫盲和为1—7岁儿童提供早期教育。后一项法案规定，凡接受政府津贴的家庭，政府发给幼儿入托费。1990年通过了《儿童早期教育法》和《儿童保育和发展固定拨款法》。1994年提出了"早期开端计划"，把教育服务对象延伸到贫困家庭2岁孩子。1997年制定了《教育研究国家重点》，其中第一项重点是："改进幼年儿童的学习与发展，使所有孩子都能入幼儿园。"这些法规对学前教育大发展起到了重大的推动作用。

20世纪80年代中前期由于美国经济衰退，联邦政府教育拨款有所紧缩，但对两项学前教育计划"开端计划"和"未成年人保育援助计划"的拨款反而有所增加。80年代后半期后，各州对学前教育的投资迅速增加。另外，联邦政府拨给各地的发展社会服务的经费，约1/5为支持早期保育与教育。1998年政府提出幼儿教育五年计划，主要内容包括：增加对"开端计划"的投入（年投入50多亿美元）；扩充招生名额，到2002年将招收100万名贫困家庭的幼儿；加强与扩展师资培训，帮助儿童保育工作者达到认证资格，设立专项奖学金，资助与鼓励立志从事幼教工作的学生。

美国经济界从长远的发展角度出发，把学前教育看作向未来投资。美国经济发展委员会1985年提交一份报告称："如果美国的孩子不能受到良好的早期教育，美国无法在未来的全球市场竞争中取胜，很难想象出有比学前教育更高效益的投资项目。"一大批著名企业捐资支持学前教育事业，或建立专项基金，发展本企业的托幼事业。

公立学前教育由各州统一管理，许多州专设了学前教育协调员或顾问，专门负责各州的学前教育事宜，如学前教育规划、资金分配、对幼儿教师的管理、质量评估等，这些措施都极大促进了教育质量的提高。

（三）学前教育机构类型

20世纪80年代以来，美国学前教育类型除了幼儿园、保育学校、各种类型的日托中心及传统类型外，还出现了一种颇具特色的以家庭为基础的学前教育计划，这种教育计划是把家长培养成自己孩子的合格的家庭教师。1981年密苏里州教育部创办的"父母作老师"（PAT）项目最为著名，目前该组织已将此项目推广到47个州，培训了8 000名"父母辅导者"，这些工作人员主要是每月对每个幼儿家庭进行一个小时的家访指导。

（四）学前教育师资培训

美国十分重视学前教育师资的培训和提高，培养学前教育教师的机构有高中和职业技术学校、2年制社区学院、4年制学院和各大学的早期教育系和研究生院等。为了保证师资质量，1991年美国师范教育者协会和全美幼儿教育协会制定了美国0—8岁儿童教师的任职资格标准。学前教育的教师都必须获得教学证书，由各州教育厅发给修完幼教专业课程并获得学士或硕士学位的申请人，许多州还规定这些申请人需参加"国家教师考试"，保育学校和日托中心的教师则只需教育文凭，由独立的机构或幼教协会发给受过幼儿培训的人。美国还重视学前在职幼儿教师素质的提高，使每个教师在所任科目和专业方面不断进步，主要办法有：上夜校或暑期进修、出席教师研讨会、进行校际参观等。

五、日本的学前教育

（一）第二次世界大战前的日本学前教育

1.《幼稚园令》的颁布与学前教育制度的确立

1926年4月，文部省制定颁布了日本第一部较为完整而又独立的学前教育法令——《幼稚园令》及实施规则，标志着日本学前教育逐渐趋于制度化而进入一个新的发展时期。该法令规定：幼儿园教育为学校教育中的一环，首次明确了幼儿园在日本教育体制中的位置；规定幼儿园是为父母都从事生产劳动、无暇进行家庭教育的阶层的幼儿而设的保育机构；规定幼儿园以保育幼儿身体健康、培养善良性格、辅助家庭教育为目的；将幼儿园招收对象界定为劳动者子女，不单是富裕家庭子女；放宽了入园年龄的限制，招收3岁以下幼儿，将托儿所纳入幼儿园体系。

2. 自由主义保育思潮及影响

20世纪初，儿童中心教育思潮在欧美兴起。日本一些受西方影响的人士，不顾明治天皇后期《教育敕语》的专制主义教育观的限制，提出了与西方新教育呼应的自由主义保育思想。

1907年，日本教育家谷本富（1867—1946年）在第十四届京阪神联合保育会上，作了题为《怎样办好幼儿园》的讲演。他说，儿童是一个有独立意志、独立人格的独立体，不应由成人随意摆布，要求幼儿园的保育工作者必须以"遵循自然"为原则；幼儿园是自由游戏的场所，应禁止一切课业，应让幼儿随心所欲地去做游戏。1908年，谷本富还与中村五六合著了《幼儿教育法》，立足于自然主义教育原则，阐明了以游戏为中心的幼儿教育体系，主张幼儿教育要照顾幼儿年龄特征并因人而异。

儿童中心主义和自由保育思想，对20世纪初的官方幼儿教育政策一度产生影响。1911年，文部省修改的《小学校令》实施规则中，取消了以往对游戏、唱歌、谈话和手技等内容的具体指示，任凭各自自由安排；取消了每日保育5小时的硬性规定，改由管理者或设置者自定，由府县知事批准。

3. 学前教育机构的发展

二战前日本的托儿所和幼儿园是并行发展、各自独立的学前教育机构。日本从1876年建立第一所公立幼儿园开始，到20世纪初，公立幼儿园在日本幼儿园中一直占主导地位，基本上为富裕阶层的3—6岁幼儿提供教育。文部省从1896年开始，规定每年各知事向文部省呈报的学务统计事项中，增加对幼儿园结业升入小学的幼儿数进行统计。1900年，日本政府修改《小学校令》规定幼儿园可以附设在小学里，这些规定刺激了幼儿园在小学校里的增设。然而，公立幼儿园仍发展缓慢，原因有两点：一是政府经费不足。当时的日本政府重视义务教育，随着义务教育年限延长，地方政府财政用于小学教育的经费尚且不足，更无力顾及非义务教育的幼儿园。二是守旧势力落后观念的影响。守旧人士认为幼儿园教育会削弱家庭教育的影响，有损亲子之情，叫嚣"幼儿园无用论"，使公立幼儿园发展缓慢，而且和私立幼儿园差距越来越大。1926年私立幼儿园多达629所，而公立只有372所。

托儿所承担起收容贫民幼儿的任务，招收出生至学龄前期的婴幼儿，每日保育时间为11—12小时。托儿所开始只为母亲和儿童提供养护，后来还强调注重婴幼儿的精神教化。日本自1893年由私人建立了第一个托儿所以来，私人托儿所在日本托儿所中就占主导地位。第一次世界大战后，日本妇女就业率空前高涨，许多女士无暇照管婴儿，婴儿因照顾不周导致的死亡率极高（1918年达18.9%）。这一状况引起了社会各方面的普遍关注，强烈要求办托儿所的社会呼声越来越高。1920年内务部专设社会局，有组织地开展以托儿所为主的儿童保护工作。此后，托儿所在日本各地迅速发展，1922年日本成立托儿所2 184所（公立636所），可以看出二战结束前，因为历史和社会原因日本的保教机构获得了长足的发展。

4. 学前教育的军国主义化倾向

从明治后期开始，《教育敕语》的绝对主义思潮渗透到整个教育领域，它要求培养学生强烈的国民意识，尤其是"义勇奉公，翼天壤无穷之皇运"的道德精神。在明治后期，特别是20世纪30年代以后的学前教育也被笼罩上了日本军国主义精神,政界的一些正规文件中出现了"要在游戏或其他活动中培养幼儿守规矩的习惯和服从的品德"的要求。这是日本军事封建帝国主义特性和法西斯侵略扩张的特征在学前教育领域的反映。值得一提的是,1936 年保育问题研究会成立,开始以科学、实证主义反对精神万能,反对《教育敕语》的科学化研究运动。试图探讨研究一套科学的、来源于生活的保育内容,认为学前教育的目的在于培养学前儿童未来的独立生活能力。这一主张遭到当时军国主义的残酷镇压,保育问题研究会会长城户幡太郎也因坚持"科学主义和生活主义"的教育观点,在战争末期被捕。

(二)第二次世界大战后日本学前教育的发展

1. 学前教育事业迅猛发展

二战结束后,日本的经济、教育都处在混乱不堪的状况下。日本社会在国际社会普遍重视学前教育的大环境下,认识到了学前教育的重要性,从 20 世纪 50 年代开始加大对学前教育的投入,使幼儿园得到了迅速发展。1946 年全国幼儿园有 1 033 所,1953 年发展到 3 490 所,增加了 3 倍多。

20 世纪 60 年代以来,日本政府推出了几项振兴学前教育的重要计划。1962 年,日本文部省根据政府提出的"培养人才"的政策,制定了从 1964 年开始的《幼儿园教育七年计划》,其目标是使 1 万人以上的市、镇、村学前儿童入园率达到 60% 以上。1972 年文部省又制定了《振兴幼儿教育十年计划》,目标是实现 4—5 岁儿童全部入园。为此实行了学前儿童入园奖励制度,即对于将子女送入公立或私立幼儿园的低收入家庭减免保育费。1953 年日本全国学前儿童入园率仅为 14%,1969 年为 51.8%,1973 年为 60.6%,而到 1985 年日本 3—4 岁儿童入园率为 70%,5 岁入园率已达 90%。至此,日本学前教育水平已跻身于少数最发达国家之列。

1991 年,文部省又策划、制定了战后第三部分幼儿教育振兴计划,目标是确保今后 10 年 3—5 岁学前儿童有充分的入园机会,划拨了专项资金,以供新建或改建幼儿园设施。这些计划的实施使日本学前教育事业迅猛发展。

2.《幼儿园教育大纲》的制定与修订

1947 年 3 月,日本国会通过战后最重要的教育立法《教育基本法》和《学校教育法》。《教育基本法》确定教育要采取尊重学术自由、机会均等的方针;实行男女同校和九年制义务教育;规定了教师必须履行的职责、应该享受的权利和待遇;也有鼓励发展幼儿教育、家庭教育、社会教育等条款。《学校教育法》规定了各级各类学校的教育目标,其中规定幼儿园是受文部省管辖的正规"学校"的一种,以满 3 岁至小学就学前的幼儿为对象;提出"幼儿园以保育幼儿,创造适宜的环境,促进幼儿的身心发展为目的"。为了实现这个目的,必须达到五项目标:为了健康、安全和幸福的生活,培养幼儿日常必要的生活习惯,谋求身体诸机能协调发展;通过园内的集体生活,培养幼儿积极参加的态度及合作、自主、自律精神的萌芽;培养幼儿正确认识和对待周围的社会生活和事物,使之养成正确的处事态度;指导幼儿正确使用语言,培养对童话、画册等的兴趣;通过音乐、游戏、绘画以及其他活动,培养幼儿创作的兴趣。这些规定表明,日本在战后的幼儿教育力图摒弃战前注重效忠统治者的思想灌输,以民主主义教育观为指导来进行改革。

1964 年,为配合"人才开发"政策,以满足产业经济高速增长的需求,文部省对 1856 年的《幼儿园教育大纲》进行了修订并予以颁布。修订后的大纲规定日本幼儿园教育的基本方针是:力求幼儿身心得到协调发展;培养基本生活习惯和正确的人生态度;激发关心自然和社会现象的兴趣,培养初步的思考能力;提高幼儿的语言能力;通过各种表达活动丰富幼儿的创造力;幼儿的自立性;因材施教;结合幼儿的生活经验、兴趣、要求对幼儿全面教育;完善幼儿园生活环境,突出幼儿园与家庭教育的密切配合。大纲将幼儿教育内容系统化,概括为六个方面:健康、社会、自然、语言、音乐韵律、绘画手工,并对每个方面都提出了"理想目标",要求"无遗漏地全部给予指导"。

20 世纪 80 年代后,日本成了世界经济大国,科学技术日新月异,日本政府更加重视国民教育的各阶段发展。1984 年日本教育改革中,政府把幼儿教育列为改革重点之一,要求培养创造型人才并注意全面发展。1989 年 3 月 15 日,日本又颁布了一个新的《幼儿园教育大纲》,提出:"幼儿园的根本方针是根据幼儿时期的特征,通过环境来对幼儿进行培养。"幼儿教育的目标是:① 为了幼儿健康、安全和幸福地生活,要培养幼儿对人的爱心和信赖感,形成其自立和合作的态度以及初步的道德观念基础。② 培养幼儿对自然等身边事物的兴趣和爱好,使其产生对这些事物丰富的感情和初步的思考能力。③ 在日常生活中培养幼儿对语言的兴趣和关心,形成幼儿乐于通过说、听进行交流的态度和语言感觉。④ 通过多种多样的体验,培养幼儿丰富的感受性,使幼儿富于创造性。课程目标和内容围绕健康、人际关系、环境、语言、表现五大领域展开。总的来看,新大纲对幼儿园方针、任务的规定比以前较为简明,力图更符合当代社会对幼儿培养规格的需要。

3. 二战后流行的几种保育理论思潮

（1）儿童中心保育论

战后随着西方儿童中心主义教育思潮的传入,日本幼教界逐渐形成了儿童中心主义保育思潮,主导了战后初期日本的幼儿教育。这种思潮把幼儿的快乐作为检查学前教育工作优劣的一个重要标准,让幼儿自由游戏、尊重幼儿自由和自发活动。在1948年3月文部省颁布的《保育大纲》中得到了印证,《保育大纲》明确提出：以自由游戏为主,让幼儿尽情愉快地活动,愉快获得幼儿经验,最终把儿童培养成尊重"个人的价值"、充满"自主精神"的国民。《保育大纲》受到了多数幼儿教育工作者的欢迎。

（2）社会中心保育论

《保育大纲》颁布后,一些批评者认为此大纲和儿童中心论是片面的,幼儿不同于成人世界的生活值得尊重,但也是向成人社会过渡的阶段。因此,将儿童作为儿童尊重的同时,也应该将他们作为社会之子对待,提出了社会中心保育的理论。社会中心论者认为学前教育是培养社会人,在要求尊重儿童人格的同时,又要将学前儿童作为民主社会成员,在生活中培养他们对社会的认知态度和能力,从而掀起了一种社会中心保育的思潮。

（3）集体主义保育论

二战后,受到苏联教育家马卡连柯思想的影响,日本出现了集体主义保育论思潮,认为儿童是通过在集体中生活而主动获得连续性发展的。集体主义保育论的代表是民主保育联盟,在1951年11月召开的日本教职工第一次全国教育研究会上,民主保育联盟提出《怎样认识保育问题》报告书。报告书在教育目标上具体主张：第一,及早让儿童认识到自己是"整体之一员"；第二,教育他们热爱自己的集体；第三,要让孩子懂得大家携起手来,互相帮助。1953年,乾孝、天野章合著的《保育儿童心理学》从理论上加以论证,指出儿童认识知识总是在集体中通过教育获得长进的。

总之,这些思潮和其引发的学前教育改革运动形成了战后日本学前教育思想和实践领域的多元化格局。

4. 幼儿教育科学研究

20世纪60年代以后,日本学前教育研究很活跃,诸如早期智力、幼保一元化、幼小衔接、幼儿园与家庭、学前教育与终身教育等方面,都有学者进行研究并取得重要成果。下面重点介绍两人。

井大深是著名实业家及幼儿教育家,日本早期发展协会创始人。1970年出版《到了上幼儿园的年龄就太迟了》,书中列举大量事例说明：人的品德或能力并非天生,而是取决于3岁前的教育方法；早期教育得法,就可充分发掘幼儿的潜在能力,而幼儿的这种潜能几乎是无限的,与智力开发的主张相呼应,在日本幼教界产生广泛影响。

铃木镇一是音乐教育家。早年留学德国,20世纪40年代开始潜心研究幼儿小提琴教学,后创立"铃木方法"。铃木认为：才能并非天生,而是后天培养的结果；重要的是循循善诱,耐心创造条件激发幼儿的学习热情。他对婴儿进行音乐熏陶,3岁后进行小提琴训练。开始时孩子模仿唱片,熟练后才学习识谱直到6岁毕业。此方法不仅让儿童掌握了一些琴艺,而且培养了良好的品德和意志力。60年代后,其教育思想及成果引起国内外瞩目。

5. 学前教育师资的培养

日本非常重视学前教育师资的培训和管理工作,二战前,日本幼儿园和保育所的教师均被称为"保姆",培养保姆的机构最早是东京女子师范学校开设的"保姆练习所"。1882年文部省发布的《关于幼稚园的规则》规定"幼稚园的保姆必须是具有小学教员资格的女子,或得到其他府县小学教员鉴定委员会考核者,也可以取得保姆资格"。

战后,《学校教育法》将幼儿园的保姆改称为"教谕""助教谕",同小学教师视为一致。所有幼儿园教师都必须获得任职资格证书；教谕发给普通资格证，并终身有效，可在相应学校通用；助教谕发给临时资格证，有效期为3年。

保育所的教师至今称为"保姆"，根据《儿童福利法》，合格的保姆须具备以下三项条件：① 普通大学、短期大学或保姆养成所毕业生；② 高中毕业后，在都、道、府、县举行的保姆考试中合格者；③ 从事儿童福利事业5年以上，经厚生省大臣特批准者。其中符合第一项条件者占保姆人数的60%以上。

日本教师在职进修的途径很多，如：在大学当旁听生，参加开放大学学习；参加函授大学学习；进入教师研究院学习等，由此可见日本对学前教育师资的质量要求是相当严格的。

六、苏俄和苏联的学前教育

（一）社会主义学前教育体系的建立过程及几个阶段

1. 革命初期至20世纪20年代末的学前教育奠基阶段

首先是确定了苏联学前教育的性质和任务。1917年11月12日建立了教育人民委员会学前教育局。20日，发表关于学前教育的宣言，指出苏维埃共和国的儿童公共免费教育必须从儿童出生时开始；学前教育制度是整个学校制度中的一个组成部分，从而把学前教育纳入了国民教育体系之中。1919年3月举行的第8次苏共代表大会通过党纲，规定了苏俄学前教育的两大任务：第一，按照儿童的年龄特征来实现儿童的全面发展和共产主义教育的任务。第二，解放妇女。苏俄学前教育机构的这一职能构成了它与西方许多经济发达国家的学前教育机构的本质区别。

其次，培养学前教育干部和教师。学前教育局成立初期，组织了每期为时3个月的训练班，培养学前教育的视导人员。1918年9月，在彼得堡设立了世界上第一所国立的学前教育专业的高等学前教育学院，培养学前教育专业的高级干部。学院讲授蒙台梭利的教育理论，并布置实习作业。该校还兼有学前教育理论研究中心的功能。第二莫斯科大学也设立了学前教育系。到1920年初，通过学前教育专业训练班培养出的教师达3 880人。

再次，举行学前教育会议，讨论有关问题。1919年至1928年在莫斯科举行了4次全国学前教育代表大会和若干次临时代表会议，讨论了学前教育的任务、教育机构的设立、经费来源、教学法研究、学前师资培养和编写学前大纲等方面的问题。这些会议及决策的实施极大地推动了苏联学前教育的发展，1920年苏俄已有4 723所学前教育机构，共收儿童254 527人。总之，这一时期苏维埃政权关于学前教育的基本方针和政策，可以归纳为三点：① 学前教育的目的是解放妇女，实现儿童的全面发展；② 学前教育是整个学校教育制度的基础；③ 学前教育是整个学校教育事业的一部分，是公共的、统一的、免费的和国有的。

2. 20世纪30年代至卫国战争时期的学前教育不断正规化

1930—1934年，第一个五年计划的完成为公共学前教育的发展提供了有利的经济基础。1930年6月召开的第16次代表大会规定：拥有一定规模的工厂地区有义务设置托儿所；经费采取国家拨款和吸收社会资金两个方面。此后学前教育机构迅速增加，还新增了长日班、晚班和夜班等服务项目，以适应女工需要。

20世纪三四十年代，苏联教育人民委员会不断制定和颁布关于幼儿园工作的规程、指南、规则，促进了幼儿园教育正规化。1932年，教育人民委员部颁布了第一部国家统一的《幼儿园教育大纲草案》，规定幼儿园教学内容包括社会政治教育、劳动教育、认识自然的作业、体育、音乐活动、美术活动、数学和识字等。这对于整顿幼儿园，促进幼儿园教学管理的正规化，提高幼儿教育质量具有重要意义。

卫国战争后，苏联学前教育的制度建设成就的主要特色是将托儿所和幼儿园合并成统一的幼儿教育制度——"托儿所-幼儿园"，并进行了学前教育内容和方法的改革。

1938年教育人民委员部在列宁夫人、教育家克鲁普斯卡娅直接参与下，制定了苏联第一部《幼儿园规程》和第一部《幼儿园教养员工作指南》。《幼儿园规程》规定幼儿园的教育目的在于以共产主义精神教育儿童,使其获得全面发展,规定了幼儿园的任务、组织、基本类型、对儿童的营养和幼儿园房舍的要求等,还包括以本民族语言进行工作和实行园长负责制等。《幼儿园教养员工作指南》是根据《幼儿园规程》编写的,根据儿童的年龄特征,就幼儿园的工作任务、内容和方式等作出了具体化规定。

1944 年,教育人民委员部制定了新的《幼儿园规程》及《幼儿园教养员工作指南》。新规程规定:① 不论幼儿园由何团体或机构管理,必须根据《幼儿园规程》和《幼儿园教养员工作指南》开展工作。② 幼儿园是使 3—7 岁儿童受到苏维埃教育的国家机构,目的在于保证儿童的全面发展,同时有助于妇女参加生产劳动、参与社会政治文化生活。③ 幼儿园应为儿童入学作准备,为此要求幼儿园做到关心儿童的健康,发展儿童的智力,安排各类游戏、文化与艺术教学,组织儿童通过参观和散步去认识周围世界,培养儿童独立自我服务的习惯、卫生习惯、劳动习惯、正确使用和爱护物件的习惯,培养儿童守秩序、自制、尊敬长者和父母的品行,培养儿童爱祖国、爱人民、爱领袖、爱军队的情感。④ 设立幼儿园的任务属于国民教育科、生产企业、苏维埃机构、合作社和集体经济的组织,不允许私人开设幼儿园。

（二）第二次世界大战后苏联的学前教育

1.“托儿所-幼儿园”一元化发展

在战后相当长的时间里,苏联托儿所和幼儿园分别属于卫生部和教育部,因此产生了许多矛盾,影响了学前教育机构的发展。为消除这一现象,实行一元化的行政领导,1959 年 5 月 21 日,苏共中央和苏联部长会议公布了“关于学前教育制度改革的决定”。改革的重点是创立将托儿所和幼儿园合并的统一的学前教育设施,并将这种设施的指导和监督权,统一于各共和国的教育部,卫生部主要负责对儿童的保健方面的领导。决定公布以后,苏联在原有基础上出现了第三种学前教育机构“托儿所-幼儿园”,招收出生至 6 岁的儿童。此后新设的学前教育机构基本上都是“托儿所-幼儿园”,这种机构成了主要类型。这种一元化发展形成了苏联学前教育独特的特点:学前教育统一领导和集中管理;教育工作与保育工作紧密结合;教学-训导型教学模式盛行,教学过程强调教师的主导作用,小学化教育形式严重。

2.《托儿所-幼儿园统一教学大纲》的制定及修订

1962 年,在《幼儿园教养员工作指南》基础上,以俄罗斯联邦教育科学学院学前教育研究所第一任所长乌索娃为首,在医学科学院的教授洛万诺夫教授协助下制定了《托儿所-幼儿园统一教学大纲》。这也是世界上第一部综合婴幼儿教育的大纲。大纲有以下五个特点:① 将原来婴幼儿和学前儿童互相分离的教育内容系统化。将出生后 2 个月至 6 周岁的儿童按年龄阶段分为 7 个班:第一婴儿期班(出生后第一年)、第二婴儿期班(出生后第 2 年)、婴儿晚期班(出生后第 3 年)、学前初期班(出生后第 4 年)、学前中期班(出生后第 5 年)、学前晚期班(出生后第 6 年)、入学预备班(出生后第 7 年)。② 比原来的大纲更注重游戏。③ 恢复了以前大纲里被取消的劳动部分,在大班和入学预备班增添了劳动教育。④ 在入学预备班里进行初步的读写教学,为进入小学作准备。⑤ 重视教学方法的指导。在出版大纲时,还另外出版了 4 本指导教学方法的书籍。

20 世纪 60 年代末至 70 年代末,苏联教育心理学家在儿童心理发展和教育实验研究方面取得了新成果,初等教育在 1969 年由 6 年缩短为 4 年。为了适应这一变革对学前教育工作的新要求,苏联先后多次修订 1962 年的教学大纲。1970 年修订后的大纲加强了婴儿期的护理和教育;加强了入学准备班的教育内容的知识性,用小学一年级的语文、数学的部分大纲要求作为预备班的教育内容。1978 年修订后的大纲把学前儿童期分成四个年龄段:学前早期(从出生至 2 岁);学前初期(2—4 岁);学前中期(4—5 岁);学前晚期(5—7 岁)。大纲对各年龄段儿童的德、智、体等方面的发展提出了统一的要求。

3. 1989 年的《学前教育构想》

为迎接 20 世纪 90 年代和新世纪的到来,针对苏联学前教育的一些主要特点或缺点,苏联在 1984 年《幼儿园教员和教学标准大纲》的基础上,于 1989 年制定了《学前教育构想》。该构想体现了以下改革思路:

第一,要求使教育工作人道主义化,以“个性定向型相互作用模式”取代以往的“教学-训导型相互作用模式”,保证儿童的生理和心理健康,形成创造型个性的萌芽。

第二,要求根据当代世界尤其是苏联心理学家及教育科学研究的新成就,来改革学前教育体系;教师应努力掌握现代有关科研成果。强调学前期在个性形成中的意义。要求在教育教学中既考虑年龄特征，又考虑个别差异，以保证儿童情绪良好、心理健康地发展。将出生至 7 岁儿童按年龄分为 3 个发展阶段：婴儿阶段（出生第一年）；先学前期（1—3 岁）；学前阶段（3—7 岁）。

第三，在学前教育机构的设置和管理方面，实现法制化、民主化和多样化。确立多种形式和类型的学前机构并存的原则，以发展学前教育。

第四，彻底改变培训教育工作干部的性质及学前教育单位和管理机构的财政条件。改善儿童的生活条件和幼儿园教师的工作条件，保证儿童教育的各个领域全面发展，幼儿园自我管理、经济独立，自己决定教学内容等全新的原则等。

第五，家长和工作人员组成幼儿园委员会共同协商解决问题，实现教育过程中家庭教育与公共教育的协调一致。

4. 苏联学前教育机构的类型

苏联学前教育机构的主要类型有：托儿所-幼儿园、疗养幼儿园、幼儿之家和学前儿童之家、特殊儿童幼儿园、体弱儿童幼儿园。

5. 学前教育的师资培训与科学研究

苏联幼儿园的教师由幼儿师范学校来培养。苏联学前教育研究的历史过程大致经历如下三个发展阶段：① 苏维埃政权成立之初主要是引进西方幼儿教育理论。西方的自由教育理论如蒙台梭利幼儿教育理论、杜威的实用主义教育理论及儿童学等曾经在苏俄及苏联广泛流行。② 20 世纪 30—40 年代反思西方幼儿教育理论，开始创建具有自己特色的苏维埃幼儿教育理论。③ 卫国战争结束后成规模成系统地研究幼儿教育，真正形成自己的特色。

思考与练习

一、选择题

1. 美国的"早期开端"与"追随到底"方案的实施主要体现了现代学前教育发展趋势中的（　　）。

A. 重视对处境不利的儿童的补偿教育

B. 重视多元文化教育，强调课程的文化适宜性

C. 关注特殊儿童"回归主流"，实施全纳式教育

D. 托幼机构教育职能进一步加强

2. 人本位儿童观认为（　　）。

A. 儿童是家族繁衍的工具　　　　　　B. 儿童是父母的私有财产

C. 儿童是国家的财富　　　　　　　　D. 儿童享有生存权、发展权、教育权

3. 美国心理学家布卢姆对近千名儿童进行追踪研究得出结论：（　　）是儿童智力发展最迅速的时期。

A. 0—3 岁前　　　　B. 1—4 岁前　　　　C. 2—5 岁前　　　　D. 5—6 岁前

二、简答题

1. 谈谈英国学前机构的发展及其历史影响。

2. 法国学前教育的主要经验对我国有何借鉴？

3. 美国的学前教育发展及其改革运动对世界学前教育有何影响？

4. 试述日本的学前教育发展的特点。

5. 苏联的学前教育发展的主要历史经验有哪些？

第十一讲　现代外国主要学前教育理论

![本讲提要图标] **本讲提要**

19世纪末到20世纪初,受西方政治思潮的影响,欧美各主要资本主义国家产生了各种教育思潮,并深刻地影响着学前教育的发展。苏联在确立社会主义学前教育体系的同时,也在理论和实践上不断丰富完善马克思主义学前教育思想。本讲主要介绍了杜威、蒙台梭利、马卡连柯、罗素4位教育家的生平、教育活动、学前教育的主要观点等。

一、杜威的学前教育思想

(一) 生平及教育思想体系的理论基础

1. 生平

1859年10月20日,杜威生于美国佛蒙特州柏林顿市附近的一个村庄,父亲是个零售商。1875年杜威中学毕业后入佛蒙特大学读书,成为杜威家庭的第一代大学生。杜威于1879年大学毕业后曾在宾夕法尼亚州南方石油城中学任教,1881年转入佛蒙特州一个乡村学校当教师,同时在佛蒙特大学随托里教授学习哲学史。1882年,杜威到新建的霍普金斯大学攻读博士学位,并兼教该校哲学史课。1884年杜威获得博士学位后,历任密执安大学哲学讲师和助理教授(1884—1888年)、明尼苏达大学哲学教授(1888—1889年)、密歇根大学哲学系主任(1889—1894年)等。杜威从事教育活动和著作,主要是1894年到芝加哥大学担任哲学、心理学、教育学系主任以后开始的。1896年,他创设了芝加哥实验学校(通常称"杜威学校"),作为他的哲学和教育理论的"实验室"。该校只存在8年。后来,杜威因为在学校管理和资金使用问题上与当时的芝加哥大学校长意见不合而辞职,遂于1904年去哥伦比亚大学任哲学教授,退休后又任该校荣誉(退休)教授。据杜威自己回忆,芝加哥的10年对于他的教育思想的形成和发

美国教育家杜威

展,是一个关键的时期,芝加哥实验学校的经验成为杜威教育思想的一个重要来源。在哥伦比亚大学时期,杜威写下了大量的著作,并以他的著作和活动推动了美国的进步教育运动。除了学校工作之外,杜威还广泛地参加了学校以外的学术和社会活动,先后担任过美国心理学联合会会长、《初等学校纪事》编辑、美国哲学学会会长、美国大学教授联合会第一任会长、美国进步教育协会名誉会长、人民座谈会主席、独立政治行动联盟全国主席、控诉莫斯科对托洛茨基的审判调查委员会主席等。1936年11月,国民党反动政府公然逮捕了当时救国会的7位领导者,杜威与爱因斯坦等世界著名人士联名致电蒋介石,营救"七君子"。抗日战争全面爆发后,杜威发表了由陶行知代拟的宣言,号召全世界人民抵制日本的侵略政策,支援中国的抗战,《杜威宣言》在当时产生了很大的影响。

1952年6月1日,杜威在纽约去世。他一生著述甚多,涉及政治、哲学、心理、教育、伦理学、逻辑、

宗教、社会学等领域，一共有 30 多部著作和近千篇论文。他的主要教育著作有：《我的教育信条》《学校与社会》《儿童与课程》《民主主义与教育》《经验与教育》等等，其中《民主主义与教育》一书被认为是杜威实用主义教育思想的代表作，它是现代世界中理论体系相当完整和系统的教育巨著。

2. 理论基础

杜威的实用主义教育理论是和他的社会政治理论紧密结合在一起的，他比当时任何一个美国教育家更要求用一种新的教育来适应由垄断经济所引起的美国社会生活的改变。贯穿在杜威教育理论中的一个主要思想是他的社会改良主义。他期望"以合作的智慧方法，来代替暴力冲突的方法""坚持学校是社会进步和改革的最基本的和最有效的工具"[①]。

在杜威看来，个人与社会是一个不可分割的有机体，而个人又总是存在于团体之中，但各种团体有着不同的目的、不同的成员、不同的生活、不同的规模和性质，因此，民主作为一种理想的社会生活方式，要求团体内部和团体之间全部形成一个有机的统一体，其中多数人有着共同的兴趣、目的，热心于共同的福利事业，相互间有同情心，能平等相待和协作共事。杜威认为民主主义社会最需要教育，他要求教育使人获得有效地参与共同生活的经验，"使每个人都有对于社会关系和社会控制的个人兴趣，都有能促进社会的变化而不致引起社会混乱的心理习惯"[②]。

杜威的教育理论同时又是建立在实用主义哲学的基础上的。杜威继皮尔斯、詹姆斯之后，把实用主义哲学加以深化，并结合自己对学校教育工作的长期实验，形成一个实用主义教育思想体系。在杜威的哲学词汇中，"经验"是个中心概念。他宣称哲学"既可以称为经验的自然主义，也可以称为自然主义的经验主义"。与传统的经验主义不同，杜威把生物学的概念引进哲学，认为经验是有机体和环境相互作用的统一的连续体。在这个统一的连续体里，经验和自然、人和环境、认识的主体和被认识的客体，是同一过程的两个侧面，它们相互作用着，相互连续起来，以至合而为一。

另外，在杜威看来，人的认识是一个不断变动的、未完成的、不确定的和有疑难的经验过程，疑难的情境激发人的思维，经验由此而生并成为改造和指导人活动的工具。这样，提供疑难情境、训练解决疑难问题的能力和批判性思维，便在杜威的学校教育计划中占有特别重要的地位。从现代教学论的角度看，这是有一定合理因素的。

杜威的教育理论采取了机能派心理学的观点。机能派心理学是 19 世纪末产生于美国的一个心理学派别，它的创始人是实用主义哲学的鼻祖威廉·詹姆斯。杜威在机能派心理学的形成中起过重要作用，他认为心理学的真正对象是研究在环境中发生作用的整个机体，心理学家应关心的是有机体的整个协调作用，协调作用是具有适应性和目的性的，是指向于成功的，而人正是通过与现实进行的生存斗争而取得进步的。因此，杜威把儿童看作和他们的环境相互联系、相互作用的积极而能动的机体，认为儿童学会适应环境并与社会成功合作的基本途径就是直接参与社会生活的各种活动，这就是教育的基本方式。从另一个侧面看，杜威又继承和发展了詹姆斯的本能论心理学说，把人的许多复杂的心理现象，甚至人的社会行为都归结为天赋的本能。杜威认为，儿童生来就潜存着 4 种本能，分别表现为 4 种活动：语言和社会的本能及其活动；制作的本能及其活动；研究和探索的本能及其活动；艺术的本能及其活动。他认为，教育应该尊重儿童的天性，即本能及其活动，教育的任务就在于为儿童本能的生长和儿童活动的开展创造条件。

总之，杜威从他的哲学和心理学观点出发，突出了受教育的问题。杜威教育理论中所谓的"儿童方面"是杜威教育思想中的另一个根本出发点，杜威的儿童中心原则在他述及的几乎所有教育问题中都得到贯彻。值得注意的是，杜威力图把教育的"社会方面"和"儿童方面"，即"心理方面"统一起来讨论，但是，在他的具体论述中，他往往又把其中的一个方面强调得太过分，以致矫枉过正。

（二）论教育的本质

1. "教育即生活"

杜威认为，教育就是儿童现在生活的过程，而不是将来生活的预备。他说："生活就是发展，而不断

---

① ［美］杜威.杜威教育论著选[M].赵祥麟，王承绪，译.上海：华东师范大学出版社，1981：309、12.
② 同上书，168.

发展,不断生长,就是生活。"因此,最好的教育就是"从生活中学习、从经验中学习",教育就是要给儿童提供保证生长或充分生活的条件。

2."教育即生长"

由于生活就是生长,儿童的发展就是原始的、本能生长的过程,因此,杜威又强调说:"生长是生活的特征,所以教育就是生长。"在他看来,教育不是把外界的东西强迫儿童去吸收,而是要使人类与生俱来的能力得以生长。

由此,杜威认为,教育过程在它的自身以外无目的,教育的目的就在教育的过程之中,他反对把从外面强加的目的作为儿童生长的目标。

3."学校即社会"

杜威认为,既然教育是一种社会生活的过程,那么学校就是社会生活的一种形式。他强调说,学校应该"成为一个小型的社会,一个雏形的社会"。在学校里,应该把现实的社会生活简化到一个雏形的状态,应该呈现儿童现在的社会生活。就"学校即社会"的具体要求来说,杜威提出,一是学校本身必须是一种社会生活,具有社会生活的全部含义。二是校内学习应该与校外学习连接起来,两者之间应有自由的相互影响。但是,"学校即社会"并不意味着社会生活在学校里的简单重现。杜威又认为,学校作为一种特殊的环境,应该具有 3 个比较重要的功能,那就是:简化和整理要发展的倾向和各种因素;把现存的社会风俗纯化和理想化;创造一个比青少年任其自然时可能接触的更广阔、更美好的平衡的环境。

(三) 教学论

在杜威的实用主义教育思想体系中,教学论是一个十分重要的组成部分。

1."从做中学"

在批判传统学校教育的基础上,杜威提出了"从做中学"这个基本原则。由于人们最初的知识和最牢固保持的知识,是关于"怎样做"的知识,因此,教学过程应该就是"做"的过程。在他看来,如果儿童没有"做"的机会,那必然会阻碍儿童的自然发展。儿童生来就有一种要做事和要工作的愿望,对活动具有强烈的兴趣,对此要给予特别的重视。

杜威认为,"从做中学"也就是"从活动中学""从经验中学",它将学校里知识的获得与生活过程中的活动联系了起来,让儿童能从那些真正有教育意义和有兴趣的活动中进行学习,助力儿童的生长和发展。当然,儿童所"做"的或参加的工作活动并不同于职业教育。杜威指出,贯彻"从做中学"的原则,会使学校所施加于它的成员的影响更加生动、更加持久。

2.思维与教学

杜威认为,好的教学必须能唤起儿童的思维。所谓"思维",就是明智的学习方法,或者说,教学过程中明智的经验方法。在他看来,如果没有思维,那就不可能产生有意义的经验。因此,学校必须提供可以引起思维的经验的情境。

作为一个思维过程,具体分成 5 个步骤,通称"思维五步"。一是疑难的情境;二是确定疑难的所在;三是提出解决疑难的各种假设;四是对这些假设进行推断;五是验证或修改假设。杜威指出,这 5 个步骤的顺序并不是固定的。

由"思维五步"出发,杜威认为,教学过程也相应地分成 5 个步骤。一是教师给儿童提供一个与现在的社会生活经验相联系的情境;二是使儿童有准备地去应付在情境中产生的问题;三是使儿童产生对解决问题的思考和假设;四是儿童自己对解决问题的假设加以整理和排列;五是儿童通过应用来检验这些假设。这种教学过程在教育史上一般被称为"教学五步"。在杜威看来,在这种教学过程中,儿童可以学到创造知识以应付需求的方法。但是,他也承认,这实在不是一件容易的事。

(四) 论儿童与教师

尽管杜威并不是"儿童中心"思想的首创者,但是,他是赞同"儿童中心"思想的。其最典型的一段话是:"现在,我们教育中将引起的政变是重心的转移。这是一种变革,这是一种革命,这是和哥白尼把天文学的中心从地球转到太阳一样的那种革命。这里，儿童是中心，教育的措施便围绕他们而组织起来。"

从批判传统学校教育的做法出发，杜威认为，学校生活组织应该以儿童为中心，使得一切主要是为儿童的而不是为教师的。因为以儿童为中心是与儿童的本能和需要协调一致的，所以，在学校生活中，儿童是起点，是中心，而且是目的。

在强调"儿童中心"思想的同时，杜威并不同意教师采取"放手"的政策。他认为，教师如果采取对儿童予以放任的态度，实际上就是放弃他们的指导责任。在杜威看来，从外面强加于儿童和让儿童完全放任自流，都是根本错误的。教育过程是儿童与教师共同参与的过程，是他们双方真正合作的过程，因此，在教育过程中儿童与教师之间的接触更亲密，从而使得儿童更多地受到教师的指导。在他看来，教师不仅应该给儿童提供生长的适当机会和条件，而且应该观察儿童的生长并给予真正的引导。杜威还特别强调教师的社会职能，那就是："教师不是简单地从事于训练一个人，而且从事于适当的社会生活的形成。"因此，每个教师都应该认识到他所从事的职业的尊严。

（五）地位与影响

杜威作为现代西方教育史上最有影响的一位教育家，提出了"做中学"的教学论体系，否定了科目本位式的传统课程，设计了以学生直接经验为主的活动课程，强调教学过程中的非智力因素对学生的影响。这些观点都具有顺应时代的积极意义，对整个世界教育体系的发展产生了巨大的推动作用。但是因为杜威关于经验的学说及历史条件的限制，没有处理好教学过程中的一些基本矛盾，如：传授系统知识和丰富儿童感性经验的关系，知识传授与发展智力的关系，以及间接经验和直接经验的关系等等。最受批评的是杜威忽视了教学过程中学生认识过程的自身特点，而把学生的学习过程与科学家的研究过程相等同，以学生的直接经验作为教学的基础和出发点，结果必然对整个教学质量的提高产生消极的影响。

二、蒙台梭利的学前教育思想

（一）生平和教育活动

1870年，蒙台梭利出生在意大利安科纳省，青年时代适逢意大利资产阶级革命，她积极参加妇女解放运动等社会改革运动，成为意大利教育史上第一个学习医学的女生。1896年，蒙台梭利以罗马大学第一个女医学博士身份毕业，并在该校附属精神病诊所工作，逐渐对于儿童教育发生兴趣。1900年前后，她到伦敦、巴黎旅行并对那里的病态儿童进行研究。在法国，她曾经向医学家兼心理学家的伊塔德和塞根学习，受到很大影响。蒙台梭利对塞根所著《白痴及其生理诊断法》尤为赞赏，将它翻译成意大利文，并把他们教育低能儿童的方法运用到自己的工作中来。后来，她重返罗马大学，研究哲学、人类学、教育学、心理学等。在这期间，蒙台梭利受柏格森直觉主义的影响，在理论观点上表现出神秘主义色彩；她也深受冯特实验心理学的影响，主张用自然科学实验方法建立"科学教育学"。1907年，罗马住宅改善协会为保护房屋，自愿提供资金，把由于父母外出工作而无人照管的儿童组织起来，蒙台梭利应邀办起了"儿童之家"。她把教育低能儿童的方法适当修改后运用于正常儿童的教育，结果也取得极大成

蒙台梭利

功。由此，引起意大利乃至国际上人们的极大注意。1909年，蒙台梭利总结"儿童之家"的经验，出版了《适用于儿童之家的幼儿教育的科学教育方法》（又译为《蒙台梭利方法》）。该书很快就被译成多种文字，在世界各地广泛流传。此后，蒙台梭利不但开办国际教师训练班，而且亲自到美国、西班牙、法国、丹麦、芬兰、印度、锡兰（斯里兰卡）、荷兰等国宣传她的教育主张。从1925年到1951年，她一直任国际蒙台梭利协会大会主席。

除《蒙台梭利方法》外,蒙台梭利的主要著作有:《教育人类学》《高级蒙台梭利方法》《蒙台梭利手册》《童年的秘密》《儿童的发现》等。

(二) 儿童发展与教育思想

蒙台梭利的儿童教育和儿童发展观在很大程度上是受到卢梭、裴斯泰洛齐、福禄培尔的自然教育和自由教育观点的影响,并根据自己的实际观察和实验研究,以及生物学、遗传学、生理学、心理学和生命哲学的理论加以阐述和发挥形成的。蒙台梭利认为,儿童存在着与生俱来的"内在的生命力"(或称之为"内在潜力"),这种生命力是一种积极的、活动的、发展着的存在,它具有无穷无尽的力量,教育的任务就是激发和促进儿童"内在潜力"的发现,并按其自身规律获得自然的和自由的发展。

她主张不应该把儿童当作物体来对待,而应作为人来对待,儿童是具有生命力的、能动的、发展着的活生生的人。教育家、教师和父母应该仔细地观察儿童,研究儿童,了解儿童的内心世界,发现"童年的秘密",提示儿童的自然发展进程及规律性;热爱儿童,尊重儿童个性,在儿童自由和自发的活动中帮助儿童智力的、精神的和身体的、个性的自然发展。蒙台梭利的教育理论和方法是建立在较少(或尽量减少)干预儿童主动(或自发性)活动的基础上的。她的培养目标是:运用科学的方法,促进"人类的潜能"的发展,使他们成为能够独立思考、独立判断和独立工作,并能适应现代科学技术和工业发展的时代潮流,保持社会文明和科学进步,促进人类和平的强有力的新一代。

蒙台梭利在《有吸收力的心理》中系统地阐述了儿童生理和心理的发展进程,揭示了身体活动与心理活动、生理发展与心理发展的关系,为她在教育过程中坚持感觉训练、运动训练和智力发展提供了心理学依据。她指出,儿童的"心理胚胎"发展必须在周围环境中吸取营养,犹如"生理胚胎"在母体内一样。两者不同的是:儿童的生理器官在母体内已开始形成;"心理胚胎"则是婴儿出生时才开始发育,这时儿童的大脑空无所有,但它有一种积极的能动的从周围环境中吸收各种事物的印象的能力。因此,我们必须设置一种适合儿童内在需要和兴趣的、能够诱发儿童自发学习、自动作业的环境。蒙台梭利特别强调儿童的学习室(教室)的设置,包括系统的刺激物——按照物体属性的类别设计各种系列的分等级、层次的程序教学教具材料,以便儿童自由选择、独立操作、自动练习和自我教育。这样,可以使儿童获得知识技能和发展各种能力。蒙台梭利也十分重视家庭环境和社会环境的影响,要求父母、成人改变对待儿童的错误观念和行为,呼吁社会关心儿童、保护儿童的权利,废除一切压制儿童个性和情感、摧残和折磨儿童身心的种种方法和手段,让儿童的"内在潜力"得以充分地展现和发展。

蒙台梭利把儿童看作发展着的个体,儿童的发展是个体与环境交互作用的结果。儿童由于内在生命力的驱使,或生理和心理的需要,而产生自发性活动,从而在不断地与环境交互作用中获得经验,积累经验,产生生理和心理的发展。所以,儿童的发展是一个连续的不断前进的过程,前一个阶段的充分发展是后一个阶段的基础,后一阶段的发展是以前各个阶段充分发展的积累和延续。这种发展随着儿童生命岁月的增长,从无意识逐步进行到有意识,从自发活动进行到自由选择活动;但是,儿童(包括成人)的无意识(或下意识)的自发活动在发展进程中都始终存在着,只是生命的本能冲动在逐步减少,而心理的内在需要在逐步增加。蒙台梭利特别在《高级蒙台梭利方法》第一卷《教育中的自发活动》中详细地阐述了"自发活动"在教育中的重要意义。蒙台梭利强调儿童早期的环境经验对于以后阶段发展的重要性,尤其是对于儿童智力发展的重要意义。"特别重视丰富儿童的早期经验,重视儿童早期教育",是她在"儿童之家"试图解决贫民儿童受"文化剥夺"问题的教育改革实验研究中得到的重要结论,这一论断的正确性已为当代心理学所肯定。

蒙台梭利不仅重视儿童发展的连续性,也十分注意发展的阶段性。她分别论述了各年龄阶段儿童心理、生理发展的特点,及对其教育的任务、内容和方法。感觉训练和智力发展是蒙台梭利研究的重点,她从生物学在动物实验中发现"敏感期"得到启示,观察和研究了儿童各年龄阶段的感觉活动及其心理特征,发现儿童心理发展和学习过程中也存在着"敏感期",并指出儿童心理发展过程中的"敏感期"的含义是:在不同发展阶段,儿童表现出对于某种事物或活动特别敏感或产生一种特殊的兴趣和爱好,学习也特别容易而迅速,是教育的最好时机。但是,这种现象经过一定时间便随之消失。因此,教师和父母必须随时留心观察儿童的实际生活及其表现,发现和把握儿童在各个阶段出现的这种心理现象,并及时地进行引导、帮助和鼓励，否则将对儿童的发展造成难以弥补的缺陷，埋没了他的某些特殊才能而终身遗憾。蒙台梭利提出的"敏感期"，也被称为儿童发展和学习的"关键期""心理预备状态"，并通过实验研究的验证而得到肯定，然而，蒙台梭利在她的一些著作中描绘这一心理特征时，却称它是"上帝的恩赐""自然赋予儿童的灵感。"

蒙台梭利的儿童发展观，既不是固定智力论，也不是环境决定论。她认为儿童的发展是个体与环境交互作用的结果，其动力是儿童的生理和心理的需要。这一论断已为当代实验心理学所肯定。然而，她又从生物学的观点出发，提出儿童的发展是与生俱来的"内在潜力"的展现或释放，其动力是生命本能的冲动；并认为其发展是"按照遗传确定的生物学规律"进行的，这又使她的理论陷入了"预成说"和自相矛盾。本来"生命力"或"内在潜力"，以及"人类的潜能"确实客观存在，但是，蒙台梭利却用宗教神秘主义的观点加以解释和描述，不仅使人们难以捉摸，而且也是不科学的。这显然反映了蒙台梭利的资产阶级世界观的局限性。

（三）论教育的功能及目的

蒙台梭利认为教育可以促进人类文明，是实现社会重建和拯救人类的最佳手段。教育的这种社会功能主要是通过影响个体的发展来实现的。因此社会必须关心儿童，承认其权利，满足其需要。父母承担起教育孩子的责任，社会给予物质和精神上的帮助指导。教育也同样通过其自身的进步所取得的利益慷慨地报偿社会。

蒙台梭利指出，教育有双重目的：一是生物学目的，教育可以帮助个体自然地发展；二是社会学目的，教育的目的是培养个人适应环境。在儿童个性形成的时期，即婴幼儿时期主要应帮助儿童身心的自然发展；而在以后则应更多地注意社会学的目的，即人能适应环境。蒙台梭利希望利用自己的新方法培养品质优异的人，他们将成为有能力、有条件保持社会文明、科学进步的强有力的新一代。

（四）论自由、纪律与工作

蒙台梭利崇拜儿童的自发冲动，给儿童极大的自由活动权，这是否会让"儿童之家"充满混乱呢？答案是否定的。良好的秩序是蒙台梭利引以为豪的"儿童之家"的特征之一。"儿童之家"秩序井然，儿童"完全专注于手头的工作，这已成为惯例""一切都在极度的平静中进行"。那么，这种良好的纪律是怎样获得的呢？

蒙台梭利说："这些秩序不可能由命令、说教，总之通过任何人们熟知的特设的训练手段而获得。"任何企图直接达到纪律的意图都不能有效地达到目的。她说："纪律总是通过间接手段而达到。""真正的纪律是通过作业第一次显现出来的，到了某一时刻，儿童对这一项作业有强烈的兴趣，从他的脸上表情和注意力集中于一项工作的持续时间长，可以看出来，这个儿童已踏上了纪律之路。"这里，首先要明确蒙台梭利的"工作"的含义，其内涵主要是自发的需要，即"这工作不能由外界武断地提供……它必须是人们本能地想的，在这工作中，生命的潜能将自然地出现，或者说，个人逐步地上进"。工作的外延包括："每人都专注于自己的作业，有的在进行感官练习，有的在做算术练习，有的在摆弄字母卡片，有的在画，有的在练习穿衣和脱衣的动作，有的在扫地。"这里，似乎很难区别工作和活动的差异。在蒙台梭利的体系中，着重区别的是自发的活动还是违背儿童本能而强加的活动。因此，这里"工作"可广义地理解为"自发的活动"。

至此，我们进一步看到，蒙台梭利之所以竭力主张给儿童活动的自由，不仅在于使儿童的内在需要得到满足，个体得到发展，而且通过儿童的自由选择，使作业符合自己的兴趣，全神贯注于其中，从而达到良好的纪律。康内尔认为："自由、工作和纪律是蒙台梭利为儿童营造的建筑物的三根主要支柱。"

由以上的分析，我们可以说，这三根支柱是通过"工作"协调统一起来的。

第一，工作有助于肌肉的协调和控制。蒙台梭利认为，儿童能遵守纪律，意味着儿童有能力执行某种动作，而当儿童最大的困难是缺乏肌肉的控制能力，动作充满着不协调，就表现为儿童不遵守纪律。蒙台梭利认为在这些不协调的动作背后，"潜藏着要求协调运动的潜能"，它意味着将来的有纪律。为此，任何成人的命令，例如，"给我站好"，根本无助于使复杂的心理-肌肉系统达到有秩序。形成良好纪律的唯一途径就是让儿童有充分的活动自由,在工作中,使动作协调。例如在"儿童之家"中,对儿童的呼吸、走直线、踮着脚走路、儿童自我服务等练习,都赋予协调和控制肌肉的教育意义。

第二,工作有助于培养独立性。蒙台梭利认为:"必须这样指导儿童个人的自由表现,使得通过活动达到独立。"这里有两个目的,从社会意义上讲,"儿童之家"是专为双亲白天在外的子女开办的,因此,生活自理能力的培养具有重要意义。"儿童之家"要求儿童学会自己穿脱衣服,自己洗手,甚至自己洗澡、自己动手给小伙伴分配食物,总之,"尽可能使儿童自己满足自己的要求"。从心理意义上讲,蒙台梭利认为,依赖会使人变得无能,使个人品质堕落和败坏。因此,在蒙台梭利学校里,学生普遍采用自己选择的个体工作方式。蒙台梭利说,通过自由选择,学会了"依靠自己";以个体工作方式,学会了尊重他人的权利。结果,"儿童之间没有妒忌,没有争吵"。独立工作方式培养了"绝对平静"的气氛,良好的秩序由此产生出来。

第三,工作有助于培养意志力。蒙台梭利认为,服从是自我约束的一个很重要的标志,而儿童服从的先决条件是他有相应的活动或抑制能力,即意志力。但初生的儿童是没有任何意志力的,为此,"意志和心灵的形成必须先于服从"。它的途径只能是通过各种工作为意志力的形成作准备,推动儿童服从。蒙台梭利认为,重复自己心爱的工作是正常儿童的天性,由于这一工作是自己选择的,儿童以满意的心情重复练习几十次,在时间上可持续两个多小时,专注于一项活动,体现出一种顽强的活动意志力。抑制意志力的培养则通过"肃静课",它形式上是听觉感官训练:教师在远处低声叫一个儿童的姓名,这时,要求儿童有抑制能力,拒绝一切动作,保持绝对安静,以便听到自己的姓名能迅速汇报。蒙台梭利认为,上述的两种状态的"外在标志就是自我约束",进入这些状态就意味着"走上了自我发展之路"。蒙氏自豪地说,她的方法的每一部分都含有意志力的训练。

蒙台梭利认为,以自由工作为基础建立起来的纪律,显然不同于常规压制和命令训练出来的服从。压制和命令训练出来的服从导致教育上最大的弊病——个性的泯灭,而用新方法培养的儿童,就不再是"原先那个只知道驯服地为善的人,而是一个自己使自己更善的人"。

(五) 论"儿童之家"的教学内容和方法

"儿童之家"的教学内容包括实际生活练习、肌肉训练、自然教育和体力劳动、感觉训练以及读、写、算练习等,课程采用齐头并进的方式,各种不同练习大多同时进行,而且被审慎地分级推进,可以自我矫正。

1. 实际生活练习

"儿童之家"以一系列实际生活练习作为一天的开始,蒙台梭利认为:"从整个方法考虑,工作必须以为孩子适应社会生活方式作准备开始,必须吸引他们对这些生活方式的注意。"实际生活练习包括4项内容:清洁、秩序、安静和会话。清洁练习包括个人卫生和环境卫生,清洁活动结束后,儿童坐在座位上,由老师指导正确的坐姿、小心拿东西、保持安静等,再以此为起点进行自由学习。当孩子开始自由活动,老师主要是观察和纠正不规矩的举动。会话活动是老师请某幼儿与她会话,主要内容是儿童前一天都干了什么,来促进孩子语言能力的发展。

2. 肌肉练习

蒙台梭利认为肌肉训练能促进身心两方面的发展,她把发展儿童肌肉训练的方法称为"体操"。包括4类活动:锻炼下肢的各种运动、自由体操、教育体操和呼吸体操。锻炼下肢的运动包括日常生活中的自然运动,如行走、上下楼梯等和利用各种器械(栅栏、旋转梯等)进行的运动。自由体操一类是有指导的、在口令下做的体操,如齐步行进操等,还有一类是自由游戏活动,如玩皮球、铁环风筝等。教育体操是自然教育与实际生活练习联系在一起的活动,如锄地、搬物、穿衣、解扣等。呼吸体操是调节呼吸的运动,养成孩子正确说话的习惯。

3. 自然教育和体力劳动

蒙台梭利指出"农作物和动物的培育本身就含着道德教育的宝贵手段",她在罗马的第一个"儿童之家"开辟了一块种植园地,利用自然教育引发孩子的爱心、责任心和对大自然的感情。她认为双手是人心灵的伙伴,有了手的帮助,儿童不仅智力可以发展到更高的水平,还能获得更健全的人格。她还让儿童制作陶器和用小砖砌墙,认为这样可以使他们从童年就大致了解人类从游牧生活转变为定居生活的主要劳动。

4. 感觉教育

蒙台梭利的感觉训练主要是让儿童自己依靠设计好的教具进行自我教育的过程,让孩子自由选择,反复操作以解"心理饥渴"。她认为利用"感觉隔离"可以增强儿童对物体特殊性的感受力,主要有蒙眼和暗室两种方法。她还提出了把儿童"从感觉训练引向感念"的 3 个教学阶段,第一阶段为名称感觉;第二阶段认识相应名称的物体;第三阶段是记忆相应的物品。蒙台梭利把感觉教育分成触觉、温觉、压觉、听觉、视觉、味觉、嗅觉和色觉等,其中,最重视触觉,认为儿童常通过触觉认识世界。

5. 读写算练习

蒙台梭利认为 3—6 岁儿童天生就具备学习文化的能力,并处在学习读、写、算的敏感期,认为书写先于阅读,能为阅读作准备,阅读是纯粹的智力活动。书写练习的步骤是:掌握和运用书写工具的肌肉运动的练习;建立字母符号的视觉——肌肉感觉印象和建立书写的肌肉运动记忆的练习;拼字练习。主要的书写教材包括图画教材、贴有砂纸剪成的多个字母的硬纸卡和字母表,阅读教材由书写清晰的单词、短语纸片和卡片组成。蒙台梭利还利用儿童日常生活中遇到的数字问题和游戏活动进行算数教学,并与感觉教育结合起来,具体的程序和内容是:计数、用书写符号表示数、数的记忆练习、从 1 到 20 的加减乘除法、十进位数等。

(六) 教师的准备

蒙台梭利用 3 个词概括她的教育哲学思想,即"follow the child"(跟随儿童)。她认为,教育不是教师自上而下地传授,而是教师协助儿童自下而上地发展。在蒙台梭利幼儿教育体系中,教师主要扮演以下角色:观察者、环境创设者、指导者、家园合作的联络者。

1. 观察者

蒙台梭利训练的最终落脚点是观察。她本人就是一位善于观察的幼儿教育专家,她的主要著作都是她一生长期观察、研究儿童及进行改革实践的成果,在其著作中,我们能深刻感受到蒙台梭利观察的敏锐性。

蒙台梭利反复强调观察的重要性,认为观察需要专门训练。因为有些现象只有经过训练后才能被观察到,"缺乏专业知识的人所不能理解的这些细节正是这项发现的关键所在,因为他们不能观察"。经过专门训练后的教师不仅应具备观察的能力,而且还要具备观察的愿望及观察的品质。观察的品质包括各种各样的细小品质,比如耐心、谦虚、自我克制、摒弃骄傲、有毅力、求实和献身精神。

为了保证观察的准确可靠,教师要经常与儿童一起生活、工作,与儿童保持亲密友好的合作。这样才能把握儿童的内心世界、揭示儿童的需要、洞察儿童的个性。

值得注意的是,蒙台梭利要求教师观察时应更多的是一个被动的观察者,而不是主动施加影响的观察者,因为只有教师将自己定位于一位"被动"的观察者,她才能不去干涉儿童的自由活动,才能观察儿童在活动中的真实表现,包括对活动参与程度和厌烦程度、集中注意力和分心程度、爱好、动作技能和手眼协调能力、学习抽象概念的能力、对挑战的需求、现在的知识基础等等。以此为基础,教师决定应该为儿童准备哪些有利于发展其能力的材料。

2. 环境创设者

虽然儿童发展受其本性的引导,但外部环境为儿童发展提供了必要的媒介。儿童的发展是个体与环境交互作用的结果,蒙台梭利相信儿童在有准备的环境里才能学得最好,她说她的教育体系最根本的特征是对环境的强调,教育儿童所做的第一件事情就是为儿童提供一个能够发挥大自然赋予的力量的环境。

适宜的环境可以促进人的发展,不利的环境则会阻碍人的发展。因此,提供一个适宜的环境是十分重要的。蒙台梭利移走当时常见的桌椅,亲自为儿童设计了符合他们需要的桌椅、橱柜。

环境必须由理解、了解儿童的教师来准备,教师要为儿童创设具有兴趣性、探索性、可供儿童与之相互作用的环境。蒙台梭利认为,环境可以是任意一个教室、家庭的房间,也可以是托儿所、操场,但这个环境必须是"有准备的",应具备以下要素:① 自由的气氛;② 结构和秩序;③ 真实与自然;④ 和谐与美感；⑤ 蒙台梭利教具，包括日常生活练习教具、感官训练教具、知识性训练教具、艺术类训练教具。

蒙台梭利认为，教师应参与儿童生长的环境。教师本人就是儿童生活环境的一部分，是儿童世界的最重要部分，因此，"教师本身在仪容上应有吸引力、令人喜爱，并保持整齐、清洁、沉稳而有庄严感"，"教师应留心自己的举止，要尽力轻盈和文雅"。

教师还应是"有准备环境"的维护者与管理者，尽量使这个环境舒适、有秩序、安全、清洁。

3. 指导者

在蒙台梭利教育体系中，教师的主要工作是指导、引导儿童的心理和身体的发展，引导儿童积极主动地探索环境和操作材料，发现问题并通过自己的努力解决问题，所以她将教师的称谓改为"指导者"。具体而言，包括两方面。

（1）介绍者和示范者

蒙台梭利鼓励儿童自由选择、独立使用教具材料。在儿童起初接触教具材料还不会使用时，教师应鼓励他使用，可为孩子示范正确的操作方法；如果儿童尝试使用某些复杂的教具材料，但使用起来有困难，教师可对其进行简单的介绍。介绍时，话要简短、明确、客观，内容必须直接涉及要解决的问题，不讲不必要的话。当孩子模仿失误时，教师不要直接告诉孩子，而是再一次示范或引导选择另一教具。

（2）支持者和提供资源者

教师是儿童发展的支持者、资源的提供者，离开了教师的协助，儿童的发展难以实现。当孩子需要时，教师会随时出现在孩子身边，成为孩子情感的支持者和学习活动的最佳资源。当儿童各自独立工作时，教师也可坐在全班儿童看得见的地方，也可在教室里走动，听候儿童的召唤，以便及时对他们进行帮助、指导、暗示和启发诱导。

4. 家园合作的联络者

"儿童之家"制定了规章制度，规定了家长对儿童教育应承担的义务。通过这一规章制度，我们可以发现"儿童之家"是重视家园合作的。规章制度指出，"凡是愿意把自己的子女送于'儿童之家'享受这种优惠的父母，无须交费，但必须承担以下义务：① 家长必须按规定的时间把孩子送入'儿童之家'，儿童的身体、衣着必须清洁，并穿上合适的围裙，否则教师和保育员可以拒绝接受。② 家长对指导员和'儿童之家'的其他工作人员应给予最大尊重，在儿童教育方面与指导员密切合作。母亲每周必须去'儿童之家'一次，与指导员交谈，向指导员提供孩子在家中的表现，听取指导员的有益建议。"

蒙台梭利指出，"家庭不仅与教育进步密切联系，而且也与社会进步密切联系"；教育的一个重要原则就是要求学校教育和家庭教育的目标协调一致。由此可见，教师不仅要研究、观察儿童本身，还需要与家庭合作形成发展的合力，共同促进儿童身心健康发展。

（七）地位与影响

蒙台梭利学说与"儿童之家"的实践使她在幼儿教育领域享誉全球，被称为 20 世纪"幼儿园改革家"。蒙台梭利关于探索儿童的心灵，主张儿童发展的主动性和阶段性在当时具有革新的意义。重视环境对幼儿的教育作用，对教师工作方法的总结，以及精心设计的各种教具材料，特别是感觉训练的教具，都在一定程度上符合儿童心理发展和教育理论潮流，具有一定的科学性和合理性，这使蒙台梭利方法成为现代幼儿教育的主要方法之一。但是她的教育学说也是不完善的，她夸大了儿童本能的作用，过高地估计了儿童的自塑能力。将教师职责局限于建立常规和排除儿童自然发展的障碍，局限于观察儿童的表现和了解儿童的需要，甚至把教师的帮助看作"侵犯了儿童的自由"，这就降低了教师在儿童个性形成中的重要作用，这些问题有待进一步研究。

三、马卡连柯的学前教育思想

（一）生平及主要教育活动

安·谢·马卡连柯于 1883 年 3 月出生在乌克兰别洛波里城一个铁路工人的家庭里。1905 年，马

马卡连柯

卡连柯从一所市立初等学校附设的师范班毕业,即被派往克留科夫铁路学校任教,开始了他的教育生涯。此时正值俄国 1905 年革命的高涨时期,马卡连柯受革命影响,靠拢布尔什维克,参加反对学校反动当局的斗争。为了深造,马卡连柯于 1914 年升入波尔塔瓦师范专科学校学习,1917 年以优异成绩毕业。此后,他先后担任过克留科夫高级铁路小学和波尔塔瓦市立小学校长。1917 年十月革命胜利了,社会主义革命的胜利为各项事业,包括教育事业的发展开辟了广阔的道路、展现了美好的远景,马卡连柯无比兴奋,他以饱满的政治热情投入改革旧教育的斗争。

苏俄成立初期,由于帝国主义干涉,白匪叛乱,加之工农业生产水平低下,疾病流行,造成为数甚多的青少年无家可归,流浪街头,甚至迫于生活违法乱纪。为了安置和教育他们,苏维埃政府做了许多工作。1920 年 9 月,马卡连柯接受波尔塔瓦省教育厅的委托,为少年违法者和流浪儿创建一所工学团,名为"波尔塔瓦工学团",1925 年改称"高尔基工学团"。1926 年 5 月该团 120 人在马卡连柯率领下迁往库良日,又收容了 280 个无人照管的儿童。

由于革命初期一切还处在战争的破坏阴影中,工学团面临着没有校舍、没有经费,甚至挨饿受冻的实际困难。但更为严重的困难是没有任何经验可循,马卡连柯几乎读遍了旧有的教育书籍,也找不到任何适于指导他完成新任务的理论。他决心向实践学习,从他"跟前发生的全部现实事件里去归纳"出新的教育理论来。尽管马卡连柯所做的开创性工作受到了当时仍有很大势力的资产阶级教育家的种种责难和挑剔,他仍然一心扑在工学团的工作上,坚定不移地走着自己的路。他与工学团全体师生劳动、战斗在一起,克服了种种困难,不消几年工学团便根本改观,物质生活条件大大改善,团员形成了坚强的集体,每个人的精神面貌焕然一新。1928 年高尔基访问工学团,撰文称赞马卡连柯是苏维埃的"新型教育家"。从 1925 年起,马卡连柯在高尔基的支持和鼓舞下开始以艺术形式创作《教育诗篇》,至 1935 年写成,这是马卡连柯描写工学团发展过程并总结经验的一部名著,它着重描写教育集体的建立和发展以及新的教育方法的探讨和试行。

1927 年,乌克兰保安部在哈尔科夫郊区建立与高尔基工学团同一性质的教育机构——捷尔任斯基公社,由马卡连柯兼任领导,并从高尔基工学团调来学员 60 人作为捷尔任斯基公社新集体的基础。从 1928 年起,马卡连柯专任捷尔任斯基公社的领导工作。他运用已有的经验,在公社建立起以党团组织为核心的坚强集体;他按照教育与生产劳动相结合的原则,在公社办起了十年制中学和拥有现代化设备的电钻机厂、莱卡照相机厂,实行半工半读;他还把公社的集体生活安排得丰富多彩,公社有戏院、电影院、图书馆、俱乐部、运动场,还成立了各种活动小组。

世界各地先后有 200 多个代表团到捷尔任斯基公社参观访问,无不叹为观止,对公社的教育成就给予高度评价。1938 年,马卡连柯写出了另外一部名著《塔上旗》,总结捷尔任斯基公社的发展过程和教育经验。作为《教育诗篇》的续篇,《塔上旗》是在《教育诗篇》已有的基础上进一步阐明业已建立和巩固的教育集体的生活与成就,它深刻地分析了学员的心理特征和变化,证明新教育方法的成功。马卡连柯的教育方法是成功的,3 000 多名少年违法者和流浪儿童经过马卡连柯领导的高尔基工学团或捷尔任斯基公社的再教育,成了有文化、有道德、爱祖国、守纪律、积极参加社会主义建设的苏维埃公民,他们中不少人升上大学,成为教师、工程师、科学家、医生等等,有些人甚至荣获国家勋章,当上了劳动模范和战斗英雄。马卡连柯从事的正是这样一项崇高的事业。鉴于马卡连柯对共产主义教育的卓越贡献,苏联最高苏维埃主席团于 1939 年 2 月授予他劳动红旗勋章。1935 年 7 月,马卡连柯改任乌克兰内务人民委员部劳动公社管理局副局长。此后不久,他开始致力于著作,对自己 30 余年的经验进行艺术性的总结。除了《教育诗篇》《塔上旗》和许多讲演、报告、论文之外,马卡连柯还著有《父母必读》《儿童教育讲座》及《家庭教育问题讲演》等。苏联于 1948 年出版了他的《教育文集》,以后又有《马卡连柯全集》出版。《马卡连柯全集》有中译本,马卡连柯的教育论文选集也有中译本,书名为《论共产主义教育》。1939 年 4 月 1 日马卡连柯病逝。

(二) 主要教育思想

1. 论教育目的

马卡连柯十分重视对教育目的的研究,在他看来,教师如果不向自己提出一定的教育目的,他就没有权利进行教育工作。因此,教育目的是他首先要解决的一个问题,马卡连柯认为,教育目的的制定应以下述两个方面为依据。

首先,教育目的要以社会政治需要为依据。马卡连柯从马克思主义基本原理出发,认为教育目的不可脱离一定的社会历史背景。他指出,教育目的"是从我们社会需要,从苏维埃人民的意向,从我们革命的目的和任务,以及我们斗争的目的和任务里产生的","只有根据社会的要求,根据它的需要才能规定出教育的目的"。其次,人的个性特征也是制定教育目的的依据。马卡连柯告诫人们:"我们总应当记住一个非常重要的情况。人,作为最抽象的概念,在我们心目中不论多么完整,然而作为教育的对象来看,人毕竟是非常多种多样的材料,被我们制成的'产品'也将是多样性的。个人的一般品质和个别品质,在我们的设计中能够形成很错综复杂的形态。"在马卡连柯看来,教育目的是依据社会对人的培养的共同要求而制定的,但"人的性格的培养计划"是非常复杂和多样性的计划,既不能只强调共性,忽略个性,也不能只追求个性,排斥共性。因此,要把社会需要和个性发展的需要结合在一起来制定教育目的。

2. 论集体和集体教育

集体教育是马卡连柯教育理论的重要组成部分。他确定,教育工作的基本对象是集体,而教育工作的主要方式是集体教育。因此,他把集体和集体教育看成是全部教育理论的首要和关键的问题。马卡连柯认为,集体不是一群个别的偶然集合,而是"社会的结合",是社会主义公有制经济基础上结集起来的人与人之间关系的集中表现。从这一定义出发,他把集体的特征归结为:集体要有共同的奋斗目标;组织性和纪律性是建立和巩固集体的根本条件之一;具有一定的组织制度和管理的机构,有权代表集体并行使各种职能;有正确的集体舆论。在明确了集体的概念后,马卡连柯提出了集体教育的基本原则。

第一,在集体中,通过集体和为了集体而进行教育。

马卡连柯认为,在教育中教育者应首先把集体作为教育对象,如果没有集体,"在集体中"就不可想象了。他认为,苏维埃不应有孤立于集体之外的个人。他指出:"学校集体就是苏维埃儿童社会的细胞,他首先应当成为教育工作的对象。"集体形成后,集体对个人来说,就成为教育手段了。这样,教育者才可能"通过集体"进行教育。最后,集体主义教育的目的是发展并完善集体,"为集体而教育",集体前进了,其发挥出的教育个人的功能就更强大,就形成了良性循环。

为实施集体主义教育,他根据自己的经验,提出了"平行主义教育影响"法,即"在教育单独个人的时候,我们应当想到整个集体的教育……相反地,每当我们涉及集体的时候,同时也应当成为对于组成集体的每个个人的教育"。这是一种从集体影响到个别影响,从组织集体到组织个人的教育方法,在"平行主义教育影响"过程中,集体对每个人有一定的影响,同时每一个人也影响着集体。

第二,尊重与要求统一的原则。马卡连柯认为,在学校中,尊重学生是信任学生的表现,是有效地运用教育手段的前提。在马卡连柯16年的工学团教育生涯中,他运用信任和尊重医治了几千名心理受到伤害的儿童,使他们懂得了人的尊严,认识了人的价值,成为苏联社会主义建设中的有用人才。马卡连柯的尊重与要求统一原则,是他留给我们的重要教育遗产。

第三,前景教育。所谓"前景",就是前途和理想。前景教育,就是指集体的组织者和领导者,要经常在集体和集体成员面前呈现美好的"明天的快乐"的前景。他认为,教育和培养人就是指给他一条未来的道路,这条道路上有着他的明日欢乐。

在确定了"明日欢乐"的"前景"之后,马卡连柯把前景分为近景、中景和远景等不同的层次。近景是给学生的"比较眼前的满足和快乐",属短时期内的活动计划;中景是指在相当长的一段时间里,经过一定努力可以实现的计划;远景是指集体所追求的远大而高尚的目标。这三者是相互联系的,在集体面前,只有将这三者相互结合,才能促进集体不断前进。

3. 论劳动教育

马卡连柯教育思想体系的一个突出特色就是重视劳动教育。马卡连柯认为让学生进行劳动是组织和培养集体教育实践的重要内容，可以通过劳动来培养学生的品质、发展其智力和能力、加强学生的组织性和纪律性。他在高尔基工学团和捷尔任斯基公社工作时，就通过劳动教育，使大批染上了不良习惯的儿童成为具有坚强意志和毅力的社会主义优秀建设者。通过这些丰富而成功的教育实践，马卡连柯逐渐认识到劳动与教育的内在结合具有重大意义，孤立的劳动过程对人的教育所起的作用非常有限而要把劳动教育与文化教育结合起来去教育儿童。这种结合不是生产劳动与文化知识教学的机械结合，而要谋求它们之间的最自然、最健全的结合，让学生运用课堂上学到的知识去解决劳动过程中所遇到的问题。马卡连柯还特别重视劳动活动中的纪律性和组织性；强调劳动教育与道德教育、爱国主义教育相联系。他认为，这样会起到更好的教育效果。马卡连柯的劳动教育理论非常丰富，对世界各国进行劳动教育、提高劳动教育的质量具有重要的指导作用。

4. 论家庭教育

家庭教育问题也是马卡连柯教育思想体系的重要组成部分，他的《父母必读》和《儿童教育讲座》奠定了苏联家庭教育体系的基础。马卡连柯认为，家庭对子女所负的责任，是它对于社会所负的责任的一种特殊形式，父母要从儿童最小的时候开始就进行各方面的教育，父母要将对子女的教育同整个国家与社会的利益联系起来。从这一思想出发，他要求父母正确地了解教育目的，拟订教育计划，规定教育制度；父母要身体力行，为子女树立良好的榜样；在教育工作中应当严谨、纯朴和真诚；应当善于组织家庭生活等等。马卡连柯认为，这一切是正确组织家庭教育所必需的一般条件。

马卡连柯指出，家庭应是一个和谐的集体，这样才能为儿童受教育提供良好的环境，因此父母要共同致力于维护家庭的和谐。另外，他还强调父母对儿童的教育要严爱结合，把握分寸，认为对子女缺乏理智的过分溺爱和过分严厉都是有害的。马卡连柯还特别强调儿童在家庭中也要遵循规律的生活作息制度，这一点要靠父母的严格监督。此外，马卡连柯对家庭中儿童的劳动教育、性教育提出了宝贵的意见。马卡连柯关于家庭教育理论的论述不仅对父母有极大的教育意义，而且对教育工作者也有重要的指导意义。

（三）评价

无论在苏联教育史上，还是在世界教育史上，马卡连柯都产生了深刻的影响。他既是教育实践家，又是教育理论家，他热爱儿童，把教育看作一项极崇高的事业，以培养共产主义新人为己任，他的教育实践活动和由此而产生的一整套社会主义教育理论因而具有革新的性质。马卡连柯的教育实践是成功的，3 000多名少年违法者和流浪儿经过他所培育的集体的教育和锻炼，成为一代社会主义新人。马卡连柯的劳动教育与纪律教育与资产阶级的截然不同，特别是他的集体教育更是任何资产阶级教育家所未曾实行与论述过的。由于"工学团"和"公社"的教育对象和教育任务的特殊性，马卡连柯采用了不同于一般学校教育的教育途径与方法，作为实践经验的总结，马卡连柯的教育理论在一定程度上也具有特殊性。但是，由于马卡连柯培养的集体与苏维埃一般学校集体在本质上是一致的，加之马卡连柯以马列主义为指导，对教育实践活动作了高度的科学概括，因此他的教育思想的精华又具有普遍指导意义，在一定程度上揭示了社会主义教育规律，这是值得我们深入研究并根据我们自己的传统和条件需要大力加以发展的。我们虽然高度评价了马卡连柯的教育实践和教育理论，但是还应该指出，马卡连柯实际上未能很好地解决全部教育问题（例如，不能说他将劳动与教学有机地结合起来），这也是我们所不能苛求于他的；在他的论述中，尽管他努力以辩证法为指导，仍存在某些片面性和绝对化的问题（例如，平行性原则过分强调通过集体进行教育，凡教育均需通过集体，这就流于形式了）。诚然，他勇于创新、敢于实践的精神是永远值得人们学习的。

四、罗素的学前教育思想

（一）生平及主要教育活动

伯特兰·罗素（1872—1970年）是英国著名的哲学家、数学家、社会活动家和教育家。他于1872年

5月18日生于英国贵族世家,曾祖父是贝特福德公爵六世,祖父是维多利亚时代著名的首相。但是,罗素的幼年生活是不幸的,他2岁时,姐姐和母亲因病去世,在他5岁和6岁时,父亲和祖父也相继去世。因此,他从小就由祖母抚养、教育,他的祖母对他的生活、学习的要求十分严格,为他提供了良好的教育条件。1890年,罗素进入剑桥大学三一学院攻读数学。3年后,他通过了学位考试。从第4年开始,罗素改学哲学。一开始,他是新黑格尔主义者,后来,他成为新实在主义者。1894年,他以优异的成绩从哲学系毕业。

大学毕业后,罗素既从事大量的学术研究和讲学,也进行社会政治活动和教育实践活动。罗素的学术成果众多,涉及数学、哲学、文学、教育等众多领域,其中最有影响的论著有:《数学原理》(与怀特海合著,三卷)、《社会改造原理》、《哲学问题》、《教育论特别是幼儿期教育》(中译本为《教育论》)、《教育和社会秩序》、《西方哲学史》、《人类的知识:其范围和限制》。鉴于罗素对人类文化的巨大贡献,1950年,他获得了诺贝尔文学奖。1958年,他获得联合国教科文组织颁发的卡加林奖。同年,他还获得了丹麦的索宁奖。

罗素一生到过许多国家讲学。1896年,他应邀在美国约翰·霍普金斯大学和布林·马尔大学讲学。1910年,他在母校剑桥大学讲授逻辑和数学原理。1914年,他赴美国哈佛大学主持"洛威尔讲座"。1920年,他应"中国讲学会"的邀请在中国讲学。1938年到1944年,他在美国芝加哥大学、加州大学、纽约市立大学等处讲学。1950年,他到澳大利亚、美国讲学等。频繁的讲学活动使罗素的思想在许多国家传播开来,也丰富了他本人的思想。罗素参与社会政治活动始于第一次世界大战的爆发,他一生都在呐喊和平,反对战争,为此,屡遭迫害。但是,这些挫折都未曾使他屈服。他在去世前一个多月还发表政治声明,谴责以色列空袭埃及和巴勒斯坦难民营。罗素为人类和平所作的努力提高了他的声望,也赢得了世人的尊敬。

罗素的教育实践活动主要表现在他和妻子朵拉创办了皮肯希尔学校,这所学校的办学风格充分体现了罗素的教育思想。从1927年学校的创建到1935年,他把全副精力都投入到了这所学校中,学校唯一的财政来源是他自己的稿费,他亲自掌管校务,教育学生。皮肯希尔学校的显著特征是倡导自由,避免压制。1935年,罗素与朵拉离婚后,离开了这所学校。1940年,这所学校关闭。罗素的一生很辛劳,也碰到许多挫折,但他始终以开朗、乐观的态度对待人生。1970年2月2日,他以98岁高龄谢世。

(二) 主要教育思想

1. 对传统教育的批判

罗素对当时的教育制度深感不满,他认为,传统教育的弊端主要表现在两个方面。

第一,教育成为维护现有秩序的工具。他认为,几乎一切教育都有一个政治的动机,被当时的政府、宗教团体或其他社会团体利用。当时许多国家和社会团体正热衷于战争和竞争,践踏和平和自由,实行的是"疯人院"的政治,教育沦为这种社会制度的政治武器的结果是可悲的,毫无防御的儿童受到歪曲、压制和暗示的教育。罗素还提到,在每一个国家里,历史教学总是在赞美祖国,儿童学习和相信他们的国家永远是对的,差不多一切伟大人物都产生于他的国家里,而且在一切方面都比其他国家优越,这种虚伪的、有偏见的知识对儿童是有害的。

第二,传统教育制度不利于儿童个性的自由发展。这主要反映在如下几点:① 传统的教学目标是产生信仰而不是思维,是强迫青年对可疑的事情持有一定的意见,而不是使他们看到可疑之点,以鼓励他们独立思考。② 教育者不尊重儿童的权利,忽视儿童的心理特点,结果必然造成儿童不健康的心理。③ 传统的教学方法是注入式的,教师单纯灌输纯粹的书本知识,学生被动地接受教师的智慧。学生的本性被歪曲了,自由思想的愿望被教师残忍地加以阻遏。

2. 理想的人与理想的教育

罗素认为,人的品性可分为两个部分:一部分是一些人独有的,如艺术家、科学家、庄稼汉、磨坊主等拥有与自己职业有关的独特的品性;另一部分是人人应有的,是人们普遍关注的。他认为,理想的人

117

的品性应该包括活泼、勇敢、敏感、理智，它们能使人们趋向完善，是理想的品格的根据，理想的人必然具备这种理想的品格。

罗素认为，人生的一个真谛是享受美好生活中的乐趣，活泼的品性能使人们从生活中感受快乐，减少痛苦。他说，活泼有助于人们增加对外界的兴趣，培养吃苦耐劳的精神和防止忌妒等，这是人人都应具有的重要品性。

勇敢是与恐惧、暴怒相对立的情感，正确的勇敢既表现在行为上，也表现在感觉上。这种勇敢的培养主要依赖于两方面因素：一是健康、活泼和应付险情的经验和技术；二是自尊心和非个人的人生观的结合，其中，对普遍的勇敢而言，后者是更基本的东西。有自尊心的人不依他人的意见和情感为行动的依据，他们自己制定目标，而不求诸他人，也不把自己的目标强加给别人；非个人的人生观是指超越自我，对个人自身以外的任何东西感兴趣。"完全的勇敢总是属于兴趣广泛的人，这种人不是通过藐视自身，而是通过重视自身以外的东西，感到他的自我只是世界的一小部分……个人的死亡乃是微不足道的事情。"这种勇敢是积极的和本能的，是完美品性的主要成分之一。

敏感对单纯的勇敢有矫正作用，它可分为情感、认识、审美三个范畴，罗素所说的敏感主要指前者。他认为，当许多种刺激都使某人产生感情时，此人便是敏感的。可取的敏感是指许多事物都能正常地引起愉快或不愉快的感觉。它分为两个阶段，第一阶段是对食物和温暖的单纯快感与对赞扬的快感。第二阶段是同情，同情又分纯自然的和扩大的两种，第二种同情是更高形式的同情，它表现在："第一，即使当受害者不是特别亲近的客体时，也感到同情；第二，当所发生的痛苦仅为耳闻，并非目睹时，也感到同情。"

罗素认为，理智比人为规定的"道德"行为更有价值。他所说的理智是指实际的知识和对知识的理解力。按照他的观点这两者是密切相关的，一方面，一个人学得越多，就容易多学；另一方面，智力通过传授知识来培养。相形之下，他更重视学习能力的发展。在理智的培养上，他强调三点，第一，要有适当的好奇心，好奇心一死，活跃的智力也就终止了；第二，要有一定的求知方法，它包括观察的习惯、相信知识、耐心、勤奋、虚心等；第三，要有勇气，敢于发表不合众意的观点。罗素指出，人类的恶习是由教育带来的，因此，只有教育才能使我们获得与之相反的美德。

3. 教育原理与方法

（1）教育与民主的关系

首先，罗素认为，理想的教育制度必定是民主的，应该使每个人或至少使每个有能力的人都受到教育。他说："我们所应追求的未来教育制度乃是一种能使每个儿童都获得最优机会的制度。"其次，他反对绝对的平等，主张给一些具有特殊才能的儿童提供更好的教育机会。他指出，有些儿童聪颖过人，从更高的教育中可以获得更多的益处。倘若粗暴地实行民主的原则，其结果会导致科学和教育水平下降，谁也得不到最高等的教育。另外，他还主张富人不应放弃现行社会里那种不能人人拥有的教育机会。

（2）实用教育与古典教育

教育应该传授什么类型的知识？历史上存在着两种不同的意见，即实用学科与古典学科之争。罗素认为，这种争论是不切实际的。他说："教育是达到目的的手段，而不是目的本身，教育当然应该是实用的。"但是，在以前主张实用教育的人看来，"实用"就是有助于满足身体的欲望和要求，他们极力主张的是：教育的结果应当是实用的，如受过教育的人就是懂得如何制造机器的人。如果把它作为终极目的，那无疑是错误的。主张古典教育的人认为，古典教育能给人以一种精神财富，并且在某种意义上使人变得更为出色。罗素指出，狭义的装饰教育已不符合时代要求了。罗素还进一步分析了主张实用教育的人与反对者之间的三种争论：第一种是贵族与民主主义者之间的争论，第二种是只关心物质利益的人与只注意精神愉快的人之间的争论，第三种是认为只有非实用的知识才有内在价值和认为任何有内在价值的知识都是无用的两种观点之间的争论。他指出，任何偏执一方的观点都是不正确的。

（3）自由与纪律的关系

在处理自由与纪律的关系上，罗素认为，首先，教师要给儿童充分的自由。他对传统学校压制儿童自由的做法进行了抨击，认为传统学校中许多纪律与约束都是有害的。"我们应该把目的放在保全独立和冲动上，来代替服从和纪律"，从而促使儿童情感、理智的发展。其次，学校不能完全没有纪律。现代教育家并非简单地废除纪律,而是通过新的办法维护纪律。这种新的纪律便是自制。这种纪律是从一个人自己的意志里发生出来的,而不是从外界的权力来的。它"对于几乎一切的成就"是必要的。因此,他主张把自由与纪律巧妙地结合起来。但是在皮肯希尔学校,他过于强调自由,甚至有放任自流的倾向。

(三) 品性教育

罗素认为,品性教育在6岁以前便能基本完成,6岁以后,学校不必花费很多时间和精力去考虑道德问题,只要在以前品性教育的基础上加以注意就可以了。前一阶段没涉及的其他一些美德应当在纯粹的智力教育中自然产生。品性教育主要包括以下内容。

1. 培养良好的习惯

他认为0—1岁婴儿期养成的习惯很重要,罗素认为这一时期是儿童的智慧和道德开始萌芽时期,是儿童全部教育的开端。婴儿有很强的学习欲望,父母只需提供机会,剩下的就让婴儿自己去做。不要企图教婴儿做什么,他会按自己的步子学习,成人要做的就是向儿童示范。不要低估婴儿智慧的发展。婴儿出生时的本能和反射是培养好习惯的基础,但是这时养成的坏习惯会阻碍以后好习惯的养成,因此我们要注意提供给孩子好的示范培养良好习惯,良好的习惯包括自娱活动、自制力和一些有规律性的生活常规等。

2. 消除恐惧心理

罗素认为:儿童在第二年逐渐学会行走和说话,这使孩子活动探究的空间增大,好奇心也越来越强,在探究事物的过程中,过多的新鲜事物也容易使孩子产生恐惧的心理。他把恐惧分为两种:一种是非理性恐惧,是对无危险的事物表示出的恐惧,如影子和机械玩具等;另一种是理性恐惧,指对危险事物表示出的恐惧,如对悬崖恐惧等。他强调无论哪种恐惧都应逐渐克服,因为长期恐惧的心理不仅会使儿童养成一种怯懦胆小的性格,而且会使孩子很快泯灭好奇心,不利于儿童的性格形成和智慧发展。教师要从小帮助儿童防止和克服恐惧心理,培养勇敢的品性。

3. 通过游戏培养想象力

他认为,爱好游戏是儿童的天性,儿童的游戏一种是训练儿童能力的游戏,可以使孩子获得新的能力;一种是假想游戏,在于使孩子发展想象力,获得现实生活的补偿。特别指出儿童时期的本能冲动是权力欲,权力欲是儿童游戏的最主要源泉。在游戏中,权力欲表现为学习做事和想象,孩子在游戏中获得安全感和控制感,这也是儿童发展的基本动力。因此,必须鼓励儿童游戏,重视儿童想象力的培养,他说:"扼杀儿童的幻想就是使他们成为现存事物的奴隶,成为拴在地球上的动物。"

4. 发展建设本能

罗素认为,建设性和破坏性都是儿童本能的特性,与人的权利意志密切相关。他说:"用心理学术语来说,产生预先设计的结构,就是建设;让自然的力量随意变更现存的事物,就是破坏。"这两种相反的性质同时存在于一个儿童身上,因此培养建设性品质,减少和消除破坏性的品质是教育儿童的一个重要方面。最好的生活大多数是建筑在创造的冲动上面,许多美德的萌芽是由于经历建设的快乐而产生的,根除残酷的最简单的方法是增加对建设和发展的兴趣。因此,他主张充分发展儿童建设的本能,认为最好的办法是让儿童参加建设活动,儿童通过亲身体验,一方面能学会建设性的技能,另一方面知道珍惜劳动果实,不会随意破坏他人的成果。

5. 通过同伴交往培养公平的意识

罗素认为,儿童都具有自私的本能,因此教育者应该认清利己心与占有欲的性质,给予恰当的引导。罗素说:"我们应该努力将公平的意识注入儿童的思想与习惯中去。"但教育不能无视儿童的本性,绝不是采用各种手段使儿童作出自我牺牲,应该使儿童懂得:每个人都有权在世界上占有一定的位置,拥有一定的权利和财物,并有理由享有他自己的权利和财物,但是他不应该占据他人的位置和财物,要求不应该属于他的东西。罗素认为,如果一味地要求儿童自我牺牲,那么不是引起儿童的愤怒和反抗,就是导致儿童虚伪的利他行为。他还认为应该在儿童群体中进行公平的教育,因为只有在年龄相近和兴趣相似的儿童之间,才能进行真正的平等交流、相互理解和尊重,教育者要帮助儿童克服不当的利己心和占有欲,就要培养儿童的公平意识,不偏不倚地对待每个儿童。

罗素认为，儿童可以分为三类：年长儿童、同龄儿童、年幼儿童。年长儿童的作用是为年幼的儿童提供可以努力达到的目标,年长儿童的行为举止在年幼儿童面前十分自然,尚未完善,易于模仿。这个过程中,年长儿童乐意表现和教导,年幼儿童乐意服从,年幼儿童得到了教导,年长儿童学到了美德。但当儿童到了4岁以后,他的生活中就更需要同龄儿童,同龄儿童的重要性和作用也越来越突出。一个儿童在与同龄儿童的交往和共同活动中,最容易学会公平思想,养成合作精神。

6. 养成诚实的习惯

罗素认为儿童天生是诚实的,不诚实是后天形成的,而且是恐惧的结果。他说:"如果儿童是毫无恐惧地教育出来的,那他总会是诚实的。"培养儿童诚实的习惯,这是道德教育主要的目标之一,他认为,诚实不仅表现在语言上,更应该体现在思想上。教育者一方面要以身作则,尽可能诚实地回答儿童提出的一切问题,而不能对儿童撒谎。例如,罗素主张破除对性的迷信和禁忌,在性教育中遵守两条原则:第一,要永远真实地回答问题;第二,要像对待其他知识一样对待性知识。另一方面在儿童说谎时又不要一味责罚儿童,而要说服并讲明说谎的坏处,让孩子慢慢认识到诚实的合理性和必要性。如果儿童一说谎就给予严厉的处罚,那只能加深他的恐惧,从而加强他说谎的动机。

7. 爱心与同情心的引导

罗素认为,爱和知识是正确行为的两种主要因素,教育者应该以自己的爱心和同情心来培养儿童的爱心和同情心。他说:"我们不否认儿童需要成人作保护,但我们主张这种保护必须表示出爱心和帮助,而不是引起儿童的恐惧。"他认为给予儿童的爱应该是一种自然的纯真的本能的爱,而不是把儿童对爱的反应作为有意识追求的目的。他说:"没有任何方法可以强迫孩子产生同情和爱心;唯一可靠的办法是观察自然产生这两种情况的条件,然后努力创造这些条件。"他强调可以通过讲述历史故事使儿童认识到世界上的美与丑、善与恶,增加他们对苦难者的同情和理解,讲述故事要仔细选择材料,选择恰当的时机,使儿童产生对受难者的同情和对邪恶者的憎恨。

8. 有效的奖励和惩罚

罗素说:"没有赞扬和责备,进行教育是不可能的。"但是必须谨慎使用奖励和惩罚,避免把两个儿童的优缺点对比,运用惩罚必须少于奖励。对于理所当然地应该做的事情不应该奖励,惩罚不应该使受罚者感到有罪,而是使他感到正在错过别人享受的快乐,运用体罚一定要公平,认为严厉形式的体罚则会产生残忍与暴虐,因此他坚决反对体罚儿童。

9. 重视幼儿园教育的作用

罗素十分重视幼儿园的作用,认为儿童在家庭里接受教育,会因为没有同伴,使他渴望交往的本性得不到发展,形成孤独的心理,对其进入社会后进一步发展极为不利。为了使儿童养成良好的品格,就要尽量让学前儿童进入幼儿园接受教育,他预言幼儿园在儿童早期智力发展中的地位将越来越受到整个社会的重视。

10. 智力教育

儿童6岁以后,校方应把主要精力放在纯属智力的进步上,并借此促成所需品性的进一步发展。他把6岁到二十一二岁之间的教育分为3个时期,6—14岁是普通教育时期,这一时期所设的课程是每个人都要学的,不能分专业,主要课程有:读、写、绘画、唱歌、跳舞、手工活动、文学、外语、数学、科学、古典学科等;从14岁开始,对中等智商以上的学生实行分专业学习,学校教育的主要课程有3类:第一类是古典学科,第二类是数学和科学,第三类是现代人文科学;18岁以后,大部分人从事工作,少数特别有才能的人接受大学教育。

(四) 评价

在罗素教育思想中有可取的一面,也有不合理的一面。他批判地吸收了现代心理科学的研究成果,在学前儿童教育方面提出了许多颇有启发性的见解。他充分肯定教育在社会改造中的作用;重视人的个性自由发展;对传统教育的弊端进行猛烈的抨击;提出了自由教育的理论、原则、方法等,有其进步性,但他在论述问题时有走向另一极端的倾向,如:过分重视教育的作用,肯定个人价值的同时忽视了社会的价值等。

思考与练习

一、选择题

1. 活动性原则源自(　　)的"从做中学"。

A. 皮亚杰　　　　　　　B. 夸美纽斯　　　　C. 福禄培尔　　　　　D. 杜威

2. 教育者要在儿童发展的关键期,施以相应教育,这是因为人的发展具有(　　)。

A. 顺序性和阶段性　　　　　　　　B. 不均衡性

C. 稳定性和可变性　　　　　　　　D. 个别差异性

3. 美国华盛顿儿童博物馆的格言"我听见就忘记了,我看见就记住了,我做了就理解了",主要说明了在教育过程中应(　　)。

A. 尊重儿童的个性　　　　　　　　B. 培养幼儿积极的情感体验

C. 重视儿童学习的自律性　　　　　D. 重视儿童的主动操作

二、简答题

1. 简述蒙台梭利的儿童教育思想对我国幼儿教育有何影响。

2. 谈谈杜威的"做中学"思想对学前儿童教育的重大意义。

3. 评述罗素的自由教育思想和儿童教育观点对幼儿教育的实践意义。

4. 试述马卡连柯的集体教育和劳动教育思想及其影响。

第十二讲 现代中国的学前教育

本讲提要

辛亥革命的胜利,结束了两千多年的封建君主专制统治,建立了中华民国,成立了以孙中山为首的南京临时政府。孙中山非常重视教育,倡导教育平等,主张"凡为社会之人,无论贫贱,皆可入公共学校",并对教育进行了一系列改革,确定了蒙养园在学制中的地位。虽然袁世凯企图复辟帝制,影响了教育的发展,但是,大力提倡民主和科学、反对封建旧教育的五四新文化运动,在一定程度上推动了我国学前教育的发展。另外,这一时期,欧美等地的教育学说也迅速传入中国,并极大地影响了中国学前教育的发展,使当时中国的学前教育由学习日本经验,逐渐转向了借鉴欧美的教育学说与流派。同时,北洋政府颁布了"新学制",统一了幼稚园课程,使中国的学前教育逐渐走向了正轨,并得以迅猛发展。

革命根据地和解放区的学前教育(又称老解放区的学前教育),是指 1927 年土地革命至 1949 年中华人民共和国成立以前,包括土地革命战争、抗日战争和解放战争三个时期,在中国共产党领导的区域建立起来的学前教育,是结合根据地和解放区政治、经济、文化状况以及战争的客观环境建立和发展起来的。革命根据地和解放区建立了新的学前教育体制,摸索出一条新民主主义学前教育发展的道路,锻炼了幼儿教师队伍,为新中国成立后学前教育的改造和发展奠定了坚实的基础。

一、中华民国时期的学前教育

(一)学前教育制度的发展

1912 年南京临时政府教育部成立,由著名的民主教育家蔡元培任教育总长。他 1916 年 12 月任北京大学校长,主张采用西方教育制度,废止祀孔读经,实行男女同校等改革措施。支持新文化运动,提倡学术研究,主张"思想自由,兼容并包",实行教授治校。在他的大力倡导和支持下,对封建主义教育进行了全面改革,确立起我国资产阶级民主教育体制。这次全面改革,主要分以下几个方面。

建立新的教育行政机构。辛亥革命后,成立教育部,总管全国教育事务。教育部下设三司一厅,即专门司(下设大学科、专门科、留学科)、普通司(下设师范科、中学科、小学科、实业科)、社会司(下设图书博物科、通俗科)和总务厅(下设统计科、会计科、文书科、庶务科、编审处)。各省或为都督府的教育科,或为省公署的教育司,总理全省教育事务。具教育行政仍沿用 1915 年教育部颁布的《劝学所规程》所规定的"劝学所"制。直到 1917 年 9 月,颁布《教育厅暂时条例》,各省始建独立的教育厅,下设三科:第一科主管会计、庶务、文牍、统计等事务;第二科主管普通教育和社会教育;第三科主管专门教育和留学教育。

发布教育改革令。1912 年 1 月,教育部颁布《普通教育暂行办法》,规定"初等小学可以男女同校""小学读经科一律废止""中学校为普通教育,文、实不必分科""凡各种教科书,务合乎共和民国宗旨,清学部颁行之教科书,一律禁用"。但是,因文件下达之时,新学期即将开学,新的教科书来不及准备,所以,教育部只得于 2 月批准书业商会将旧存教科书修正后试用。新成立的中华书局编写的《中华新教科书》赶在春季开学前出版,包括中小学全套课本。

当年9月，商务印书馆按新学制出版了一套中小学教科书及教师用书，称为《新编共和国教科书》。其中，由庄俞等人编写的"国文教科书"，适合初等小学用的春秋季本共8册；适合高小用的春季本共6册；而由许国英编、蒋维乔校订《国文读本评注》的中学版共计6册；此外，另有供半日制学校使用的，共计6册。这些教材，因文字浅显，除儿童所见事物之外，颇合小学文化程度识记，使用年限最长，重印次数最多。

随后，教育部又先后颁布《普通教育暂行办法通令》《普通教育暂行办法之标准》《民国教育部官职令》等新法令，以代替旧的规章。

颁布新的教育宗旨。1912年2月到4月，蔡元培先后在《教育杂志》上发表《对于新教育之意见》的重要文章，他指出："忠君与共和政体不合，尊孔与信教自由相违。"同年7月，在他的主持下，教育部召开了临时教育会议，讨论通过了新的教育宗旨。同年9月，由教育部颁布实行"民国元年教育方针"，"注重道德教育，以实利教育、军国民教育辅之，更以美感教育完成其道德"。同年9月，教育部将其确定为新的教育宗旨。所谓"注重道德教育"，就是要以资产阶级自由、平等、博爱的思想教育下一代；"以实利教育、军国民教育辅之"，就是要根据儿童的实际能力，教给其有实用价值的知识，同时要把体育锻炼作为儿童强身健体的基础；"更以美感教育完成其道德"，就是用音乐、美术等来陶冶儿童的心灵，塑造良好的思想品德。这一教育宗旨体现了资产阶级的政治原则和教育观念，否定了清政府1906年公布的"忠君""尊孔""尚公""尚武""尚实"的旧教育宗旨，体现了注重儿童体、智、德、美和谐全面发展的理念。

制定学制系统。在1912年7月的临时教育会议上，拟定了一个《学制系统案》。同年9月，教育部公布了《学校系统令》，称为"壬子学制"。

自该学制公布至1913年8月，又陆续颁布了《小学校令》《中学校令》《师范教育令》《专门学校令》《大学令》《小学教则及课程表》《中学校令施行规则》《师范学校规程》《高等师范学校规程》《公私立专门学校规程》《大学规程》《实业学校令》等规程，用以补充《学校系统令》，逐步形成了一个较为完整的学制系统，即"壬子癸丑学制"。

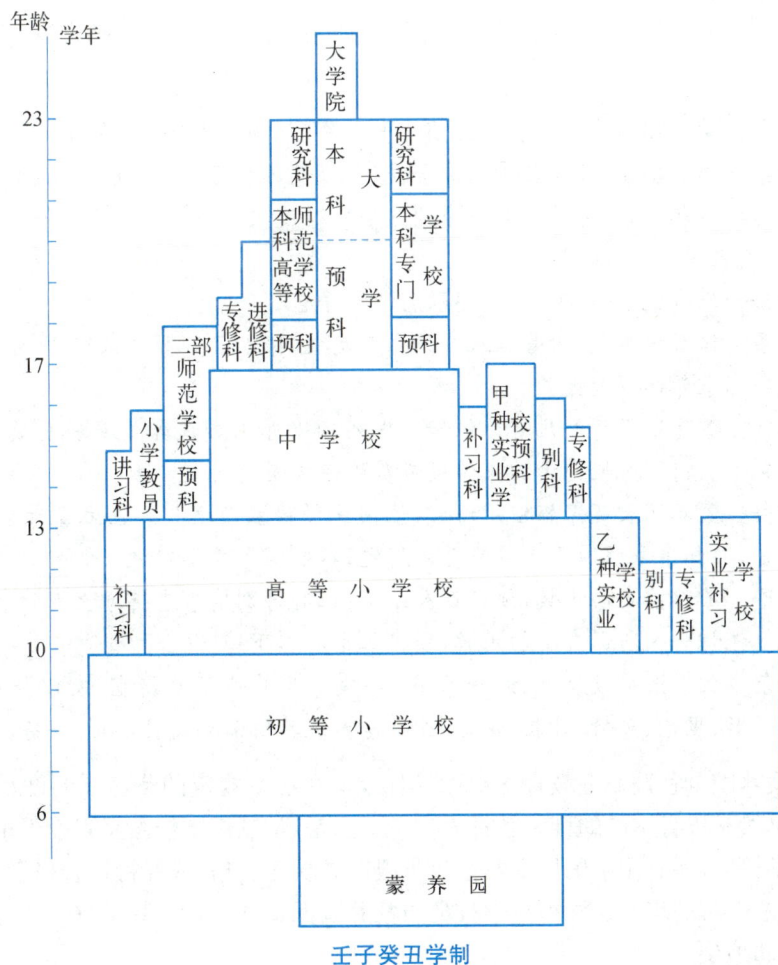

壬子癸丑学制

壬子癸丑学制规定初等小学校之下设蒙养园，师范教育分师范学校和本科高等师范学校二级，相当于中等和高等教育阶段。

改革学校课程。1912年2月，教育部颁布《教育部普通教育暂行办法通令》，对清朝颁行的教科书一律禁用，对于民间教科书也要勘定。同年，教育部又先后公布《小学校令》《中学校令》《审定教科用图书规程》《小学校教则及课程表》《中学校令施行规则》。1913年，教育部公布《中学校课程标准》，对学校课程进行了大胆改革。

在改革课程内容的同时，还进行了教学原则和方法的改革：强调教学要适应儿童身心发展的特点，要求凡所教授，必适合儿童身心发达程度。在教育方法上，认为学校的校长、教员，在不得已时，可以加儆戒于儿童，但不得用体罚；注意使教育与实际生活结合，以适应生活和生产的需要；要求所授知识技能，宜择生活上所必需者教授之。这次教育改革，可以说是教育体制改革上的一大飞跃。

1. 蒙养园制度的建立

南京临时政府在教育制度和学制上的改革，有力推动了学前教育的发展。

（1）壬子癸丑学制关于蒙养园的规定

壬子癸丑学制规定："儿童从6岁入学到二十三四岁大学毕业，整个学程为17年或18年，分三段四级。小学一段二级，中学大学各一段一级。初小一级，为义务教育，4年，毕业入高小三年或师范、实业学校。中学4年，毕业入大学预科或高等学校、高等实业学校、高等师范学校。大学本科3年或4年"。6岁以下儿童则进入蒙养园，但不计受教育年限。

（2）蒙养园制度的基本内容

壬子癸丑学制规定：将蒙养院改为蒙养园，招收未满6岁的儿童。同年，教育部公布的《师范学校令》和《师范学校规程》中规定"女子师范学院于附属小学校外应设蒙养园，女子高等师范学校于附属小学校外应设附属女子中学校，并设蒙养园"。它将蒙养园规定为其他教育机构上的附属机构纳入整个学制体系，不再附设于育婴院和敬节堂内，彰显了学前教育的地位。

1915年7月公布，先后于1916年和1920年修正的《〈国民学校令〉施行细则》第六章对蒙养园作了详细规定：

第七十二条　蒙养园保育三周岁至入国民学校年龄（满六周岁）之幼儿为目的。

第七十三条　保育幼儿，务令其身心健全发达，得良善之习惯，以辅助家庭教育。幼儿之保育，须与其身心发达之度相副，不得授以难解事项及令操过度之业务。幼儿之心情容止，宜常注意使之端正，并示以善良之事例，令其则效。

第七十四条　保育之项目，为游戏、唱歌、谈话、手艺。

第七十五条　保育之时数，由管理人或设立人定之，报经县知事之认可。

第七十六条　蒙养园得置园长。

第七十七条　蒙养园保育幼儿者为保姆。保姆须女子有国民学校正教员或助教员之资格，或经检定合格者充之。前项之检定由国民学校教员检定委员会行之。

第七十八条　蒙养园长及保姆任用惩戒，依国民学校教员之例。区立蒙养园长及保姆之俸额及其他给与诸费，县知事依照国民学校教员之规定，参酌地方情形定之。

第七十九条　蒙养园之幼儿数，须在百人以下；但有特别情事者得增至百六十人。

第八十条　保姆一人所保育之幼儿数，须在三十人以下。

第八十一条　蒙养园应设游戏园、保育室、游戏室及其他必要诸室，室以平屋为宜。恩物、绘画、游戏用具、乐器、黑板、桌椅、钟表、寒暑表、暖房器及其他必要器具，均须齐备。

与清末《奏定蒙养院章程及家庭教育法章程》相比，这个法令规定的蒙养园制度承袭了清末蒙养院制度的保育内容，仍然是以日本的幼稚园教育为参考。但是，学制规定蒙养园附设于小学和女子师范学校、女子高等师范学校内，保姆须由国民学校正教员或助教员之资格，或经检定合格者充之，提高了蒙养院的地位。女子师范学校的培养目标把小学教员与蒙养园保姆并列，保姆的俸禄也有具体说明，确立了保姆在师范教育中的地位。

（3）蒙养园制度的实施

① 蒙养园保姆培训

按照壬子癸丑学制的规定,蒙养园的教育者称为"保姆",保姆由师范学校培养。1912年公布,1916年修改的《师范教育令》规定:"专教女子之师范学校称'女子师范学校',以造就小学校教员及蒙养园保姆为目的""女子师范学校,并得附设保姆讲习所"。

我们将1912年12月公布、1916年1月修正的《师范学校规程》摘录如下:

师范学校规程(摘录)

(1912年12月公布、1916年1月修正)

第一章　教养学生之要旨

第一条　师范学校宜遵师范教育令之本旨,注意下列事项以教养学生。

一、健全之精神宿于健全之身体,故宜使学生谨于摄生,勤于体育。

二、陶冶情性、锻炼童志,为充任教员之要务,故宜使学生富于美感,勇于德行。

三、爱国家、尊法宪,为充任教员之要务,故宜使学生明建国之本原,践国民之职分。

四、独立博爱为充任教员者之要务,故宜使学生尊品格而重自治,爱人道而尚大公。

五、国民教育趋重实际,宜使学生明理之大势,察社会之情状,实事求是,为生利之人而勿为分利之人。

六、世界观与人生观为精神教育之奉,故宜使学生究心哲理而具高尚之志趣。

七、教授时常宜注意于教授法,务使学生于受业之际,悟施教之方。

八、教授上一切资料,务切于学生将来之实用,以克副高等小学校令暨国民学校令并其施行规则之旨趣。

九、为学之道,不宜专恃教授,务使学生锐意研究,养成自动之能力。

第三章　讲习科

第六十六条　蒙养园保姆讲习科,为欲任保姆者设之。

第六十七条　讲习科之规程,由省行政长官定之。

第四章　附属高等小学校与国民学校及附属蒙养园

第六十八条　师范学校应设附属高等小学校及国民学校。女子师范学校并应附属蒙养园。地方长官遇有特别情形,得以公立高等小学校及国民学校代附属高等小学校及国民学校,或以公立私立之蒙养园代附属蒙养园。

第七十二条　附属蒙养园的保育费由校长酌定。

女子师范学校遵循德、智、体、美和谐发展的教育方针,对小学教员和蒙养园保姆进行训练。《师范教育令》对女子师范学校课程也作了详细的规定。

预科(高小毕业或14岁以上同等学力者)主要开设的科目有:修身、读经、国文、习字、外国语、数学、图画、乐歌、体操、缝纫等。

本科一部(收预科本科生)开设的主要科目有:修身、读经、教育(心理、伦理、哲学、教授法、保育法、教育史、实习)、国文、习字、历史、地理、数学、博物、物理化学、法制经济、图画、手工、家事园艺、缝纫、乐歌、体操、外国语。

本科二部(中学毕业或17岁以上同等学力者)开设的主要科目有:修身、读经、教育、国文、数学、博物、物理化学、图画、手工、缝纫、乐歌、体操。

从女子师范学校的课程设置可以看出,现代自然科学与社会科学、教育理论科学等新知识的出现,对中国现代教育产生了积极的影响;对学前教育来说,重视幼儿教师专业理论的培养,提高了教师的教育水平。同时,由于改革的不彻底性和中国资产阶级的软弱性,以及北洋军阀政府的复辟,曾明令取消学校的读经科教学科目又被恢复,但较清末女子学堂,完全用儒家的为母之道训练学生,已有较大的改变。

② 蒙养园和幼稚师范的建立

壬子癸丑学制颁布后，全国各地陆续出现了一些蒙养园和保姆讲习所。据记载，这一时期出现的学前教育及培训机构主要有：1912 年由唐金玲在上海创办的"游沪广东幼儿园"；同年山东济南创设的"保姆养成所"；1913 年张謇在南通新育婴堂设立幼稚园传习所；同年，黑龙江私立奎垣中学附设蒙养园；1915 年北京女子师范学校设立保姆讲习所；1916 年杭州弘道女学设立幼稚师范科并附设幼稚园；1917 年江苏省第一女子师范学校开设保姆讲习所，第二年设附属蒙养园；1917 年，张雪门在浙江宁波创办星荫幼稚园，并于 1920 年创办幼稚师范学校；1918 年，湖州民德妇女职业学校附属幼儿园成立；1919 年陈嘉庚在福建厦门创办集美幼稚园；同年，熊希龄在北京创办香山慈幼院；1920 年，山西大同第一女子高小附设蒙养园；同年，山西省立师范附小设幼稚园。这些都说明民国初期学前教育在我国得到了一定的发展。

19 世纪末到 20 世纪 20 年代以前，我国学前教育课程的发展才刚刚开始，在课程宗旨、课程目标、课程内容和课程实施方法方面，具有一定的民族性，随着外国先进教育思想的引入，在学前教育课程领域出现一些新思维、新气象，一定程度上促进了我国学前教育课程的发展。但是，应该看到的是，在有的幼稚园也已经出现了不顾中国实际情况、照抄照搬外国幼儿教育课程的问题，特别是对日本的学前教育课程全盘照搬的现象最为严重。

2. 幼稚园制度的确定

"五四"时期的新文化运动，大力提倡政治民主和科学进步，反对为封建服务的旧传统、旧道德、旧礼教，并开始了马克思主义的传播。这一思想解放运动对教育的发展产生了深刻的影响，在教育领域内掀起了一个空前深入广泛的批判传统封建教育和宣传、介绍西方教育理论、教育学说与马克思主义基本教育观点的热潮，从而使各种教育思潮和教育运动得以产生和发展。这一时期，卢梭、斯宾塞、赫尔巴特、裴斯泰洛齐、福禄培尔、蒙台梭利、爱伦凯、杜威等人的教育思想被陆续引入，形成了平民教育、实业教育、科学教育和实用主义教育等思潮，其核心是教育救国，尊重与发展儿童的天性及才能。当时，对我国学前教育产生广泛影响的教育理论是实用主义和儿童中心论。儿童中心论反对传统的以教师、书本和课堂为中心，主张从儿童的本能、兴趣和需要出发，以儿童自身的活动为教育过程的中心，这些思想都推动了新学制的形成。

（1）新文化运动时期的教育改革

在五四新文化运动的推动下，教育领域出现了大的变革。1916 年 5 月，教育部撤销了袁世凯颁布的"教育要旨"，同年 10 月教育部制定"高等小学校令实施细则"，废除读经科，恢复了民国初期的教育宗旨。1917 年 10 月，全国教育会联合会第三届会议向教育部提出推广女子教育案，要求增设女子高等小学、女子中学。1920 年，北京大学首次招收女生，以后各个大学都开始招收女生，一些进步中学也开始招收女生，实行男女同校，逐渐改变了自古以来男女教育不平等的历史。

以白话文取代文言文是新文化运动中一大亮点。胡适、鲁迅等人为代表，大力提倡使用白话文，反对文言文。商务印书馆、中华书局出版的教科书中也开始使用白话文。1920 年，教育部规定从一二年级开始使用白话文教材，到 1922 年止，除语文课本中的文言文课文外，所有的文言文教科书停止使用。白话文的推行，使口语和书面语相一致，减轻了学习阅读和写作的负担。

推广国语是新文化运动中的另一大亮点。1917 年 10 月，全国教育联合会决议"请教育部速定国语标准，并设法将注音字母推行至各省区，以为将来小学改国语之预备"。1918 年，教育部公布注音字母。国语的推广，方便了全国各地人士的来往和交流。

新文化运动前后，各种教育团体开始建立，以调查教育实况、研究教育学术、力谋教育进行为宗旨，是当时推行新教育运动的主要力量之一。在这些教育社团和一批教育家的推动下，各级各类学校都进行了改革。如蔡元培改革北京大学，中小学加强科学教育与职业教育，引进了新的教育思想和教学方法等，改革成果很多都反映在 1922 年的学制改革中。

（2）壬戌学制确立了幼稚园制度

1920 年 10 月，全国教育会联合会第六次代表大会在江苏召开，会上提出了改革学制系统案。第二年 10 月，第七次代表大会在广州召开，把通过的《学制系统草案》向各省区教育会和各高等教育机关征询意见。1922 年 9 月，"北洋军阀政府"教育部通过《学制改革系统案》，11 月颁布《学校系统改革令》，又称"壬戌学制"或称"新学制"。

这个学制受美国实用主义教育思想影响，是根据"七项标准"制定的：① 适应社会进化之需要；② 发挥平民教育精神；③ 谋个性之发展；④ 注意国民经济力；⑤ 注意生活教育；⑥ 使教育易于普及；⑦ 留各地方伸缩余地。

新学制与癸卯学制、壬子癸丑学制不同，它结束了辛亥革命以后教育新旧交叉的混乱状态，反映了新文化运动以来教育改革成果，学制简明、科学，具有鲜明的特点和划时代的意义。

新学制首次将幼稚园纳入学校教育体系，规定：在小学下设幼稚园，收受 6 岁以下之儿童，改变了以前蒙养院和蒙养园在学制中没有独立地位的状况，确定了学前教育机构在学制系统中作为国民教育第一阶段的重要地位。

（二）幼稚园课程标准的公布

新学制虽然将幼稚园正式列入学校系统，但对幼稚园的师资培养、幼稚园教育的调查和实验研究、乡村幼稚园的推广、幼稚园课程和教材的审查及编辑等问题，还没有一个详细的办法和统一的标准。

1928 年 5 月，在南京召开的全国第一次教育会议上，陶行知和陈鹤琴提出了"注重幼稚教育案"（由陶行知五个提案和陈鹤琴的两个提案综合而成），其中一项是"审查编辑幼稚园课程及教材案"。会后，受大学院（后改为教育部）之聘，陈鹤琴、郑晓沧、张宗麟、葛鲤庭、甘梦丹、杨宝康等人，依据南京鼓楼幼稚园的课程实验成果、中央大学附属幼稚园以及晓庄乡村幼稚园的经验，负责起草《幼稚园课程暂行标准》，并通过《幼稚教育》月刊和各种教育杂志的《幼稚教育专号》进行交流研讨。1929 年 9 月，《幼稚园课程暂行标准》拟定完成，由教育部令各省市作为暂行标准试验推行，并于 1932 年 10 月由教育部正式公布，称《幼稚园课程标准》（1936 年又予以修正）。这是我国第一个自己制定的统一的幼稚园课程标准。

《幼稚园课程标准》分幼稚教育总目标、课程范围、教育方法要点三部分。

1. 幼稚教育总目标

幼稚园教育的总目标是将尊重儿童自身的快乐，竭力追求儿童身心健康和幸福及为人生发展奠基，并以增进幼稚儿童身心的健康、力谋幼稚儿童应有的幸福与快乐、培养人生基本的优良习惯（包括身体、行为等各方面的习惯）、协助家庭教养幼稚儿童，并谋家庭教育的改进四个方面作为最终目的，是中国学前教育的一大进步。

2. 课程范围

《幼稚园课程标准》规定幼稚园的课程包括音乐、故事和儿歌、游戏、社会和常识、工作、静息、餐点七项内容。在每一门课程里，都详细规定了授课目标、内容大要和所要达到的最低限度。

我们可以通过"故事和儿歌""社会和常识"两项课程大体了解幼稚园课程标准的目标和具体内容。

（1）故事和儿歌

① 目标

（甲）引起对于文学的兴趣。

（乙）发展想象。

（丙）启发思想。

（丁）练习说话、吟唱、增进发表能力。

（戊）发展对于故事的创作能力。

② 内容大要

（甲）以下各种故事的欣赏演习（如口述、表演、创作等）：

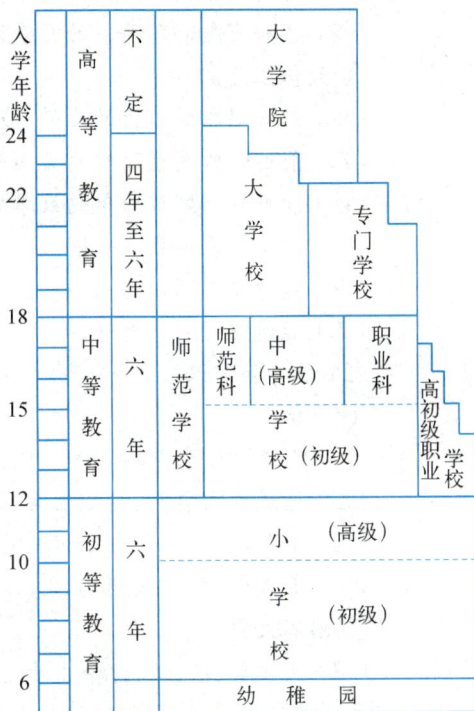

壬戌学制系统图

（本图左行之年龄表示各级学生入学之标准，但实施时仍以其智力与成绩或其他关系分别定之）

（子）童话；（丑）自然故事；（寅）历史故事；（卯）生活故事；（辰）爱国故事；（巳）民间传说；（午）笑话；（未）寓言。

（乙）各种故事画片的阅览。

（丙）各种有趣而不恶劣的儿童歌谣、谜语的欣赏、吟唱和表演。

③ 最低限度

（甲）能吟唱四则以上的儿歌、童谣和谜语，而字句很清晰。

（乙）能述说四则最简单的故事而意思很明了。

（丙）能创作一则最简单的故事而有明显的内容。

（丁）能参加表演故事一则。

（戊）能做简单明白的应对。

（己）能看图说图中大意。

（2）社会和常识

① 目标

（甲）引导对于自然环境和人民活动的观察和欣赏。

（乙）增进利用自然、满足生活、组织团体等的最初步的经验。

（丙）引导对于（人和自然环境的关系）的认识。

（丁）养成爱护自然物和卫生、乐群、互助、合作等的好习惯。

② 内容大要

（甲）关于食、衣、住、行等生活需要、卫生方法，以及家庭邻里、商铺、邮局、救火组织、公园、交通机关等社会组织的观察研究，与本地名胜古迹的游览。

（乙）日常礼仪的演习。

（丙）纪念日和节日（如元旦、国庆、总理诞辰日、五九、五卅、儿童节，以及其他节令）的研究举行。

（丁）集会的演习（以培养公正、仁爱、和平的态度精神为主）。

（戊）党旗、国旗、总理遗像……的认识。

（己）习见的鸟、兽、鱼、花草、树木和日、月、雨、雪、阴、晴、风、云等自然现象的认识和研究。

（庚）月日、星期和阴、晴、雨、雪等逐日气候的填记。

（辛）附近或本园内动植物的观察采集，并饲养或培植。

（壬）身体各部的认识和简易卫生规律（如不吃担上的糖果，不吃杂食，食前必洗手，食后必洗脸，不随地便溺，不随地吐痰，不吃手，不用手挖耳揉眼，早睡早起，爱清洁等）的实践。

（癸）健康和清洁的查察。

③ 最低限度

（甲）认识自己日常生活所用的主要食、衣、住、行等各项物品。

（乙）略知家庭、邻里、商铺、工场、农田以及地方公共机关的作用。

（丙）知道四肢、五官的机能作用。

（丁）认识家禽、家畜及五种以上植物，并太阳、风、雨的作用。

（戊）认识总理遗像、党旗、国旗。

（己）对于师长、家长有相当的礼貌。

（庚）有爱好清洁的习惯。

3. 教育方法要点

《幼稚园课程标准》共列了17条教育方法，主要内容是：

（1）各项活动在实施时，应该达成一片。做一日或两三日内作业的中心，一切活动都离不开这个中心的范围。

（2）儿童每天在园时间，全日约六小时，半日约三小时。各种活动不可采板的分节规定。

（3）各种作业，可由儿童各从所好，自由活动。

（4）故事、游戏、音乐和自然,大部分都可由教师引导,施行团体作业,工作则大部分由儿童个别活动,由教师个别指导。

（5）教师应该充分地准备,以免临时困难。

（6）教师须体察儿童的心理,切合儿童的经验。

（7）幼稚教育所用的是日常生活可接触至少可想象的实物、事实。

（8）幼稚园的设计教学,应从儿童的活动中发现设计的主题,应体察儿童的能力,将不能做的部分省去,设计的材料要以易达目的易达结果为最好。

（9）教师是儿童活动中的把舵者,要使儿童跟着他的趋向而进行。

（10）教师是最后的裁判者。

（11）教师应用奖励,以鼓励儿童对于某种作业的兴趣。

（12）技能应该用练习的方法,使儿童纯熟。

（13）园中的事务,凡儿童能做的,如扫地、拔草等,应充分的由儿童去做。

（14）每半年举行体格检查一次,每月举行身高体重检查一次。

（15）教师应做好观察记录,作为研究和施教的资料。

（16）教师应和家长尽力联络感情,宣传幼稚教育和家庭教育的方法。

（17）幼稚园除利用户外的自然和社会条件外,要利用废物、天然物和日用品。

教育方法要点特别注意儿童社会化和多方面能力的培养,提出要量力而行、因材施教,并采取奖励机制激发儿童的学习兴趣,使儿童能够健康、快乐地成长,并成为对国家和社会有用之人。

《幼稚园课程标准》是我国第一个由国家颁布的幼稚园课程标准,是由我国的教育专家和学者在总结自己实践基础上,吸收和借鉴西方学前教育思想与教育方法的结晶,建立起的符合我国实际与儿童身心发展需要的课程理论体系,结束了中国自清末以来幼儿园课程外国化、宗教化和非科学化的混乱局面,特别是运用团体、分组和个别的方式,组织开展教学活动的方法,无疑是历史的进步。而这一时期进行的各种试验活动是对幼稚园课程标准科学性的检验,有力地推动了《幼稚园课程标准》的修订。

（三）幼稚园的建立及幼稚园保教人员的培养

伴随幼稚园制度的确立,我国涌现出一大批公立、私立民办性质的幼稚园。据不完全统计,1934年,上海、南京、杭州、天津、北京、青岛、汉口等城市有幼稚园189所,其中公立61所,私立128所,在园儿童6 643人,教职员354人。绝大部分幼稚园设在小学或师范学校,并且发展很不平衡,多数在沿海大城市。

1929—1936 年全国幼稚园发展统计

学 年 度	幼稚园数	班 级 数	儿 童 数	保育期满儿童数	教职员数	经费数（元）
1929	829	1 585	31 967		1 580	379 954
1930	630	697	26 675	9 474	1 376	468 329
1931	829	1 318	36 770	12 122	1 839	610 451
1932	936	1 407	43 072	13 412	2 056	712 863
1933	1 097	1 449	47 512	15 909	2 219	828 280
1934	1 124	1 599	59 498	14 671	2 472	940 769
1935	1 225	1 666	68 657	14 490	2 443	1 076 225
1936	1 283	1 988	79 827		1 607	1 091 459

1. 幼稚园的建立

五四运动以后,特别是新学制颁行以来,我国的学前教育事业比初创时期又有了新的发展,在城市、乡村先后出现了一批影响较大的幼稚园。以陶行知、陈鹤琴等为代表,先后在南京等地创办了燕子矶、晓庄、和平门、新安、迈皋桥乡村幼稚园和具有实验性质的南京鼓楼幼稚园。另外,南京高师附属幼稚

杜威院

园、厦门集美幼稚园、北京香山慈幼院等也相继建立，幼稚园在数量及儿童入园率等方面也有了较大的发展。

（1）公立幼稚园

这一时期的公立幼稚园多附设于大学教育系（科）和师范学校的教学和科研的实习、实验基地等机构。南京高等师范附属小学下设的幼稚园、浙江大学教育系培育院就是这类幼稚园的代表。

① 南京高等师范附属小学下设的幼稚园

该园创建于 1919 年，园址在校内新建的杜威院内，招收 3—6 岁的幼儿。薛钟泰先生在《中华教育界》上发表文章，对南京高等师范附属小学下设的幼稚园的最初情况是这样描述的：

园里边的儿童共有十七个，男孩子十一个，女孩六个。最大的年龄是六岁，最小三岁。这些儿童多半是教员家的子女，园里有三个女教员、一主任、两助教，外有一女工。教室有三个：分别做作业室、音乐游戏室、运动室，均与小学低年级公用。作业室在楼上，音乐游戏室和运动室均在楼下……教室内的设备，有三样东西是每室都有的，就是风琴一架，和质轻易举的长方桌十余张，小椅二十余张。作业室与音乐室的一端更设有低橱数张，内藏教具和儿童图画手工的成绩，儿童可以自行启闭。其他三面的壁腰间均悬挂黑板，令儿童自由绘画，壁上张贴颜色的画图多张备儿童观览；橱上更挂有洒扫的器具，供儿童自己整理地板的用处。运动室设有楼梯形滑板，与其他种种游戏运动的器具和恩物。

由此可见，该幼稚园初期的状况较为简陋。该园在课目和时间的支配上，主张拿生活的全体做主，处处是作业，没有明显的科目区分；不过从每天的教授段落上看起来，可分四节：谈话、游戏、手工、音乐。虽然作了这样的区分，而实际教授起来是因时活动，并不是一定照这呆板的次序的。每天自上午八时三刻起上课，至十一时散学，午后无课。每节以分计算，大约每日上课一百三十五分，每周上课十三小时十五分。……作业的材料，多采取儿童经验界里关系最密切的东西：无论自然界方面社会方面的生活材料，多按时令的顺序进行安排。

由于该幼稚园的入学儿童多是教员家的子女或靠近学校人家的，所以不安排住宿，儿童和教师都是走读性质。在饮食上，要求儿童吃过早饭来上学，要吃中饭时又回去，所以，园里只在十点钟以后给他们一顿点心吃。吃的东西，一般是糖、饼干和茶。每儿约三四块。在卫生上，要求入园儿童的衣服务要干净；吃点心之后，大家都要拿手巾揩手。

该幼稚园比较注重与儿童家庭间的联络，每季都要举行几次恳亲会，和家长交流儿童在幼稚园和家庭的成长情况。因幼稚园是高师附小办的，带有模范和试验的性质，教学水平和质量较之其他幼稚园高，所以收费也相对高，每半年缴大洋二元。

② 浙江大学教育系培育院

浙江大学教育系培育院，成立于 1935 年，招收 4 岁半至 5 岁的幼儿 20 人，每半岁一个级段。每级段各有 4 名儿童，供儿童心理学、儿童训导与心理卫生、儿童心理专题研究等课程的观察、研究、实习用。

办院方针：一是儿童训导原则以心理卫生为基础，对儿童常态、变态行为的发展及个别儿童的特殊需要予以适当的多方控制；二是教育应以儿童身心之全部发展为对象，但儿童愈幼小，身体之发育健康愈为先决；三是培育院是学前教育机构，必须生活自由、愉快、家庭化、游戏化，尽量给儿童以自由活动的机会，寓指导于不觉之中。

为便于师生观察又不致使儿童因注意观察者而分散注意力，该院仿效美国耶鲁大学布置，使观察者从观察室隔着两层黑铁纱能看清活动室内的人物动作，从活动室看观察室则白纱一片，纱后人物，一无所见，观察者可在观察室内安坐记录。这种观察室不仅在当时是一种很有应用价值的创造，即便在当前也还是值得提倡和推广的。

该院着手开展了以下四个方面的研究工作。其一，观察：配合课程每周在观察室实察一小时。其二，训导实习：学生参与院中生活，帮助教师照料儿童。其三，专题研究：四年级学生开展有关专题研究在此收集材料。其四,个案研究。

除以上两个公立幼稚园外,比较有名的还有四川省立成都实验幼稚园。

四川省立成都实验幼稚园创办于1941年。办园的宗旨是在办好本园教育的基础上,还需担负辅导全省公私立幼稚园的责任。幼稚园招收2—6岁幼儿,按年龄长幼,分幼稚部、托儿部、婴儿部;开设唱游、说话、讨论、工作、静息、餐点六项课程;教材由教师根据课程标准,自行编选。到1946年,入园学生达350人,有教员48人,园舍15幢,是一规模较大的学前教育机构。四川省立成都实验幼稚园的保教人员由专人担任,并且规定必须住园,与儿童共同生活。教学方法以生活为中心,采用大单元的设计教学法。幼稚园建立的成绩考核、教师进修等制度在学前教育史上是一大创新。

(2)私立幼稚园

私人开办的幼稚园在园数、儿童数、教职员数等方面都明显多于公立的幼稚园,影响较大的有陈嘉庚的集美幼稚园、熊希龄的香山慈幼院、陈鹤琴的鼓楼幼稚园、陶行知的燕子矶幼稚园等。

① 厦门集美幼稚园

厦门集美幼稚园是1919年2月由爱国华侨陈嘉庚在自己的家乡集美兴办的,是一所独立设置的幼稚园,第二年并入集美学校,改称"集美学校附属幼稚园"。1927年,集美幼稚师范成立,集美幼稚园改为中心幼稚园,后为厦门市集美幼儿园。

创办人陈嘉庚先生1874年生于福建同安,早年去新加坡经商,后来成为精明强干的实业家和具有远见卓识的教育事业家。他认为"教育为立国之本,兴学乃国民天职"。1913年起,在家乡大力普及教育,创办集美小学堂、集美师范及水产、航海、商业等各级各类学校,以及图书馆、医院等,将家乡渔村建成规模宏大的学校区——集美学村。后又创建福建省第一所高等学府——厦门大学。为了办学,陈嘉庚将其在南洋所有的不动产全部捐给集美学校,作为永久基金,被人誉为"毁家兴学"。著名职业教育家黄炎培称赞他说:"发了财的人而肯全拿出来的,只有陈嘉庚一个人了。"毛主席称他为"华侨旗帜、民族光辉"。

集美幼稚园

陈嘉庚非常重视儿童的早期教育,认为教育应从基础抓起。他曾认真思考家庭教育、幼儿教育和社会教育的关系,认为三者应相因相袭、相辅相成、相得益彰。他对旧式家庭教育中威吓、利诱、神鬼、棍棒之教育深恶痛绝,指出儿童天真、纯洁、可爱、可塑性极强,"教以齐则齐,教以楚则楚",贻误即犯罪也,宜当呼吁热爱儿童,倡导儿童教养。他对儿童从小养成正确的姿势和良好的生活卫生习惯,提出18个方面的要求。

陈嘉庚独资建造的厦门集美幼稚园,是一所既具有西班牙建筑特色,又有我国民族风格的园舍,拥有"葆真楼""养正楼""煦春楼""群乐室"等楼屋。该园把幼稚教育当成立园之根本,教师为儿童的伴侣,教育应以儿童为中心,幼稚园应成为"儿童的乐园"。

建园之初,招收了幼儿一百余名,由陈淑华任主任,另聘两名教员。该园试行以年龄、智力为分级标准。教育内容除了故事、音乐、游戏、自然和社会、工作、餐点、静息外,还增加了识字与计算、家庭联络共九项。在课程实施上,有严格的教学要求,每月底由园主任、指导教师和幼稚师范生共同拟定教学计划,每周有园务会议,决定下周施教纲要,还要按计划收集教材、布置环境、检查设备。该幼稚园在设备、管理、教学、科学研究和实验方面在当时都是一流的。

② 北京香山慈幼院

北京香山慈幼院是一所官督民办的综合性教育机构,正式创建于1919年。其前身为"慈幼局",主要收容因水灾而遭难的孤儿、弃婴和父母无力抚养的儿童,局长是天主教徒英敛之,经费由督办水灾的款项开支。后因水利督办熊希龄不满英敛之对孩子宣传天主教,自己出面,借用北京名胜香山静宜园,将慈幼局迁至该处,改名为"香山慈幼院",有"孤苦儿童的幸福乐园"的美称。

熊希龄先生(1870—1937)是湖南凤凰人,中华民国初年曾出任财政部长、国务总理等职,晚年主要办教育和慈善事业,积极投身抗日救亡活动。曾于1909年在湖南常德创办蒙养院。1917年9月,他受命督办京畿一带水灾河工善后事宜,得知受灾区域留下许多无家可归的老人、儿童,于是在各县设留养所,又在北京设立慈幼局,收养儿童千余名。创建香山慈幼院后,他自任院长,但不拿工资。

同时,熊希龄先生本人特别喜欢孩子,对慈幼院的孩子充满了无限的爱,并给予最大的恩惠,正如他的一首诗里所写道:"万树桃花手自栽,庭中犹为看花来。儿童日与花俱长,各自拈花笑一回。"孩子的成长犹如小树、小花,如果你给他们提供了合适的土壤和充足的阳光,他们就可能成为参天大树,就可以开出美丽的花朵,到那时,就会因为一时付出的爱,结出了丰硕的成果而会心一笑,也会为国家培养出了合格人才而欣慰,国家也会因为有了合格的人才而逐步走向富强。

北京香山慈幼院分为五部分:第一校是婴儿教保园和幼稚园;第二校是小学;第三校最初是中等教育,包括男小、女中、男子师范、女子师范,后来男中停办,该校改为幼稚师范;第四校是各种为供小学手工艺训练的各种小作坊和小农场;第五校是职工学校。

学 校	机构名称	招 收 条 件	教 学 方 式	备 注
第一校	婴儿教保园	属于托儿所性质,招收4岁以下儿童,每班不超过30人	除照顾婴儿吃、睡、游戏,身体健康外,主要担负培训保姆的职责。采用边干边学、边学边教的办法,白天工作,晚上上课,学习一年期满,可做托儿所保育员,也可做家庭保姆	
	蒙养园(后称幼稚园)	主要招收5—6岁儿童	吸取了欧美的经验,分班教学,并配备专职教师,在生活管理、卫生保健都有严格的章法	
第二校	小学	由低年级升入	学生半天上课,半天从事各种手工艺的训练	允许走读
第三校	中学(后称"幼稚师范")	1930年在香山慈幼院开办。学生由慈幼院女中升入25人,城内招收5人。1931年迁至北京城内,称"北平幼稚师范学校"。从慈幼院女中升入的22人,在北京(当时称"北平")城内录取14人,连二年级旧生22人,共58人	主要训练培养幼稚园教师。开设课程有国文、英文、人生哲学、党义、家政学、教育史、心理学、教育学、儿童学、教育心理、儿童卫生、幼稚园教育概论、幼稚园组织法、幼稚园课程编制、幼稚园与小学低年级课程、小学教材研究、幼儿保育法、儿童文学、儿童游戏、手工、音乐、自然研究等20多门,每年安排有社会研究和实习,自由工作	学、杂、宿、膳、服装、书籍仍由慈幼院供给
第四校	小作坊和小农场	全院学生	学生们在此做手工艺训练、实习、制作玩具和教具	
第五校	职工学校	略	略	

香山慈幼院对中国学前教育影响非常大,当时有"北张南陈"之说,"北张"指负责香山慈幼院教学和管理,并进行大胆尝试的张雪门先生,"南陈"指创办南京鼓楼幼稚园的陈鹤琴先生。

香山慈幼院创建后,在以下几个方面进行了大胆探索。

第一,建立了相互衔接的分级学前教育机构。

香山慈幼院建立了从婴儿保教园到幼稚园、小学,再到中学的分级教育,相互衔接逐级递进升学,并辅以小作坊和小农场和职工学校,在当时来说是较为先进和科学的。

第二,建立了分级培训保教人员的机制。

设立婴儿教保园,负责培训保姆。熊希龄的大女儿熊芷是学幼稚教育的。为此,他在慈幼院开展了规模较大的婴幼儿童教养与保教人员训练的实验活动。培训保姆的办法是边干边学,边学边教。教保园所训练的保姆,多是一些寡居、被丈夫遗弃、离婚或大龄未婚女子,是一些生活、工作无出路者。在教保园学习一年,学习期间直接照顾孩子,白天工作,晚上上课,学习儿童卫生、儿童保育等知识,尤其是要细心照顾一两岁孩子的吃、睡、游戏、身体健康等。为了方便他们的学习、实践,教保园孩子数目控制在30人。一岁以内的孩子,每人住一个房间,由一名保姆专门照顾。学习期满,可做托儿所的保育员,也可到有钱人家做家庭保姆。在上海、济南、青岛等都曾有托儿所请过慈幼院训练的这些保育员。

设幼稚师范学校,专门训练培养幼稚园教师。1930年,幼稚师范学校创建于香山见心斋。这所学校直到抗日战争以前,由著名的幼儿教育专家张雪门主持,进行了一系列教学实验。

其一，规定三年学制，可分年结业。一年级以幼稚师范速成科为标准，二年级以幼稚师范科为标准。完成前者课程的可任幼稚园的教师或助教，完成后者的可任幼稚园的主任。待三年毕业以后，可兼任小学低年级及婴儿教保园的教师。

其二，课程设置相当完备。开设有国文、教育史、幼稚园组织法等20多门课程。

其三，重视社会实践活动。强调各学科都必须开展各种形式的实习，并将"教、学、做"贯穿于教学的整个过程。实习时间有具体的安排，第一年每周9学时，第二年每周15学时，第三年每周18学时。首先是幼稚园实习：全体学生分成六组，每组轮流到幼稚园实习。实习的形式多种多样，有参观、有试教。先参观、次参与，最后使实习生自己有支配的能力为止。参与从作业开始，渐至全部活动。1932年又建了一个中心幼稚园，专供幼师学生实习，并定期安排实习和社会实践。其次是家政实习：冬季敲煤生火，平时洒扫缝纫，都由学生自己进行。实习时需要完成两件事：烹饪——全校伙食，每人每月3元5角，举凡食物的支配、经费的预决算，以及购备烹调之责，都由学生负担；育儿——4岁小女孩，从作息时间的支配、衣食的调护，每月都有学生轮流负责。第三是自然实习：由慈幼院农场拨地两亩，种植玉米、菜、豆等植物，养护兔、蚕、鸡、猪等动物，还须种树育苗等，让学生充分体会。第四是儿童文学实习：学生须搜集整理和创作民间故事，并向幼稚生试教。第五是手工实习：按照幼稚园的需求，学习制作独木车、娃娃睡床、小木兔、小木狗等教具和玩具。第六是游戏实习：凡是幼稚园必需的游戏，学生每实习一次，即记录一次付印，作为该校丛书之一。

其四，在教学方法上大胆尝试。教学上采用道尔顿制[①]，但又较之灵活，可分班教学，尤其是重视学生室外的活动，重视实行"教学做"的方法。对学生进行知识、技能、兴趣、习惯和态度等五个方面的考核。

其五，强化为平民服务的意识。从1931年起，先后与求知学校、颂琴幼稚园、艺文幼稚园合办平民幼稚园，师资全部由幼师二年级学生担任，使更多的平民孩子得以入学接受正规教育，也为幼师生参加教育实践提供了重要平台。

其六，积极开展编译工作。该校注重幼稚教育书报的出版，慈幼院编制并出版了6种丛书，后因经费关系被迫中止。随后，他们与北平各报社联络，对中心幼稚园整理出的实际材料和当时讨论国内所需要的教育宗旨、具体方法以及日用材料的介绍等等分门别类地进行刊登，每周出周刊一次，以资流通。校长张雪门先生亲自编译了很多专业书，如《幼稚园学理与实施》《幼稚园研究集》《儿童文学讲义》《幼稚园组织法》《儿童心理之发展》《福禄培尔母亲游戏辑要》《蒙台梭利与其教育》《幼稚园唱歌》等。

其七，积极开展教具仿制生产工作。幼师大量仿制独轮车、娃娃床、小木兔、小木狗、小积木和各种放大的恩物等，为幼儿活动和教师教学提供了便利。

抗日战争时期北平沦陷后，幼稚师范学校迁到桂林，抗战胜利后因校址问题被迫结束。慈幼院的幼稚师范虽然采用了资产阶级幼稚教育理论，但是它前后培养了相当多的幼稚教师。而且，慈幼院不用帝国主义的津贴，完全由中国人主持经营，拥有相当规模，确实不易。它的婴幼儿童保育办法，对我们现在办幼儿园也有一定参考的价值。

③ 南京鼓楼幼稚园

1923年春，为了学前教育试验的需要，在东南大学教育科的资助下，陈鹤琴在自己家里开设了中国第一个幼儿教育实验中心——南京鼓楼幼稚园。陈鹤琴被推举为园长，同时聘请东南大学讲师美国人卢爱林女士为指导员、留美回国的甘梦丹女士为教师，当年入园儿童12人。1925年春，陈鹤琴发起组织，由东南大学11名教授组

南京鼓楼幼稚园

---

① 道尔顿制是一种彻底的适应个性的教学方法。此法是要废除班级授课制，指导每个学生各自学习不同的教材，以发展其个性。道尔顿制是美国柏克赫斯特女士于20世纪20年代创建的教学法。

成的董事会,进行募捐,在南京鼓楼地区购地3亩建园。同年东南大学派毕业生张宗麟为研究员,与陈鹤琴一道从事幼稚教育的实验研究。他们希望通过在鼓楼幼稚园的一系列实验研究,探索出适合中国国情又符合幼儿心理发展特点的中国化、科学化幼儿教育的规律。经过实验研究,到1927年他们总结出15条办幼稚教育的主张。

首先,他们确定了办园主旨:"试验中国化的幼稚教育,利用幼稚园以辅助家庭,并以试验所得最优良最经济之方法,供全国教育界之采用,根据儿童心理、教育原理与社会现状,确定我们的主张。"

其次,他们积极开展了形式多样的教学实验活动。

开展课程研究。开设了音乐、游戏、工作、常识、社会、故事、读法、数法等课程。要求"音乐"应以各种歌词的听唱表演及欣赏、奏演为主;"游戏"要注重个人,兼及团体,在富于游戏精神的环境中,加以适宜的指导;"工作"要在图画、手工、园艺、烹饪、洗涤等方面,每周训练儿童;"常识"要求每星期开展一两次野外教学;"社会"就是随时节风俗的变化,安排如日常礼仪之演习,社会上实事实物之观察及健康清洁的检查;"故事"要由儿童复述故事大意,表演情节等;"读法"要求为满4岁的儿童,开设包括单字短句、儿童歌谣、短篇故事的读法课;"数法"要求随机教学,多注意练习。

开展儿童用餐以及作息问题的研究。"餐点"要求:每天规定在上午十点半钟,进饼干一片,开水一杯,或由儿童自己烹饪适当的食品,养成儿童在饮食时应有的好习惯。"静息"要求:每天上下午,都规定静息的时间,或伏案而卧,或假寐片刻,或静听音乐等。

开展培养儿童良好的生活、学习习惯研究。提出儿童应自觉养成不用手指挖鼻子、嘴、耳朵等15项卫生习惯和准时到幼儿园、不扰乱他人的工作等30项生活习惯。培养习惯的方法,有时须全体训练,有时只要个别的指导。教师遇到偶发事项,就可随机应变,不过用的方法,是多用奖励,少用抑制。同时用图表来表示,使儿童互相比较,互相鼓励,如清洁表、划到表、习惯表等,教师逐项记录,在每学期终了,就可以做一种研究或统计,而每月的报告单上,须用符号注明儿童的习惯有否养成,也使家长了解,从而在家庭中帮助儿童养成良好的习惯。

开展练习儿童自助、游戏、作业等各项技能的研究。提出要培养儿童诸如"会戴帽子""会擤鼻涕"等12项生活技能,"会拉鸭子推兔子""会做团体游戏"(如猫捉老鼠、捉迷藏)等8项游戏技能,"会轮廓涂色""会布置小宝宝的家庭"等20项作业技能以及"会唱歌""会明白和运用算的经验上用到的名词和符号"等20项课业技能。以上所说的各种技能,大抵作为教学的一种目标,其中难易、深浅,须逐步进行,教师要在教学活动中详细记录并加以研究。

进行儿童一日生活的研究,并要求对于全天的活动安排,要看儿童的兴趣或者偶发的事项,随时进行调整。

对星期、月、学期阶段性的工作进行计划研究。

每星期:全体详细检查整洁3次。全体出游一次。表演。做点心及烹饪。习惯和技能的考查。更换教室里的布置,或装饰等。纪念周。晨间健康检查。矫治儿童身体健康的缺点。轮流到各家去探望。

每月:检查体格一次。发儿童生活报告单一次。家长会例会一次。

每学期:检查体格健康一次。种牛痘一次。举行展览会一两次。举行恳亲会、家属联欢会、同乐会、欢迎会等一两次。远足游行一次。发儿童成绩报告单一次。

南京鼓楼幼稚园的大量实验,取得了突破性成果:

第一,他们通过读法实验,不仅证明幼稚园可以进行读法(识字)教学,同时根据实验研究指出儿童学识字和学语言相似,读法教学必须采用游戏的方式,读法教学不能要求幼儿死记符号,而是必须适应幼儿的兴趣和需要,而且编订了一份254字的《幼儿读法字汇表》。

第二,通过对游戏设备的研究,极大地刺激了儿童,使儿童得到反应技能和特种适应技能,编制了幼稚园设备表和最低限度设备表,并自行设计、创制了一整套设备,为幼儿游戏和教学活动提供了方便。

第三,对儿童故事的研究。提出故事与儿童的情感有交流作用,离奇的情节能满足儿童的好奇心,能激起儿童的想象力,应充分利用故事作为教育手段,并创编、改编了许多故事。

第四,对课程的自由期、理论探讨以及中心制进行研究。第一个时期,因打破了对儿童的限制,教师只是从儿童兴趣和经验出发,布置环境,从旁指导,结果使课程无计划,教材无系统,儿童进步甚微。第二时期,教师事先编订好课程,也完成了计划,但忽视了儿童的兴趣,儿童处于被动地位,这种注入式的教育不合儿童特点。第三时期,课程内容以大自然、大社会为中心,组成一个个单元,通过常识、故事、音乐、游戏等进行教学,使课程既有整体性、计划性,又有灵活性。其探索的成果《单元教育课程》已成为我国主要的幼教课程模式之一,对课程的实验研究,成为 1932 年颁布的《幼稚园课程标准》的基础。

在南京鼓楼幼稚园实验研究的基础上,陈鹤琴与陶行知、张宗麟等发起组织幼稚教育研究会,陆续出版了《我们的主张》《儿童生活写真》《课程》《读法》《设备》《一年的幼稚园单元教学》《儿童故事》《儿童游戏》等一系列书籍。

1929 年,经南京市教育局批准,鼓楼幼稚园得到了少量补贴。到抗日战争全面爆发时,幼稚园遭到破坏,实验活动被迫停止,至 1945 年底开始重新恢复。1952 年 8 月,应陈鹤琴的要求,由南京教育局接办,改名为南京市鼓楼幼儿园。后为江苏省和南京市的示范性幼儿园。

南京鼓楼幼稚园对于研究和推广适合中国国情的幼儿教育作出了大胆的尝试,陈鹤琴关于幼儿园课程的一系列主张,如课程应为目标服务;课程应以自然和社会为中心;课程应实施"整个教学法";课程应当采用游戏式、暗示性、小团体式教学法等,不仅指引着鼓楼幼稚园的发展,而且对于中国的幼儿教育的理论与实践产生了深远的影响。

④ 南京燕子矶幼稚园

南京燕子矶幼稚园是由人民教育家陶行知先生于 1927 年 11 月 11 日创办的,陈鹤琴、张宗麟、徐世璧、王荆璞都担任过业务指导或教师。这是中国第一个乡村幼稚园,陶行知先生亲自书写了门联:"谁说非学校,就算非学校""彼且为婴儿,与之为婴儿"。

南京燕子矶幼稚园办学宗旨为建设中国的、省钱的、平民的幼稚园,使幼儿具有健康的体魄、劳动的身手、科学的头脑、艺术的兴趣、改造社会的精

南京燕子矶幼稚园

神,为将来成为新时代的创造者打好基础。该园结合农村实际,研究和实验如何办好农村幼稚园的具体办法,以便普及全国农村。

起初,南京燕子矶幼稚园相当简陋,随着幼稚园的发展,幼儿由 30 人增加到 40 人,教师 4 人,通过对幼儿实施健康教育、劳动教育、科学教育、艺术教育、集体教育,将社会生活、自然现象、家乡土产、风土人情都作为教材,积极开展乡村幼教实验活动。

南京燕子矶幼稚园乡村幼教实验活动主要有:

第一,草拟生活纲要。生活纲要分全年、每月、每周和当天 4 个部分。全年的部分又称为"幼稚生生活历",要求分节气、气候、动物、植物、农事、儿童玩耍、风俗、儿童卫生等 8 项进行编制,并以表格的形式来安排幼儿一年中活动的内容和程序。每月的部分,要求定期召开会议,专题研究下月应做的工作内容、工作方法和注意事项。每周的部分要求编制详细的周工作大纲,大纲里要对上周工作的情况进行考核总结,然后有针对性地确定本周工作计划和工作步骤,以及工作事先准备的事项。当天的部分,要求根据每月和每周的纲要以及儿童昨天提出来的感兴趣的问题,决定当天所要开展的活动,并在具体实施中及时调整,以充分调动儿童的学习积极性,取得良好的教学效果。

第二,寻找生活材料作为教具。要充分利用和寻找身边、自然界的生活材料,作为教具开展教学,如大豆、面粉、萝卜等土货特产;糖果袋、破布片、旧报纸、广告纸等废旧材料;松针、芦苇、棉花等植物和小鸡、鹅、蜜蜂等动物,都可以作为教具进行教学。同时,还可以收集儿童歌谣、儿童故事、儿童谜语等,编制成教材。

第三,开展"教学做"合一的生活教育法实验。在教学内容和管理上,做到多开展户外教学,根据农村儿童生长特性,结合幼儿周围的社会和自然环境,开展诸如"捕捉生物""做客""捞鱼"等户外教学,也可以结合发生的月食现象,讲解太阳、地球、月亮的关系等来调动孩子参加户外活动的积极性;注重读法教学,因为这些劳苦家儿童,到了七八岁就要废学了,要在家里带小弟妹、放牛、烧锅、砍柴,不可能完成小学教育,所以,就特别注意教小孩识字,让这些无机会上学的孩子多认点字;注重培养良好的生活和行

为习惯，要为每个儿童准备一条毛巾，并做了一面大镜子，教儿童自行检查清洁。

第四，注重艺友制的试验。何谓艺友制？陶行知指出："凡用朋友之道教人学做艺术或手艺便是艺友制。"艺友制是以"教学做合一"为原则的，即教师在做上教，学生在做上学，教师和学生做到"共教、共学、共做方为真正之艺友制，亦唯艺友制始能彻底实现教学做合一之原则"。1927 年秋，陶行知到各地学校参观、考察，看到南京燕子矶小学等学校采用这种制度，帮助其他新办的小学培养了一些合格的教师，深深感到师徒制也可以培养师资人才。1928 年 1 月 8 日，南京晓庄小学等 6 所学校开始联合招收艺友。他亲自为晓庄试验乡村师范学校设计了校旗。"旗的中心有一个小圆圈，里面有个'活'字代表所要培养之生活力。圈外有个等边三角，代表教学做三者合一。三角上有一个'心'放在当中，表示关心农民甘苦心意。左边有一支笔，右边有把锄头。三角之外有一个圆圈放射光芒，好比是太阳光。四面有一百个金色星布满全旗，代表一百万个学校，改造一百万个乡村，使个个乡村都得到光，合起来造成中华民国的伟大的光。"

南京燕子矶幼稚园乡村实验活动中，特别重视农事活动，开辟了小农场和小花园，让幼儿亲自动手，参与力所能及的劳动，从小培养孩子做学和生活能力。美国教育家克伯屈参观小农场后，十分称赏这种做法。1930 年，晓庄事变后，被迫停办。

⑤ 上海劳工幼儿团

为了彻底解决城市女工抚养教育孩子的后顾之忧，1934 年，在陶行知领导下，由其学生孙铭勋和戴自俺等人在上海沪西工厂区创办了上海劳工幼儿团。

上海劳工幼儿团是为女工子女创办的民办学前教育机构，其宗旨是为女工服务，对其子女（自断乳到 8 岁）实施教育。他们把幼儿园和托儿所打成了一片，彻底革除了传统贵族幼稚园与慈善托儿所的流弊，师资靠女青年会派员协助，经费靠募捐。设备因陋就简，孩子需要住宿者也可住宿，被褥、桌椅及一些玩具都本着勤俭原则，自制或请工人制作，园中玩具、风琴、儿童书画、卫生器具等一应俱全。教育的重点是卫生健康教育，教师经常带孩子到附近公园散步观察，以增长知识、开阔视野。该团存在的时间不长，创办不久即被迫解散，但在当时很有影响。

⑥ 上海大场农村托儿所

1947 年，在得到陈鹤琴及上海儿童福利促进会的赞助后，经国立幼稚师范专修科教授的策划，在上海市近郊大场开办大场农村托儿所。这是专门为农民子女开办的学前教育机构，也是国立幼稚师范专修科学生的实验基地。

陈鹤琴校长在大场农村托儿所

大场农村托儿所由陈鹤琴任董事长，李名英、诸葛梅任主持人，董事有袁昂、张文郁、杨明远等。大场农村托儿所共设两所，第一所在孟巷巷南，第二所在杜桥头。每所有教师 2 人，保姆 1 人。共招收 2—5 周岁的儿童 84 名。

大场农村托儿所开办的宗旨是为充实幼稚教育内容和扩展乡村托儿事业；协助农村妇女改良家庭教育，减轻农民负担，增加家庭教育，普及农民教育，提高农村文化。大场农村托儿所的教导原则是：儿童本位，做中教学，利用环境，创造环境。还为儿童制定了日常生活作息表，包括来所、早会及清洁检查、工作、营养、户外活动、静息、唱歌游戏、回家等。

⑦ 上海大同幼稚院

1930 年 3 月，由中国共产党地下组织领导的中国互济会（原名"中国济难会"）在上海法租界创办了上海大同幼稚院，国民党元老于右任先生为该院题写了院名。该院专门收容与抚育那些被捕入狱以至牺牲，或投身革命无暇抚育的革命人士的子女，负责人为董健吾。

1931 年冬，外界开始有人注意大同幼稚院，互济会负责人怕发生意外，影响革命后代，当机立断，于1932 年 1 月解散该院，并将孩子们安全转移。

大同幼稚院从筹办到解散虽只有两年，却收容并抚育了毛泽东、彭湃、恽代英、李立三等革命前辈的子女，是白色恐怖笼罩下的一只红色摇篮。

众多幼稚院的设立以及所开展的实验活动有其共同的特点,它们都以工农劳动子女为教育对象;办园都采用穷办法,自筹资金与设备,就地取材,勤俭办园,强调将孩子放在大自然大社会中去受教育,在实际生活中培养儿童的创造力,反映了实用主义的教育方法,采用单元教学,设计教学法,强调"儿童中心""做中学"的原则。这些有中国特色的幼儿教育机构在艰苦的条件下也注意学习外国的有用经验,正如陶行知先生所说的"我们一方面在这里干,我们一方面还吸收别人的经验,我们要把英国的、法国的、日本的、意大利的、美利坚的一切关于幼稚教育的经验都吸收进来,我们来截长补短冶成一炉,来造成一个'今日之幼稚园'!"可见,陶行知发起的乡村幼儿教育的实验活动,有力地促进了中国学前教育迅猛发展,也给中国学前教育带来了质的变化。

2. 幼稚园保教人员的培养

（1）幼稚师范的建立

新学制颁布后,学前教育的师资培训机构——幼稚师范学校开始出现,尤其是1928年全国教育会议后,培养幼稚师资的教育机构逐渐增多。这一时期培养幼教师资的机构有:1916年设立的北京女子高等师范学校保姆讲习所、1917年设立的江苏省立第一女子师范学校幼稚师范科、1927年设立的福建厦门集美幼稚师范学校、1930年设立的北平幼稚师范学校、1940年设立的江西省立幼稚师范学校、1943年设立的国立幼稚师范专科学校。这些学前师资培训机构为当时幼稚教育培养了一大批师资力量,谱写了我国学前教育的新篇章。

（2）幼稚师范课程及会考制度的颁定

1922年颁布的壬戌学制,受美国的影响,中等教育实行综合中学制度,师范学校虽然也有单独设立的,但很多都成为高中的一个科,削弱了师资的培养。幼稚师范就更不被重视,绝大部分都附设在师范学校或高中成其一科,称"幼稚师范科"。后来经过陶行知、陈鹤琴等大力呼吁,敦促政府重视学前教育,加强了幼教师资的培养。官办幼稚师范虽然发展缓慢,但在规范幼教师资培训方面则有所加强。

教育部于1933年4月公布、1935年7月修正了《师范学校规程》。

师范学校规程（摘录）

（1933年4月公布、1935年7月修正）

第一章 总 纲（17条）

······

第二条 师范学校为严格训练青年身心,养成小学健全师资之场所,依照师范学校法第一条之规定,以实施下列各项之训练:

（一）锻炼强健身体;

（二）陶冶道德品格;

（三）培养民族文化;

（四）充实科学知能;

（五）养成勤劳习惯;

（六）启发研究儿童教育之兴趣;

（七）培养终身服务教育之精神。

第三条 师范学校得附设特别师范科及幼稚师范科······

第四条 师范学校修业年限三年,幼稚师范科修业年限三年或二年。

······

第二十八条 三年制幼稚师范科之教学科目为公民体育及游戏、卫生、军事看护、国文、算学、历史、地理、生物、化学、物理、劳作、美术、音乐、伦理学、教育概论、儿童心理、幼稚园教材及教学法、保育法、幼稚园行政、教育测验及统计、及实习。

二年制幼稚师范科之教学科目为公民体育及游戏、卫生、国文,算学、历史、地理、生理、理化、劳作、美术、音乐、教育概论、儿童心理、幼稚园教材及教学法、体育法、幼稚园行政及实习。

第十章　入学转学休学复学退学及毕业

第七十八条　师范学校及幼稚师范科入学资格为初中毕业均须经入学试验及格。师范学校乡村师范学校幼稚师范科入学试验，均应免试外国语。

第十二章　服务

第九十二条　师范学校毕业生服务年限须照其修业年限加倍计算。

第九十三条　师范学校每届毕业生，应由省、市、县教育行政机关分配于各地方充任小学校或相当学校教员。

第九十五条　师范学校毕业生在规定服务期内，不得升学或从事教育以外之职务。违者除追缴学膳费外，如系升学仍由其升入之学校令其退学。

第十四章　附属小学及幼稚园

第一百二十一条　师范学校为便利学生实习及实验初等教育起见，应设附属小学并得附设幼稚园。

第一百二十三条　附属小学及幼稚园应设于师范学校附近。

第十五章　简易师范学校及简易师范科

第一百三十五条　简易师范学校及简易师范科学生毕业后，服务期满成绩优良，可入师范学校及幼稚师范科肄业，但仍须经入学试验及格。

从《师范学校规程》可以看出，一是对两年和三年制幼稚师范科教学科目都作了详细的规定。二是对学生的实习提出了具体的要求：实习应有参观、试习、试教三个阶段的内容，每项实习前后，须具预备、报告、讨论三种手续，每次 3 小时的实习时间。三是对学生每日上课时间和户外运动等事项作了规定：幼稚师范科学生每日上课自习及课外运动总时数规定为 10 小时，每星期以 60 小时计算；每日除上课时间外，以 1 小时为早操及课外运动时间，余为自习时间。学生自习及课外运动时间均须有教员督促指导。四是对幼稚师范科学生的入学、转学、复学、退学及毕业的办法都作了规定。五是对幼稚师范生实行了会考制度。会考由国家命题，会考的科目有公民、国文、算学、历史、地理、生物、物理、化学、教育概论、儿童心理、幼稚园教材及教学法、保育法。会考三科以上不及格，应留级；一或二科不及格，准其暂行工作，但不能有毕业证书，并要求参加补考通过后才能毕业并取得正式工作。

20 世纪二三十年代是我国学前教育课程第一个较大发展时期。研究者们比较全面地对课程进行了独立探索，形成了崭新的儿童观，建立了比较适合当时我国国情和儿童身心发展特点的课程模式——单元教学。特别是《幼稚园课程标准》的制定和颁布，幼稚园地位在学制中的确定，大大地促进了幼稚园和幼稚园课程的发展。当然，此期的幼稚园课程还存在着一些问题：教育目标不够全面，如未设美育目标，缺乏层次性；内容比较忽视各种知识的纵向系统性和逻辑性；课程模式单一，只产生了一种课程组织形式即单元教学，再加上教育部用法令的方式向全国推广，整齐划一的做法影响了课程的多样性发展。

（四）抗战胜利前后的民国学前教育

在中国人民抗日战争胜利前后的年代里，我国学前教育事业仍然缓慢地发展着。

1. 抗战时期的学前教育方针

抗日战争爆发后，为适应形势需要，1938 年 4 月，中国国民党临时全国代表大会制定了《战时各级教育实施方案纲要》，规定了九大方针，十七要点，并指出"幼稚教育，应使保育与教导并重，增加幼儿身心之健康，使其健全发育，并培养其人生基本的良好习惯。施教对象应推广及于贫苦儿童"。

2. 颁布《幼稚园规程》和《幼稚园设置办法》

为了加强对幼稚园的管理，1939 年 12 月，教育部颁布了我国学前教育史上又一部重要法规《幼稚园规程》，其所规定的教育目的同《幼稚园课程标准》。1943 年，教育部对《幼稚园规程》进行了修正，改称《幼稚园设置办法》，于同年 12 月颁布实施。《幼稚园设置办法》共三十二条，规定招收 4—6 岁儿童，必要时招收 3 岁以下儿童予以保育。同时规定幼稚园的儿童数以 120 人为限，具体编制应按儿童的年龄智力分组，视儿童多寡，合并或分别保育，但每一教员应保育的儿童数目不得超过 20 人。"课程应顺应儿童的个性,遵循其身心发展特点实施教育。"但是,由于当时的抗战环境,《幼稚园设置办法》几乎成为一纸空文。

3. 幼稚园的发展

抗战时期,我国很多地方的幼稚园被迫停办,从下表的统计数字可以清楚地看出,无论是幼稚园的数量还是入园幼儿数连年下降,战争结束后才有所回升。

1937—1947 年全国幼稚园发展统计

学 年 度	幼稚园数	班 级 数	儿 童 数	保育期满儿童数	教职员数	经费数(元)
1937	839	1 180	46 299	9 825	1 400	461 706
1938	857	1 157	41 324	8 301	1 491	416 253
1939	574	754	40 479	7 597	946	208 195
1940	302	791	28 517	8 395	973	248 901
1941	367	925	58 339	12 060	789	430 600
1942	592	1 398	51 749	14 305	1 014	1 108 841
1943	441	1 190	46 202	16 910	1 021	2 563 361
1944	428	1 527	50 491	20 193	1 393	4 745 442
1945	1 028	2 889	106 248	28 281	2 407	45 125 394
1946	1 263		112 792	41 504	2 805	
1947	1 302	3 367	130 213	54 225	2 502	

4. 幼稚师范教育的发展

为规范幼稚师范、幼稚园教员任用标准,严格师资水平,提高师范教育的程度,1946 年 11 月,教育部公布了《国民学校教员检定办法》,规定要担任幼稚师范科的教员,必须具备以下条件。其一,大学本科以上学历,即国内外师范学院或师范大学毕业者,国内外大学研究院研究期满得有硕士或博士学位者,国内外大学教育学院或其他各院系毕业曾学习教育学科二十学分以上有证明书者,国内外大学各院系高等师范本科或专科毕业后有一年以上教学经验者。其二,有相当的实际经验或研究成就,如国内外专科学校,专门学校本科毕业后有两年以上教学经验者,曾任师范或者同等学校教员五年以上,经主管教育行政机关考核认为成绩优良并有专门著作发表者,具有精练技术者(如劳作科教员)。其三,考试合格者。如以上两条件都不具备,便要参加儿童心理、保育法、教育测验与统计,幼稚园行政、幼稚园教材及教学法考试,检定合格者才可任教。幼稚师范科教员任用条件的规定,强调了幼稚师范科教师的素质和水平,比起传统意义上的训练保姆的水平已有本质差别。

按当时教育部的规定,小学及幼稚园教员的检定标准,交由省(市)制定。1946 年,教育部向全国各省推荐福建省对小学校长、教职员和幼稚园主任,教员的任用办法。

幼稚园主任的条件是:幼稚师范学校幼稚科毕业服务幼稚教育一年以上著有成绩者,具有下列各项资格之一——服务幼稚教育两年以上著有成绩者;师范学校各系科,旧制师范学校本科或高级中学师范科,特别师范科毕业者,乡村师范特科毕业服务国民教育一年以上著有成绩者,乡村师范本科,简易师范科或简易师范学校毕业服务国民学校二年以上著有成绩者。

幼稚园教员的任职条件:一是幼稚师范学校或幼稚师范科毕业者,二是经笔试、口试或实习各项检定合格者。笔试有公民、国语、算术、本国史地、教育概论、有关各科教材教法等,占 70%;口试或实习占 30%。一次检定合格期限为四年,三次以上拥有成绩及格证明书者发给长期合格证书。三是具有下列各项资格之一者,并曾任幼稚园教员一年以上之女子:师范学校各科系、旧制师范学校本科、高级中学师范科、特别师范科或乡村师范学校特科毕业者,高等师范学校、专科学校、师范专科学校或大学师范专修科毕业者,国内大学教育学院教育科系、师范大学或师范学院毕业者,体育师范学院毕业者,乡村师范学校本科、简易师范学校或简易师范科毕业者。

由此可以看出,幼稚园主任的任职特别注重教育的实践经验,幼稚园教员的任职必须要达到高级中学以上的文化程度,要有教育理论素养和幼稚教育的实践能力。这样训练、聘用、考核幼稚教育的管理员和教员,体现了国家对师范教育的高度重视。由于条件限制,《检定办法》要在城乡真正推行,具有相当大的困难。

5. 中国战时儿童保育会的成立

日本军国主义对我国的全面侵略,使许多幼稚园毁于炮火,幼稚园数量急剧下降,大量儿童在敌人的残暴进攻下流离失所。为抢救民族的后代,培育无家可归的难童健康成长,中国共产党明确提出了"重视保育事业,抚养革命后代"的学前教育方针。

战时中华全国戏剧界抗敌协会理事和中华全国文艺界协会理事安娥,为了保护战时失去亲人无家可归的孩子,她先后找"共产党的邓大姐、民主人士史良、国民党唐国桢"等,请她们做发起人,请宋美龄主持保育会,出任保育会的理事长,以更好地解决难童的教养和经济问题。同时积极同上海、南京、北平等地来到武汉的各界进步妇女人士座谈,商讨如何救助战火中受难儿童问题,促进保育会的建立。中国战时儿童保育会的发起人急剧增加到 184 人之多,从沈钧儒、郭沫若到李德全、郭秀仪等,各界爱国志士,成为保育会的中坚力量。

1938 年 3 月 10 日在武汉圣罗一女中举行了中国战时儿童保育会成立大会。大会由李德全任主席,安娥报告筹备经过,由宋美龄等致辞。会上确定了保育会宗旨:以挽救、收养战区难童,培养民族幼小主人为目的。推举李德全、郭秀仪、钟可托、安娥、唐国桢、吕晓道、于汝洲、朱涵珠、曹孟君 9 人为筹备委员并成立筹备办公室,积极开展具体工作,成立经济委员会、保育院计划委员会、运输工作委员会、宣传工作委员会、武汉临时保育所委员会、难民儿童服务委员会等,制定工作大纲,规划各省设立保育院、所的地区和数量等工作。

中国战时儿童保育会推选宋美龄为理事长,李德全为副理事长,邓颖超等为常务理事,在全国各省市、香港和南洋群岛设分会 20 多个,在各战区设立儿童保育院 53 所,如著名的延安第一、第二保育院,总共收容难童 3 万多名。由于正确的思想理论作指导,抗战期间的学前教育在艰苦的环境下得以维持,并为战后学前教育的发展奠定了基础。

战时儿童保育院对儿童进行爱国主义教育,培养他们追求真理,反抗侵略。特别注重劳作教育,培养儿童的劳动习惯,树立劳动创造世界的观念。在教育方法上,教育与劳动和实践相结合。总的来说,战时儿童保育院对挽救和教育难童、支援抗战作出了贡献。当然,由于特殊的战争环境,保育院和幼稚园的课程设置很不全面,也不细致,有的内容超出幼儿的接受水平,政治性较强。幼稚园课程的发展处于困难时期。

下图为日寇侵华之际,由国共两党妇女领袖宋美龄、邓颖超领导建立的中国战时儿童保育会中重庆地区的保育会就收养了 2 000 多名难童,这些孩子必学一门"功课",即躲避轰炸。

保育院的孩子们在练习躲避日机轰炸

日本发动的侵华战争,给中华民族带来巨大的灾难,也对中国学前教育事业产生了较大的影响,中国人民在战争中进行深入反省并不断改进,使得教育在中华民族存亡绝续时能够维持并有一定的发展,这些成绩应归功于抗战时期教育思想理论的正确引领。

二、共产党领导下的根据地和解放区的学前教育

(一)实施学前教育的必然性

革命根据地和解放区的经济、文化比较落后,但学前教育的发展却远远超过经济较发达的国民党统治区。这种状况是和中国共产党"重视保育事业,抚养革命后代"的学前教育方针分不开的。

1. 建立学前教育机构,为妇女参与革命生产活动服务

妇女广泛参与社会工作,需要有学前教育这样的机构来保育儿童。在中国共产党领导下,革命根据地和解放区实行男女平等。1922 年,中国共产党第二次全国代表大会发表宣言,明确指出:"废除一切束缚女子的法律,女子在政治上、经济上、社会上、教育上一律享受平等权利。"男女平等在老解放区得到了充分体现。一是妇女得到了土地。妇女同男子分得同等数量的土地,由妇女独立经营与支配。二是与男子同样享受劳动报酬,妇女参与社会生产,可以得到同男子一样多的报酬。三是与男子一样加入工会等组织,享受同样的权利,履行必要的义务。由于女工自身的特殊性,她们在生产、生活中都得到了特殊照顾。妇女要全身心地参与社会生活实践,就必须把她们从家庭中解放出来,把孩子组织到社会教育机构中去。

2. 保护妇女儿童权益,促进儿童发展

革命根据地人民政权建立以后,党和政府一贯关怀幼儿的成长。1930 年江西苏区兴国县总工会提出了要创办妇科院、育婴院、幼稚园等。1931 年湘鄂赣工农兵苏维埃第一次代表大会文化问题决议案提出,要注意学龄前儿童教育,注意看护小儿的教育。1932 年在湘鄂赣省苏维埃政府颁布的学制,把幼稚园列入普通学制的第一类,收 3—7 岁的儿童,为 3 岁以前的儿童设保育院。1933 年,全苏区教育大会上提出了要在苏区逐步建立一些能够养护、管理未达到入学年龄的儿童的学前教育机构,如幼稚园、托儿所等,以实现增进社会进步和妇女的彻底解放。

1934 年 2 月,苏区中央人民政府内务部颁布了学前教育的指导性、纲领性文件《托儿所组织条例》,规定:"使小孩子能够得到更好的教育和照顾,在集体的生活中养成共产儿童的生活习惯。""有选举权的人生下的小孩凡过 1 个月至 5 岁(须无传染病)都可以进托儿所。"同时对托儿所的规模、作息制度、环境设备、保教人员的编制标准、小儿的卫生和健康、管理等作了详细的规定。《托儿所组织条例》的颁布,为老解放区建立完善、规范的学前教育制度建设打下了良好的基础。

1938 年初,在武汉成立了中国战时儿童保育会,该组织是抗日民族统一战线下国共两党合作的产物。战时儿童保育会把教育与社会实践、生产劳动结合起来,把儿童培养成追求真理,手脑并用,自觉工作,反抗侵略的德、智、体全面发展的人才。同年 8 月,在延安成立了战时儿童保育会陕甘宁边区分会,以更好地保护、教育、培植新中国的嫩芽为目标。1939 年,陕甘宁边区把加强保育儿童的工作,注意儿童的健康使其健全发展列为政府工作报告。1941 年,林伯渠在边区政府工作报告中,把"实行儿童保育"列为中心工作,并且专门作了"关于保育儿童的决定"。决定要求,在边区民政厅设保育科,各县要添设保育科员 1 人,区乡政府内也要添设保育员 1 人,对于如何保护孕妇、产妇及其待遇、婴儿保育、托儿所的建立,保姆的待遇等等,都作了明确的规定。《陕甘宁边区政府关于保育儿童的决定》是继《托儿所组织条例》之后老区又一重要的学前教育法规文件,它对抗战时期和解放战争时期学前教育发展起了极大的推动作用。1946 年 12 月,为适应解放战争和土改工作的新形势,陕甘宁边区政府颁布了《战时教育方案》,号召"各级学校及一切社教组织,亦应立即动员起来,发挥教育上的有生力量,直接或间接地为自卫战争服务"。

3. 实行儿童公育制度

革命战争年代军政干部根本无暇顾及家庭和子女，只有实行儿童公育才能解除后顾之忧。根据地实行军事化的供给制，儿童公育能够提供儿童成长需要的经费和场地等条件，儿童公育是战时体制的特殊需要，带有浓重的战时共产主义色彩。

1934年2月，中央内务人民委员部颁布了《托儿所组织条例》，比较清晰、完整地表达了儿童公育的愿望。1941年，边区政府工作报告明确指出，要"实行儿童保育"。同时对孕妇、产妇、婴幼儿的保护、待遇等均作出详细规定，如男子不得与孕妇乳母提出离婚，各机关团体学校不得推卸怀孕或携有婴儿之女工作人员，对于带有婴儿及孕妇之女工作人员的工作效率不能要求过高，其工作时间每日只有4—6小时，且不妨碍其哺乳时间。孕妇产前休息一个月，产后休息一个半月，孕妇于生产时，发给生活费和营养费，产前产后酌发大米、白面。婴儿未满周岁，每儿每月均发保育费10元；满周岁的婴儿，领取半个成年人的伙食粮费，补发给保育费5元。婴儿衣被均按成人发给，每年发宽面布5丈，棉花3斤。周岁以上的儿童，其衣食按成年人发给，津贴每月2元等等。这些规定，在一定程度上确保了儿童公育的物质需要。1945年，边区保育工作规定：一方面，要建立公育制度，凡抗战将士及一切机关工作人员子弟，一概都由政府抚育，以便使家长们能专心致力于抗战的事业，更加提高他们的工作热忱和效率；另一方面，要全面推行保育工作，使这个工作真正能普遍地深入到民间去，为边区的儿童谋福利。这个文件更加具体地规定了孕妇、产妇、保姆、儿童的待遇，鼓励将儿童集中起来管理与教育，成立保育院、托儿所等，儿童公育制度更加明确起来。

随着形势的发展，至1945年，陕甘宁边区有托幼组织90多个，集中在保育院、托儿所、幼稚园中受公育的儿童有1180余名，分散在各个机关托儿的儿童有930名。享受公育的孩子，从出生至学龄期，他们的衣、食、住、教育等，均由政府供给。

（二）托幼机构的主要形式

抗日战争和解放战争时期，边区政府先后建立了多种形式的学前教育机构。

1. 寄宿制的托幼机构

寄宿制的托幼机构，一般由边区政府主办，主要招收前方战士和烈士的子女及后方干部的子女，如陕甘宁边区第一、二保育院及其托儿所等。陕甘宁边区第一保育院也称"延安第一保育院"，建在延安城北，全院分成乳儿部、婴儿部、幼稚部、小学部。全院教职员30名，女21名，男9名，来自全国各地，其中受过高等教育的3人、师范教育的19人、中学6人、艺专1人、小学1人。延安第一保育院师资力量雄厚，教学条件相对较好。

类似这种幼教机构，在各个解放区都曾建立，如1948年6月，在山东菏泽创办的冀鲁豫保育院。该院收2—7岁的儿童，共41人。太行地区各级政府，为增进儿童健康，减轻干部负担，提高工作效率，也设立了托儿所。例如在长治成立的太行行署托儿所，在邯郸设立的边区托儿所，收2—6岁的儿童。在这种托儿所，一切费用均由国家负担。

2. 日间托儿所

日间托儿所一般是由某一机关、工厂、学校、部队等单位自办的托幼机构，一般设在本单位，仅收本单位子女入托，孩子白天入托，晚上被接回家。当时的中央党校、中央组织部、延安鲁迅艺术学院、中国女子大学、被服厂、银行等，都办了日间托儿所。例如中国女子大学托儿所，仅收女大教职员及一部分学员的子女，每天母亲们上班时将孩子送到婴儿室，由保育员看管。

这种托儿所也有民办公助的形式，如党校三部托儿所，该托儿所成立于1945年10月，招收的孩子大小不一，6个月以内有17人，7个月至一岁半的有34人，一岁半至3岁的有39人，3岁以上的有29人。托儿所分大、中、小班。组织上只帮助解决几名公务员，其他所长、副所长、会计、班主任等由女同志自己推选。托儿所没有固定经费，没有独立预算，由党校给予一定补助，也向救济机关请求一点经费和医药品，既不增加公家和母亲们的负担，又丰富了孩子的营养。

3. 母亲变工托儿所、哺乳室

母亲变工托儿所、哺乳室是根据劳动妇女的需要，母亲们自己组织起来，轮流值班或请老人照看幼儿的一种幼教形式。特别像家属队托儿所或者农忙时临时成立的托儿所、哺乳室这种机构,在江西苏区很普遍,1934年兴国建立的227个托儿所,就是在春耕农忙时建立起来的,管理孩子的母亲专门养护孩子,她们的生产任务由送托孩子的母亲分担,以方便更多的妇女参加农业生产。例如晋绥机关托儿所,便是由母亲们实行了变工互助组织起来的,当时,因母亲参加工作,31个孩子无专人照管,经常闹病,导致这些母亲不能很好地工作。她们经过反复讨论,采用变工和民主推选的方法,解决保育员、所长、班长、教员、卫生员、伙食委员、会计等问题的同时,把孩子们的抚养费集中起来,再由母亲们补助一部分解决托儿所的经费问题。托儿所办起来以后,母亲们能够安心工作,孩子入所后,个个活泼健康,收到良好的保育效果。

4. 化整为零型的托儿所

化整为零型的托儿所,在晋、冀、鲁、豫根据地最多。它的特点是:当局势稳定时,孩子便集中,由托儿所或幼稚园培养,敌人扫荡时,托儿所化整为零,保教人员与孩子分散在老百姓家中,由群众掩护。例如山东托儿所,在敌情严重时,把孩子分成几个小组,分散在老百姓或干部家中,当作他们收养的孩子,或是说亲戚家中的孩子,以免敌人迫害。托儿所工作人员看望孩子,则化装成货郎卖货或亲戚走访。这些孩子在百姓家中,要交保育费和伙食费。在战争环境下,这类机构管理起来很困难,也有相当的危险性。

5. 小学附设幼稚班

小学附设幼稚班是为不满入学年龄儿童兴办的,一般属于半年至一年的学前教育。因为哥哥姐姐上学,就将他们带着上学校设的幼稚班,然后正式入小学一年级。陕甘宁边区绥德、米脂两地的小学就设有类似的幼稚班,如清涧城关完小,1945年附设幼稚班,增加了唱游时间,并利用图画游戏等方法进行教学,幼稚生很感兴趣,人数增到120名,深受孩子和家长的欢迎。

老解放区的幼儿教育机构,大部分属于公办的,也有民办公助,或者纯属劳动妇女自己组织的互助性质的;有寄宿的,有日间的,也有季节性质的。总之,老解放区学前教育机构的形式,因地制宜,灵活多样。不仅解放了成千上万的妇女干部和劳动妇女,使她们能够参加革命工作、生产或学习,而且使孩子们得到更好的养护和教育。同时,各种类型托幼机构的建立,还锻炼出一支坚强的、高素质的幼教干部队伍。

(三) 婴幼儿保教内容和方法

由于时局不稳,革命根据地和解放区的学前教育在内容、原则、方法上难有统一的要求和严格的规定。土地革命时期,《托儿所组织条例》指出:托儿所要使小孩子能够得到更好的教育与照顾,在集体的生活中养成共产儿童的生活习惯。抗日战争时期,幼儿教育的目的更加明确,如第一保育院提出教育的口号是要在各种课业陶冶中,增进幼儿的身心健康和快乐,培养优良的习惯,使他们成为抗战中优良的小国民。解放战争时期,幼儿教育的目的则更加具体,第一保育院提出培养幼儿的总方针是锻炼儿童革命的观点与作风,培养儿童活泼愉快的心情,锻炼健康坚实的体格,陶冶勇敢诚实的个性,增进儿童智力训练,手脑并用,使他们成为未来新中国健全的主人公。因此,保育儿童身体,培养良好习惯,发展儿童智力,便是老解放区各个时期所力求实行的学前保教内容和目标。

1. 婴幼儿保教内容

在革命根据地和解放区的幼教机构中,由于孩子的父母不在身边,幼教机构不仅要承担教育孩子的责任,更要以保育婴幼儿身体、培养婴幼儿良好习惯、发展婴幼儿智力为宗旨,即保育为主、教育为辅。

(1) 保育方面

保证婴幼儿的营养需要。在物资供应十分紧张的情况下,陕甘宁边区政府民政厅于1942年下达儿童保育费规定,如儿童由出生起至5岁止,均发奶费25元,6个月到一岁的儿童按每日小米4两,1—3岁的按小米8两,4—5岁的按小米12两等标准分发。规定孩子们的待遇高于一般工作人员和战士,他们享用和伤病员一样的供应量,保证儿童能有白面和肉吃,有鸡汤、牛奶或豆浆喝,保证儿童的营养需要。

保育院根据孩子不同情况,一是制定每星期的食谱。第一保育院就是按幼稚班、婴儿班、乳儿班及慢性消化不良的孩子等四种情况，制定出四种不同的食谱，如慢性消化不良的孩子，要食肝泥、白菜泥、稀米汤、干馍片、豆枣水、软蛋、挂面等，幼稚大班可食大葱炒豆腐、回锅肉、白菜、米饭、面条等。二是注意科学调剂食品。例如大米、小米、豆子等粮食可磨成粉，粮食经过加工后做成食品，比直接用原粮做好吃而且更有营养。保育院也经常调剂对蔬菜的供给，在冬季因为蔬菜供应困难，就事先购买和储藏，或者加工成豆芽菜、豆腐、酱油等各种花样的食品。根据儿童年龄、供给标准和当地的产物，由管理员、烹调人员、采购员、医生共同研究制定食谱、菜谱，并定期进行调换，确保了儿童营养的合理搭配。

实行严格的生活作息制度。保教机构制定了儿童生活、作息时间表，培养儿童形成良好的生活、行为习惯。儿童要按时起床、睡眠，定时吃饭、喝水，勤洗澡、勤换衣，定时学习、游戏，大小便有规律。同时，根据孩子的不同年龄阶段和季节，制定春秋季时间表，如夏季午睡增加一小时，睡眠时间推后一小时，起床早半小时，冬季起床要推后一小时。另外根据儿童年龄不同，有针对性地制定不同的规定，如对幼稚班7:00—7:30规定为早操时间，而这个时间幼儿班则规定为"户外活动"的时间，又如关于"按课程活动"一项，幼稚班比幼儿班上、下午各延长半小时，且幼儿班主要是唱歌、游戏的课程。这些都体现出保育院根据儿童的实际年龄和季节等合理安排生活作息，使孩子养成科学作息的良好习惯。

重视疾病防治。革命根据地和解放区一般地处边远地区，卫生条件很差，又极缺医少药，儿童发病率、死亡率都很高，所以在老解放区的托幼工作中，疾病的防治是一项十分艰巨的工作。

在防病治病上，采取预防为主的方针，治疗与护理结合，采取"早发现、早隔离、早治疗、早恢复"的措施，保护儿童健康。老解放区托儿所防病的主要做法是：

第一，按时检查体格。凡新入所儿童，必须经过体格检查，了解儿童的健康状况，并判断是否能够入所。儿童被允许入所后，每三个月全身检查一次，以便早期发现疾病。每日由保育员进行晨间卫生检查，身体局部检查每月一次，如眼、耳、鼻、皮肤、牙齿等，若发现儿童有特殊情况，立即采取措施。每次查检后，要对孩子的身高、体重、肠寄生虫、齿龈炎、沙眼等情况进行记录。

第二，隔离。对新收入所儿童，就是当时无病，也要经过两个星期的隔离，没有问题才可与其他儿童共同活动。儿童回家重返托儿所后，按新儿童入所办理，重新隔离。如发现有病或染上虱子、皮肤病，就要及时治疗处理，以防传染其他孩子。儿童生病期间必须隔离，最少3天。病儿由专门保育员照顾，并不得接触健康儿童。将孩子分成病者、可疑者、健康者三种情况分别看护。

第三，定期消毒。托儿所有严格的消毒制度，如规定所内工作人员外出回所后，先要洗脸、漱口、洗手，必要时还要换衣服，然后才可接近儿童。他们要求工作人员少去集市和其他公共场所。家长来看望儿童或参观的人员，要在指定的地方洗手、漱口、戴口罩、穿隔离衣。

第四，防疫注射。老解放区医药缺乏，各种疫苗很难得到，有时来了，但日期已晚。对儿童防病主要靠日常细致艰苦的工作。在边区儿童死亡率极高的环境下，集中抚育儿童，又无医药设备，就是靠保教人员对革命对孩子的高度责任心战胜疾病的。1943年冬，第一保育院半数以上的孩子患了百日咳，靠保教人员的精心护理，无一病儿死亡。

开展形式多样的体育活动。革命根据地和解放区的学前教育机构充分利用大自然环境，开展形式多样的体育锻炼活动，以增强儿童体质，如带儿童到山坡、河边、沙滩玩游戏等，锻炼身体，增强抵御疾病的能力。

（2）教育方面

革命根据地和解放区学前教育，实现保教并重。最初强调保重于教，随着环境的变化和工作经验的积累，教育内容逐渐丰富，并逐渐形成一套较为稳定的学前教育课程。革命根据地和解放区的学前教育机构注重对幼儿的保育、品德教育和智力教育，使幼儿获得全面发展。通过对儿童进行礼貌的训练、秩序的训练、独立生活能力的训练、为群众服务的训练，培养幼儿良好的行为习惯。

延安第一保育院，1939年以前采用的是不设课程的兴趣教育，教员和孩子一起玩，发现什么就谈什么，孩子想出什么，教员就讲什么。教育与训练无计划，无系统。1940年以后，确定常识、唱歌、游戏、故事、工作（折工、纸工、泥工、涂色）、自由画、体育、卫生、识数、识字、玩玩具、自由发表等科目课程。每节课时间少则10分钟，多则25分钟。例如要求2—6岁的儿童识别农作物60种、动物40种、颜色12种、形状12种；会单独表演唱歌，会发表心里的话，会讲简单的故事和担任指挥唱歌；能从1数到100，并能

延安第一保育院的教育

心算 3＋5＝8 这样的加法;识字 50 个,并会写自己的名字;对各种常识发生兴趣,并能简单地知道太阳、月亮、雨、雪等自然现象。

托儿所将整个儿童教育分为幼稚教育、生活教育、卫生教育三大类。按年龄大小分幼稚大班(5—6岁)、幼稚二班(4—5岁)、幼儿大班(3—4岁)、幼儿二班(2—3岁)四个班,并分别安排课程。例如幼稚大班的课程项目有看图识字、数数目、图画、劳作、游戏、跳舞、故事、体操、自由活动、选举模范、卫生检查、洗澡等项。而最小的幼儿二班便只有卫生检查、表演唱歌、游戏、学讲话或识物、自由玩几项,并且自由玩课程所占的比重很大。

边区政府主张对儿童进行劳动教育与训练,要求积极组织儿童参加力所能及的劳动,如幼儿园大班的孩子,要自己穿衣、叠被、扫地等。幼儿园还给孩子们开辟一块小农场,叫他们学播种、浇水、拔草、收获等,通过开展形式多样劳动教育与训练,让他们知道爱护庄稼,能浇水、拔草等,会搬椅子、提壶打水、拾洋芋、摘西红柿、拔萝卜等生产劳动;会用剪刀剪纸、剪指甲、用手揉泥、折纸等。

2. 婴幼儿教育的原则、方法

（1）婴幼儿教育的原则

"一切为革命,一切为儿童"的原则。保教人员以高度的革命责任心,尽心尽力地抚育着孩子们,自觉地承担着老师兼妈妈的双重任务,以慈母般的心肠抚育着孩子们。延安第二保育院,为了减少烈士及在前方作战人员的子女对亲人的想念,弥补缺少的母爱,创造了"接孩子"的制度,即由本院保育员代替孩子的妈妈,在星期天把那些没有人看望的孩子接回自己家中,使这些孩子享受"母爱"的幸福。

站在儿童的立场上教育儿童的原则。要求"教育儿童要站在儿童立场。若你肯定儿童是独立的儿童,那么你也得肯定他们有独特的要求和独特的小园地;要发现他们的要求与生活在他们的园地中,才能有方法帮助儿童发展,指导他们前进。因此要有儿童的感情,以及善于站在儿童立场去观察儿童对事物的反应与生活态度。这是一个幼稚教育者必须要有的条件"。本着这个精神,老解放区幼教人员,认真开展对儿童心理的研究,研究儿童感觉、知觉、意志、想象等心理特点,并且把儿童心理学作为培训保教人员的重要内容。在极其艰苦的环境下,尽量满足孩子的特殊要求和爱好,保证他们游戏与娱乐,因材施教。

坚持正面教育,适当运用批评的原则。不少托儿所的孩子们经常进行民主讨论,推选出模范儿童,报告好儿童的事迹,给他们戴上一个写着"模范儿童"的红布条,以鼓励这些孩子。他们坚持表扬为主,批评要适度,禁止体罚,引导孩子争做好儿童。

幼儿园教育与家庭教育相结合的原则。保教人员要经常与家长保持联系,向家长宣传正确教育儿童的方法,向家长了解儿童家庭生活史,以便有针对性地对儿童进行教育。邀请家长参观托儿所、幼稚园,组织母亲会或用其他方式使家长与托幼单位接触,使他们了解教育儿童的方针,观察孩子在幼儿园的情况。

延安第一保育院曾总结了健康第一、真爱儿童、尊重儿童、学着做事、分辨是非、反对威迫、积极鼓励、诱导启发、贯彻一致和保教合一十条教养原则,这十大原则至今仍不失其意义。

（2）婴幼儿教育的教学方法

根据地和解放区的教育工作者在长期探索的基础上,逐渐摸索出按年龄分班、采用单元教学、直观教学法、比较教学法以及故事化、游戏化和教学歌曲化三化结合等教学组织法。实践证明,这些办法比较适合儿童特点,有利于克服成人化和小学化,提高了幼儿的学习兴趣,提高了儿童学习效率。这些方法归纳起来主要有以下四种:

直观教学法——这种教学法是以实际事物教育儿童,使儿童获得明确观念的一种教学方法。例如中心教材为"兔子",即可让儿童仔细观察兔子的形态,当儿童注意观察兔子时,教师把握时间并简单地指出兔子的特征,如大耳朵、短尾巴和三瓣嘴等,使儿童对兔子的形态获得明确的了解。

比较教学法——这种教学方法能使儿童对所学的东西,认识得更加正确,印象更加深刻,记忆得更加持久,如中心活动为"鸭子",就可以用鸡和鸭子来作比较。凡是总结相似的事物,最好采取这种方法。

"三化"教学法——教学故事化、教学游戏化和教学歌曲化。保育院利用故事、歌曲和游戏的形式对儿童进行教育,将教育寓于孩子的娱乐之中。故事是适合儿童学习心理的,该园根据教学单元,通过讲故事形式进行教育，激发儿童的情感，引起学习的兴趣。采取游戏方式，教育孩子认字。例如把全班儿童分为两组，教师拿出写好的卡片，给小朋友们看，哪一个组的小朋友读出卡片上面的字，就把卡片给哪一个组，哪一组的卡片多，哪一组就是胜利者。歌曲可以陶冶儿童的性情，调剂儿童的生活，为此将教育内容编为歌曲进行教育，把教育孩子的生活常识放在歌词中去。例如为人民服务歌为"吃的人民的米，穿的人民的衣，努力为人民做好事，才不负人民的意"，再如"保育院、我的家……小兄弟、小姐妹，一同玩、一同耍，不骂人、不打架，相亲相爱如一家"。实践证明，这种方法十分符合儿童的身心发展特点，能够收到良好的教学效果。

单元教学法——这种教学法是老解放区的保教人员在吸收国内外学前教育工作者的经验，并且结合老区的实际使用的教学方法。例如延安完小幼稚园，在延安大学教育系张宗麟的帮助下，采用单元教学法，教室布置也作了改变，教学内容也注意贴近实际，取得了良好的教育效果。

智力测验与心理测验的尝试。延安第一保育院曾认真做过儿童的智力测验与心理测验，积累了不少儿童心理、生理发展的宝贵资料。将不同年龄儿童心理发育情况的观察实验分为：健康状况、智力测验、心理测验、生活能力、个性习惯等几项。例如对 6 岁左右儿童智力发展方面的统计情况是：能唱儿歌20 首以上的占 59％，能唱儿歌 10 首以上的占 100％，在众人面前能完全发表自己意见的占 78％，能自由画 5 种东西以上的占 86％，能从 1 数到 200 的占 100％，能做一种以上游戏的占 79％，能认自己名字的占 96％，听课能接受 80％以上的占 83％等。

根据地和解放区的学前教育不仅有明确而具体的教育目标，而且有适合孩子年龄特点的教育内容、方法和比较稳定的课程科目。坚持为革命战争和生产建设服务的方向，贯彻依靠群众和勤俭办所的原则，实施"保教结合"、促进儿童全面发展的教育及建立了一支"一切为了孩子"的保教队伍。老解放区的学前教育机构不仅培养了孩子健康的体魄，启迪了他们的聪明智慧，而且在孩子幼小的心灵里撒下了纯真的革命种子，为他们身心健全发展打下了良好的基础。

（3）教材编写

边区的学前教材缺乏，来源困难，参考书也很少，唱歌、游戏、故事、儿歌、剪贴、观察等教材全靠保教人员自力更生、亲自动手编写。

第一保育院根据孩子们自发的各种活动，儿童的自然环境和社会环境，编出了 24 个中心活动，即单元教材。例如 1946 年上半年，儿童常识教育中心内容曾进行的中心单元教学主要有：新年、春来了、敬爱师长、手的用处、羊、儿童节、苍蝇和传染病、蜂和蚁、蜘蛛、奇怪的天空、飞机来了等。到 1948 年时共编写了 30 个单元教学的题目。这些单元教学的内容上依据学龄前儿童的特点，其中属于生活常识方面的所占比例最大，其次是自然常识，再次是一般科学知识。每个单元的教学内容和进度，对不同年龄儿童有不同要求，每个单元大致进行两三个星期。单元教学加深了儿童对所学知识的印象和记忆。

（四）保教队伍的建设

革命根据地和解放区的学前教育把"一切为了孩子"作为工作的出发点和落脚点，积极培养和造就了一批党性觉悟高、专业技能强、甘于和勇于奉献的保教队伍。

1. 从提高素质入手，全力培训保教人员。

革命根据地和解放区的保育员，主要都是些农村妇女，她们绝大多数是文盲，如延安第一保育院，30名保教人员只有三四名是知识分子，其余都来自农村。她们不仅文化水平低，而且都不愿意做保育工作，不了解保育工作在学前教育工作中的重要性。因此，全面提高保育人员的思想认识，着力培养保教人员的专业技术素质成为重要工作之一。

（1）积极学习，不断提高保教人员的思想认识。为了使她们充分认识学前教育工作的重要性，激发工作热情和积极性，安心和服务于保育工作，专门邀请党、政、军领导人定期给保育员作报告。像邓颖超、蔡畅等同志都亲临保育院、托儿所等学前教育机构讲课或做报告，鼓励她们安心保育工作，尽职尽责地把孩子管好。毛主席、周恩来、朱德、彭德怀、贺龙、林伯渠等党和国家领导人都曾亲自过问托儿所、保育院的工作，积极解决她们工作中遇到的困难和问题，努力解除她们的后顾之忧，提高了她们的思想认识，激发了她们爱岗敬业的工作积极性。

（2）以"扫盲"工作为重点,努力提高保教人员的文化水平。提高文化水平是老解放区保教队伍建设的一项重要任务。为了"扫盲",他们有计划地开展看图识字、读课本、学造句、写日记等活动。要求不识字的保教人员,经过一年的学习,必须学会最基础的常用字,要能写信、写日记、读解放区的《解放日报》和《群众日报》。

（3）以儿童心理、儿童卫生学为抓手,积极开展学前教育专业技术培训。尽管老解放区条件差,为加强专业技术教育,对保育员进行儿童心理、儿童卫生等专业知识的教育还是必不可少的。培训的主要内容包括:儿童生活管理、一般的卫生常识、急救法、营养学、护病技术、妇婴卫生等。

培训和提高保教人员的方法是多种多样的。当时并没有设立专门培养幼稚师资的学校,由卫生部门或保育委员会兴办的保育训练班比较正规。1941年边区民政厅曾办为期一年的保育训练班,主要教授医药卫生课、接生保育课、文化课、政治课等;也有各地方或单位自行组织为期两三个星期的脱产训练班;绝大部分保教人员是在岗位上边学边做边提高的。

2. 明确责任,建立健全相关制度

革命根据地和解放区学前教育机构逐渐建立了科学的管理制度。在保教工作制度中规定:保育员的责任主要是从儿童生活管理上保证儿童的健康,防止疾病,了解儿童健康、生活、智力的发展;幼稚教师的任务主要是从教育中养成儿童生活的良好习惯,开发其心智,采取适当方法教育儿童;医生与护理员的任务是设法为儿童积极防病、治病,经常向保教人员提供预防疾病的方法,关心儿童饮食、卫生等。保育员、幼稚教师和医护人员要互相配合,实行"保教卫合一"。

托儿所、保育院都有严格的干部分工和明确的职责规定,如中共中央党校三部托儿所,是半托的民办公助的机构,它却建立了严密的组织系统,规定了正所长、副所长、会计、正班主任、副班主任及教员、班长、保育员的不同职责,对托儿所内的各种制度,如会议制度、儿童健康登记制度,也作出了明确的规定,不得违反。

3. 想方设法,为保教工作创造条件

总之,革命老区学前教育积累了许多宝贵经验:第一,坚持为革命战争和生产建设服务的方向,这一服务方向主要是通过解放妇女、解除父母的后顾之忧来实现的;第二,贯彻依靠群众和勤俭办学的原则,人民对学前教育的支持主要包括房屋、玩具设备、事务、医疗、人力、师资、掩护等多种不同的方式;第三,实施"保教结合"促进儿童全面发展的教育;第四,建立了一支"一切为了孩子"的保教队伍。

思考与练习

一、填空

1. 按照"壬子癸丑"学制的规定,学前教育机构的名称为_____。

2. _____学制确立了学前教育机构在学制系统中作为国民教育第一阶段的地位。

3. 近现代外国人在中国办的学前教育机构大致可分为两种,一种是_____式的,一种是教会或欧美式的。

4. _____是我国第一个由国家颁布的幼稚园课程标准。

二、选择题

1. 老解放区颁布的第一部学前儿童教育的指导性、纲领性文件是（　　）。

A.《托儿所组织条例》

B.《陕甘宁边区政府关于保育儿童的决定》

C.《关于托儿所、幼儿园几个问题的联合通知》

D.《关于组织幼儿教育工作者收集和总结经验的通知》

2. 保教结合原则是我国学前教育中所特有的一条原则,可以说具有很强的中国特色。这一原则最早来源于（　　）。

A. "五四"时期的幼儿教育　　　　　B. 老解放区的幼儿教育

C. 解放初期的幼儿教育　　　　　　D. 改革开放以后的幼儿教育

3. 下列不属于老解放区学前教育的保教内容和目的是( )。

A. 保育儿童身体

B. 发展儿童智力

C. 培养儿童技能

D. 培养儿童良好习惯

三、简答题

1. 五四运动以后,特别是新学制颁行以来我国主要的幼稚园有哪些?

2. 评述民国时期我国幼稚师范教育的发展。

3. 阐述20世纪二三十年代我国幼稚园实践活动的现实意义。

4. 革命根据地和解放区托幼机构的主要形式有哪些,有什么特点?

5. 革命根据地和解放区婴幼儿保教工作有哪些特点,有何现实意义?

第十三讲　现代中国教育家的学前教育思想与实践

![本讲提要]

  民国时期,涌现出像蔡元培、陶行知、张雪门、陈鹤琴、张宗麟等一大批教育思想家,他们关于学前教育的思想和一系列实践,不仅继承了中国学前教育思想的精华,而且开创了我国乡村学前教育的先河,极大地丰富了我国学前教育思想的内容,进一步推动了我国学前教育的大发展。

一、蔡元培

  蔡元培(1868—1940 年),字鹤卿,号孑民,浙江绍兴人,是中国著名的民主革命家、教育家和思想家。蔡元培早年苦读经书,崇尚宋儒,并取得功名,连中举人、进士,在翰林院供职。甲午战争后,他开始接受西方资产阶级政治学说,提倡新学,同情维新变法。

  1898 年,蔡元培弃官从教,1902 年,在上海创办了爱国女学,并任校长。同年,与章炳麟等创立中国教育会,出任会长。1904 年与龚宝铨等在上海成立光复会并任会长。辛亥革命后,任南京临时政府教育总长,主张采用西方教育制度,建立了资产阶级民主教育体制。1912 年,因不满袁世凯擅权而辞职。1917 年任北京大学校长,聘请《新青年》主编陈独秀为文科学长,并聘请李大钊、胡适、钱玄同等"新派"人物在北大任教,采用"思想自由、兼容并包"的办学方针,实行"教授治校"的制度,提倡学术民主,对学校进行全面改革,使北大成为新文化运动的核心。五四运动爆发后,他积极支持学生的反帝爱国运动。

蔡元培

  1927 年,蔡元培任国民党南京政府大学院院长,1928 年,兼任中央研究院院长和监察院院长。"九一八事变"后,他积极主张抗日,赞同中共提出的"国内团结、共御外侮"的政治主张。1932 年,他与宋庆龄、鲁迅等人发起组织了"中国民权保障同盟",并担任副主席。1937 年冬,上海被日军侵占后,蔡元培移居香港,直到病逝。

  蔡元培为发展中国新文化教育事业、建立中国资产阶级民主教育制度作出了巨大的贡献。他的教育思想涉及面广,从教育方针、学制到教学方法,从高等教育到学前教育,从家庭教育到社会教育,都有过许多论述。他的儿童教育思想主要体现在发表于"五四"前后的《新教育与旧教育之歧点》《贫儿院与贫儿教育的关系》《美育实施的方法》《美育》等著名篇章中。

(一)"五育并举"的教育方针论

  1912 年,蔡元培发表《对于教育方针之意见》,在批判封建主义教育的基础上,根据资产阶级需要,为养成"共和国民健全之人格",提出了军国民教育、实利主义教育、公民道德教育、世界观教育和美育这"五育并举"的教育方针。

军国民教育即军事体育。蔡元培认为根据国家屡遭强国欺凌的国情,只有提倡军国民教育才能强兵,并且要举国皆兵,进行军事训练;同时,他也十分重视体育锻炼,视体育为培养共和国民健全人格的重要环节,他认为健全的精神,必宿在健全的身体。

实利主义教育即智育。他认为"今之世界恃以竞争者,不仅在武力,而尤在财力"。实利主义教育能给人以各种普通的文化科学知识,发展实业的知识和技能,以及一定的职业训练,这对发展国民经济、强国富民有着重要意义。他对基础教育非常重视,认为基础教育关系到国家人才的培养和成长。

公民道德教育即德育。他认为德育是完全人格教育的核心,是"五育"的"中坚"。军国民教育和实利主义教育必须以道德为根本,主张自由、平等、博爱作为道德教育的内容。关于道德教育的方法,他认为身体力行是道德教育的重要原则。

世界观教育。这是蔡元培在教育方面追求的最高目标。他认为军国民教育、实利主义教育、公民道德教育是隶属于政治方面的教育,而世界观教育把三方面的教育统一起来。世界观的教育是超越政治的教育,其主要任务是培养人们超越现世的观念,而达于实体世界的最高精神境界,使人生变得更有价值、人格更趋完善。

美感教育即美育。蔡元培认为美育的作用在于"陶养吾人之感情,使有高尚纯洁之习惯,而使人我之见,利己损人之思念,以渐消沮者也",只有通过美育才能有效地进行世界观的教育。

以上"五育",蔡元培认为尽管各自的作用不同,但均是培养"健全人格"所必需的,是统一的不可分割的整体,因此"五育"中任何一育都不可偏废。蔡元培"五育并举"的思想,体现了德智体美和谐发展的全面教育思想,是辛亥革命后资产阶级改革封建教育的需要,反映了发展资本主义对人才提出的要求,顺应了社会变革的潮流,同时对于改革学前教育具有指导意义。

(二)"尚自然""展个性"的儿童教育主张

1918 年,蔡元培发表了著名的讲话《新教育与旧教育之歧点》,他对违反自然、约束人的个性自由发展的旧教育深恶痛绝,提倡崇尚自然,尊重儿童的新教育。他批评中国的旧教育"能者奖之,不能者罚之",主张"教育者,与其守成法,毋宁尚自然;与其求划一,毋宁展个性"。为此,在教学过程中,他反对注入式,提倡启发式,主张充分发挥儿童的个性,强调学生的自学、自助等。蔡元培揭示新旧教育的主要区别在于:旧教育是"教育者预定一目的,而强受教者以就之";新教育则以儿童为本位,根据儿童的兴趣和心理特点,不拘一格,因材施教,发展儿童的个性。他认为"守成法"与"尚自然"、"求划一"与"展个性"是两种完全不同的教育观。旧教育是成人或教师以自己的成见强加于儿童身上,以划一的模式要求所有儿童,阻碍儿童个性的自由发展;新教育恰恰相反,应该以儿童个性发展为出发点,按照"儿童心身发达之程序,而择种种适当之方法以助之",让其自由发展。

要实施"尚自然,展个性"的新教育,必须确立儿童在教育活动中的主体地位,还须打破教育中的划一模式,要求注意学生的不同特点、因材施教。蔡元培指出,人的个性心理素质有差异,气质、性格、能力、兴趣各不相同,这就要求教学要因人而异、因材施教。按照"尚自然,展个性"的要求,他特别提倡要研究儿童心理学、教育心理学和教材教法等,并倡导学习托尔斯泰的自由学校、蒙台梭利的儿童室等。

(三)学前儿童公育的理想

1919 年,蔡元培在《贫儿院与贫儿教育的关系》这篇演讲中,提出了他的学前儿童公育的理想。他主张:不论哪个人家,要是妇女有了身孕,便进胎教院;生了子女,便迁到乳儿院;一年以后,小儿断乳,就送到蒙养院受教育,不用他的母亲照管。所以他的理想是"一个地方必须于蒙养院与中小学校以外,有几个胎教院、几个乳儿院,都由专门的卫生家管理。"同时他还提出这些机构的设备,如饮食、器具、花园、运动场、装饰的雕刻与图画、陈列的书报,都是有益于孕妇或乳儿的母亲的身体与精神的。可见,蔡元培试图通过贫儿院的试验和推广,逐步以学前公共教育替代现行的家庭教育,最终实现其学前儿童公育的理想。他对封建家庭教育的批判无疑有进步性,但其公育理想显然也是空想。

(四)学前儿童的美育实施

蔡元培是我国近现代美育的首倡者。1922 年,他的《美育实施的方法》一文,对实施美育的范围和时期、内容和方法作了全面、系统的论述。对于学前儿童美育的实施,他主张从家庭教育、学校教育、社会教育三方面实施美育。就学校美育而言,除建筑和陈设都要合乎美的条件外,学校应开设音乐、图画、运动、文学等美育课程,并通过一切课程贯彻美育的精神,还可经常组织音乐会、展览会、纪念会并开展各种艺术活动,以便向学生进行美育教育。此外,学校美育还包括专门美育,即开设各级音乐学校、戏剧学校、美术学校等,以便把有艺术天赋的学生培养成专门的艺术人才。学校美育的这两个部分都是不可或缺的:普通美育面向全体,并为专门美育孕育苗子、打好基础;专门美育是在普通美育基础上的提升,肩负着为国家、为社会输送艺术工作者和艺术家的重任。社会美育方面,要专设美育机关,如美术馆、剧院、影戏馆、博物馆等,要利用一切建筑物、公园、道路、古迹、景观等,经常举办展览会和开展各种艺术活动。家庭美育也是实施美育的重要方面,应创设物质和精神的美育环境,将美育寓于家庭生活之中。蔡元培关于家庭、学校、社会三结合的美育思想,对学前儿童美育起着导向作用。

对于学前儿童的美育,他设想通过胎教院、育婴院、幼稚园三级机构来实施。蔡元培把胎教作为美育的起点。胎教院的环境一定要优越,要使孕妇完全生活在平和活泼的氛围里,避免将不好的影响传到胎儿。胎儿出生后,要让婴儿及其母亲生活在自然美和艺术美构成的环境之中。

蔡元培把幼稚园视为家庭教育与学校教育的过渡机构。要在幼稚园里开展各种美育活动,使儿童不仅感受美,而且能表现美。幼稚园的美育,一方面通过舞蹈、唱歌、手工等"美育的专课"进行;另一方面要充分利用其他课蕴含的美育因素。

蔡元培上述关于学前儿童美育方面的主张虽有脱离实际的地方,但是他重视学前儿童美育的基本思想和他所提出的一些合理要求,对我们今天的幼儿园教育教学活动仍具有十分重要的指导作用。

二、陶行知

陶行知是"五四"前后中国教育改造的旗手,他坚持从中国国情出发,创办中国人民所需要的教育。他用毕生精力践行着"捧着一颗心来,不带半根草去"的诺言,矢志为中国教育"寻觅曙光",他的"生活即教育""社会即学校""教学做合一"的理论,形成了中国生活教育思想体系,极大地推动了我国学前教育事业的发展,为中国人民的教育事业作出了突出的贡献。毛泽东主席称他为"伟大的人民教育家"。

(一) 生平和幼儿教育实践

陶行知,安徽歙县人,1891 年 10 月 18 日生。他自幼聪明好学,17 岁从崇一堂毕业后独自远离家乡,考取了杭州广济医学堂,因不满该校歧视非教徒学生,入学 3 天后便愤而退学。1909 年,考入南京汇文书院,后直接升入金陵大学文科就读。在校学习期间,担任学报《金陵光》中文版主编。1914 年,陶行知在大学校长包文先生的鼓励和亲友的赞助下赴美留学,考入美国伊利诺伊大学攻读市政,第二年便获政治学硕士学位。1915 年 9 月转入哥伦比亚大学师范学院攻读教育。他深信没有真正的公众教育,就不可能建立真正的民主共和国,"教育苟良,则人民生计必能渐臻满意。可见教育实建设共和最重要之手续",决心将来为祖国教育的改革、发展奉献终身。

1917 年陶行知在哥伦比亚大学获"都市学务总监资格"文凭毕业回国,他说:"我要使全中国人都受到教育。"回国后,任南京高等师范学校教员、教授、教务主任兼教育科主任,主讲教育学、教育行政、教育统计等课程。反对"沿袭陈法,异型他国",推行平民教育。五四运动后,积极从事平民教育运动,1921 年,陶行知参加中华教育改进社的筹备工作,改进社成立后,他担任主任干事。1923 年夏,他辞去东南大学教授职务,举家迁至北京,专任改进社总干事。8 月,他与朱其惠、晏阳初等人在北京发起组织中华平民教育促进会,先后赴河南、浙江推行平民教育运动。在从事平民教育的过程中,他开始注意到农民问题和农村教育问题。1926 年下半年,他到南京附近考察乡村教育,成立乡村教育研究会。

在平民教育处于高潮的时候,陶行知冷静地看到:"中国以农立国,十有八九住乡下,平民教育是向民间去的运动,就是到乡下去的运动。"所以他响亮地提出了"到民间去""到乡下去"的口号。1926 年 1 月他提出了"师范教育下乡运动",并撰文为乡村教育确定了基本任务:"乡村师范学校负有训练乡村教师,改造乡村生活的使命。"他所绘制的蓝图是:"筹募一百万元基金,征集一百万位同志,提倡一百万所学校,改造一百万个乡村。"经过一年的奔波筹备,1927 年春,陶行知在南京北郊晓庄创办晓庄试验乡村师范学校(后更名为晓庄学校)。他要求学生农民化,他带头脱下西装皮鞋,穿起布衣草鞋,住在牛棚柴房。

晓庄学校获得了很好的教育效果和社会声誉。陶行知在这里进行了平民教育实验,提出了生活教育的理论思想,"生活即教育""社会即学校""教学做合一"的理论成为他教育思想的核心理论体系。由于晓庄学校有地下党团组织,师生们积极参加反帝爱国斗争,陶行知都给予大力支持。国民党气急败坏,1930 年 4 月 8 日,勒令停办晓庄学校,武力封闭学校,逮捕学生,陶行知以"勾结叛逆、图谋不轨"等罪名遭到通缉,被迫流亡日本。

1931 年春回国后,他主张科学要从儿童教起,要使"人人都能享受"科学知识。1932 年 10 月,陶行知根据晓庄学校的教育实践经验,在江苏宝山大场地区创办了"山海工学团""晨更公学团"和"劳工幼儿团",广泛开展普及教育运动。山海工学团的儿童团员张健经常为农友讲故事,深受欢迎,农友亲切地称他为"小先生"。陶行知对"小先生"这一新事物极为重视,1934 年 1 月正式提出了"小先生制"。并成立"中国普及教育助成会",开展"即知即传"的普及教育运动。1934 年主编《生活教育》半月刊。

"九一八事变"后,陶行知积极从事抗日救亡运动。1936 年 1 月,发起组织国难教育社,推行国难教育。1936 年,当选为全国各界救国联合会执行委员和常务委员。7 月,与沈钧儒、邹韬奋、章乃器联合发表《团结御侮宣言》,毛泽东主席复信表示支持。接着,受全国救国联合会的委托,担任国民外交使节,出访欧、美、亚、非 28 个国家和地区,出席世界和平大会、世界新教育会议第七次年会、世界青年大会、世界反侵略大会,当选为世界和平大会中国执行委员,为光大中华民族在国际舞台上的形象作出了杰出的贡献。1938 年 8 月,陶行知回国路过香港,倡导举办了"中华业余学校",推动香港同胞共赴国难。

抗日战争的全面爆发,使陶行知先生对国民教育有了新的认识。他认为全面战争需要进行全面教育,并提出了全面教育的内涵。在开展全面教育运动时期,他在许多流离失所的流浪儿中,见到许多有特殊才能的人因得不到培养而夭折,他认为这是民族的损失,人类的憾事,于是于 1939 年 7 月 20 日在四川省合川县草街子凤凰山的古圣寺创办了育才学校。育才学校吸引了许多著名进步学者、专家、教授,如艾青、贺绿汀、章泯、陈烟桥、戴爱莲等来校任教,周恩来专程到育才学校访问并作了抗战形势报告,题词"一代胜于一代"。

1946 年 1 月 15 日,陶行知创办了重庆社会大学。他提出的社会大学之道:"在明民德,在亲民,在止于人民之幸福"。在社会大学任教的有:吴玉章、郭沫若、翦伯赞、邓初民、张友渔、王昆仑、马寅初、许涤新、侯外庐、沙千里、孙起孟、聂绀弩、曹靖华、胡风、田汉、何其芳等,这种壮观的教师阵容在当时国内正规的文科大学也是罕见的。由于重庆社会大学渐渐成为各界进步人士的一面旗帜,所以一直遭到国民党的蓄意破坏,1947 年 3 月被国民党反动派查封。

抗日战争胜利后,陶行知立即投入到"反独裁争民主,反内战要和平"的斗争中。"一二·一"昆明学生流血惨案后,12 月 9 日重庆各界人士举行"陪都公祭'一二·一'死难烈士会",陶行知给夫人写了遗嘱信,作好了牺牲的准备,毅然去参加公祭大会。1946 年 4 月 18 日陶行知到达上海,开始了他在上海最后 100 天的生命冲刺。他在生命的最后 100 天中,作了 100 多次讲演,为推进和平民主运动日夜奔走呼号。有一次在"反内战要和平"大会上作讲演,特务们上台抢走话筒,高喊反动口号。他在特务们喊口号的间歇时间里,讲完了他要讲的话,坚持宣传真理。1946 年 7 月 11 日和 15 日,民主战士李公朴和闻一多在昆明遭到国民党暗杀,陶行知非常愤恨,他更加奋不顾身地投入民主运动。当得知自己被国民党特务在暗杀黑名单上列在第三名时,他大义凛然地说:"我是黑榜探花"。7 月 16 日他给育才师生写了最后一封信,信中说:"深信我的生命的结束,不会是育才和生活教育之结束。我提议为民主死了一个,就要加紧感召一万个人来顶补。"他一面作好了"我等着第三枪"的牺牲准备,一面继续坚持斗争,视死如归,始终站在民主运动的最前列。

1946 年 7 月 25 日,陶行知因"累过度,健康过亏,刺激过深"患脑溢血逝世,享年 55 岁。周恩来、邓颖超同志闻讯后立即赶到,随后,全国各地先后召开追悼会,怀念陶行知先生,社会各界也纷纷送上挽联,追忆先生的为人和伟绩。

陶行知先生的一生,是在人民涂炭、国家多难、民族危急存亡之秋度过的,他与劳苦大众休戚与共,与共产党人亲密无间,为人民教育事业、为中华民族解放复兴和民主斗争事业鞠躬尽瘁,奋斗终生,作出了不可磨灭的贡献。陶先生著作宏富,论述精当,堪称中国近代教育史上的"一代巨人"。

(二) 生活教育理论

生活教育论是陶行知的教育基本理论。它的理论体系奠定于晓庄学校的办学实践中,并在后来的普及教育、国难教育、战时教育、民主教育等一系列试验中,被不断丰富和完善。陶行知生活教育理论的形成,与杜威的实用主义教育学说既有联系又有区别。就其思想渊源而言,他的生活教育理论脱胎于杜威的"教育即生活""学校即社会""从做中学"的观点,但却是把杜威的学说"翻了半个筋斗",改造成"生活即教育""社会即学校""教学做合一",这是对杜威教育思想的扬弃和超越。

1. 生活即教育

"生活即教育"是生活教育理论的核心。陶行知指出:"生活教育是给生活以教育,用生活来教育,为生活向前向上的需要而教育""生活教育是生活所原有,生活所自营,生活所必需的教育。教育的根本意义是生活之变化。生活无时不变,即生活无时不含有教育的意义。"在他看来,首先,生活就是教育。教育与生活原本就是密不可分的,自有人类以来,生活中便到处是教育,生活"范围之广实与教育等"。其次,生活决定教育。"从生活与教育的关系上说,是生活决定教育",有生活才能有教育,过什么生活便是受什么教育,"生活教育是供给人生需要的教育,不是做作的与人无关的教育"。再次,教育能改造生活。"教育就是生活的改造"。生活教育,就是供给人生需要的教育,是教人生活的教育。因生活是社会的生活,改造了生活便是改造了社会。因此,"教育就是社会的改造"。教育只有和生活结合才能成为教育;教育要是脱离了生活,便不是教育。旧的"死读书,读死书,读书死"的传统教育是与生活脱离的教育,教育必须与生活相结合,生活是教育的灵魂和生命。

陶行知所说"生活即教育"包含了以下几方面的内容:一是健康的生活就是健康的教育,不健康的生活就是不健康的教育;二是劳动的生活就是劳动的教育,不劳动的生活就是不劳动的教育;三是科学的生活就是科学的教育,不科学的生活就是不科学的教育;四是艺术的生活就是艺术的教育;五是改造社会的生活就是改造社会的教育。也就是说"生活教育"是提供给人生需要的教育,而不是做作的与人无关的教育。

2. 社会即学校

"社会即学校"是生活教育理论的重要组成部分。陶行知认为,杜威的"学校即社会",只是把社会上、生活中的东西搬一点到学校里,学校还是与社会隔离的"大鸟笼"。他提倡"社会即学校",就是要拆除学校与社会之间的"高墙",把笼中的小鸟放到天空中任其自由翱翔,把学校延展到大自然、社会中去。"整个社会是生活的场所,亦即教育的场所。"在社会这所伟大的学校里,"人人可以做我们的先生,人人可以做我们的同学,随手抓来都是活书,都是学问,都是本领。"以社会做学校,教育的材料、教育的方法、教育的工具、教育的环境,都可以大大增加;学生、先生也可以更多,任何人都可以做师生。

陶行知提倡"社会即学校",其目的是使劳苦大众都有受教育的机会。要普及大众教育,就必须改造传统的学校,创办一个将"工场、学校、社会打成一片"的新型学校。这样的学校就需要调动一切社会力量来办。他说:"不运用社会的力量,便是无能的教育;不了解社会的需要,便是盲目的教育""倘使我们认定社会就是一个伟大无比的学校,就会自然而然地运用社会的力量,以应济社会的需求。"

3. 教学做合一

"教学做合一"是晓庄师范学校的校训,是生活教育理论的教学论,或称之为教育方法论。它由杜威的"从做中学"理论改造而来。陶行知指出"教学做合一"是教的法子根据学的法子,学的法子根据做的法子,怎样做就怎样学,怎样学就怎样教。"教学做合一"强调教与学都以"做"为中心,教与学都是为了"做"。教学做是以"做"为核心的,在"做"上教的是教师,在"做"上做的是学生,"做"是劳心与劳力相结合地做。他提出在小学教师的岗位上培养小学教师,在幼稚园教师岗位上培养幼稚园教师。

关于什么是"做",陶行知认为单纯的劳力只是蛮干,不能算是"做";单纯的劳心只是空想,也不能算"做"。"真正之做只是在劳力上劳心,用心以制力"。他强调"行"是知识的源泉,"亲知是一切知识的根本",强调"理论与实践之统一",其核心就是要求学生"手脑并用",从生活实践中获得"真知"。

（三）论幼稚教育的重要性

陶行知非常重视幼稚教育。1926年10月，他在《新教育评论》上发表了《创设乡村幼稚园宣言书》，更加具体地指出，从福禄培尔创办幼稚园以来，人们渐渐地觉得幼儿教育的重要。从蒙台梭利毕生研究幼儿教育以来，人们渐渐地觉得幼稚园的效力，幼儿教育"实为人生之基础"。

陶行知非常重视儿童教育问题。他认为，儿童6岁以前的教育是人生的基础，这个时期将为一个人打下人格、智力、体格的基础，并且这个基础一旦确定，便不易改变。6岁以前，是儿童求知的好时机，绝不可任意放弃了，失掉了这个时机，便减少了很大的人类的造就。

陶行知特别强调幼儿教育的普及问题。他说："小学教育是建国之根本，幼儿教育尤为根本之根本。小学教育应当普及，幼儿教育也应当普及。"这种普及主张，较一般资产阶级关于强调义务教育和封建社会只有地主贵族阶层才能受教育的特权教育，是一大进步。他从20年代起，便苦心寻求和摸索在中国普及教育的道路。1927年，晓庄试验乡村师范学校成立后，便建立了晓庄小学，不断实践着他的普及小学教育，也要普及幼稚园教育的主张。

（四）论幼稚教育的普及方向

陶行知认为，我国幼儿教育机构在清末产生以后，多分布在大城市，为上层社会服务。况且，中国当时的幼稚园十之八九为教会所办，文化侵略从根做起。他指出中国的幼稚园害了三种大病：外国病、花钱病、富贵病。幼稚园接触的都是外国货，用外国货花钱就高，费用是小学生的几倍，因此平民子弟进不起，幼稚园成了富贵子弟的专用品。为改革这三种弊病，使幼儿教育为劳动大众服务；他提出幼稚园要中国化、省钱化和平民化的主张。他提倡要建设中国的幼稚园，力求幼儿教育适合中国国情，同时吸取外国有益的经验，打破外国偶像，训练本乡师资，因陋就简，就地取材制造幼童玩具。

陶行知对中国的现状认真进行调研分析后，向社会呼吁建设适应平民需要的平民的幼稚园。他感到有两个地方最需要幼稚园：一个是女工区域，妇女上工厂做工，小孩留在家里，无人照应，最感痛苦；另一个是农村，农忙的时候，农家妇女忙个不停，小孩子跟前跟后，真是麻烦。他提出为了儿童教育，为了女工和农妇，为了工业生产效率，为了儿童的未来，就必须在工厂附近和农村开办幼稚园。他自己就是捧着一颗与劳苦民众共甘苦的心，毅然决然地放弃优越的生活和工作条件，到晓庄、到工厂办起了幼稚园，开辟了幼儿教育的新大陆。1927年11月，他在南京郊区创办了我国第一所乡村幼稚园，即南京燕子矶幼稚园，接着1934年在上海沪西工厂区创办了上海劳工幼儿园。

（五）论"创造的儿童教育"

陶行知认为要帮助儿童发展，一方面要了解儿童的心理和身体发展规律。另一方面要激发儿童的创造力。他针对传统儿童教育束缚儿童的种种弊病，提出了"六大解放"的要求。

解放儿童的头脑，让他们能够去想去思考。要发展儿童的创造力，先要把儿童的头脑从迷信、成见、曲解、幻想中解放出来。陶行知认为，束缚和压抑人的"自然的生长力"的有两个东西，一是有形的"裹脚布"，它束缚和压抑人的身体；另一种则是无形的"裹头布"。"自从有了裹头布，中国的儿童、青年成人也是被人今天裹，明天裹，今年裹，明年裹，似乎非把个个人都裹成一个三寸金头不可。"这是最可怕的束缚和压抑，因为它从根本上窒息了一个民族的活力。于是，陶行知大声疾呼："这种要不得的包头布，要把他一块一块撕下来，如同中国女子勇敢地撕下了裹脚布一样。""给孩子一个健康、轻松、活泼、富于想象力的大脑，远远胜于一日三餐"。

解放儿童的双手，让他们去做、去干。手的解放是人类进化的关键环节，传统教育对手的解放之重要意义毫无认识，它只要学生"规规矩矩"、不准学生"乱说乱动"，把手束缚了起来。如果手没有得到解放，不能执行头脑的命令，人类的这些进化就无从谈起。他因此呼吁解放学生的双手，使手脑平衡发展，身心平衡发展。希望保育员或先生跟爱迪生的母亲学，让孩子有动手的机会。

解放儿童的眼睛，让他们去观察，去看事实。儿童是通过观察去了解世界，如果不让儿童观察，他们就会像睁眼瞎一样，无法了解世界的存在和意义，也就失去了创造世界的能力。因此，需要引导和培养儿童去看、去认识、去观察。

解放儿童的嘴巴，让他们有足够的言论自由，特别是问的自由。中国人习惯于沉默，因怕言多必失而三缄其口。把言论自由还给学生，让学生敢讲敢问，力争从通过解答问题增加孩子们的知识。

解放儿童的时间，让他们在快乐游戏中成长。要培养儿童的创造力就是要"不把他的功课填满，不逼迫他赶考，不和家长联合起来在功课上夹攻，使他有余暇学一点他自己渴望要学的学问，干一点他自己高兴干的事情，在游戏中找到快乐，在快乐中健康成长"。

解放儿童的空间，给他们了解社会的机会。社会就是一个大课堂，不要一味地强调书本知识，而是要让小孩子多去接触大自然，多了解大社会中的事物，自由地对宇宙发问，与万物为友。力争通过了解社会，知悉自然，开阔孩子们的视野。

(六) 论幼儿师资的培养——"艺友制"

陶行知主张运用艺友制来培养幼儿师资，为普及幼儿教育，尤其是向广大农村和工厂培养幼儿教师。晓庄学校逐步扩大为晓庄学院、吉祥学院、三元学院、万寿学院、和平学院五个学院。继这些学院后，他又增设了蟠桃学院，即幼稚师范学院，院长为张宗麟，总指导为陈鹤琴、徐世璧，指导为王荆璞。幼稚师范学院建立的目的是培养高一级的幼教人才和研究实验幼儿教育科学。后来又成立了"晓庄幼稚教育研究会"，进一步对"儿童卫生""心理""儿童世界""解放儿童""未来的儿童教育""儿童教育的远景"，以及"幼稚教师是一种什么人""乡村幼稚导师要怎样做"等问题进行初步探讨。

陶行知在《艺友制是补师范教育之不足》一文中指出："艺友制是什么？艺是艺术，也可作手艺解。友就是朋友。凡用朋友之道教人学做艺术或手艺便是艺友制。"

陶行知认为艺友要和导师交朋友，在实践中学习当教师，边干边学。这个方法的优点：一是解决师范教育的缺憾；二是边干边学，立见实效，可以改变师范教育中学理与实习二相分离的弊病，他称原来的师范教育是大书呆子教小书呆子。艺友制似木匠、裁缝、漆工等三百六十行中带徒弟的办法，但又不是艺徒制。因一般师傅艺徒，秘诀心得不肯轻传，甚至徒弟要为师傅干很多与学艺毫不相干的苦差。艺友制学生称"艺友"，与导师的关系是朋友，而不是旧式的师徒。

陶行知认为，"学做教师之途径有二：一是从师，二是访友"，跟随朋友学习比跟随老师学更自然而有效，所以要成为优良的教师，就需要与优良教师成为真正的朋友。艺友制是对传统的师徒制的一种改造，它是新教育方式之一。在"学做合一"的情况下，艺友是跟着师傅在"做"上学的徒弟或学生；在"教学做合一"的情况下，艺友是徒弟又是师傅，是学生同时又是先生。

陶行知办晓庄学校时，各中心幼稚园、福建集美幼稚师范、广西南宁国民基础教育研究院的幼稚师范特科，北平香山慈幼院幼稚师范所办的平民幼儿园，及张雪门、戴自俺主持的北平西郊罗道庄、核桃园所办的幼儿园也采用了艺友制的办法培养了一部分幼儿教师。

领导幼稚师范学院的张宗麟曾指出，指导艺友学习共分为四阶段：第一期，让他们实际参加幼稚生各种活动，以使他们学做一个儿童领袖为主。第二期，是指示给他们几种简单的方法，如讲故事的简明要点，认方块字的变化法，带小朋友玩时应注意的事项等等。艺友们知道了这些方法，在适当的时候就可以在小朋友中试做。这个时期也开始学习一些基本技能，如唱歌、布置室内工作等。第三个时期，一方面继续做各种基本技能训练，一方面又在幼儿园里实地去做。这时期与第一期不同的是艺友们要独立活动，导师只帮助他们制定计划大纲。另外还组织艺友到其他幼儿园参观，参观前后导师都作指导谈话，指出参观目的、内容，参观后进行讨论，提出对幼稚园工作的建议。第四个时期，是用三个月时间，两个艺友一组，在指导员指导下，独立担任整个幼稚园的工作。这四个时期大约要一年半或两年的时间，然后艺友便可参加工作，经半年或一年考察，合格者发给幼稚教师凭证。

陶行知提倡的这种艺友制师范教育最大的优点，第一是学生在幼儿园中实地学习，克服师范教育理论脱离实际的现象。第二，在不可能迅速建起大批幼稚师范学校的情况下，能迅速培养有质量的师资。第三，节省时间，仅用一年半至两年即可结业，缩短正规幼师3年毕业的期限。这种见效快、质量好的幼教师资培养的方法，在当时很有影响。当然，他认为艺友制师范教育并不是培养师资的唯一方法，这种制度应和师范学校"相辅而行"，而不是拿来替代师范学校。师范学校不应被废除，而应被根本改造。

三、张雪门

张雪门是我国著名的学前教育专家,浙江省宁波人,生于1891年3月10日。早在20世纪30年代,他就与我国另一位著名的学前教育专家陈鹤琴先生有"南陈北张"之称。

（一）生平与教育活动

张雪门幼年时研读四书五经,曾有贡生名位,系统地接受过传统教育,后毕业于浙江省立第四中学。

张雪门与北京香山慈幼院的孩子们

1912年出任鄞县私立星荫小学首任校长。他在青年时期,就对幼儿教育问题发生了兴趣,他在家乡眼见一些儿童缺少教育,深感儿童是国家的未来,必须从儿童时代起就受良好的教育。在任小学教师时曾随宁波旧府属的江苏教育参观团到上海、南京、无锡、苏州、南通等地参观。他参观了无锡的竟志女学的蒙养园和苏州的景海幼稚园,看到了这些幼稚园的课程教育有的模拟日本、有的为教会所办抄袭欧美,儿童自幼接受奴化教育。他认为要振兴中华民族,使中国达到国富民强,不受列强宰割,儿童教育者的责任非常重大。1918年,他创办了星荫幼稚园,是宁波市第一所由中国人自己创办的幼稚园。

1920年4月,张雪门和宁波市教育界知名人士创办了宁波市第一所两年制幼稚师范学校,自任校长,开始了幼儿教师的培训工作。1926年5月,他编译了《福禄培尔母亲游戏辑要》和《福氏积木》。他从儿童生活中取材,研究国外幼稚教育,在《新教育评论》上发表"幼稚园第一季度课程",引起许多关心中国幼稚教育的人士之注意。1928年暑假后,他在孔德开办了幼稚师范,采取半日实习半日授课的措施。为了纪念被北洋军阀绞杀的高仁山先生,他创办了艺文幼稚园,增加了师范生的一个实习场所。

1930年秋,他应北平香山慈幼院院长熊希龄先生的聘任,编辑了"幼稚师范丛书",在香山见心斋开办了幼稚师范,称北平幼稚师范学校。该校采用半道尔顿制,除讲授书本知识,更重视对自然和社会的认识与技能态度的培养。1931年"九一八事变"后,他的思想发生了很大变化,开始了对"行为课程"的研究。1932年,张雪门应民国大学教育系的邀请,讲授《幼稚教育》课程并编写讲义,在天津女师学院讲授《幼稚教育》,又在北平师范大学作《我国幼儿教育的回顾》的讲演。1933年,他参加了北平市社会局起草幼稚园具体课程实施方案。1934年春,他聘请上海山海工学团的戴自俺先生带领幼师三年级师范生与北大农学院合作,在北平阜成门外罗道庄开办了"乡村教育实验区",区内办有农村幼稚园、儿童工学团、青年工学团、妇女工学团等。

1937年7月上旬,张雪门出席了北平召开的教育学会议及中华儿童教育社的年会,对中国学龄前时期儿童应否注意民族改造问题进行热烈的辩论。卢沟桥事变后,他只身南下,将幼师迁往桂林。1938年2月,幼稚师范在桂林东华门大街成立,张雪门任校长,戴自俺任教务主任,由于经费困难,无力增聘专任教师,仅有吴汉清、李蟾桂、池宝华、金恒娟和从柳庆师范请的兼任教师数人。1939年至1942年共招生4班,连同桂林迁来两班共为6班。广西九十九县一市均有幼师毕业生服务,不仅对当时广西推广幼儿教育作出了贡献,直到新中国成立后这些人仍为广西幼教工作骨干。天津女师学院与北平师大合并为国立西北师范学院后,张雪门应邀到西北师院讲授《儿童保育》课程,并完成了为中华书局编著《幼稚园行政》《儿童保育》《实习》的任务。在城固生活一年后,他婉言谢绝了西北师院的续聘,又回到重庆,决定再办幼师。

1944年幼师迁到重庆,借用江北县一所王家祠堂,从事儿童福利制度的实验,为适应抗战时期的需要,教育重点在加强幼儿民族意识和爱国热情,培养幼儿吃苦耐劳的习惯同时,组织师范生辅导委员会,拟定保育员训练规程及幼稚园办法。同年5月招收战时儿童保育院毕业女生,着手训练保育员,7月筹备儿童福利分会,张雪门兼任幼稚园理事,9月成立各地幼儿团,作为试验机构。在重庆禹王宫、文昌宫、水口寺、天马山成立了四个幼儿团。当时条件十分简陋,但他以坚韧不拔和艰苦奋斗的精神来普及推行幼稚教育,更以实际行动为树立保育员的事业心与责任心做出了榜样。

1946年初,为了恢复北平幼师,他回到北平。此时原校址已改为北平市女三中,为恢复幼师,他日夜奔走,但是到处碰壁。1946年7月,他带爱女玫玫应台湾民政处电邀赴台办儿童保育院。同年,张雪门在台北开办了儿童保育院,招收战后贫寒儿童入学,1947年,儿童保育院改名为"台湾省育幼院",同年5月台湾省政改制,增设台中育幼院,台湾省育幼院又改名"台北育幼院"。1948年5月,著名华侨胡文虎及其夫人捐助巨资,建起幼稚部和婴儿部。至此,台北育幼院已成为具有完整的从婴儿到小学的儿童教育机构。

1952年,他终因工作劳累过度,经过两次眼疾治疗后,不得不离开他为之奋斗了7年之久的育幼院。离别育幼院后,在北平香山慈幼院幼稚师院旅台同学和台湾同学的资助下,在大屯山建房三间,因其就地取石头为材,故名"石室"。他婉拒了北平老友、学生的接济,清贫而坚强地度过晚年生活。同时,他在《中华日报》主办《幼教之友》专栏,任民侨教育函授学校教育科主编,出版了《幼教辅导月刊》。

1960年他因患脑疾而半身不遂,但仍以坚强不屈的顽强意志,在借用放大镜一天只能缓慢地写下几十个字的情况下,坚持创作。他一生从事幼教研究和教学工作,出版了《增订幼稚园行为课程》《幼稚教育》《幼稚园教育概论》《幼稚园课程活动中心》《幼稚园教材研究》《幼教师资进修讲话》《幼儿的发现与创作》《儿童创作集》《我的童年》《从孩提到青年》《闲情集》《幼教论丛》《中国幼稚园课程研究》等专著,为我国幼儿教育留下了宝贵的理论和经验。

1973年,张雪门脑病复发,抢救无效,于4月18日病逝,享年83岁。

(二) 论幼稚教育的目的

张雪门在《新幼稚教育》中指出:"要解决我国的幼稚教育,必须认清三点:一是儿童在幼稚园时候心身发展的情形。二是我国社会的现状。三是应如何根据社会现状来谋求民族的改造,同时,根据儿童的需要,谋社会基础的建设。"第一点是幼稚教育的对象,第二点是幼稚教育的目的,第三点是幼稚园的课程、设备以及一切的动作。

1931年,他在《幼稚园教育概论》中指出,幼儿教育要"不背于真正的教育原理,须先明了心身与环境、个人与社会及现在与将来等关系"。他认为:"人类对环境的反映应分三个时期:在第一时期,心身结构尚未完全,无能力适应环境。第二期,心身健全,然而仅是以适应环境。到三期,人类的心身达到最高程度,对于环境不但能适应,且能创造。"

张雪门提出幼稚教育的四个目标,即铲除我民族的劣根性;唤起我民族的自信心;养成劳动的习惯与客观的态度;锻炼我民族为争中华之自由平等。总之,张雪门认为幼稚教育的目的在于培养有健康的体魄,有劳动的习惯,有自治能力,有不畏强暴、抵御外来侵略的民族自信心,而又能适应新生活的新国民。

(三) 论幼稚园的"行为课程"

1. 行为课程的含义

张雪门对于幼稚园的课程进行了长期的研究,他在多篇文章中都对幼稚园课程作了论述。《幼稚园的研究》一文中指出:"课程是什么? 课程是经验,是人类的经验,用最经济的手段,按有组织的调制,用各种的方法,以引起孩子的反应和活动。"幼稚园的课程是什么?"就是给三足岁到六足岁的孩子所能做而又欢喜做的经验预备。"后来他进一步概括为:"课程源于人类的经验,只为这些经验对于人生(个人和社会)有绝大的帮助,有特殊的价值,所以人类要想满足自己的需求,充实自己的生活,便不得不想学得这些经验,学得了一些又想学得多些,而且把学得的传给后人"。他提出课程只是知识的一部分,而且它包含了书本上的和自然界的一切知识。他强调,"其实课程的范围很大,技能知识、兴趣、道德、体力、风俗、礼节等种种的经验,都包括在课程里。换一句话来说,课程是适应生长的有价值的材料"。

张雪门认为幼稚园的课程来源于"儿童自然的诸般活动";来源于"儿童与自然接触而生的活动";来源于"儿童与人事接触而生的活动";来源于"人类聪明所产生的经验而合于儿童的需要者"。

行为课程是张雪门课程理论的核心，他指出幼稚园课程应强调直接经验。行为课程首先应注意的是实际行为，从行动中所得的认识，才是真实的知识；从行动中所发生的困难，才是真实的问题；从行动中所获得的胜利，才是真实的驾驭环境的能力。游戏、故事、唱歌等教材虽然也可以表演，然而代表不了实际行为。

张雪门在《中国幼稚园课程研究》一书中，完整表述了组织课程的标准："课程须和儿童的生活联络。是有目的有计划的活动。事前应有准备，应估量环境，应有相当的组织，且需有远大的目标。各种动作和材料全须合于儿童的经验能力和兴趣。动作中，须使儿童有自由发展创作的机会。各种知识、技能、兴趣、习惯等全由于儿童直接的经验中获得。"

张雪门对幼儿园课程作了深入研究。他指导幼师实习同学分别拟定了从秋季 8 月开始，按月逐次排列的十二张《各月活动估量表》。从《各月活动估量表》可以看出，他充分运用师范生、幼儿园教师的力量从实践中对幼稚教育进行探索，使课程理论产生于实践活动的基础之上。幼儿园教师要按这套估量表来关注儿童所处的自然环境和社会环境以进行教学活动，需要有一定的知识修养，才能完成任务。

1966 年张雪门出版了《增订幼稚园行为课程》一书，初步完成了他的"行为课程"的理论体系。和一般的课程一样，这份课程包括了工作、游戏、音乐、故事等内容，然而这份课程，完全根据生活编写，它从生活而来，从生活而开展，也从生活而结束，不像一般的完全限于教材的活动。

2. 行为课程的内容

张雪门认为，幼稚园课程是为幼稚园的儿童所设计和准备的，应能促进儿童健康活泼地发展。因此，幼稚园课程必须适合儿童的年龄特点。他指出幼稚园课程应该有以下几个特点：

首先，幼稚园的课程是"整个的"。幼稚园的课程不能像中学和大学的课程一样采用分科组织，而是"一种具体的整个活动"。在幼稚园，各种科目都变成儿童生活的一面，不能分而且也不必分。"不独这科与那科不分，有时候甚至一种科目当作儿童自己生活之表现，科目与人都无法分了"。所以幼稚园的课程，不能是学科式的，学科式的课程不适合儿童的生活。

其次，幼稚园的课程是"直接的"。中小学的课程多偏重于间接经验，而幼稚园的课程应注重儿童的直接经验。让儿童通过亲身活动来获得经验，对儿童具有更大的发展价值。

最后，幼稚园的课程是"偏重个体发育的"。中小学时期，课程虽然也注意儿童生理与心理的需要，但不像幼稚园时期所占的分量大。幼稚园时期，儿童正处于 6—7 岁以下，其身体的发展是各时期中最迅速的，而且儿童的情绪、兴趣、性情等心理的发展，都与这个时期有密切关系。所以幼稚园课程应更多地重视儿童本体，而不是强调社会制约性，同样不能过多地强调间接经验和知识。

根据幼稚园课程的特点，张雪门构建了幼稚园课程结构和相应的教育目标。他认为幼稚园课程由游戏、自然、社会、工作与美术、故事和歌谣（言语与文学）、音乐、常识等方面组成，每一方面都包括许多具体的内容："游戏活动"包括感觉游戏、竞争游戏、社会性游戏、猜测游戏、表演游戏、节拍游戏等；"自然活动"包括饲养小动物、种植植物、观察自然现象、旅游参观、科学小实验等；"社会活动"包括有关家庭的认识活动、参观附近的社会场所和设施、了解各种职业的活动、了解其他社会团体的活动、节日和纪念日活动等；"工作和美术活动"包括参加家庭与学校的工作、模拟成人的职业工作、模仿成人家庭的工作、美术工艺活动等；"言语文学活动"包括自由谈话、特殊谈话、有组织的团体谈话和活动、述说故事（动物故事、神仙故事、浅近的科学故事、笑话、寓言、名人故事、传说）和歌谣（儿歌、民歌、谜语、游戏歌）等；"音乐活动"包括听音乐、辨音、拟音、唱歌、演奏简单的乐器等；"常识活动"包括关于衣、食、住、行方面的生活活动，关于家庭、邻里、工厂、商店、公共机关和社会团体方面的认识活动，关于节日和纪念日的活动，以及其他自然方面的活动。

3. 行为课程的实施

张雪门在出版的《增订幼稚园行为课程》一书中，提出了实施行为课程的原则："第一，课程固由于自然的行为，却须经过人工的精选。第二，课程固由于劳动行为，却须在劳动上劳心。第三，课程固由于儿童生活中取材，但须有远大的客观标准。"同时，他要求在行为课程的具体实施中要抓好"充分做好课前的准备工作""订好课程的目的和计划""引起幼儿的兴趣""激起活动的动机""把握好活动的进程"和"做好结束时的检查工作"这六个环节。

（四）论教材与教法

张雪门关于幼儿园教材与教法的主张，是与他的"行为课程"的理论紧紧相连的。他认为，一方面教材的功能在于满足儿童的需要，应该在儿童生活里取材。儿童的生活，实际上是以儿童的能力及天然的倾向为基础。儿童进幼稚园的时候，感官的作用虽已经具备，但敏锐与联络，还需要练习。儿童注意力散漫，不易集中，常常因为好奇而分散注意力。儿童的想象丰富，模仿和暗示感受性较强。另一方面，教材还要适应社会的生活。他认为，教材是社会群体遗留下来的经验，如果抛弃了这一种经验，便不能适应社会生活。比如言语便是社会的一种宝贵的遗产，如果一个人不会讲话和听话，那么他自己的思想便无从传达，别人的经验也无从接受，生活上便要感到非常的痛苦。又如文字，也是传递社会经验的一种宝贵工具，要了解古人的文化，非文字不可，其余教学工作等也都与社会群体传达下来的经验有着密切的关系。

他认为，教材是课程的支柱，是课程目标的具体实现手段。教材的功能在于满足儿童的需要，自然应在儿童的生活里选材，教材应该从儿童的直接经验中选择有价值的部分，加以合理的组织。但是仅仅这样，显然还是不够的，真正适合儿童发展的教材，应该满足以下四个条件。

（1）教材必须合乎现实社会生活的需要。儿童必须学习人类积累下来的经验。但是，由于社会是发展变化的，人类积累的经验的价值也是变化的，从古代遗传下来的有价值的经验，不一定符合现实生活的需要，有的甚至会阻碍社会的发展。而儿童是现实生活中的儿童，他们是要在现实生活中学习和发展的，因此，为儿童选择的经验，应该适合现实生活的需要。

（2）教材必须合乎社会普遍生活的标准。由于我国幅员辽阔，从城市到农村，从沿海到内地，从北到南，各地差异比较大，所编写的教材，不能把全国各地的所有情况都照顾到，而各地的情况是时刻在变化的。因此，教材应该符合社会普遍生活的标准，满足最大多数的普遍要求。

（3）教材必须合乎儿童目前生长阶段的需要。进幼稚园的儿童，他们"非动作无以促进生活的健全，也非动作无以满足好奇的欲望……不是动这样，便是动那样。动作是整个的，其流转演变，无痕迹可分，知识技能……仅为动作的结果而已！所以教材要适合儿童生长现阶段中的需要，就得看能不能抛开分类的抽象知识，变成直接的具体的行动。"

（4）教材必须合乎儿童目前的学习能力。教材应适合现代儿童的学习能力，诸如摇船、荡秋千等，可以用来练习儿童的平衡感。用抛球可以发展儿童的投准，用堆积木、修铁道、盖楼房、种玉米等，可以培养儿童的合作精神与能力。

根据以上四项标准选择幼儿园的教材，能够充实儿童的生活，培养儿童手脑并用，热爱劳动，有合作互助及自治能力。

对于幼儿园的教法，张雪门在《幼稚园教育概论》一书中专门列了一条进行论述，他认为"教材和教法是一件事"，他更明确地提出"做学教合一"的方法。他认为，在幼稚园的教学里，"在做上教的是教师，在做上学的是学生。教师能在做上教，拿做来教，做的就是教的，那才是真正的教，学生能在做上学，拿做来学，做的就是学的，那才是真正的学。……我们根据自然生长原则的人，到幼稚园实际去服务，更不能不采用做、学、教合一的方法"。

1960年，他在《幼稚园教材教法》一书中明确提出："幼稚园教学法所根据的重要原理则只有一条，便是行动。儿童怎样做，就是怎样学，怎样学就应该怎样做。"要解决好幼儿园的教法问题，"只有一条路子，就是和他的生活发生关系"。

从张雪门关于幼稚园行为课程的论述，我们可以看出，他的行为课程的基本思想就是"生活即教育""行为即课程"，他强烈反对以教材为中心，反对成人以教材向儿童灌输现成的熟料，主张尊重儿童的特点，必须联系儿童的生活，引导儿童在自然和社会的环境中学习，培养儿童的生活力。他的这个主张与当时陶行知的"生活教育"理论是相通的，对于学前儿童的教育有积极意义。

（五）论幼稚师范的见习和实习

幼稚师范教育思想是张雪门幼稚教育思想的重要组成部分，在幼稚师范教育的实践中，张雪门特别重视见习和实习。他在《实习三年》一书中要求,在空间上把师范生实习的场所扩大到整个社会;在时间上冲破一般传统师范教育把实习集中在三年中的最后一个学期进行的办法。他规定,在三年的师范教育中,第一学年每周实习 9 学时,分三次进行,主要是通过参观幼稚园和进行幼稚园的教学实践,让学生形成对幼儿园的基本概念和教学能力。第二年的实习时间由学生自己支配,从幼稚园的建园到管理都让学生独立完成。第三年全年实习,第二学期全班下乡,开办农村幼稚园,建立为幼稚教育献身的志向。

早在 1928 年创办孔德幼稚师范时,张雪门就悟出一个道理:"骑马者应从马背上学",学做幼稚园教师,就应在幼儿园的实际活动中学办幼儿园。因此他在孔德幼师即采半日授课半日实习的办法,让师范生到幼儿园进行半日的实习;在北平幼稚师范,也是以香山慈幼院的蒙养园、幼稚园和小学为实习场所,让学生进行见习和实习。张雪门本着教学做合一的原则,中心幼稚园的老师即师范生的指导教师。师范生通过在中心幼稚园的实践,奠定了学习幼儿教育、从事幼儿教育,热爱幼儿教育事业的基础。

张雪门认为,平民幼稚园是幼稚师范生必需的实习场所。他在北平西郊罗道庄、甸厂等处面向社会开办了农村幼稚园、乡村教育实验区,并进一步提出"有系统组织的实习",即第一须有步骤,第二须有范围,第三须有相当时间,第四更须有适合的导师与方法。就大体论,实习可以分作四大阶段:

第一是组织参观。时间为一个学期,组织参观幼稚园的建筑等设备,师生的仪表,以及工作、游戏等教学过程。在这一时期指导的教师,应以实习导师为主,幼稚园教师为副。参观的地点,可选择具有完整的理论与实施经验和条件的中心幼稚园。

第二是引导见习。时间也是一个学期。在这一时期指导的教师,应以幼稚园教师及实习导师为主,而以实习主任及教育科导师为副。见习的地点,也以自己的中心或附属幼稚园为宜。对于参观和见习时期的师范生,要求他们多观察、勤记录、积极参与。

第三是指导试教。时间为一个学年。应由二年级的师范生积极参与到幼稚园的招生、编级、选材、组织课程、指导活动,以及一切教学上、工作上的业务中,这时,实习导师反退居于顾问地位,只是在某一方面给予适当指导。

第四是积极辅导。时间是一个学年。他认为,三年级的师范生要自己制定工作计划,并认真组织实施,以求达到了解儿童的发展情况,主动展开儿童福利工作,以求达到幼稚教育的普及。这项工作的开展主要体现两个方面:一是以儿童为中心,开展家庭访问等活动;另一方面是关注社会因素,加强对社区、营养站、卫生站的实地考察,广泛了解相关信息。这一阶段,实习导师在必要时予以指点。

张雪门是一个与时俱进的幼儿教育专家,同时,也是一个爱国主义者。他从"儿童本位"到"行为课程",对师范生的培养主张实习"贯穿于三年",实行"教学做合一"等思想,是他在学前教育战线多年耕耘不辍的结晶。

四、陈鹤琴

陈鹤琴是我国现代教育史上名望卓著的儿童心理学、幼儿教育和儿童教育专家,也是我国教育的改革家。他长期从事儿童心理学、幼儿教育和儿童教育的科学研究和实践,为我国教育事业贡献了毕生的精力,是中国的儿童心理学和幼儿教育学研究的开创者。

(一) 生平和主要教育活动

1892 年,陈鹤琴生于浙江上虞县百官镇。早年毕业于清华学校,1914 年考取"庚子赔款"留美名额。他进入霍普金斯大学,一改学医初衷,而广泛研习政治学、市政学、经济学、地质学、生物学等西方国家的科学。1917 年,大学毕业取得文学士学位后,他又到康奈尔大学和阿默斯特大学就读,攻读园艺、养蜂、鸟学、汽车学和普通心理学等。同年秋,进哥伦比亚大学师范学院,师从著名教授克伯屈、孟禄、桑戴克,专心研究教育学和心理学,学习教育研究方法和实验精神。1918 年,获教育学硕士学位,受聘南京高等师范学校教育科,担任儿童教育学、心理学教授。他认真研究和借鉴了西方学者研究儿童心理学的方法,开始了中国儿童教育科学化的探索,之后的八年时间是他奠定教育事业和酝酿与提出"活教育"思想的时段。期间,他投身教育改革,翻译介绍了西方新理论、新方法。1920年,他以儿子一鸣为研究对象,对孩子的动作、能力、情绪、言语、学习、绘画等各方面的发展,进行了长达808天连续、系统的观察和记录,探索总结中国儿童心理发展及其教育规律,他将研究成果写成《儿童心理之研究》一书。1921年7月,他与廖世承合著《比奈西蒙智力测验法》和《比奈西蒙智力测验材料》,大力推动教育测验运动的开展。同年,他又撰写了《儿童心理及教育儿童的方法》。

之后,陈鹤琴又酝酿并实行新的教育研究计划,开始了中国化幼稚园实验。1923年,陈鹤琴自任园长,在自己的家里招收12名儿童入园,创办南京鼓楼幼稚园,也是我国第一所实验幼稚园,并把它作为推行中国化、科学化幼儿教育的一个实验基地。他在这里开展了课程、读法、教法以及设备等方面的实验,以改变幼儿教育照抄照搬外国的模式的状况。通过实验,他认真研究幼稚园的课程设置,深入研究和精心设计创制了标准桌椅、木马、木偶等玩具和教具。实践证明,这个持久的教育实验克服了中国幼稚园的外国化弊病,并从理论高度总结出中国化幼稚园教育的宣言书——《我们的主张》。这一时期,"活教育"的思想轮廓也初步形成。1925年出版《家庭教育》一书,利用对儿童心理研究的科学成果,阐述了家庭教育的意义。1927年,他将鼓楼幼稚园的实验,加以整理写成《我们的主张》发表在《幼稚教育》杂志上,提出了建立适合中国国情的,根据儿童心理、教育原理和社会现状的幼稚教育的15条意见。1928年,为普及教育他从90多万字的白话文材料中找出4 719个常用字,编成《语体文应用字汇》。同年5月,他与张宗麟合编了《幼稚教育丛刊》。南京鼓楼幼稚园成为中国最早的幼稚教育实验中心,在教具、教材、教法等方面的试验结果成为国民政府教育部1932年颁布的《幼稚园课程标准》的基础。

1934年7月至1935年3月,陈鹤琴赴英国、法国等11国考察教育。回国后积极宣传介绍欧洲先进教育经验,编写了《儿童国语课本》《儿童作文课本》《小学生应用图表》《儿童算术练习卡片》《最新英文读本》《最新英文字帖》等,对小学教育及教科书进行研究。1937年,上海"八一三"以后,在地下党领导和推动下,各慈善机构设立70多个难民收容所,并成立难民教育协会,陈鹤琴为协会的主要负责人,负责收容所的难民教育。在对难民及儿童的教育中,他积极推广新文字活动,创办新文字教员训练班。编写了拉丁化新文字《民众课本》二册、新文字和汉字对照连环画15册。同时,积极进行新义字、汉字注音字母的教学比较实验,并写《汉字拉丁化》一文,总结新文字运动经验。

1940年4月,他本着"要做事,不做官"的意愿,婉拒政府委任,到江西泰和创办我国第一所公立幼稚师范学校,以实现办中国化的幼稚教育,由中国人自己培养幼稚师资的愿望。10月1日,江西省立实验幼稚师范学校正式开学。1941年,陈鹤琴创办《活教育》月刊,他主张学生"手脑并用、文武合一",还亲自为幼稚师范学校设计了寓意很深的校徽:一只小狮子图案,他填写的校歌歌词体现了"做中学"的教育思想。

> ……幼师!幼师!前进的幼师,做中教,做中学,随作随习,活教材,活学生,活的教师!大自然大社会是我们的工作室,还有那手脑并用文武合一,建设我们的新国家,教导我们的小天使。幼师!幼师!前进的幼师。

1943年春,江西省立实验幼稚师范学校由省立改为国立,同时增设幼稚师范专科,培养幼稚师资和研究人才,在他的努力下形成了一个较为完整的幼稚师范教育体系,包括专科部、师范部、小学部、幼稚园、婴儿园等五部分。1945年9月,陈鹤琴任上海市教育局督导处督学,创办上海市立幼稚师范学校,继续实验活教育理论,恢复《活教育》月刊。他允许学生参加政治运动,支持幼专学生在大场办农忙托儿所、农村托儿所等,推广工厂和农村学前教育。1947年2月,创立上海儿童福利促进会,以解决难童教养问题。筹建上海特殊儿童辅导院并担任院长,计划将该院建成盲、聋哑、伤残、低能等特殊儿童的综合性教育机构。

新中国成立前夕,由于他支持学生参加示威游行活动,掩护和营救进步教师,担任了进步团体"上海市小学教师联合进修会"和"上海市校教师福利促进会"的顾问等一系列爱国行为,两次被国民党特务逮捕,后经上海五位大学校长联合营救获释。1949年9月,他出席了全国政治协商会议第一届全体会议。

新中国成立后,他任中央大学师范学院院长,1953年任南京师范学院院长,在主持校务的同时,讲授儿童心理学课,继续研究和探索发展中国幼儿教育事业的道路。1958年,陈鹤琴受到错误的批判,

1959 年被迫调离教育岗位。十一届三中全会后,任江苏省第五届人大常委会副主任,第五届全国政协委员、中国教育学会名誉会长、全国幼儿教育研究会名誉理事长、中国人民保卫儿童全国委员会委员,中国文字改革委员会委员等职。

陈鹤琴一生从事教育活动近 70 年,在学前教育、小学教育、师范教育、特殊教育、文字改革等方面都作出了卓著的贡献。他是在学前教育史上最早运用观察和实验的方法研究中国儿童的心理发展规律的学者,是中国现代学前教育的开拓者和改革者,创办了多层次的幼儿师范教育。他的学前教育理论与实践对中国 20 世纪 20 年代至 40 年代有直接的影响,至今仍有很高的理论意义和实践价值。他留下来的 300 余万字的《陈鹤琴全集》,是一份十分珍贵的教育遗产。

(二)论幼稚教育的意义

陈鹤琴非常重视幼稚教育。早在 1928 年,他就与陶行知联名在全国教育会议上提出《注重幼稚教育案》,敦促国家宣布幼稚教育在学制上的正式地位。1947 年他在《战后中国的幼稚教育》一文中,批评政府只重视高等教育忽视幼稚教育的政策。解放以后,他多次就发展幼儿教育事业提出提案和议案,以推进幼稚教育的全面发展。

1. 幼稚期是人生可塑性最大的时期,需要有适当的环境与优良的养育

陈鹤琴认为人的培养,要从小开始,要"小"字、"早"字当头。他认为儿童期是发展个人的最好的机会,言语、习惯、道德、能力,在儿童的时候学习最速,养成最易,发展最快。并指出"环境既然复杂,学的时期当然要长,如果全是先天的遗传,而不加以后天的学习,必不能适应这样复杂的环境"。因此,他得出结论:"儿童期包含这两方面意思:一方面儿童期是发展能力的时期,一方面儿童期具有可以发展的性质,此即所谓可塑性或谓可教性。"于是,他明确提出"幼稚期(自出生至 7 岁)是人生最重要的一个时期"。

2. 学前教育是一切教育的基础,对各种教育要发生深刻的影响

陈鹤琴认为,幼稚期的教育是整个教育的基础,更是一生教育的关键。1947 年,他对政府裁并学前教育机构的政策十分不满,公开指出政府应改变教育政策。他强烈要求政府普及幼稚教育和幼稚师范教育在学制体系上的独立地位。1950 年颁布了新中国成立以后的第一个学制,确定了幼儿教育在学制体系中的地位,幼儿教育得到前所未有的发展,他特别指出:"幼儿教育是一门教育科学,是基础教育的基础。"进一步阐述了学前教育事业在整个国民教育事业中的地位。

3. 为了减轻工作妇女养育子女的负担,迫切需要幼稚教育

陈鹤琴认为,世人总有一种错觉,认为托儿所、幼稚园是为贵妇们减少照养子女的责任而已,这种看法是不对的,托儿所、幼稚园其真实的意义在于妇女从事更多的工作和社会活动,使她们不致因照顾子女而忽视工作,或者因从事工作而忽视子女。把劳动妇女从养育子女的负担中解放出来,这是中国改善生产、发展经济、求得进步、摆脱落后状况所必需的条件。解放妇女,就必须发展幼教事业,尤其是举办农村托儿所和工厂托儿所,是刻不容缓的工作。

4. 为了特殊儿童能得到社会的养护

陈鹤琴认为,家庭和社会上的一些流浪儿和智障、残疾儿童得不到很好的养护和培育,就需要有社会幼儿教育机构收养和教育。如果不对他们实行早教育、早养护,提高他们的自我生存能力,将来会成为家庭和社会的累赘。所以,普及和发展幼稚教育是非常有必要的。

(三)论幼稚园要适应国情

陈鹤琴认为旧中国的教育制度,存在严重的模仿外国的倾向,在幼儿教育上尤为突出。1927 年,他在总结办南京鼓楼幼稚园经验时就提出"幼稚园要适合国情",他说:"我们的小孩子不是美国的小孩子,我们的历史,我们的环境均与美国不同,我们的国情与美国的国情又不是一律,所以他们视为好的东西,在我们用起来未必都是优良的。"

陈鹤琴认为,要适合中国的国情,就要以中国孩子为对象,总结中国孩子的特点,以中国孩子为中心,吸取外国有用的经验。他认为,中国必须建立本民族的儿童心理科学,就必须打破国界,广泛深入地研究国外儿童心理学已有的成果。他对夸美纽斯的《儿童图画世界》、卢梭的《爱弥儿》、克伯屈的《儿童

研究之原理》、桑戴克的《个别差异》等名著都作了深入探讨,仔细研究了裴斯泰洛奇和席格门对自己的孩子出生以后跟踪研究的方法。

(四) 论儿童心理的特点与幼稚教育

早在1920年,陈鹤琴就把自己的儿子作为实验和研究儿童心理的对象,对其身心发展进行了长达808天的连续观察和文字、摄影记录。他从这些大量的材料中,具体剖析了孩子身体的发展,动作的发展,及模仿、游戏、好奇心、言语等各方面的规律。以后又不断地对大量的儿童进行观察、实验,总结出了儿童的心理特点,这样的总结自然就具有民族性和科学性的特点。他在《儿童的心理》中概括和分析了儿童所具有的心理特点。

1. 儿童心理的特点

陈鹤琴认为,对儿童的培养与成人不同,不能给他们成人化的东西,要适应他们的生理、心理特点,要做到儿童化。儿童化很重要的一点,就是要合乎儿童的特点,并根据这些特点,施以适当的教育,找到最经济、最有效的办法,收到优良的教育效果。他在《儿童心理及教育儿童之方法》一书中指出,把儿童视为"小人"的传统观念是违背儿童心理发展特点的,是不科学的。逼着小孩子一举一动和成年人一样,叫他端端正正地坐在那里,不许到户外游戏,甚至叫儿童也和成人一样穿起长衫马褂,他们会感到万分的难受。把儿童当作成年人一样看待,去施以教育,是摧残儿童的活泼天性的。他说"儿童不是'小人',儿童的心理与成人的心理不同样,儿童的时期不仅作为成人之预备,亦有他的本身的价值,我们应当尊敬儿童的人格,爱护他们的烂漫天真。"儿童不是缩小了的成人,也不是成人的预备,这个时期是儿童发展智力、学习语言最快的时期,是道德习惯养成最容易的时期。幼儿教育就是要抓住这个最佳期,为整个人生的发展打下一个好的基础。

陈鹤琴认为儿童具有以下特点。

(1) 小孩子好游戏。儿童是生来好动的,以游戏为生命。儿童还没有养成自制力,他的行为完全为冲动与疼觉所支配。教师和家长要了解好动是儿童突出的特点。

同样,好动就推进了儿童游戏的天性。要知多运动,多强健;多游戏,多快乐;多经验,多学识,多思想,所以做父母的不得不注意小孩子的动作和游戏。一方面,做父母的应有良好的设备使小孩子能够充分地运动;另一方面,做父母的应有适宜的伴侣使小孩子受到优美的影响。在教育上应当给他充分的机会和适当的刺激,让儿童在摆弄物体的过程中,从无知无能发展到有知有能。儿童以游戏为生命,我们应创造适当的环境,使其天真烂漫、活泼好动的特点得到充分的发展,应多采用游戏式的教学法,以提高教育效果。

(2) 小孩子好模仿。模仿动作,青年老年都有的,不过儿童来得格外充分一些。儿童学习语言、风俗、技能等等,一部分是由模仿别人而来的。他认真研究了克伯屈关于儿童模仿动作的分类的学说,对普莱尔、鲍德温、迪尔博、摩尔关于儿童模仿何时发生的试验进行了比较,又详细地观察记录了小孩模仿的发生,在研究大量的国外学者和自己试验的材料的基础上,提出指导儿童模仿的科学方法:

第一,应正确了解模仿动作的差异性。例如儿童模仿学说话的声音,儿童学写字握笔的位置和姿势,都不会与成人一样,教师和家长要格外当心,发现错误,要立刻给以校正,千万不可让孩子养成错误的习惯。

第二,注意儿童在模仿中的感受性。儿童从模仿中应当感受到两种快乐:一方面是生理的,即从肌肉筋骨以及其他感觉器官所得的快乐的感觉;另一方面是社会的,即他通过模仿,得到别人的称赞、鼓励,从而得到快乐的感受。凡不能发生这两种快感的事情,不要给他模仿;凡能发生这两种快感的事情,便做给他看,叫他模仿。

第三,懂得模仿的阶段性。儿童模仿有一定的时间和阶段性,年龄不同感受的能力就有所不同,比如四五个月的小孩,不能模仿写字、读书、缝纫等,只能模仿声音。所以,就要科学地分析孩子所处年龄段的模仿能力,不能勉强儿童模仿他的年龄段所不能模仿的东西。

第四,知晓儿童模仿的无善恶性。儿童在模仿事物时是不分善恶美丑的,他不能对周围的环境进行有选择模仿,近墨者黑,近朱者赤就是这个道理。这就需要家长和老师在同孩子的交往中,注意自己的言行,起到模范带头作用。同时,还要为儿童健康成长创造良好的生存空间,教会儿童鉴别是非善恶的能力。

陈鹤琴关于幼稚园教育的15条主张

（3）小孩子好奇心强。儿童的好奇心是随年龄的变化而不断发展的。儿童在未能行走以前，他的主要兴趣在于观察事物的变化和彼此间的联系；会走路以后，他就会更多地参与到事物间的变化和运动中，如靠近物体，用手去抚摸等动作，或者追赶动物等。儿童生而无知，他的好动的能力与模仿的能力逐渐滋长，好奇心也逐渐发展，见了新鲜事物，就要追究，倘使他看见了冰，不好奇，不去玩弄，那他恐不会知道冰是冷的；倘使他看见了外面路上的汽车，不跑出去看看，那他恐不会晓得汽车是什么东西。这样做了，儿童便完成了新知识的不断积累，获得了更多的生存、生活经验。即使他在游戏中弄坏玩具或其他什么东西，都不要责备，而是要悉心指导，科学解答，不可假作聪明，迷惑、禁锢了儿童的思想，泯灭了儿童的天性。

（4）小孩子喜欢成功。儿童一有成就，就有自信心；成就愈多，自信心愈强；自信心愈强，愈易成功。学前教育工作者和老师以及家长都应懂得这个道理。

（5）小孩子喜欢野外生活。郊游对儿童的身体、知识、行为都有良好的影响，大自然、大社会能为儿童提供丰富的活动课堂，教师应不怕麻烦，多创造外出游玩的良好机会。

（6）小孩子喜欢合群。"做父母的正可以利用这种合群的心理教育小孩子。第一，我们要使他得着良好的小朋友；第二，我们应给他驯良的动物做他的伴侣；第三，我们再给他小娃娃之类以聊解他的寂寞。凡人都喜欢群居，两岁儿童就愿与同伴游玩，六岁儿童的合群心更强，应使儿童常与小朋友交往，培养其友爱互助、热爱集体的品质，发展其社会性"。

（7）小孩子喜欢被称赞。二三岁的孩子喜欢"听好话"，喜欢旁人称赞他，到了四五岁的时候，这种喜欢嘉许的心理更加浓厚。儿童喜欢听好话，表扬、鼓励能增加儿童的兴趣和勇气，所以应多采用积极的鼓励措施。

陈鹤琴认为只有依据儿童这些心理特点施行教育，才能取得良好的教育效果。他所揭示的儿童心理特点，为幼儿园教育和家庭教育提供了科学的依据。

2. 学前儿童发展的阶段与教育

陈鹤琴经过多年观察、试验、研究，对儿童各个不同阶段的心理活动特征作了科学的阐述，感觉运动生活（如听觉）在新生后一个月左右就已开始发展，情绪生活则在新生一个月至一年左右具有发展的雏形，其后到6岁为智慧奠基之时，到12岁社会生活有显著的发展。为此，他将学前儿童分为四个发展阶段，并确定了与各发展阶段相适应的教育重点。

（1）新生婴儿期（出生到一个月左右）

他以陈一鸣为对象详细地观察了这个时期婴儿的感觉、动作、情绪、生理现象，根据这些心理与生理的发展，施以人生最初的教育。人们常常认为新生儿谈不上教育，他认为，每个儿童自出生之日起就已开始学习（甚至可以说在胎内已开始学习）。哺乳之前，给婴儿5秒钟的声音刺激，经过10天训练，多数婴儿，一听到声音，即有吸吮动作，因此，这一时期就应该给予婴儿教育。其教育内容有三：一个是环境的教育。因新生儿初离母体，刚开始进入一个新的世界，他适应的能力很薄弱，父母应控制环境，使之适应婴儿的要求，如要使环境安静，房间空气要流通等。另一个是饮食的教育，如哺乳要定量定时，排泄也要养成定时的习惯。再一个是睡眠教育，要养成睡眠的好习惯，如独睡、熄灯睡，不要抱着睡。

（2）乳儿期（新生到1岁左右）

这一时期，乳儿的情绪发展和动作发展较为突出，尤其要注意人类最宝贵的行走运动。据他观察，在乳儿时期，已开始从新生时的反射生活范围发展为许多复杂的、联合的运动的范围，先是坐、立、爬行等动作发展较快，然后是儿童靠辅助站立、行走、跳跑等动作。这个时期情绪的表现也较为明显，包括生理上的表现、面部的表现、全身筋肉的变化、声音（如哭声、泣声、笑声、惊叫等）的表现、动作的表现，都可以表现婴儿情绪的变化。他在《儿童心理之研究》一书中，对婴儿笑的发展、快乐的发展、愤怒的发展、惧怕的发展等，都作了详细的记录。

陈鹤琴认为乳儿期不仅要注意到他的生理调护，而且还应对动作和情绪进行良好教育及培养。他指出，动作教育就是儿童身体筋肉活动时，所应受的指导与维护。为了便于儿童活动，应为儿童准备合乎卫生、舒适、自由、方便、适宜的衣服，鞋袜的大小、质地，都要便于乳儿学习走路，在儿童学习爬行、走路等动作时，父母师长要特别注意。

（3）步儿期（1岁左右到3岁半左右）

陈鹤琴指出，在这一时期，幼儿从乐于步行到喜欢跑跳，而且语言和智力也有显著的进步。因为这个时期比较长，他又将它分成几个小段进行观察研究，即第2岁的前半年，第2岁的后半年，第3岁到3岁半。

关于儿童行走发展，他认为儿童由不会行走而能独立行走，有赖于儿童主观、客观的原因，如健全的骨器、筋肉和神经的作用，适当的智力程度，行走的动机，有行走的机会等。要遵循孩子行走的规律与习惯，适时予以帮助指导。儿童学习行走的过程，也是筋肉活动迅速发展的过程，儿童这些能力的取得，扩大了他的活动空间，使他由一个不独立或半独立的个体，逐步向独立个体过渡。

关于儿童言语发展，他认为儿童学习言语一般分为言语模仿、将字结合、应用代名词与复数四个阶段。他详细记录观察了儿子陈一鸣言语发展的情形，总结出一般孩子在出生后5个星期便牙牙学语，满6个月，能够发出母音和子音，满12个月大多数儿童均能模仿一两个字，满18个月能应用简单句子，满2岁能应用一般的句子，满3岁，儿童言语与成人的就相差不多了。

（4）幼儿期（3岁半左右到6岁）

为研究方便，陈鹤琴又将幼儿期分为3岁半到4岁、4岁到5岁、5岁到6岁这三个小段。他重点研究了儿童的思想活动、社会性的发展、情绪的转变等。

关于思想的活动。他认为，儿童的发展是一个渐进的过程。儿童出生后无知无识，其思想活动不过是注意人物和视觉环境；到1岁的时候，对于环境中的形状、颜色、声音等稍有熟识，也产生了一些单独的观念；后来记忆得以发展，学会了言语，思想便大有进步；以后好问心的发展，便能分清人物的区别；到3岁左右，想象力得以发展，可以用经验去理解事物。儿童能思想，不过他的思想有不正确的地方，这就需要用科学的方法加以引导。

关于社会性发展。他认为，儿童的社会性指儿童与儿童、儿童与成人之间构成的社会关系。3岁前后，儿童的社会生活才正式开始发展，以前他是独自游戏，或者看别人游戏。现在他开始对其他儿童的游戏发生了兴趣，主动参与游戏。对于成人，他改变了以前总是消极依赖的态度，而是依靠自己的经验、力量来做自己要做的事情。对于成人的帮助或干涉，常取反抗的态度。儿童社会性的发展也有很大的个别差异，应区别对待。

关于情绪的转变。他认为，幼儿期与乳儿期的情绪表现有所不同，在乳儿期，惧怕、愤怒与情爱的情绪表现较为单纯和机械，但到了幼儿期，环境变得复杂、纷繁，儿童情绪的激起，不仅来自自身生理上的要求，而且来自社会环境的刺激。儿童这种情绪的表现，就是从自我到他人、从机械到繁复、从个人到社会的转变，尤其是儿童社会性的发展，对其情绪的转变，影响很大。

为此，他认为，在幼儿期教育的实施中，要以积极的启发、暗示和鼓励，代替消极的限制、批评，不姑息，不迁就，让儿童使用自己的手脑；让儿童有自己的活动园地，发展儿童的好问心；父母师长应以身作则等。在教育的过程中，有针对性地促进儿童各个阶段的全面发展。

（五）论"活教育"思想

陈鹤琴在美国留学期间，曾受杜威、克伯屈、孟禄、桑戴克、罗格等实验主义和进步主义教育思想的影响。回国以后，面对旧中国教育的因袭旧法、脱离生活、死读书本，便立志改革旧教育、创造新教育。他试图用"活教育"来改革中国的旧教育。20世纪30年代末，陈鹤琴在《小学教师》发刊词中重述了陶行知十年前对中国传统死教育的描述，"教死书，死教书，教书死；读死书，死读书，读书死"，并提出教师应该"教活书，活教书，教书活"，学生应该"读活书，活读书，读书活"，在总结自己以往教育实践和思想的基础上，明确阐述了自己的"活教育"主张。20世纪40年代，陈鹤琴开始"活教育"的实验，创立了江西省立实验幼稚师范学校，并附设小学部、幼稚园、婴儿园以及专科部，形成一个成体系的教育实验区。经过不断的试验和研究，到了40年代末，活教育从实验

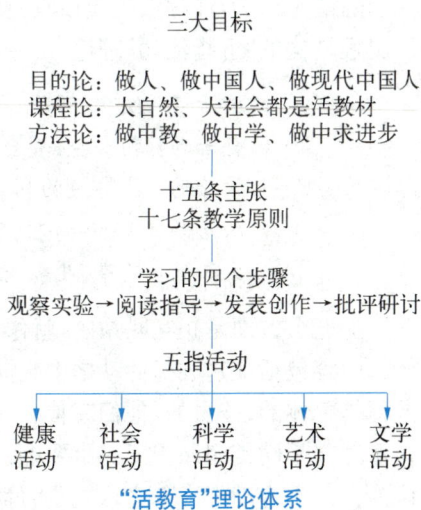

三大目标

目的论：做人、做中国人、做现代中国人
课程论：大自然、大社会都是活教材
方法论：做中教、做中学、做中求进步

十五条主张
十七条教学原则

学习的四个步骤
观察实验→阅读指导→发表创作→批评研讨

五指活动

健康活动	社会活动	科学活动	艺术活动	文学活动

"活教育"理论体系

初期的几个口号和几个轮廓,逐渐形成了较为完整的理论体系,从"活教育"的目的、方法、课程,以及教师观等方面提出了有创建性的主张。

他在《战后中国的幼稚教育》中,提出要实现"活教育"就必须牢固树立三个目标:一个是做人,做中国人、做现代中国人;另一个是做中教,做中学,做中求进步;再一个是大自然、大社会,是我们的活教材。

1. 编制幼稚园课程的原则和方法

（1）编制幼稚园课程的原则

1951年,陈鹤琴发表了《幼稚园的课程》一文。在这篇文章中,他批判了欧美国家所实行的完全从儿童出发,缺乏系统性的单元教学的课程编制模式,提出了适合我国国情的幼稚园课程编制应遵循的十大原则:

① 课程的民族性:课程应是民族的,不是欧美的;
② 课程的科学性:课程应是科学的,不是封建迷信的;
③ 课程的大众性:课程应是大众的,不是资产阶级的;
④ 课程的儿童性:课程应是儿童化的,不是成人化的;
⑤ 课程的连续发展性:课程应是连续发展的,而不是孤立的;
⑥ 课程的现实性:课程应符合实际需要,而不能脱离现实;
⑦ 课程的适合性:课程应适合儿童身心发展,促进儿童健康;
⑧ 课程的教育性:课程应培养儿童五爱、国民公德和团结、勇敢等优良品质;
⑨ 课程的陶冶性:课程应陶冶儿童性情,培养儿童情感;
⑩ 课程的言语性:课程应培养儿童说话技能,以表达自己的情感和思想。

根据以上十大原则,陈鹤琴修订了原定的教育单元,加入了"五爱"教育内容,形成了九项内容构成的课程结构:节日、"五爱"教育、气候、动物、植物、工业、农业、儿童玩具、儿童卫生。这九项内容构成的课程结构,与其早些年形成的"五指教育"结构相比,增加了20世纪50年代一些新的成分,具有时代特色,但是,这种新课程结构显得比较零碎、整体性较差。

（2）课程编制的具体方法

陈鹤琴认为,在课程编制原则的指导下,应运用圆周法、直进法和混合法进行课程编制。

圆周法:幼稚园每个年龄班预定的教育单元内容相同,研究的事物也相同,但所选教材的难度和分量应根据儿童年龄的不同而有所变化,各班要求由浅入深。

直进法:就是将儿童生活中接触的事物,按照事物的性质和内容的深浅分布在各个不同的年龄班中,如小班研究猫和狗,中班研究羊和牛,大班研究马和虎。也就是说,不同班的课题和要求都不相同。

混合法:就是在编制课程的时候,以上两种方法均可采用,即课题和要求有相同或不同,将这两种编制办法有机结合,合理运用到实际工作中。混合法是编制课程时采用最多的一种方法。

2. 保教内容

陈鹤琴认为,课程结构应该具有整体性,以促进学前儿童全面发展为目标。为此,他创造性地提出了课程结构的"五指活动"理论。

① 健康活动:饮食、睡眠、早操、游戏、户外活动、散步等;
② 社会活动:朝夕会、周会、纪念日、集会、每天的谈话、政治常识等;
③ 科学活动:栽培植物、饲养动物、研究自然、认识环境等;
④ 艺术活动:音乐（唱歌、节奏、欣赏）、图画、手工等;
⑤ 语文活动:故事、儿歌、谜语、读法等。

这五个方面是相互联系的,就像人的五个手指,共同构成了具有整体功能的手掌。学前教育课程的全部内容包括在这五指活动之中。同时,他认为这五个方面是有主次之分的,是相互联系,可以伸缩的。课程是整体的、连贯的,他们就像人手掌上的五根指头一样,结成了一个独立而又相互协作的教育网。儿童健康是幼稚园课程第一重要的。幼稚园的教育应注意儿童的健康,培养儿童良好的行为习惯。他认为:"人类的动作十分之八九是习惯,而这种习惯又大部分是在幼年养成的;所以幼年时代,应当特别注意习惯的养成。"要带幼儿多到户外活动,让儿童在接触自然中学到各种经验,还可以使他们呼吸到新鲜的空气,活跃儿童的精神,增加儿童的欢乐。此外,幼稚园应特别注意音乐教育,培养儿童对音乐的兴趣,发展他们欣赏音乐的能力和技能。

3. 保教方法

陈鹤琴在《活教育的教学原则》一书中对活教育的教学原则和教学方法作了详细的阐述。

（1）活教育的教学原则

活教育的教学原则是"做中教、做中学、做中求进步"的进一步细化,它主要表现在以下十七个方面:

① 凡儿童自己能够做的,应当让他自己做;

② 凡儿童自己能够想的,应当让他自己想;

③ 你要儿童怎样做,你应当教儿童怎样学;

④ 鼓励儿童去发现他自己的世界;

⑤ 积极的鼓励胜于消极的制裁;

⑥ 大自然、大社会是我们的活教材;

⑦ 比较教学法;

⑧ 用比赛的方法来增进学习的效率;

⑨ 积极的暗示胜于消极的命令;

⑩ 替代教学法;

⑪ 注意环境,利用环境;

⑫ 分组学习,共同研究;

⑬ 教学游戏化;

⑭ 教学故事化;

⑮ 教师教教师;

⑯ 儿童教儿童;

⑰ 精密观察。

这十七条"活教育的教学原则"集中体现了"活教育"理论的全新的教育观念,可以概括为活动性的原则、儿童主体性原则、教学法的多样性原则、利用活教材的原则、积极鼓励胜于消极制裁的原则、教学相关的民主性原则等。突出了以儿童为学习主体的思想,一个"活"字、一个"做"字,使儿童处于主动学习的地位,陈鹤琴的"活教育"理论对幼儿师范教育的理论实践有指导意义。

（2）整个教学法

陈鹤琴先生在对学前儿童心理和教育长期研究的基础上,提出了适合学前儿童发展的课程组织法,这就是"整个教学法"。

陈鹤琴认为幼稚园的课程乃幼稚生在园的一切之活动。课程不等于科目,大学生的程度高、知识深,非分科不可,"而幼稚园的分科教学是四分五裂、杂乱无章的,是违反儿童的生活和儿童心理的"。陈鹤琴认为,"整个教学法,就是把儿童所应该学习的东西整个地、有系统地去教儿童学"。因为学前儿童的生活是"整个的",学前儿童的发展也是整个的,外界环境的作用也是以整体的方式对儿童产生影响的,所以为儿童设计的课程也必须是整个的、互相联系的,而不能是相互割裂的。

由于学前儿童都是具有差异的不同个体,每个儿童都是相对独立的,他们的智力发展水平不一,兴趣不同,课程应当采用游戏式、暗示性、小团体式的教学法。游戏法是整个教学法的具体化。游戏具有统整作用,陈鹤琴认为儿童以游戏为生活,儿童总是喜欢游戏的,"凡事当作工作做就是痛苦的,当作游戏做就是快活的"。通过游戏可以发展身体,培养高尚道德,使脑筋敏锐,为休息之灵丹。儿童在游戏中,能收到事半功倍的效果。所以幼稚园的课程应当采用游戏式的教导法。采用游戏化方式组织课程,有利于学前儿童健康发展。陈鹤琴又认为儿童好模仿,易受成人的暗示,幼稚园的课程应采用暗示性的教学法,通过语言、文字、图画、动作进行暗示,尤以教师和家长的以身作则最为重要。陈鹤琴还主张多采用小团体的教学法,他认为幼稚生的年龄不齐、智力不同、兴趣不一,应当区别对待、分组施教,以使处于不同发展水平的幼稚生都能有所长进。随着科学实验的不断积累，他又陆续提出比较法、比赛法、替代法、观察法等，既可以提高教学效果，又使儿童的兴趣格外浓厚。他所提倡的多样化的教学法是符合幼儿身心发展特点的，具有科学性。

4. 论怎样做幼儿教师

陈鹤琴认为，中国化的幼稚教育必须由中国化的幼儿教师来实现，同样，解决幼教师资问题是办好中国幼教事业、普及幼教工作的关键。在旧中国，帝国主义几乎垄断了幼儿教育师资的培养，他多次呼吁社会要重视幼稚园师资的培养。创办培养幼教师资的学校是他多年的愿望。早在1927年，陶行知开办晓庄试验乡村师范学校，陈鹤琴就被邀请担任其中幼稚师范院院长，培养了一批农村幼教老师。1928年，在第一届国民教育大会上，他与陶行知联名提出注重幼稚教育案，建议就环境适宜之地，开设幼稚师范学校，或在各省之师范内，增设幼稚科，以培养专门人才，供给良好师资。1940年，他创办江西省立幼稚师范学校（后改为国立幼稚师范学校）。抗战胜利后，创办上海市立幼稚师范专科学校。新中国成立以后，他担任南京师范学院院长，设立了独立的幼教系，附属一所幼儿师范学校和两所幼儿园，建立起了从幼儿园—幼儿师范—幼教系的完整的幼教体系。在陈鹤琴的带领下，幼教系教师经常深入幼儿园进行研究，使得理论与实践、教学与研究紧密结合。南京师范学院还设立了儿童教育研究室和儿童玩教具研究室，自建有玩具工厂，生产的玩具远销东南亚。因此，陈鹤琴创建了教学、研究和生产三者结合的教师培养体制。他对幼稚园教师们寄予厚望，褒奖教师是最伟大而又最辛勤的雕塑匠，是人类灵魂的工程师。

1950年，他在《怎样做人民的幼稚园教师》一文中指出，要做好一名人民满意的幼稚园教师就应在政治思想、专业技术、教学方法、品质等方面具备相应的条件。

（1）思想方面。他认为，作为一名幼教工作者，首先要了解自身的任务实在是伟大而艰巨的，他们肩负培养祖国幼苗的重任，同时幼稚园也是解放妇女的桥梁，幼儿教师应该成为改造家庭教育的助手。所以，幼稚园教师应在思想上要肃清封建的、买办的、法西斯主义的封建残余，明了中华人民共和国之文化教育建设方针，牢记所担负的培养儿童爱祖国、爱人民、爱劳动、爱科学、爱护公共财物等，使儿童健康成长并成为国家有用之人的使命。

（2）业务方面。对幼稚园教师的业务要求是非常严格、全面的。首先，要认真学习儿童心理学、卫生学知识，掌握和了解儿童各个成长期身体和心理发展的特点。其次要精通音乐、自然、故事、游戏、舞蹈、手工、图画等各种教学内容。再次，要懂得预防天花、麻疹、白喉、霍乱、伤寒等各种传染病的方法，认真探讨儿童良好生活习惯和优秀品德形成的科学方法。最后，要注重在增强儿童德智体美劳等方面发展的知识储备，为儿童健康成长打下基础。

（3）教学方法。一方面，幼儿教师应熟知和掌握教学基本原则，即教师要在各种实际活动中去教，让学生在活动中去学；要了解儿童的个性，对症下药；要建立师生间的友谊，善于根据每个儿童的经验、个性、兴趣及学习能力为他选择适当的学习材料；能充分利用活教材进行教学。另一方面，幼儿教师应熟知和掌握最基本的教学技术，即着力把自己打造成为多面手。要能讲故事、编歌谣，能画图、做手工，能唱歌、懂音乐且会演奏，总之，幼稚园的教师知识要渊博，教学技术要全面，只有这样，教学才能更科学。

（4）品质方面。要求对待别人要和蔼可亲，乐于助人；对待自己要多作自我批评，谦虚谨慎；对待儿童要热爱、公平；对待工作要有高度的热情，全心全意，富有创造性。

（六）家庭教育思想

陈鹤琴认为："小孩子生来是无知无识的，不知什么是好，什么是坏。他的一举一动可说一方面受遗传的影响，一方面受环境的约束，受教育的支配。小的时候，环境中最重要的因素是父母，教养中最重要的因素，恐怕也是父母。"于是，他指出小孩子的"知识之丰富与否，思想之发展与否，良好习惯之养成与否，家庭教育实应负完全的责任。"他在《家庭教育》《儿童的发展与教育》等书和《怎样做父母》等文章中对家庭教育理论都作了充分论述。

1. 科学的儿童观是进行家庭教育的前提条件

科学的儿童观就是要尊重儿童的独立人格。陈鹤琴批判地继承了中国传统文化中的"慈幼"思想，要求热爱儿童和"爱而会教"。他提出"小孩子有小孩子的意志，小孩子有小孩子的人格，成人应当尊重小孩子的人格"。这是他在批判传统文化中要求子女顺从父母的错误儿童观和学习西方儿童研究新成果的基础上,提出的 20 世纪中国新型的儿童观:尊重儿童的人格。

科学的儿童观就是要求家庭教育民主化。他认为,做父母的应当同小孩做伴侣,父母和孩子做游戏的好处很多,既可以沟通彼此间的情感,增加家庭中的天伦之乐,又可以利用做游戏机会教育孩子,发现孩子不好的行为和思想,及时加以纠正。在儿童教育中贯穿自由和纪律,是培养健全人格和社会公民所必需的,这充分反映了他尊重儿童和对儿童充满爱的教育观。

2. 要把科学地了解儿童作为实施家庭教育的基础

陈鹤琴认为做父母的应该全面提升自身素质和教育能力,认真研究和掌握儿童身体发育特点、心理发展规律、知识获得的方法以及人格的科学形成,使广大家长都能对自己的子女有个正确的培养目标和教育方法。这就像家里养花养鱼一样,要想养护得好,就必须知道花和鱼的习性,否则,就可能事倍功半,甚至造成鱼死网破、劳民伤财的后果。

他认为,家长充分了解了儿童还不行,还应有科学的教育方法。他批评家庭教育中娇生惯养、过分溺爱和专制式的严厉管教。前者是对孩子无原则的爱,它有损于孩子的身心发展,因而他强调"对子女要爱护,但绝不要溺爱",家长的责任是帮助孩子生活、自立和做人,而不是代孩子"吃苦","凡是孩子自己能够做的,应当让他自己做,凡是儿童自己能够想的,应当让他自己想"。同时,他批评家庭教育中的专制式的严厉管教方法,认为这种管教方法的后果只能摧残儿童的创造力,束缚儿童的思想。

他多次告诫家长:"做父母的教养子女第一条原则,就是要尊重'以身作则'这条原则。"在婴幼儿期,父母是孩子心目中的理想人物,他们的一举一动都直接或间接影响小孩。即使进了幼稚园,老师和父母对于小孩子的影响力仍非常大,父母的一言一行、一举一动都会给孩子留下较为深刻的烙印,如果是个不好的烙印,就会影响孩子的思维和行为,产生不良后果。

他强调,家庭教育还要遵循"一致"原则。这种一致不仅仅是父母施教方法的一致,而且是指对孩子教育过程中的前后一致。坚决反对那种在处理同一件事中家长意见不统一,让孩子无所适从,或者前后不一致,让孩子产生蔑视父母的想法。

3. 家庭教育功能应渗透到儿童体、智、德、美、劳等活动的各个环节

陈鹤琴认为,家长要通过言传身教、家庭生活的实践等方式达到家庭教育的目的。主要体现在以下几个方面:一是卫生习惯的养成。他认为"强健的身体是小孩子幸福的根源,若身体不健全,小孩子固然终身受其累,而做父母的也要受无穷的痛苦"。而强健的身体是与良好的生活习惯分不开的,这就要求从吃、喝、拉、撒、睡等方面入手,通过日常生活的各个方面进行良好习惯的培养。二是智育方面。他要求家长要多渠道、多方式、多途径地让孩子获得更多的知识。要求父母应多带孩子到外面去看看,多想想,多动手做事情,幼儿通过实践,满足好动心、好奇心、模仿心和好游戏的要求,以获得对自然和事物的感性经验,这些最初的经验对幼儿的一生具有重要的作用,能影响其智力的发展。三是德育方面。他要求家长要注重儿童的情绪发展,慢慢学会待人接物。成人应为小孩创设活泼、轻松、愉快、有秩序的家庭氛围,反对父母将个人的不良情绪迁移到儿童身上和凭成人的喜怒去责罚小孩。同时,家长还要引导小孩多考虑别人,培养孩子拥有谦让、合作之心;引导孩子尊重长者,养成文明礼貌的习惯;引导孩子用具体的行为传递对他人的关爱,教育孩子富有同情心。四是美育方面。他要求注重对儿童进行美的熏陶,在剪纸、绘画、音乐等中培养幼儿的动手能力,发展其想象力和创造性,使其自己能够想、自己能够做,具有独创精神。

以上是陈鹤琴学前教育思想中的一些主要内容。除此之外,他还提出了有关幼稚园课程评价、课程实验等方面的主张或观点,我们对他的课程思想必须辩证地继承,吸取他思想中对我们学前教育课程改革与发展有用的内容,不断提升中国学前教育水平。

五、张宗麟

张宗麟(1899—1976 年),浙江绍兴人。我国著名的幼儿教育专家,我国第一位幼稚园男教师。早

年师从陶行知、陈鹤琴,后来协助陈鹤琴研究幼儿教育,为中国现代学前教育的发展作出了重要贡献。

（一）生平和幼儿教育实践活动

1915 年,张宗麟小学毕业后,考入绍兴浙江第五师范,期间参加学生运动。1920 年他从师范学校毕业,回家乡小学任教。1921 年考入南京高等师范教育系,1925 年毕业后,决定追随陈鹤琴研究幼儿教育,到陈鹤琴创办的南京鼓楼实验幼稚园当教师,成为我国幼稚园第一位男老师。1925 年秋至 1926 年冬,他用了一年多的时间,研究了编制幼稚园课程问题,参与了课程的散漫期—论理组织期—中心制期的实验全过程,总结出以大自然、大社会为中心,组成一个单元来实施课程,找到了"中心制"的办法,写成《幼稚园里的几种读法教学法》。

张宗麟通过对南京、苏州、杭州、绍兴、宁波 5 个城市的 16 所幼稚园和两所育婴堂进行调查,充分认识到当时的幼儿教育几乎全部西化,不仅教育思想、教学方法照搬外国,连教材、玩具、唱的歌曲和每年举行的庆典节日都是外国的。这种幼稚园是在为帝国主义传教士培养徒弟,完全脱离中国的教育实情,更加坚定了他潜心研究中国式的学前教育的决心,1926 年 6 月张宗麟写成《调查江浙幼稚教育后的感想》。同年冬完成的《幼稚教育概论》是他在南京鼓楼幼稚园开展的多种实验活动的结晶,他还协助陈鹤琴创办幼教杂志,成立幼稚教育研究会。

1927 年 2 月,他在杭州浙江女子高级中学任教务主任,4 月加入中国共产党。6 月,他回到南京,继续做陈鹤琴的助手,担任南京市教育局学校教育课幼儿教育视导员。9 月,他兼任晓庄试验乡村师范学校幼稚师范院指导员。1928 年上半年他转入晓庄学校任指导员及指导员主任(相当于教导主任),并创建了第一个农村幼教研究会。他协助陶行知在燕子矶、晓庄、和平门、迈皋桥、吉祥学园等处办乡村幼稚园。1929 年晓庄学校改组,建立了六个学院(后改学园),张宗麟任蟠桃学院院长。他在农村幼稚园里实行单元教学,如中山诞辰、娶新娘子、出外做客、捕捉昆虫、野外旅行等。开辟了小农场,进行农事教育,改关门办园为开门办园。还收集、改编民间歌谣、谜语、故事、游戏等作为教材。1930 年 4 月,国民党以武力强行封闭了晓庄学校,他被迫随陶行知到了上海。

1931 年初,他到了福建厦门集美学校,先后任集美幼稚师范教员、集美乡村师范校长、集美学校校长,主编《初等教育界》杂志,发表了不少关于闽南初等教育的调查及乡村教育与幼稚教育的论文。

1933 年初,他遭到国民党通缉,被迫辗转广西、四川、湖南、山东等地,先后任广西桂林师专教师、重庆教育学院教务长、湖北教育学院教育系主任、山东邹平简易师范校长等职。1936 年,他回到上海,参加了上海各界救国会联合会的工作,协助陶行知办生活教育社、国难教育社,曾任光华大学教授,鲁迅全集出版社秘书长,上海周报社社长,参加救国会核心组织,与沈钧儒、邹韬奋等同志一起,在党的领导下积极开展抗日救亡工作。

1942 年 9 月,张宗麟被迫撤离上海,转到淮南根据地,任江淮大学秘书长。1942 年底,参加了新四军干部赴延安小分队。1943 年 8 月,到了延安,立即投入根据地教育工作。1946 年由徐特立、谢觉哉介绍重新入党。后任延安大学教育系副主任,北方大学文教学院院长、华北大学教育研究室主任。当时延安地区的一批保育院在教育、教学方向有困难,张宗麟便把鼓楼幼稚园的单元课程引入解放区,使老区的保育院普遍开展 30 多个单元课程,如:《新年》《春来了》《手的用处》《奇怪的天空》等等。

北平解放后,任北平军管会教育接管部副部长、高等教育委员会副秘书长。中央教育部成立后,历任教育部高等教育司副司长、高等教育部计划财务司副司长、司长等职,为发展新中国教育事业作出了积极的贡献。

1952 年,他在《人民教育》上发表《对陶行知先生的认识和我的初步检讨》一文中,为他的恩师被错误批判辩护。1957 年,张宗麟被错划成右派分子,1976 年,因病在上海逝世,享年 77 岁。

张宗麟一生坎坷,但对教育事业的热爱始终不渝。他非常重视幼儿教育,认为"幼儿教育是一切教育的基础",提出了"明日的幼稚教育必定是普及的""必定是'教'与'养'并重""必定与家庭沟通"等九点设想。他通过南京鼓楼幼稚园和晓庄乡村幼稚园的实验研究,撰写了大量关于幼稚园课程的论文。他关注教师的培训问题,提出"中国急需有富于国家精神的幼稚园教师,所以急需设立完美的、富于研究试验精神的幼稚师范",并对幼稚师范的课程设置提出了许多建议,为中国教育事业特别是学前教育的发展作出了重要贡献。

党的十一届三中全会以后,教育部对他重新作出评价,认为他是一个好党员,是教育战线上一位老战士,他的一生是勤勤恳恳为人民的教育事业战斗的一生。他的实验研究成果和理论论著在我国幼教界产生广泛而深远的影响。其主要著作已经收入由他的女儿张沪编辑的《张宗麟幼儿教育论集》一书中。

(二) 论幼儿教育的地位和作用

张宗麟认为,幼稚教育就像盖房子要在基础上下工夫一样,教育也要在幼小时出力气,要改变中国的愚昧落后,就应该教好婴孩。幼儿教育无论对人生、对国家、对社会都具有特殊重要的意义。

他认为,幼儿教育应该是一切教育的起点,学龄前教育应与其他各期教育有同等重要的地位,被正式列入学制。幼稚教育与家庭教育的关系密切,父母需要工作,便将教育的大任托付给幼稚园,但就是没有工作的父母也不一定懂得教育孩子的方法,所以,幼稚园不仅要专门管理和养护孩子,还要传授给父母教育方法,这样就给孩子的健康成长提供了条件。

他认为,幼儿教育的作用在于:"儿童教育之第一要义为谋求儿童之健康",在幼儿教育中,如果对儿童只进行知识教育,而没有给儿童一个健康成长的环境和健康的体魄是不行的,那种教育就是畸形的教育。其二是生活习惯的养成。在幼儿教育中,要让儿童养成诸如饮食、起居、穿衣、避害、有礼貌、有纪律等生活习惯。其三是欣赏能力的启蒙。幼稚教育不必灌输太多知识而须培养欣赏之态度,也就是说,要激发儿童的求知欲和善于思考的习惯。其四是培养儿童表达能力。幼稚教育要挖掘儿童的自我表达能力,努力促进儿童在图画、手工、唱歌、游戏、言语等方面的发展。

(三) 论我国幼稚教育的发展方向

对于我国幼稚教育的发展方向,张宗麟认为不可一味抄袭外国,这种抄袭主要表现在:一个是仿造或直接购置外国玩具。对此,他十分不满,希望能设计出适合中国儿童特点,反映中国人生活的玩具。另一个是多采用外国音乐、教法、设备以及传统节假日。他认为,当时幼稚园所唱的歌曲多为圣经上的赞美诗或英文歌,墙上多半挂的是外国画,过的是洋节,这种不教育孩子爱自己的祖国,不培养孩子对自己祖国的感情,却热衷于向孩子灌输敬仰上帝的观念,是极其错误的。我们自己开办的幼稚园,在孩子的心灵不早早播种下爱国精神,专务外国化者,其危险是显而易见的。他主张在幼儿教育中,多创设中国的教学环境,多传授能代表中华民族美德的知识。

他认为要改变这种状况,就必须兴办我国自己的幼稚师范教育,多办幼稚师范专科和幼师。他十分拥护陶行知关于办大众幼稚园,幼稚园下乡、下厂的方针,主持晓庄等地的幼稚教育。他对福建龙溪育英幼稚园完全脱离外国化的束缚,摸索出一整套民族化、自主化的儿童教育模式大加赞赏。

(四) 论幼稚园课程

自 1925 年到南京鼓楼幼稚园协助陈鹤琴进行幼儿教育实验活动以后,直至新中国成立后在教育部任职期间,张宗麟都亲手试验或密切地关怀幼稚园的课程设置,在理论与实践上都作出了卓越贡献。

首先,明确给出了幼稚园课程的定义。他认为"幼稚园课程者,由广义地说之,乃幼稚生在幼稚园一切活动也。……包括一切教材、科目、幼稚生之活动"。

其次,提出幼稚园课程的内容。如果按照儿童的活动划分,那么课程应有以下内容:① 开始的活动,即幼稚生初入园时必须养成的习惯,也就是人生最基本的习惯,如放手巾、认识教师和同学,以及初步的礼节等;② 身体活动,即强健身体的习惯和技能,如各种卫生习惯、跑步、跳、爬等;③ 家庭的活动,如反映家人之间的关系、礼仪,以及家庭事务的活动;④ 社会活动,即养成公民素质的教育活动,包括各种节日、同学关系的活动等;⑤ 技能活动,是培养儿童适当表现自己的活动。另一种是按学科划分课程。他根据鼓楼幼稚园的试验,提出幼稚园课程应当设置为谈话、音乐、故事和儿歌、游戏、社会和自然、工作(手工、图画等)、静息,进点心、读法、教法。教育部 1929 年 8 月颁发的《幼稚园课程暂行标准》,主要是以这套课程为蓝本,只是将读法、教法两项争议较大的删去未列入。总之,无论是以儿童活动分类或以科目为课程单位,教师都不能墨守成规,要灵活掌握,因地制宜、因材施教。

再次，确定了编制幼稚园课程原则。他认为，"生活便是教育，整个的社会便是学校"。在编制课程时就遵循以下原则：注重动的工作，为儿童提供充分的动的机会；鼓励幼稚生多与自然界接触，保持他们对大自然的浓厚兴趣；多注意儿童个体发展，为儿童提供充分的"自我表现"的机会；注重儿童的直接经验。为此教师对幼稚园的课程要有一个通盘计划，从而拟定大纲、预备教材、设计课程内容、单元和课时。在实际教学中，努力做到以儿童为中心，充分发挥儿童自主创造力。

（五）论幼稚园教师的培养

张宗麟特别重视培养幼稚园教师。他认为，培养幼稚园教师的途径就是通过建立中国化的幼稚师范来实现。幼稚园教师的招收标准是初中毕业以上之男女学生，年龄在 16 岁以上，富有爱国爱儿童之心，有优良基本知识和善于变换思维者，并对他们进行三年或二年的专门师范教育方可任职。同时，实施了艺友制，学生在幼稚园里学做幼稚园教师。

他还为幼稚师范和课程设置提出了标准：要求公民训练组（含本国历史、地理、时事等）占 15％；普通科学组（含应用科学、数学、生物等）占 15％；语言组（含国文、国语，可根据需要设英语等）占 10％；艺术组（含图画、手工、音乐等）占 15％；普通教育组（含教育学、教育心理、普通教法等）占 10％；专门教育组（含幼稚教育概论、儿童心理、儿童保育法、幼稚园各科教学法、幼稚园实习、小学低年级教学法等）占 35％。

他要求幼稚园教师不要完全依赖学校的正规教育，而是要利用业余时间多学习、勤思考，通过非正规教育和定期进修等途径，全面提高自身素质和业务技能，以谋合于潮流，以求其业之进步。

思考与练习

一、选择题

1. 以"生活教育"为理念，创办中国化、平民化的幼稚园，建立生活教育课程理论体系的人是（　　）。

A. 陈鹤琴　　　　　　B. 张宗麟　　　　　　C. 张雪门　　　　　　D. 陶行知

2. 所谓（　　），就是把儿童所应该学的东西结合在一起，完整地、系统地教授给儿童。

A. 吸收的心智　　　　　　　　　　B."整个教学法"

C. 全面教育　　　　　　　　　　　D. 教、学、做合一

3. 陶行知创立的培养幼教师资的方法是（　　）。

A. 讲授制　　　　　B. 五指活动　　　　　C. 感官教育　　　　　D. 艺友制

二、简答题

1. 试述陶行知的教育思想及对我国乡村教育发展的贡献。

2. 什么是行为课程？张雪门的学前教育思想对你有什么启示？

3. 分析陈鹤琴的学前儿童心理特点和儿童的年龄分期。他对我国学前教育的发展有哪些突出贡献？

4. 试析张宗麟的学前教育思想。

第十四讲　儿童心理学的研究成果及其对学前教育的影响

本讲提要

以 1879 年冯特在德国莱比锡大学创建第一个心理实验室为标志,心理科学日益受到重视并得到极大的发展,以儿童心理学研究成果为理论基础,引领着学前教育理论与实践探索。本讲主要介绍了德克乐利、格塞尔、华生和斯金纳、弗洛伊德、马斯洛、皮亚杰不同心理学派的心理学家的生平与教育活动、主要心理学研究成果和其心理学思想对儿童教育产生的影响。

一、德克乐利的学前教育思想

(一) 生平及教育活动

德克乐利(1871—1931 年)是比利时心理学家和儿童教育家,早年学医,获医学博士学位。1901 年在布鲁塞尔创立特殊儿童学校,成效显著,后任布鲁塞尔特殊教育督学。1907 年创办的新式学校"隐修学校"主要由幼儿园及小学组成,招收 4—15 岁正常儿童。他注重观察儿童,是最早利用电影手段从事儿童观察研究的学者,摄制了《儿童心理发展的各个阶段》《儿童的空间反应的演变》《儿童的社会反应》《0—6 岁儿童的模仿行为面面观》等一系列不同题材的纪录片,并和博依士编制了《博依士—德克乐利量表》。1912 年他被比利时政府和许多大学聘为教授,在他推动下,第一届儿童国际会议在布鲁塞尔举行,德克乐利担任主席。他的一生著作很多,主要有《论个性心理学与实验心理学》《整体化现象在教学中的作用》《语言的发展》《新教育法》等。

德克乐利

(二) 儿童心理学观

德克乐利认为生物和社会因素制约着儿童心理的发展,从生物学角度看待儿童,他认为人的行为植根于遗传的本能,但环境具有改变人的可能性。他还认为幼儿的认知不仅包括知觉阶段,还包括记忆、思维、推理,乃至表达及行为等心理活动,这些特点可称为"整体化",是儿童心理活动各级水平都有的现象。他还非常重视儿童的本能和兴趣,认为兴趣源于本能的需要,理智的本能需要促使儿童进行比较、联系、抽象、组合、推理和批评等一系列智力活动,在这活动过程中形成相对独立于其他本能的智力结构。

(三) 教育观点

德克乐利把传统学校比作箱子,要求教师与学生都必须钻进去。教材艰深陈旧,超出了儿童的理解力与记忆力,教学与生活缺乏联系,儿童的思维过程得不到重视,自主性、创造性就得不到提高。传统教育具有过多的学术性,学习的科目互相隔离,儿童投入在获得知识上的时间和努力太多,而表达和活动的机会太少等。在布鲁塞尔，据他1921年的调查，"85％的儿童仅仅受到最低限度的好处，剩下来的是少量的一知半解的知识；儿童对于智力活动不感兴趣，厌恶作业，渗透着消极沮丧的情绪"。针对这种情况，德克乐利指出，学校必须为儿童的现代生活作准备，课程的设置必须使儿童懂得自己的人格、自我、自我需要、信仰、目的和理想；懂得自己所生活、依赖的及其活动在其中的自然环境与社会环境。

德克乐利提出学校的目的是最大限度地在儿童身上发展积极的生命，主张"在生活中进行为生活预备的教育"，学校应设在风景优美的自然环境中，符合自然或具有自然特征。

基于这种认识，德克乐利为隐修学校编制了课程，并将教室改为实验室、活动室、工作室，取代原来被动的课堂，让学生以活动为主，重视游戏与手工作业。他的课程论思想的主要特征就是以儿童的兴趣为中心，他说："兴趣是个水闸，用它开启注意的水库，并使注意有了方向。它也是一种刺激，脑力依赖它而冲出。"这种课程编制充分考虑到儿童的基本需要，打破了传统的分科体系，以个人生活中的需要为中心，结合环境将相关的知识联系起来组成教学单元，因季节变化和学生年龄差异而有差别。在一二年级，制定的是多方面兴趣中心的课程，比如关于寒冷的课题，关于天体认识的课题等等。以关于寒冷的课题为例，围绕这个中心，编制有雪与冰、冬天的树木、风与雨、衣服、房屋、手套等内容。到了三四年级，全学年的教材则围绕着一个单一的兴趣中心编写，比如植物等。三年级课题由教师编写，四年级则由儿童负责编制，教师加以指导。在教学评价方面，他不评定分数，而采用书面评估法，从身体状况、体操、游戏、智力状况、观察、测量、计算、提问题、谈话、阅读、表达、游戏行为、人际关系等方面进行书面描述。

在长期的教育实践中，德克乐利逐渐形成了以兴趣为中心、以整体为原则的课程和教学系统，简称"德克乐利教学法"，由观察、联想和表达3个步骤组成。观察既包括一般的观察，比如提醒儿童留意日常生活现象以及周围环境变化等，更包括以兴趣为中心的观察，即按照课程上所规定的内容进行的学习。学生通过观察，养成了注意各种现象的习惯，了解到生活中的种种复杂情形，开始理解生物界种种演进的现象。联想是指教师在儿童旧经验的基础上，用图画、故事等形式引起学生的兴趣和想象，然后通过比较，找出旧的经验与新的现象之间的异同，最后寻找原因并加以实行。联想的目的在于扩大儿童经验范围，使儿童逐渐弄清所观察对象的新旧联系。表达是指儿童要把从观察与联想中得到的结论或者新经验，通过文字、模型、动作等符号表示出来，加以巩固，并在实践中进行演练。总之，从兴趣引发感觉经验，通过联想形成和发展观念，再通过把概括性知识应用于实践活动，来表现儿童的概念和思维，就是德克乐利教育法的三部曲。

作为20世纪初教育技术的代表之一，德克乐利的强调兴趣的课程观给现代教育以很大的影响，他的儿童观、他建立在差异心理学基础上的教学模式，特别适合于低年级儿童的教育。在我们推行新课程标准的今天，德克乐利无疑提供了一笔宝贵的理论与实践资源。

二、格塞尔的学前教育思想

（一）生平简介

格塞尔（1880—1961年）是美国儿童心理学家，1906年获克拉克大学心理学博士学位，1911年在耶鲁大学创办著名的儿童发展诊所。1915年获耶鲁大学医学博士学位，创立了关于儿童成熟的理论，提出了世界公认的比较完善的儿童行为常模，发展了最初的婴儿智力测验，编制了测量婴儿和学前儿童行为发展的量表——耶鲁量表。他也是历史上最早使用电影对儿童行为进行观察记录的学者之一。格塞尔一生致力于对儿童发展的诊断和指导，写了大量著作、文章，主要有《发展诊断学》《学前儿童心理发展》《婴儿期和人的成长》《同卵双生子的学习与成长》《儿童生活的最初五年》《现代文明中的婴儿和儿童》。

格塞尔

（二）成熟势力理论

1. 思想渊源

格塞尔的理论被公认为属于遗传决定论。他的儿童心理发展理论的核心是"成熟势力说"或"成熟潜能说"，其思想渊源为：卢梭的自然教育理论、18 世纪的胚胎学研究、霍尔的"复演说"和达尔文的进化论、机能心理学家考喜尔的观点。

2. "成熟"理论的主要观点

格塞尔认为，支配儿童心理发展的因素很多，但主要是"成熟"。在他看来心理的发展是一种有规律、有顺序的发展模式，这种模式是由物种和生物进化顺序决定的，是由生物体遗传的基本单位——基因决定的，所谓"成熟"就是"给予通过基因来指导发展过程的机制一个真正的名字"。所有儿童都毫无例外地按照"成熟"所规定的顺序或模式发展，只是发展速度可在一定程度上由每个儿童自己的遗传类型或其他因素制约。

成熟是一个由内部因素控制的过程，正是这种内部因素决定机体的发展方向和模式，但格塞尔不排除环境对儿童发展的影响。主要表现在：环境可能暂时影响儿童的发展速度。良好的环境可以提供一定的条件，从而有助于儿童发展其生命中最积极、最宝贵的资源；一个不良的环境，则可能阻止或压抑其自然潜能的顺利发展。但环境的作用仅仅如此而已，在他看来，发展的速度最终还是由生物因素所决定控制的。他把两者关系归纳如下：环境因素对儿童的发展起支持、影响及特定化作用，但并不能产生基本的发展形式和个体发展的顺序。只有当结构与行为相适应的时候，学习才可能发生；在结构得以发展之前，特殊的训练及学习收效甚微。

请看著名的同卵双生子爬梯实验：格塞尔找来一对同卵双生子 A 和 B，A 从出生后第 48 周起接受爬梯及肌肉协调训练，每日练习 10 分钟，连续 6 周；B 则从出生后第 53 周开始，仅训练了 2 周，就赶上了 A 的水平。由于同卵双生子有相同的基因，格塞尔得出结论：在儿童的生理成熟之前的早期训练对于最终的结果没有多大的作用，而一旦在生理上有了完成这种动作的准备，训练就能起到事半功倍的效果。

格塞尔认为在个体的发展过程中存在着一定的敏感期，在此期内有针对性地对儿童施教会收到良好的效果。他还提出，儿童的成熟不完全是一个渐进的过程，而是通过从发展的一种水平向另一种水平的突然转变，这种变化不是随意性变化，而是类似周期性变化，周期的波峰与波谷受到在不同时间的不同成熟机制的影响。

3. 论婴幼儿的养育

（1）教养婴幼儿应以儿童为中心

格塞尔认为，婴儿带着一个天然进度表降临人世。婴儿尽管知识尚未开化，但对于其内在需要，对于要做什么或不做什么都非常"聪明"，父母（养育者）应追随儿童，从儿童本身得到启示，而不应强迫儿童接受自己的意愿或规定的模式。养育者要仔细观察善于追随儿童的信号和暗示，才能了解或确信婴儿具有先天的，诸如吃奶、睡眠、醒觉、坐起、爬走等自我调节能力。父母只要在婴儿期机敏地追随，满足儿童的需要，以后将自然地觉察儿童特有的兴趣与能力，并学会尊重儿童，给儿童以发展个性的机会。

（2）教养者应掌握儿童"成熟"的知识

格塞尔认为，正常儿童行为模式的出现是有一定的程序的。出生后的第 4 周，16 周，28 周，40 周，52 周，18 个月，24 个月，36 个月是行为发展的关键年龄。这些年龄阶段出现的行为可以作为测查项目和诊断标准。测查包括：动作能（分粗细动作），应物能（对外部刺激加以分析、综合顺应环境的能力），应人能（人际交往和生活自理能力），言语能（理解和表达语言的能力）。将这四个方面的实测水平与常模相比较，得出儿童的成熟年龄。

双生子爬楼梯实验

父母还应掌握一些有关儿童发展倾向和顺序（即"成熟"）的理论知识，特别需要意识到成长在稳定与不稳定之间的波动性。因为这些知识有助于父母了解儿童的身心特点，从而在某些特定时期具有耐心。例如两岁半左右的儿童往往不听大人的话，有一种执拗性。假如父母了解到这种固执是成长的一种自然状态的话，他们就不会感到迫切需要去杜绝这种行为，相反，他们会更灵活地对待孩子，甚至会因孩子试图建立自己的独立个性而感到欣慰。

（3）在成熟的力量与文化适应之间求得合理的平衡

针对格塞尔上述的儿童观，有人说他的育儿观对儿童来说太放纵，太自由了，会纵坏了孩子，使孩子为所欲为。格塞尔回答说：儿童当然必须学会控制自己的冲动并合乎文化的要求，但对儿童这一要求的提出也必然与儿童的"成熟"有关，只有当儿童"成熟"到具有克制能力时，他们才能有效地控制自己。在这个问题上他还提出了以下观点：① 文化适应是必要的，但这并不意味着要儿童适应以权威制度的社会目的为特征的社会模式。② 学校教育不应仅仅根据文化目标行事，以致忽视儿童的成长特点。③ 除了从整体上考虑儿童的年龄特征外，教师还应将自己的工作和每个儿童的准备状态与特殊能力配合起来。

4. 评价

正如格塞尔本人指出的，生理成熟确实是儿童心理发展的生理学基础。它不但包含了遗传素质这样的儿童心理发展的前提条件，而且更突出地强调了这些内部素质随时间而产生的变化。很难想象，没有一定的生理成熟程度，儿童心理怎么能够不断向前发展。他的"成熟说"引起人们的兴趣和重视，一个重要的原因是他关于成熟研究本身的深刻性和经典的实验（双生子实验）。正如有人指出的，"像格塞尔这样，在儿童心理发展的某一方面研究得如此彻底、深刻，还是不多见的"，他的儿童发展的常模具有极大价值，对那些从事儿童工作的儿科医生、教育家和心理学家仍然有用。

不过，格塞尔过分夸大了生理成熟的作用，只注意到了时间的变化，而忽视了儿童心理发展的其他条件。事实上，生理成熟仅仅为儿童心理发展提供了一种可能性，如果缺乏环境和教育这样的外部条件，这种可能性是无法实现的，尽管格塞尔也提到了环境，但他把环境的影响放到一个不重要的位置。

由于他的理论的上述两重性，其基于成熟理论的儿童教养观自然也不可避免地具有两重性。他要求教育机构、教育者、父母应遵守儿童的身心特点对儿童进行养育或施教，要求注意培养儿童个性，反对对儿童提出整齐划一的要求，这些无疑是有价值的。但他又要求教育者消极无为地追随儿童，这贬低了教育、教师的主导作用，他的这些育儿思想与卢梭和蒙台梭利有相似之处，但在对环境与教育的忽视上，更为偏激。

三、弗洛伊德的学前教育思想

（一）生平

西格蒙德·弗洛伊德于 1856 年出生在弗赖贝格市，该市现在位于捷克境内摩拉维亚省，当时是奥地利帝国的一部分。他 4 岁时全家迁居到维也纳，他的一生几乎都是在那里度过的。弗洛伊德读书时就是一个出类拔萃的学生，1881 年他在维也纳大学获得医学学位。在随后的 10 年中，他在一个精神病诊所行医，在治疗精神病的同时，致力于生理学的研究。

弗洛伊德的心理学思想是逐渐发展起来的。直到 1895 年才出版了他的第一部论著《歇斯底里论文集》，他的第二部论著《梦的解析》于 1900 年问世，这是他最有创造性、最有意义的论著之一。1908 年弗洛伊德在美国作了一系列演讲，当时他已是一位知名人士了。1902 年他在维也纳组织了一个心理学研究小组，艾尔弗雷德·阿德勒就是其中的最早成员之一，几年以后卡尔·容也加入了这个行列，两个人后来都成了名副其实的世界著名心理学家。

弗洛伊德

弗洛伊德晚年患了颌癌,为了解除病根,他从1932年起先后做过30多次手术,尽管如此,他仍然工作不息,写出了一些重要论著。1938年纳粹分子入侵奥地利,由于弗洛伊德是犹太人,被迫以82岁高龄逃往伦敦,翌年在那里不幸去世。

弗洛伊德对心理学作出了很大贡献,用简短的文字很难加以概括。他认为人的行为中的无意识思维过程极为重要,证明了这样的过程如何影响梦的内容,如何造成常见的不幸,如口误、忘记人名、致伤的事故,甚至疾病。

弗洛伊德创造了用精神分析来治疗精神病的方法。他系统地论述了人的个性结构学说,还发展和普及了一些心理学学说,如有关焦虑、防御功能、阉割情绪、抑制和升华等。他的著作极大地引起了人们对心理学的兴趣,他的许多观点在过去和现在都存在着很大的争议。主要著作有:《歇斯底里研究》(又译《癔病研究》,与J.布洛伊尔合著)、《梦的解析》《日常生活中的心理病理学》《多拉的分析》《玩笑及其与无意识的关系》《性学三论》《精神分析运动史》《列奥纳多·达·芬奇和他对童年时代的一次回忆》《图腾与禁忌》《论无意识》《超越唯乐原则》《群体心理学与自我的分析》《自我与本我》《焦虑问题》《幻想的未来》《自我和防御机制》《摩西与一神教》。

(二) 精神分析学说的主要观点

1. 精神层次理论

该理论阐述人的精神活动,包括欲望、冲动、思维,幻想、判断、决定、情感等,会在不同的意识层次里发生和进行。不同的意识层次包括意识、前意识和潜意识3个层次,就像深浅不同的地壳层次,故被称为精神层次。

人的心理活动有些是能够被自己觉察到的,只要我们集中注意力,就会发觉内心不断有一个个观念、意象或情感流过,这种能够被自己意识到的心理活动叫作"意识"。而一些本能冲动、被压抑的欲望,或生命力却在不知不觉的潜在境界里发生,因不符合社会道德和本人的理智,无法进入意识被个体所觉察,这种潜伏着的无法被觉察的思想、观念、欲望等心理活动被称为"潜意识"。"前意识"介于意识与潜意识的层次中间,一些不愉快或痛苦的感觉、意念、回忆等常被压存在前意识这个层次,一般情况下不会被个体觉察,但当个体的控制能力松懈时(比如醉酒、催眠状态或梦境中),偶尔会暂时出现在意识层次里,让个体觉察到。

2. 人格结构理论

弗洛伊德认为人格结构由本我、自我、超我三部分组成。本我即原我,是指原始的自己,包含生存所需的基本欲望、冲动和生命力。本我是一切心理能量之源,它按快乐原则行事,不理会社会道德、外在的行为规范,唯一的要求是获得快乐,避免痛苦。本我的目标乃是求得个体的舒适,生存及繁殖,它是无意识的,不被个体觉察。

自我,其德文原意是指"自己",是自己可意识到的执行思考、感觉、判断或记忆的部分,自我的机能是寻求"本我"冲动得以满足,而同时保护整个机体不受伤害,它遵循的是"现实原则",为本我服务。

超我,是人格结构中代表理想的部分,它是个体在成长过程中通过内化道德规范、内化社会及文化环境的价值观念而形成的,其机能主要在监督、批判及管束自己的行为。超我的特点是追求完美,所以它与本我一样是非现实的,超我大部分也是无意识的,超我要求自我按社会可接受的方式去满足本我,它所遵循的是"道德原则"。

3. 性本能理论

弗洛伊德认为人的精神活动的能量来源于本能,本能是推动个体行为的内在动力。人类最基本的本能有两类:一类是生的本能,另一类是死亡本能或攻击本能。生的本能包括性欲本能与个体生存本能,其目的是保持种族的繁衍与个体的生存。弗洛伊德是泛性论者,在他的眼里,性欲有着广义的含意,是指人们一切追求快乐的欲望,性本能冲动是人一切心理活动的内在动力,当这种能量(弗洛伊德称之为力必多)积聚到一定程度就会造成机体的紧张,机体就要寻求途径释放能量。弗洛伊德将人的性心理发展划分为5个阶段:① 口欲期(0—1岁)。刚生下来的婴儿就懂得吸乳,乳头摩擦口唇黏膜引起快感,叫作"口欲期性欲"。在这个阶段不适宜的满足会导致口部类型的人格,成人行为中从极端的乐观主义到好挖苦和讥笑癖的表现都是这个阶段偶然发生的事件引起的。② 肛门期（1—3岁）。1岁半以后学会自己大小便，粪块摩擦直肠肛门黏膜产生快感，叫作"肛门期性欲"。儿童受大小便训练，排泄和不排泄都可能是对抗其父母。此阶段强烈的冲突可能导致一个肛门排泄型的成人，这种人肮脏、浪费和放肆，也可能导致肛门便秘型的成人，这种人过分讲究清洁，具有强迫型的特征。③ 性蕾欲期（3—5岁）。儿童到3岁以后懂得了两性的区别，开始对异性父母眷恋，对同性父母嫉恨，这一阶段叫"性蕾欲期"，其间充满复杂的矛盾和冲突，儿童会体验到俄狄浦斯情结（或称为"恋母情结"）和厄勒克特拉情结（或称为"恋父情结"），这种感情更具性的意义，不过还只是心理上的性爱而非生理上的性爱。这个时期儿童发展起来的对异性的态度保持下来，继续影响他在成年生活中与异性成员的关系。④ 潜伏期（5岁至青春期）。儿童进入学龄期，思想集中于学校活动并主要与同性儿童交往，这是儿童获得认知技能并被社会价值同化的时期，自我及超我在这一时期继续得到发展，而性能量被疏导或压抑。⑤ 生殖期。这一时期的特点是以对象代替自恋，这是人走向社会化的时期，成为人格发展的最高阶段。成年人成熟的性欲以生殖器性交为最高满足形式，以生育繁衍后代为目的，这就进入了生殖期。弗洛伊德认为成人人格的基本组成部分在前3个发展阶段已基本形成，所以儿童的早年环境、早期经历对其成年后的人格形成起着重要的作用，许多成人的变态心理、心理冲突都可追溯到早年创伤性经历和压抑的情结。

4. 死亡本能理论

弗洛伊德在后期提出了死亡本能，即桑纳托斯，它是促使人类返回生命前非生命状态的力量。死亡是生命的终结，是生命的最后稳定状态，生命只有在这时才不再需要为满足生理欲望而斗争。只有在此时，生命不再有焦虑和抑郁，所以所有生命的最终目标是死亡。死亡本能派生出攻击、破坏、战争等一切毁灭行为。当它转向机体内部时，导致个体的自责，甚至自伤自杀，当它转向外部世界时，导致对他人的攻击、仇恨、谋杀等。

5. 释梦理论

弗洛伊德是一个心理决定论者，他认为人类的心理活动有着严格的因果关系，没有一件事是偶然的，梦也不例外，绝不是偶然形成的联想，而是愿望的达成。在睡眠时，超我的检查松懈，潜意识中的欲望绕过抵抗，并以伪装的方式，乘机闯入意识而形成梦，可见梦是对清醒时被压抑到潜意识中的欲望的一种委婉表达。梦是通向潜意识的一条秘密通道，通过对梦的分析可以窥见人的内部心理，探究其潜意识中的欲望和冲突，通过释梦可以治疗神经症。

6. 心理防御机制理论

弗洛伊德的女儿安娜·弗洛伊德在其父亲理论的基础上，提出了著名的"心理防御机制理论"。心理防御机制是自我的一种防卫功能，很多时候，超我与本我之间，本我与现实之间，经常会有矛盾和冲突，这时人就会感到痛苦和焦虑，这时自我可以在不知不觉之中，以某种方式，调整冲突双方的关系，使超我的监察可以接受，同时本我的欲望又可以得到某种形式的满足，从而缓和焦虑，消除痛苦。自我的心理防御机制包括压抑、否认、投射、退化、隔离、抵消、转化、合理化、补偿、升华、幽默、反向形成等各种形式。人类在正常和病态情况下都在不自觉地运用它，运用得当，可减轻痛苦，渡过心理难关，防止精神崩溃，否则就会表现出焦虑抑郁等病态心理症状。

（三）精神分析理论在学前教育中的运用及影响

1. 推动了早期教育的研究

弗洛伊德强调幼年生活经验和教育对儿童身心发展和人格发展的作用，认为"由观察的结果，可以深信幼时的经验有其特殊的重要性"，成人"一切倒错的倾向都起源于儿童期"，并指责人们往往注重祖先的经验及成人生活的经验，"却完全忽视了儿童经验的重要，其实儿童经验更有重视的必要，因为它们发生于尚未完全发展的时候，更容易产生重大的结果，正因为这个理由，也就更容易致病"。他这些重视早期教育、早期环境、儿童早期心理发展等的观点引起教育界的重视，尤其是他独创性的研究、论证与发挥极大地推动了对早期教育和儿童期经验的重视，及幼儿身心发展规律的研究。

2. 推动了儿童心理卫生运动的发展

弗洛伊德精神分析强调人的行为是由个人的基本生物冲动激发的,当这种冲动与环境严重失调,受到压抑,就会在其他幌子下发泄,严重的导致心理变态。并注意到,许多心理疾病在儿童期就有了预兆,指出个人生活的不幸常常可到童年期的经验中寻根溯源。有的教育学家认为精神分析在分析较大的、有缺陷儿童行为难点上作用较大。二战后,世界各国各级教育机构纷纷关注儿童的心理卫生,都受到了此理论的影响。幼儿心理卫生问题引起了社会的重视,各国幼教工作者或幼儿心理学家利用精神分析原理指导人们正确育儿,或设计出一些诊断、治疗儿童心理疾病的方法,如美国心理学家、儿科医生斯巴克在 1946 年出版了《婴儿和儿童护理常识》,社会反响巨大。

3. 对学前教育内容和方法的影响

(1)心理发泄和代偿教育。根据弗氏本能理论,儿童的本能欲望如被压抑,可导致心理变态及教育的失败。欧美一些国家的幼教人士根据此原理注意帮助儿童探究及表达自身的情绪,重视通过艺术、游戏及其他表达活动来作为精神发泄、消除压抑的手段,比如让孩子在游戏中打布娃娃来出气,发泄现实中因成人责备产生的抑郁。此外还可通过戏剧性游戏补偿现实生活中不能满足的欲望与需求,以期心理得到正常的发展。

(2)对儿童进行正确的性教育。精神分析学者认为:性本能是人的基本本能,但在文明社会常遭压抑,而一些正人君子也鼓励用虚伪与压抑的方法对待儿童的性兴趣。这对儿童性心理发展是有害的,因此要注意对儿童正确的性教育。

(3)利用"升华"的作用对儿童加以积极的引导。教育工作者认为:在儿童教育中,一面应尽量避免使儿童发生"情结"的刺激,不用过多的规则限制儿童,如让孩子安静或过多受惩罚;一面要以积极的方法鼓励他们的活动。这样儿童的心理能量可得到正当的引导,被压抑的情结可得到宣泄或疏解。

(4)要重视儿童人格发展中的自我发展。教育家认为个人能力的发展和处理个人感情的各种技巧日趋重要,为了使儿童人格得到正常的发展,避免"固结"与"倒退",既要反对强制,又要避免溺爱。

4. 评价

弗洛伊德的精神分析理论问世后,一方面引起进步主义教育家及许多现代心理学家的共鸣,对推动早期教育和心理卫生发展等方面产生了巨大作用,并继续对现代教育发挥影响。同时,弗氏精神分析中片面夸大潜意识、泛性论,以及夸大童年作用,低估后期事件对人的影响都遭到了各界不同程度的批评。

四、华生与斯金纳的学前教育思想

(一)华生

1. 生平简介

华生(1878—1958 年),美国心理学家,行为主义的创建者。出生于美国卡罗来纳州格林维尔城外的一个农庄中。16 岁时,华生进入了格林维尔的福尔满大学学习哲学,并在 5 年后获得了哲学硕士学位。1900 年入芝加哥大学研究哲学与心理学,求学于教育哲学家杜威、心理学家安吉尔、神经生理学家唐纳尔森和生物学家洛布。在安吉尔的影响下,开始对心理学感兴趣,且选学了神经学和生物学等课程。1903 年华生以题为《动物的教育》的论文获芝加哥大学心理学博士学位,并经杜威和安吉尔推荐任芝加哥大学讲师和心理实验室主任。1908 年被聘为霍普金斯大学正式教授。他在霍普金斯大学一直工作至 1920 年。1913 年华生的著名文章《行为主义者心目中的心理学》问世,行为主义正式产生。1914 年出版他的第一本著作《行为:比较心理学导论》。他于 1915 年当选为美国心理学会主席。1918 年获福尔满大学名誉博士学位。1920 年华生因主持一项有关性行为实验研究,引起家庭纠纷与妻子离

华 生

婚，被迫辞职并离开学术界。后在纽约改行从商，经营广告事业，但仍然著书立说介绍行为主义。1925年他出版了半通俗的书籍《行为主义》，广泛地宣传他的行为主义观点。1928年出版了儿童心理学著作《儿童的心理护理》。1930年以后，他完全转向从事广告商活动，直至1945年退职。他最后的几年是在康涅狄格州的一个农庄中度过的。

2. 主要观点

华生行为主义的研究对象是行为，宣称行为主义的"理论目标就是对行为的预测和控制"。华生所讲的行为首先是一种可观察到的机体反应，这种机体反应的本质是人和动物对于外界环境的适应。华生把反应分为四类：

（1）外显的习惯反应，包括开门锁、打网球、拉提琴、盖房子、与人说话、与人交往。

（2）内隐的习惯反应，包括条件反射所引起的腺体分泌、无声言语（即思维）、身体的定向或态度。

（3）外显的遗传反应，包括人的各种可以观察到的本能和情绪反应，例如抓握、打喷嚏、眨眼等。

（4）内隐的遗传反应，包括生理觉察所研究的内分泌系统和循环系统的各种变化。

3. 华生行为主义的研究方法

（1）观察法

华生承认观察法的重要作用，他把观察法分为两类：一类是无帮助的观察，也就是通常所讲的自然的观察；另一类是借助仪器的观察，实际上就是通常的实验法。

（2）条件反射法

华生认为条件反射法是非常客观的方法，他把条件反射法分为两类：一类是用以获得条件分泌反射的方法，另一类是用以获得条件运动反射的方法。华生不仅把条件反射法正式列入心理学的研究方法，而且还亲自应用这一方法对儿童的情绪进行系统的实验研究。

（3）口头报告法

华生认为，在正常人身上，有一种在动物身上不存在的，甚至在变态的人身上也不完善的能力，即观察自己身体内部所发生的变化并对这些变化进行口头报告的能力。华生所讲的口头报告法所报告的只是自己机体内部的变化，而不是心理和意识的活动，因而并不是通常所谓的"内省"。

（4）测验法

华生认为，随着科学的发展，纯粹的学术研究与应用研究之间差异越来越小，测验法也逐渐由应用的方法成为研究的方法。

4. 华生心理学的基本观点

（1）关于感觉

华生从他的行为主义观点出发，在其著述中尽量避免应用"感觉"之类的传统心理学名词，代之以"刺激"和"反应"等字眼。他把各种感觉改为"视反应""听反应""痛反应"等，还用"视反应错误"来取代错觉。同时华生还认为，可以写一部心理学，不用"意识""心理状态"和"心"这类术语，而是用"刺激与反应"和"习惯形成"等术语来表述。

（2）关于遗传与环境的关系

华生在早期并不否认本能的存在，只不过把本能看作是一种由许多在适当的刺激作用下系统地展现出来的先天性反应所形成的组合。他说："请给我十几个健康而没有缺陷的婴儿，让我在我的特殊世界中教养，那么我可以担保，在这十几个婴儿之中，我随便拿出一个来，都可以训练他成为任何一种专家——无论他的能力、嗜好、趋向、才能、职业及种族是怎样的，我都能够训练他成为一个医生，或一个律师，或一个艺术家，或一个商界首领，或者甚至也可以训练他成为一个乞丐或窃贼。"这段话一直被人们公认为环境决定论的经典表述。

（3）关于动作流的概念

华生又提出了动作流的概念，以代替詹姆斯的意识流。他把人一生的全部行为制成一个由简到繁的图表，认为人一生的行为是川流不息的动作流，从受精卵开始，随年龄增长日趋复杂。一些非学习的动作在很短时期便消失，有些则保留时间较长。华生把这个动作流图表称为他的行为主义观点的表达，并认为行为主义正是通过这些动作流来理解人的行为。动作流为行为主义观察人的心理提供了现实的背景。

（4）关于情绪的理论

华生认为，情绪是一种遗传的类型反应，包括了整个身体机制的深刻变化，特别是内脏和腺体系统的深刻变化。但他认为情绪和本能有区别，如果刺激所引起的适应是内部的，而且是局限于主体的身体之内的，那么这就是情绪；如果刺激引起整个有机体对各种对象的顺应，那么这就是本能。华生认为，人有三种原始的或基本的情绪，即恐惧、愤怒和亲爱。华生用形成条件恐惧反应的事实，认为条件化是使情绪复杂化和发展的机制，人的各种复杂情绪都是在前述3种原始情绪的基础上，通过条件作用而逐渐形成的。

（5）关于思维的理论

华生认为思维也是一种感觉运动的行为。他说，语言的习惯有两种：一种是外显的语言习惯，这就是言语；另一种是内隐的语言习惯，这就是思维。两种习惯动作在本质上是等值的，因此，言语是大声的思维，思维则是无声的谈话。在这里，他还提出了一个重要的思想，就是内隐的语言习惯是由外显的语言习惯逐渐演变而来的。开始是儿童独自一人不断地对自己讲话，以后在大人与社会的要求下，变为小声地讲话，最后又变为只在嘴唇之内出现。华生认为，人类除了语言形式的思维之外，还有非语言形式的思维。

（6）关于人格的理论

华生认为，人格就是指一个人在反应方面现有的和潜在的全部资产，以及现有的、潜在的债务。华生所指的资产指：第一，已被组成的各种习惯的总体，社会化了的已被调整过的各种本能，社会化了的和已被锻炼过的各种情绪，以及这些东西之间的各种组合和相互关系；第二，可塑性（形成新习惯和改变旧习惯的能量）和保持性（已建立的各种习惯恢复其作用的速度）的高度系数，也就是个人对于当前或将来外界环境适应的能力。而债务则是指在当前环境中不发生作用和阻止其对已改变的环境进行顺应的潜在因素。华生进而指出，人格是一切动作的总和，是各种习惯系统的最后产物。人格是可以改变的，因为它是环境的影响形成的，所以改变人格的途径就是改变人所处的环境。

（7）关于学习的规律

① 频因律

华生认为，在其他条件相等的情况下，某种行为练习得越多，习惯形成得就越迅速。因此，练习的次数在习惯形成中起重要作用。在形成习惯的过程中，有效动作之所以保持下来，无效动作之所以消失，是由于有效动作比任何一种无效动作出现的次数都多，这是因为每一次练习总是以有效动作的发生而告终的。

② 近因律

华生认为，当反应频繁发生时，最新近的反应比较早的反应更容易得到加强，因为在每一次练习中，有效的反应总是最后一个反应，所以这种反应在下一次练习中必定更容易出现。由此，他把反应离成功的远近，作为解释一些反应被保留、另一些反应被淘汰的原则。在他看来，习惯反应必然是离成功时机最近出现的反应。

5. 以行为主义理论阐述的幼儿心理发展和教育的观点

（1）对儿童要注重通过早期教育养成习惯。主张教育要尽早开始，儿童经过教育可以具有以下3种习惯系统：内脏或情绪的习惯；喉头或语言的习惯；身体技能习惯。

（2）要通过护理让幼儿养成良好的行为习惯。华生认为家长要采取一系列科学的护理措施从小培养儿童懂礼貌、讲卫生、合群、勇敢进取等良好的行为习惯，并对孩子沐浴、睡觉、卫生、社交及不良行为的纠正等方面提出了合理建议。

（3）主张从教育中消除体罚。华生认为，如果想使儿童避免不良行为，唯一的办法是破除旧习惯，教之新习惯，要通过加强训练而不是采用体罚这种粗暴的手段。认为体罚滞后不能及时达到教育的目的，仅仅是教育者发泄的办法，而且体罚过重会损害儿童的健康。

（4）教育儿童应因地制宜，应时改进。教育及训练的标准要随着社会文化的进步不断改进。当今的学校和家庭、教师及父母不应因循守旧，对儿童要依据不同的文化背景采取多种多样的方法，而不能以全社会统一的"理想""标准"和"计划"去规范儿童。

（5）提倡用"系统脱敏"的方式对儿童行为习惯进行训练。认为幼儿的情绪、行为是后天习得的,可以通过人工设计的情景循序渐进地加以改变。这种行为改变的模式被称为"系统脱敏",是由华生进行的著名实验"艾伯特惧怕兔子"证明有效的反应模式。他还反对教育中对儿童放纵和溺爱,同时要对孩子进行性教育。

6. 对华生行为主义的评价

行为主义心理学的产生和发展推进了心理学研究的科学化进程。华生竭力主张用客观化的方法研究人和动物的可观察行为,这就从总体上强调了研究对象的客观化和研究方法的客观化,使心理学的研究步入了自然科学的范畴。因此,有些学者将之称为"行为主义的革命",这样的评价并不过分。行为主义的学习理论对深化条件反射式学习的研究作出了一定的贡献。华生坚决主张心理学研究方法的客观化,反对内省法,这无疑推动了心理学研究方法的科学化进程。它的许多实验技术,如定量刺激技术、行为矫正技术等为研究人类行为问题提供了有效的实验手段,为"行为科学"的诞生奠定了方法论基础。"行为科学"也成为第一个从心理学中派生出来的科学研究分支领域。华生的育儿观冲击了当时的遗传论、本能决定论,促使人们更加关注对环境教育的研究。另一方面片面夸大教育的作用,否认了儿童的主观能动性、主动性和创造性,忽视了儿童心理发展的内部矛盾,但是仍然对美国的幼儿教育产生了重大推动作用。

（二）斯金纳

1. 生平简介

斯金纳(1904—1990年)是新行为主义心理学的创始人之一。他1904年3月20日生于美国宾夕法尼亚州东北部的一个车站小镇。斯金纳从小喜爱发明创造,富有冒险精神。1922年斯金纳进入汉密尔顿学院主修英国文学并开始从事写作。1926年斯金纳从汉密尔顿学院毕业,转入哈佛大学心理系。在哈佛大学学习期间,他为自己制定了一张极严格的日程表,从早晨6点至晚上9点的分分秒秒几乎都用来钻研心理学和生理学。他不看电影不看戏,谢绝一切约会。功夫不负有心人,斯金纳于1930年获哈佛大学心理学硕士学位,1931年又获心理学博士学位。此后他在该校研究院任研究员。1937—1945年他在明尼苏达州立大学教心理学,1945—1947年任印第安纳大学心理系主任。1947年他重返哈佛大学,担任心理学系的终身教授,从事行为及其控制的实验研究。

斯金纳在心理学研究方面的成就卓著。他发展了巴甫洛夫和桑戴克的研究,揭示了操作性条件反射的规律。他设计的用来研究操作性条件反射的实验装置"斯金纳箱",被世界各国心理学家和生物学家广泛采用。他在哈佛大学的鸽子实验室名垂青史。他根据对操作性条件反射和强化作用的研究发明了"教学机器"并设计了"程序教学"方案,对美国教育产生过深刻影响,被誉为"教学机器之父"。为表彰斯金纳在心理科学方面作出的重大贡献,1958年美国心理学会授予他"卓越科学贡献奖",1968年他荣获美国国家科学奖章,这是美国最高级别的科学奖励。1971年美国心理学基金会授予他一枚金质奖章。1990年8月10日美国心理学会授予他"心理学毕生贡献奖"荣誉证书。8天后,即8月18日斯金纳去世。

斯金纳一生著作很多,自1930年以来发表了百余篇论文和12本专著。他的主要著作有:《有机体的行为:一种实验的分析》《科学与人类行为》《言语行为》《学习的科学和教学的艺术》《教学机器》,这些著作全面阐述了操作行为主义理论和这种理论在教学领域中的应用。他还用操作行为主义理论阐述社会生活问题,出版了小说《沃尔登第二》以及《自由与人类的控制》《超越自由与尊严》,这些作品曾在美国社会中引起巨大反响和激烈争论。

2. 斯金纳的新行为主义学习理论主要观点

（1）操作性条件反射

操作性条件反射这一概念,是斯金纳新行为主义学习理论的核心。斯金纳把行为分成两类:一类是应答性行为,这是由已知的刺激引起的反应;另一类是操作性行为,是由机体自身发出的反应,与任何已知刺激物无关。与这两类行为相应,斯金纳把条件反射也分为两类:与应答性行为相应的是应答性反射,称为S(刺激)型,S型名称来自英文Stimulation,S型条件反射是强化与刺激直接关联;与操作性行为相应的是操作性反射,称为R(反应)型,R型名称来自英文Reaction,R型条件反射是强化与反应直接关联。斯金纳认为,人类行为主要是由操作性反射构成的操作性行为,操作性行为是作用于环境而产生结果的行为,在学习情境中,操作性行为更有代表性。斯金纳很重视R型条件反射,因为这种反射可以塑造新行为,在学习过程中尤为重要。

斯金纳关于操作性条件反射作用的实验,是在他设计的一种动物实验仪器即著名的斯金纳箱中进行的。斯金纳通过实验发现,动物的学习行为是随着一个起强化作用的刺激而发生的。斯金纳把动物的学习行为推而广之到人类的学习行为上,他认为虽然人类学习行为的性质比动物复杂得多,但也要通过操作性条件反射。操作性条件反射的特点是:强化刺激既不与反应同时发生,也不先于反应,而是随着反应发生。有机体必须先作出所希望的反应,然后得到"报酬",即强化刺激,使这种反应得到强化。学习的本质不是刺激的替代,而是反应的改变。斯金纳认为,人的一切行为几乎都是操作性强化的结果,人们有可能通过强化作用的影响去改变别人的反应。在教学方面教师充当学生行为的设计师和建筑师,把学习目标分解成很多小任务并且一个一个地予以强化,学生通过操作性条件反射逐步完成学习任务。

(2) 强化理论

斯金纳在对学习问题进行了大量研究的基础上提出了强化理论,十分强调强化在学习中的重要性。强化就是通过强化物增强某种行为的过程,而强化物就是增加反应可能性的任何刺激。斯金纳把强化分成积极强化和消极强化两种:积极强化是获得强化物以加强某个反应,如鸽子啄键可得到食物;消极强化是去掉可厌的刺激物,是由于刺激的退出而加强了那个行为,如鸽子用啄键来去除电击伤害。教学中的积极强化是教师的赞许等,消极强化是教师的皱眉等。这两种强化都增加了反应再发生的可能性。斯金纳认为不能把消极强化与惩罚混为一谈。他通过系统的实验观察得出了一条重要结论:惩罚就是企图呈现消极强化物或排除积极强化物去刺激某个反应,仅是一种治标的方法,它对被惩罚者和惩罚者都是不利的。他的实验证明,惩罚只能暂时降低反应率,而不能减少消退过程中反应的总次数。斯金纳对惩罚的科学研究,对改变当时美国和欧洲盛行的体罚教育起了一定作用。

(3) 教学机器与程序教学

斯金纳认为,学习是一种行为,当主体学习时反应速率就增强,不学习时反应速率则下降。因此,他把学习定义为反应概率的变化。在他看来,学习是一门科学,学习过程是循序渐进的过程;而教则是一门艺术,是把学生与教学大纲结合起来的艺术,是安排可能强化的事件来促进学习,教师起着监督者或中间人的作用。斯金纳激烈抨击传统的班级教学,指责它效率低下,质量不高。他根据操作性条件反射和积极强化的理论,对教学进行改革,设计了一套教学机器和程序教学方案,为计算机辅助教学在教育上的运用开辟了道路。

3. 斯金纳对学前儿童教育的建议

(1) 通过积极强化塑造儿童行为

认为强化作用是塑造儿童行为的基础,只要正确使用强化技术就能控制行为的反应,就能塑造出教育者希望的儿童行为。提倡积极强化,对儿童多利用微笑、赞扬和关注等积极强化促进儿童良好行为的发展。

(2) 重视及时强化的作用

认为强化不及时不利于儿童发展,教育者要及时强化希望在儿童身上看到的行为。如果想让儿童学会一种良好的行为,一开始就采用继续强化是最有效的方法。如果想要使儿童的行为持久,经过一段持续性强化后,可以酌情采取各类间歇强化。

(3) 惩罚及儿童行为的矫正

斯金纳反对将惩罚作为手段纠正孩子的不良行为,因为消极的惩罚常常会产生负面强化,更不利孩子不良行为的改变,主张用"消退"法,即著名的"系统脱敏法",进行纠正。

(4) 育婴箱及其功能

斯金纳研制了用来教育儿童的"育婴箱"。这种育婴箱内干燥、无菌、隔音,而且可以自动调温,活动范围宽敞,箱壁安全,还挂有各种玩具等刺激物。婴儿可以在箱内睡觉、游戏又不用担心着凉和安全问题。斯金纳设立育婴箱的目的是尽可能避免外界一切不良刺激,创造适宜儿童发展的行为环境,养育身心健康的儿童。

总之,斯金纳利用行为主义的基本思想,重视环境和教育的作用,企图通过行为研究预测和控制儿童的社会行为。他的研究比华生更为细致深刻,为实际运用提供了便利。但忽略了儿童学习的内部心理,否认了儿童的主体性。斯金纳的理论和实践具有进步的意义,对美国幼儿园课程、模式及教育教法的实践改革产生了重要的影响。

五、马斯洛的人本主义心理学及其学前教育思想

(一)生平简介

亚伯拉罕·马斯洛(1908—1970 年)出生于纽约市布鲁克林区。美国社会心理学家、人格理论家和比较心理学家,人本主义心理学的主要发起者和理论家,心理学第三势力的领导人。1926 年入康乃尔大学,3 年后转至威斯康星大学攻读心理学,在著名心理学家哈洛的指导下,1934 年获得博士学位。之后留校任教。1935 年在哥伦比亚大学任桑戴克学习心理研究工作助理。1937 年任纽约布鲁克林学院副教授。1951 年被聘为布兰代斯大学心理学教授兼系主任。1969 年离任,成为加利福尼亚劳格林慈善基金会第一任常驻评议员。第二次世界大战后转到布兰代斯大学任心理学教授兼系主任,开始对健康人格或自我实现者的心理特征进行研究。曾任美国人格与社会心理学会主席和美国心理学会主席,是《人本主义心理学》和《超个人心理学》两个杂志的首任编辑。

按马斯洛的理论,个体成长发展的内在力量是动机。而动机是由多种不同性质的需要所组成,各种需要之间,有先后顺序与高低层次之分;每一层次的需要与满足,将决定个体人格发展的境界或程度。马斯洛的主张虽未完全取代行为主义,但他所强调的心理学应研究人性整体的思想,对心理学的发展产生了深远影响。

马斯洛

(二)马斯洛人本主义心理学的主要观点

1. 人本主义心理学方法论

马斯洛所推动和发展的人本主义心理学是在批判精神分析和行为主义的基础上建立的。他反对在心理学研究中把人当作动物和机器,以及盲目照搬自然科学研究方法的机械主义心理学方法论,倡导以"问题为中心"而不是以"方法为中心",以"整体动力论"消除还原主义的弊端,消解科学与价值的矛盾,使心理学成为"价值科学",提倡性善论和对健康人格的研究,重视人的潜能、自由、责任和尊严,强调人性与社会价值的统一,建立起以人为中心的"人本主义"心理学方法论。

2. 人性本质观

对人性本质的看法,马斯洛的心理学思想显示了以下四个论点:

(1)对心身关系问题的解释。马斯洛持心身合一的一元论观点,此观点显示在其需求层次论,从生理需求到心理需求的发展是连续的。

(2)天性与教养问题的解释。马斯洛持人性本善的观点,他认为人类的天赋善根是其一生发展的内在潜力。

(3)对知识来源问题的解释。马斯洛持综合观点,他认为理性主义所讲的先天理性、经验主义所讲的后天经验及现象论所指直觉,全都是知识的来源,而直觉则是一切知识的基础。

(4)自由意志与决定论问题的解释。马斯洛持非决定论的看法,不但反对物质决定论,而且也反对

精神决定论。因此他强调个人的行为决定于他自己，决定于他自己的需求和自由意志，此点正显示马斯洛思想的"人本"特征。

3. 需求层次论

马斯洛的人本主义心理学思想，主要载于他 1954 年出版的《动机与个性》一书。他所指"动机"一词，并非如一般所持"动机是促使个体发生行为的内在力量"的说法，而是指人性本质中的善根。动机像一棵大树的种子，在长成大树之前，种子之内已蕴藏了将来成长为一棵大树的一切内在潜力。人类的动机也就是个人出生后一生成长发展的内在潜力。因此，马斯洛的动机理论亦即其人格发展理论。马斯洛在该书中，指出动机由多种不同性质的需求组成，故而称为"需求层次论"。1970 年新版书内，又改为如下之七个层次：

① 生理需求，指维持生存及延续种族的需求；

② 安全需求，指希求受到保护与免于遭受威胁从而获得安全的需求；

③ 归属与爱的需求，指被人接纳、爱护、关注、鼓励及支持等的需求；

④ 自尊需求，指获取并维护个人自尊心的一切需求；

⑤ 认知需求，指对己对人对事物变化有所理解的需求；

⑥ 审美需求，指对美好事物欣赏并希望周遭事物有秩序、有结构、顺自然、循真理等心理需求；

⑦ 自我实现需求，指在精神上臻于真善美合一人生境界的需求，亦即个人所有需求或理想全部得以实现的需求。

根据马斯洛的解释，各种需求层次之间存在以下的关系和特点：

各层需求之间不但有高低之分，而且有前后顺序之别；只有低一层需求获得满足之后，高一层的需求才会产生。但仍然有可能出现意外。例如：创造性的人的创造驱力比任何其他需要都更为强烈，也有些人的价值观和理想是如此强烈，以致宁愿死也不放弃它们。

七层需求分为两大类，较低的前四层称为基本需求，较高的后三层称为成长需求。基本需求有一共同性质，都是由于生理上或心理上有某些欠缺而产生，故而又称匮乏性需求。较高层次的需求是后来才发展出来的，就像生物的进化一样。生活在高需求层次的人意味着其拥有的物质性的事物较充分，较长寿，较少生病，睡得较好，胃口较佳。高层次需求得来的满足是较为主观的，如非常幸福，心情十分平稳，内在生活非常富裕等；当个人的环境（经济、教育等环境）较好时，个人较易满足高层次的需求；当个人满足其高层次需求之后，个人愈可能接近自我实现的目标。

4. 自我实现

根据马斯洛的需求层次论，个人人格获得充分发展的理想境界是自我实现，自我实现就是人性本质的终极目的，也就是个人潜力得到了充分发展。据马斯洛估计，人群中能够自我实现者不过十分之一，他选出美国名人中杰弗逊、林肯、爱因斯坦等人，认为他们都是自我实现的人。马斯洛分析发现这些人的人格特质有几点相同：有良好的现实知觉；能正视自己、别人和自然；他们活动和反应是自发的，而不是被迫的；能以问题为中心，而不是以自我为中心形成看法；有独立自主性，不受环境和文化的支配；能认识人类；和为数不多的人发生深厚的友谊；有与众不同的鉴赏力和审美观；具有民主的价值观；有一种哲理性、无敌意的幽默感；具有创造力；有较多的高峰体验；有高度的社会兴趣，但不墨守成规。

在这些特征中，马斯洛特别强调高峰体验的概念。高峰体验指自我实现者在人生历程中曾有过体验到欣喜感、完美感及幸福感的经验。高峰体验多在人生领悟、至爱授受、苦尽甘来或宗教悟道等情境下产生，是人生难得的经验，只有实际经历过的人才会有此体验。高峰体验是人类的共有感受，每个正常人都可能在生活中得到这种体验。自我实现者的高峰体验频率较高且程度较深。

5. 超个人心理学

由于不满足于人本主义只关注个体自我及其实现，再加上受到东方智慧的影响，马斯洛在 20 世纪 60 年代中后期经常和苏蒂奇等其他人本主义心理学家讨论超越人本的问题。他们开始酝酿关于这一新领域的心理学，即"第四势力"或超个人心理学。马斯洛认为这种心理学以宇宙为中心而不是以人的需要和兴趣为中心，它超出人性、同一性和自我实现的概念。在此基础上，马斯洛修正和拓展了他的自我实现心理学特别是需求层次论和自我实现论等。超个人心理学自诞生之后,在西方迅速发展,产生了巨大的影响。

(三)马斯洛的学前教育观点

1. 教育的目的——唤醒存在的价值

他认为所有人的教育目的包括儿童从根本上说就是"唤醒存在的价值"并促进人"完美人格的形成",促使"个人达到所能达到的最高度的发展,即达到他能达到的最佳状态"。这样可以使人们很大程度上掌握自己的命运,对生活承担更大的责任。

2. 教育者应帮助儿童发现"自我同一性"

所谓"自我同一性"是指"找出你的真实愿望和特征是什么,并生活在一种方式中使它们能表现出来"。马斯洛指出,在现实社会中,许多家长"非常善于使他们的孩子弄不清自己内在的呼声",强迫孩子干违背其心愿的事情。在这种教养下,孩子"失去了和他们自身内在信号的接触。他们吃、喝、拉、撒、睡都要按钟点安排,而不是接受他们身躯的暗示。他们做一切事情都以外部标准(如"我爸爸说")为根据,从选择食物、服装到价值和伦理判断都是如此"。马斯洛根据自己的研究得出结论:"有创造的儿童"就是"那些有较强冲动声音告诉他们什么是对、什么是错的儿童"。与此相反,对父母言听计从、循规蹈矩的儿童即使天赋很好,也会在不良的教育下丧失创造性。他主张儿童应该成为真诚、忠实的人,其言行应当成为他们"内在感受真实而自发的表现"。

3. 尽量满足儿童的基本需要,促进其潜能发展

马斯洛认为驱使人类行为的是若干始终不变的、遗传的、本能的生理和心理的需要。为了达到自我实现或促进人的潜能充分发挥的教育目的,教育者应充分满足儿童的基本需要。他认为除了满足孩子的生理需要,社会、家庭还应通力合作给孩子提供和平、宁静的环境来满足孩子的安全需要,认为"幼年时期得到安全感,变得坚强的人,在以后的生活中无论遇到何种威胁,他们往往仍旧能够保持安全感和坚强的性格"。他根据自己的研究成果认为爱对幼儿的成长至关重要,在孩提时代得到爱的人,往往更容易成长;而缺乏爱,就会抑制儿童的成长及其潜能的发展,婴儿爱的需要受到挫折是心理失调的主要原因。马斯洛强调指出:"我们必须懂得爱,我们必须能教会爱、创造爱、预测爱。"他还指出,对儿童自尊需要的满足会导致一种自信的感情,使之"觉得自己在这个世界上有价值、有力量、有能力、有位置、有用处和必不可少",从而更有独立性和创造性,更向往成功,有更大的动力。如果这些需要不能满足,就会使儿童产生"自卑、弱小及无能的感觉","会使人丧失基本的信心,使人要求补偿或者产生精神病倾向"。他还认为幼儿有着天然的好奇心,"好奇心的产生是成熟的自然产物而不是学习的结果",假如缺乏好奇心,倒是一种病态的表现,既然大家"都承认儿童在很早的时期就表现出好奇心",因此"把这种行为解释成某种内在的动力是再恰当不过的",教育者应不失时机顺而导之。同时,他还认为健康的孩子普遍有对美的需求,经过实验证明,环境的美丑对儿童的心理产生影响。丑会使人变得迟钝、愚笨,美则有助于人变得更健康。从严格的生物意义上说人类需要美,正如人的饮食需要钙,我们必须研究如何从审美的角度去满足儿童的需要。

总之,马斯洛认为儿童的高级需求虽然是"人类天性中固有的东西",是文化不能扼杀的人类真正的内在本质,但却很脆弱,容易扭曲,并被不正确的学习、习惯、传统等抑制乃至征服。因此,正确的文化、正确的教育对儿童尤其重要。

4. 爱和尊重孩子而不是过分地保护和溺爱

马斯洛认为,假如父母用爱和尊重来对待他的孩子,就会促进孩子"内在智慧"的发展,那么,尽管他们可能会犯很多错误,但望子成龙的想法却可能如愿以偿。他反对父母在孩子面前独裁专制、过分控制,以致让儿童失去发展自己个性的能力;同时强调对儿童的爱和尊重并不意味着放纵,父母必须防止过分保护、溺爱孩子,以致孩子无需任何努力,每个需要就能得到满足,这种溺爱不是真正的关心、爱护,相反,却反映了父母对孩子及潜力的发展缺少尊重。过分保护会使孩子缺少安全感,并阻碍孩子去探险、冒险、学习、发展,这样的孩子自主能力及内在力量不可能有所发展,长大后难有大的作为。他认为父母应该敢抓敢管,该慈则慈,该严则严。

5.教育者应该掌握明确、合理的人生价值和观念用于教养儿童

马斯洛在对墨西哥及美国的儿童进行比较研究后得出：墨西哥孩子物质生活比美国孩子贫乏，家庭问题也很严重，但是墨西哥孩子普遍给人印象是行为文雅，要求较低，抱怨较少，不经常哭喊，比较善于和睦共处，爱父母，对成人比较尊重等，较美国儿童表现出更好的行为举止，而且青少年犯罪和流氓及破坏事件较美国少得多。产生这些差异的根本原因在于墨西哥的家长都有一种传统的、统一明确并引以为豪的行动准则和道德价值观念，都知道应该如何对待孩子和哪些是正确的方法，而美国家长往往缺乏明确的价值观念和道德标准。因此他得到结论：所有儿童都需要一个价值系统，一个理解系统，一个定向和献身的框架，需要对宇宙及其对自身意义逐步达到一个概念的把握。如果儿童缺乏这样的系统或系统破裂，某种孩子或青少年的、不正常的、反社会的价值系统就可能乘虚而入，并导致儿童的心理病态。

6.要让孩子得到"高峰体验"从而促进孩子的发展

"高峰体验"是马斯洛心理学的专用名词，指人感到强烈的幸福、狂喜、完美或欣慰的最佳状态的时刻，是人生活中最能发挥作用、坚强、自信、能完全支配自己的时刻。他认为儿童在童年期经常有高峰体验，而现在的学校制度是一种压碎高峰体验，禁止它们出现的极端有效的工具。比起教学生在学习中体验快乐，传统的模式会强迫老师更注意秩序和安静。他将现实中崇尚死记硬背的学习称为"外在学习"，说学生会像"黑猩猩对拨弄者的技巧做出反应那样对分数和考试做出反应"。马斯洛指出生活必须有意义，不断的高峰体验是通向自我实现的必要条件。如果生活只有无休止的痛苦或烦恼，死的愿望就是可以理解的了。他还问："幼儿园教育能够做些什么来对抗死的愿望，小学一年级能够做些什么来增强生的愿望呢？也许他们能做的最重要的事是让孩子得到一种成就感。"他认为通过给孩子以尽可能多的自由，以发挥其创造性；通过让儿童帮助其他更弱小的孩子完成事情，都可以让他们得到内在的满足，获得高峰体验，从而促进儿童的发展。

（四）评价

马斯洛为代表的人本主义心理学派被称为"第三思潮"，对当今世界心理学界乃至整个社会都产生了巨大的影响。他的学前教育思想主要是充分满足幼儿的生理和心理需要，尊重儿童，反对溺爱，推动儿童的潜能充分发挥，这些都给整个学前教育新的启迪和借鉴，并为现代儿童教育的长远发展提供了理论的借鉴。

六、皮亚杰的认知发展理论与学前教育思想

皮亚杰(1896—1980 年)是当代著名的儿童心理学家及教育家。出生于瑞士，父亲是位有自由思想的大学教授，母亲是一位虔诚的基督教徒，两人常因见解不同而发生争执。他对生物学具有浓厚兴趣和突出才能，10 岁在自然科学杂志上发表文章，1918 年获博士学位。在攻读博士学位期间，他对"人是怎样获得对于世界的认识"的哲学问题产生兴趣。由于纯熟的生物学知识及方法对解决此类问题无能为力，他便试图通过其他途径来作研究，因此对心理学产生了兴趣。

1918 年，他进入心理实验室工作，研读弗洛伊德著作，感到精神分析学说虽有趣，但失于思辨，不是严谨的科学。他从中吸收和学到一些重要概念与方法(如儿童发展阶段理论、临床谈话法等)，对他后来从事儿童心理学研究极其有益。1919 年，皮亚杰到巴黎大学从事病死心理学、数理逻辑及科学哲学等学科的学习、研究。他在工作中注意到两个基本事实：① 同龄儿童的回答中存在着相似的错误；② 随着年龄的增长，儿童回答中的错误发

皮亚杰

生相应变化。他认识到，不同年龄儿童回答的错误内容及导致错误回答的思维过程不是偶然的，而与心理结构密切相关。于是，他开始研究儿童心理，并将此作为一生的主攻方向。他一生发表了百余篇论文

和 30 多本专著,影响较大的有《儿童的语言与思维》、《儿童的道德判断》、《儿童的智力起源》、《智力心理学》、《儿童心理学》(与英海尔德合著)、《结构主义》、《发生认识论》、《教育科学和儿童心理学》、《了解即发明、教育的未来》。

皮亚杰的哲学思想受到亚里士多德、黑格尔、詹姆斯等人的影响,受康德的影响尤深。他说:"我把康德范畴的全部问题重新审查了一番,从而形成了一门新科学,即发生认识论。"他的"图式"概念即渊源于康德的"先验图式"。自然科学上,他受生物学影响,达尔文的"适应"概念成为其理论的核心概念,并将被动的适应发展为主动的调整与同化。心理学上,受格式塔心理学关于部分与整体关系的理论、发展心理学家中霍尔的复演说、瓦隆的儿童发展阶段理论及弗洛伊德精神分析学说的谈话法的影响。教育学上,受卢梭、裴斯泰洛奇、福禄培尔、蒙台梭利、杜威等人及 20 世纪上半期儿童中心主义教育思潮注重儿童研究、倡导内发论、儿童中心论、崇尚活动教学等思想的影响。他博采众长,批判地继承前人的遗产,创立了自己独特的儿童心理学及教育理论。

(一) 儿童心理学的主要观点

他的儿童心理学理论核心是"发生认识论",企图探索和解决的主要问题是:儿童出生后,认识是如何形成、发展的,受哪些因素制约,其内在结构是什么,各种不同水平的智力、思维结构是如何先后出现的等问题。

1. 儿童认知结构与智力发展

(1) 关于结构的定义

他为结构下了定义:所谓"结构",也叫作一个整体、一个系统、一个集合。结构有 3 个要素:整体性、转换性、自我调整性。结构"是由具有整体性的、若干转换规律组成的、一个有自身调整性质的图式体系"。

(2) 儿童认知结构与智力发展

皮亚杰依据结构主义的基本原理,提出儿童思维发展结构理论,其核心是"发生认识论",主要研究儿童认识发展的过程和结构,涉及"图式""同化""调节""平衡"4 个基本概念。

图式,即人类认识事物的主观上的结构。皮亚杰指出,图式指主体活动(包括外部动作和内部思维)的功能和心理结构。如果行动是外显的运动行为,就叫作"感知运动图式";如果行动是内化的,就叫作"认知图式"。儿童最早的图式表现为遗传性的本能动作(如初生婴儿的吸奶动作),后来,在适应环境的过程中,图式得到发展,如感知运动图式—表象思维图式—直觉思维图式—运动思维图式—逻辑思维图式等。儿童的心理发展过程,就是动作图式不断完善,认知结构由较低水平到较高水平的过程。

主体活动对环境的能动适应,或主体图式在适应活动中的功能,包括"同化"和"顺应"两种。同化即"个体将新的知觉事件或刺激事件,纳入已有图式或行为模式之中的过程"。著名的皮亚杰研究学者沃德沃思曾举过一个实例:一个幼儿与其父散步时,见到一头母牛,对其父说:"那里有一只狗。"何以至此? 因为其就已有的图式(如马、猫、狗、人的图式)检索,发现一个可以包括该物在内的适当名词"狗",对他来说该物(母牛)具备狗的特征,适合狗的图式,所以他称之为狗,该刺激(母牛)便被同化于狗的图式中。"同化"是主体活动对环境能动适应的一种形式。同化是个体把客观事物纳入原有图式中,会影响图式的生长和图式量的变化,但不会导致图式的质的改变。当个体不能把客观事物纳入主体的图式之中时,就产生了主体活动对环境能动适应的另一种形式——"顺应"。

顺应,或译成"调节"。当个体不能把客观事物纳入主体的图式之中时,就产生了主体活动对环境能动适应的另一种形式——"顺应"。个体借助新奇知识或观念接触,促成已有结构、图式发生改变的过程,或创立足以容纳接触新事物的图式;或修正原有图式以容纳新事物的过程,均称为"顺应"。简而言之,顺应就是"内部图式的改变以适应现实"。同化只是图式的量变,顺应能使图式发生质变。皮亚杰认为,儿童对于外来的刺激,一旦发生顺应,就会用顺应后的图式去同化刺激。这是因为结构已发生变化,可以同化刺激了。同化总是儿童主动追寻的副产品。

在主体对环境的能动适应过程中,同化和顺应两种机能活动之间存在着一定的稳定状态,称之为"平衡"。皮亚杰认为儿童每遇到新事物,便试图用原有图式去同化,若获得成功,便得到暂时的认识上的平衡；反之，则作出调节，调整原有图式或创立新图式去同化新事物，直到认识上达到平衡。前面的例子中，当儿童知道那不是狗而是牛时，他便建立新图式——"牛"。这是通过调节这一机能实现的。这说明在同化与顺应相互作用中达到认识活动的相对平衡，这种平衡不是绝对的或静止的，而是在同化、调节、平衡之间不断进行的。在此过程中，个体的图式不断发展、不断完善，智力从最初的感知活动逐步发展为高级理性思维活动，这就是认知结构的形成和发展的基本过程。

2. 认知的基础及结合点——动作

皮亚杰认为，形成主体的结构或认识客体结构的基础是主体的"动作"。他指出，认识不可能单独起源于主体或客体，只能起源于两者的相互作用，即主体对客体的动作（活动）。皮亚杰把主体动作，即主体与客体的相互作用看作一切经验和知识的源泉。他认为作为认识主体的儿童自身的思维结构，是在与客体相互作用的过程中逐步建立和完善，所以他的理论被称作是一个动态的"建构"理论。

3. 制约儿童心理发展的因素

皮亚杰认为制约儿童心理发展的因素主要有以下四种：

（1）成熟。主要指神经系统的成熟。皮亚杰认为成熟是儿童心理发展的必要条件，但不是充分条件（决定性条件）。因为单凭神经系统的成熟，并不能说明 $2+2=4$ 的计算能力或演绎推理能力是如何形成的。因此他认为："成熟仅仅是影响儿童发展的所有因素之一，儿童年龄渐长，自然及社会环境的影响也随之增加。"

（2）物体经验。指"个体对物体做出动作中的练习和习得经验"，包括物理经验和数理逻辑经验。前者指个体作用于物体，获得物体的特性知识，如大小、轻重、形状等；后者指个体作用于物体，从而理解动作与动作之间相互协调的结果，这种经验不存在于物体的本身。在数理逻辑经验中，"知识来源于动作，而非来源于物体"。如幼儿把石头逐块排列，时而等距，时而距离放大或缩小，时而改变计数方向，最终发现总数始终不变。皮亚杰认为，逻辑数理经验，对儿童来说是新的知识、新的构成的结果。

（3）社会经验。指个体与社会的相互作用及社会传递，包括社会环境、社会生活、文化教育等。环境、教育促进或延缓儿童心理的发展，因此社会经验同样是儿童心理发展的必要条件，但不是决定条件。如儿童（甚至包括聋哑儿童），无论生活在什么样的社会环境中，到了 7 岁左右就会出现具体运算的逻辑思维。

（4）平衡化。指儿童自我调节的过程。平衡是不断成熟的内部组织和外部环境的相互作用，它可以调和成熟、个体对物体产生的经验以及社会经验三方作用。通过不断地自我调节及动态的平衡，使儿童的心理结构不断变化、发展。他认为，平衡化或自我调节是儿童心理发展中最重要的、决定性的因素。

4. 儿童认知发展阶段理论

（1）感知运动阶段（0—2 岁），婴儿期。此时儿童尚未掌握语言，主要是通过感知运动图式和外界相互作用（同化和顺应），并与之取得平衡。

（2）前运算阶段（2—7 岁），学前期。此时儿童的感知运动图式开始内化，成为表象。随着语言的出现和发展，儿童可以用表象符号代替事物，用表象和语言描述事物。但此时儿童的"自我中心主义"突出，即考虑一切事情都只从自己的角度出发，以自己为中心，总是从一个角度来观察事物，不考虑别人的意见。他们还不能从事物的变化中掌握事物概念的守恒性和可逆性。如这个阶段儿童只能辨别自己的左右手，知道 A＝B，B＝C，但不能得出 A＝C。总的来说思维具有表象性及直觉性特点。从 4—7 岁开始从表象思维向运算思维过渡，但仍要直觉活动的帮助。

（3）具体运算阶段（7—11 岁），小学阶段。出现具体运算的图式，能进行初步的逻辑思维。这个阶段儿童思维的特征是运算具有可逆性，并获得守恒概念（如物质、重量、长度、面积、体积等）、分类概念、序列概念和关系概念，标志着思维水平的一次飞跃，但这个时期的运算思维要依靠具体事物的帮助才能顺利解决问题。

（4）形式运算阶段（11—15 岁），初中阶段。此时的儿童思维与成人接近。形式运算，即"使形式与内容分离"。这时儿童"有能力处理假设而不是单纯地处理客体"，"认识超越于现实本身"，"无需具体事物作为中介"。简言之，这时儿童能用抽象符号进行逻辑思维及命题运算，形成认知结构的整个体系，它属于儿童思维的高级形式。

综上可知,感知运动阶段出现思维的萌芽;前运算阶段出现表象思维和直觉思维;具体运算阶段出现初步的逻辑思维;到形式运算阶段,才出现比较复杂的逻辑思维。

(二)论儿童教育

1. 论教育的目的

他认为,为儿童确立教育的目的是社会的职责。他指出,历来社会通过两种形式来确立教育目的:一是根据"当权者"的意愿确定社会本位的教育目的;二是根据习俗舆论,即"按照前辈们那种静止的或变动的模型塑造新生一代的方法来规定教育目的"。他对这两种传统的、外在的教育目的论进行了批评,指出其立足点是根据社会去改造人的生理和心理结构,关心的仅是目的,不关心儿童及其发展规律。皮亚杰认为,在定教育目的时,一方面应服从"社会科学可以分析的规律",其次,它更是"心理学的职责"。他提出:"教育的主要目标就在于形成儿童的智力的和道德的推理能力",形成和发展儿童的认知结构,是教育的根本任务或最终目的。

2. 儿童教育的基本原则和方法

(1)基本原则

第一,教育应配合儿童的认知发展顺序。

教育应配合儿童的认知发展顺序,符合儿童的年龄特征。在实际教学上要求:① 按儿童的认知发展顺序,编制课程。何时该教什么、课程内容、进度应按儿童心理认知状态的变化来设计,当代课程编排的趋势是:将学习者在某阶段可能发展的新概念纳入课程。据此原理编制的课程称为"皮亚杰式课程"或"发展本位的课程"。② 教材应不显著超越儿童现有的认知发展。他认为儿童接受有关的知识,必须具备能同化它们的结构,否则事倍功半。③ 传授教材时,重点不宜放在加速儿童的学习进度上。在现实的教育实践中,进度常被用作判断儿童学习成效的指标。皮亚杰认为,加速学习不是不可能,但利弊如何,值得仔细权衡。他认为儿童在发展同化新概念的潜能方面,某种程度的迟滞,自有其价值。教育的理想不是以传授最多的知识为唯一目的,而是以儿童学会学习并得以发展为正途,父母或教师的职责,不应放在加速儿童学习上,而应努力丰富儿童相应发展阶段的生活经验。

皮亚杰还规定各个时期教育的重点:2 岁以前只有感觉运动智力,教育者应多为他们提供各种有趣的物体,如玩具、模型等,供他们观察、摆弄。学前早期为促进表象思维的发展,应注意选择具体形象的教材,如童话故事、图画等,为他们安排游戏活动。学前晚期,采取观察、测量、计算等活动,培养掌握质量、容量、速度、时间、数量等初步科学概念。学龄阶段,儿童具有守恒能力后,教师可通过各学科的教学活动,使儿童从具体运算思维逐步发展为形式运算思维。

第二,以儿童为中心,大力发展儿童的主动性。

皮亚杰认为儿童的认知能力不能是外铄的,只能从内部形成;教育必须致力于发展儿童的主动性,只有儿童自我发现的东西,才能积极地被同化。

第三,重视活动在教育中的作用。

他认为认识的形成主要是一种活动的内化作用,儿童只有具体地、自发地参与各种活动,才能获得真正的知识。例如物理知识是通过作用于客体的动作而形成的。有关树木的真实概念只有在儿童作用于树木时才可能获得并精细化,否则即使看了树的图片,听了有关树的故事,读了有关树的书,幼儿也不可能形成树的知识。逻辑数学知识的构成同样来自对客体的动作,仅凭听和读是不可能形成诸如数量、长度和面积等概念。社会经验知识的构成也取决于儿童与他人之间的相互作用。

(2)教学方法

注重科学实验及视听教学。教师应为儿童提供合适器材,供他们自由研究、实验。

重视游戏在儿童(尤其是幼儿)学习过程中的作用。根据不同年龄阶段而安排不同的游戏。他认为儿童游戏既包括外显行为,也包括"白日梦"。游戏的发展阶段和智力发展同步,练习性游戏是感知运动阶段出现的最初级的游戏,目的是取得机能性快乐,重复习得行为。这些游戏可能发展成象征性游戏,也可能向社会化方向发展,成为规则游戏。象征性游戏在儿童 8—12 个月出现,是幼儿的典型的游戏形式,具有思维和嬉戏的表征结构。在 2—4 岁大量出现,达到发展的高峰期,出现假装成分,并在角色游戏中加强了象征性或表象性思维。象征性游戏在儿童7—12岁结束,规则性游戏开始大量出现,幼儿的规则游戏大多运用实物或带有情节,新增的规则使思维的组织与操作变得复杂起来,个体之间的竞争由暂时的协定或先辈相传的规定所调整。因为游戏可以满足儿童的情感和智慧上的需求,因此,皮亚杰认为,对于学前儿童来说,无论何时,只要能成功地把初步的阅读、算术或拼读改用游戏方式进行,儿童就会热情地沉迷于这些活动游戏中,并获得真正有益的知识。

每一学科都必须提供产生大量探索活动的可能性,并使之与一定的知识体系相联系。首先,善于应用认知冲突,推动儿童思维发展。皮亚杰推崇发现法,强调兴趣,重视儿童学习的内在动机。同时他又提出,认知冲突原理在教学中的运用,必须符合适度新奇的原则,不能太难或过易。其次,重视儿童之间交往的教育意义。儿童间的交往有利于促进儿童认知的发展,比如儿童只有与另一儿童交流时,才能知道自己对事物的看法并非唯一的见解,也才能认识到别人不一定要采取与自己一致的立场。这一过程不可避免地涉及辩论、讨论、推理和思考,从而有利于儿童养成批判性、客观性,摆脱自我中心状态。

(三) 论儿童道德发展与道德教育

1. 儿童道德发展的阶段性特点

0—2岁,这个时期在认知发展上属于感知运动时期。就道德发展而言,则属于道德情感萌生阶段。

2—7岁,这个时期在认知发展上属于前运算时期,是儿童道德发展的最初阶段,可称作道德的"他律"阶段。"他律"是指儿童的道德判断受他自身以外的价值标准所制约和支配。

7—11岁,这个时期属于具体运算阶段,在道德发展上,则是属于"自律"阶段。

11—15岁,这个时期属于形式运算阶段,在道德的发展上,则属于"公道"阶段。

皮亚杰故事
测验

2. 皮亚杰道德教育理论主要特点

(1) 肯定了儿童认知发展是其道德发展的必要条件。在皮亚杰看来,无论是儿童道德判断、道德情感,还是对道德规则的学习和理解都要受到认知水平的制约。

(2) 丰富和发展了儿童道德发展的阶段理论,并确定了教育的适当作用。他指出:儿童的道德发展阶段是一个不可跳跃的和不可逆的连续过程,把这一过程概括为"自爱—他律—自律—公道"等阶段,并对各阶段道德发展作了详细论证。

皮亚杰的道德发展理论除可以给人们以极大的启示外,也存在着某些不足:① 偏重从认知发展的角度研究儿童的道德发展,但忽视道德行为,特别是良好的习惯行为在德育中的意义。② 忽视了不断变化或不同背景下的社会道德标准对形成儿童道德判断的影响。

(四) 学术影响及历史地位

皮亚杰毕生致力于儿童智力发展的实验研究,为20世纪儿童教育的发展提供了大量的实验资料和理论指导。他所创立的认知结构主义儿童心理学理论是一个动态的建构理论,是建立在当代最新科学成就的基础之上。这一理论是自19世纪西方开始教育心理学化运动以来最重大的心理学成就之一,也是当代影响最大的儿童心理学理论。20世纪60年代后,皮亚杰的教育思想对世界各国的教育,特别是幼儿教育产生了愈来愈大的影响。受这一理论影响,欧美许多国家的幼儿教育机构及小学努力给儿童提供丰富多彩的、综合儿童兴趣、需要和认知特点的教育环境,兴起了"活动学校""活动课程""开放教育""视听教育""思维学校"等教育形式。还有不少幼儿教育工作者依据皮亚杰的原理,设计了种种幼儿教育实验改革方案并付诸实践,以推动幼儿教育的更大发展。可以预言,已经在当代国际心理学界和教育界占据显著重要地位的皮亚杰的儿童心理及教育理论将继续产生重大影响。

当然,皮亚杰的理论也不是完美无缺的。他强调图式,而对反应重视不够;强调生物适应和儿童主体认识的能动性,而对社会作用、社会因素在儿童认知发展中的重要性重视不够;强调儿童思维发展的年龄特征和稳定性,而对儿童思维能力的个体差异重视不够。集中到主要的一点是:注意到内在的发展,而对社会(包括政治经济)对个体发展的影响重视不够。20世纪80年代中后期,学术界也有人批评皮亚杰对学前儿童的认知能力估计偏低。

思考与练习

一、选择题

1. "给我一打健全的儿童，我可以用特殊的方法任意地加以改变，或者使他们成为医生、律师……或者使他们成为乞丐和盗贼……"这种片面的观点突出强调的是（   ）对儿童心理发展的作用。

A. 遗传因素　　　　　　B. 生理成熟　　　　　　C. 环境和教育　　　　　D. 先天因素

2. 去过几次小朋友的家，就能画出具体的路线图来，认知发展到（   ）的儿童能做到这种程度。

A. 感知运动阶段　　　　B. 前运算阶段　　　　　C. 具体运算阶段　　　　D. 形式运算阶段

3. 20 世纪影响最广泛的儿童思维发展理论是（   ）的儿童思维阶段理论。

A. 桑戴克　　　　　　　B. 皮亚杰　　　　　　　C. 斯金纳　　　　　　　D. 杜威

4. 皮亚杰的"三山实验"考察的是（   ）。

A. 儿童的深度知觉　　　　　　　　　　B. 儿童的计数能力

C. 儿童的自我中心性　　　　　　　　　D. 儿童的守恒能力

5. 20 世纪影响最广泛的儿童思维发展理论是（   ）的儿童思维阶段理论。

A. 桑戴克　　　　　　　B. 皮亚杰　　　　　　　C. 斯金纳　　　　　　　D. 杜威

6. 教师拟定教育活动目标时，以幼儿现有发展水平与可以达到水平之间的距离为依据，这种做法体现的是（   ）。

A. 维果茨基的最近发展区理论　　　　　B. 班杜拉的观察学习理论

C. 皮亚杰的认知发展阶段论　　　　　　D. 布鲁纳的发现教学论

二、简答题

1. 试述德克乐利的生活教育思想对我国学前教育改革有何启示。

2. 谈谈格塞尔的成熟理论对幼儿教育的现实意义。

3. 借鉴华生和斯金纳的强化学说谈谈如何对我们的孩子进行教育。

4. 谈谈如何根据弗洛伊德的心理学主要思想对儿童进行心理健康教育与维护。

5. 论述马斯洛需求层次并说说如何在教育中帮助儿童发展潜能和健全人格。

6. 谈谈皮亚杰的认知心理研究结果和教育理论对我国学前教育有何启示。

7. 试述皮亚杰关于儿童教育的主要观点。

第十五讲　新中国成立初期至十一届三中全会以前的学前教育

📖 **本讲提要**

新中国成立初期,我国的学前教育事业在摸索中前行,经历了一个曲折发展的过程,出现了盲目发展、教育质量大幅下降的情况,阻碍了学前教育的顺利发展。

一、新中国成立初期学前教育改革(1949—1957 年)

(一) 确定学前教育的性质、任务及发展方针

1. 确定幼儿教育在基础教育中的重要地位

1949 年底,教育部召开第一次全国教育工作会议,确定了全国教育工作的总方针,明确了改革旧教育的方针、步骤和发展新教育的方向。会议确定建设新教育要以老解放区教育经验为基础,吸收旧教育某些有用的经验,特别要借助苏联教育建设的先进经验。教育必须为国家建设服务,学校必须向工农开门。教育工作的发展方针是普及与提高的正确结合,在今后相当长的时期内以普及为主,教育着重为工农服务。对中国人办的私立学校,采取保护维持,加强领导,逐步改造的方针。

1951 年 10 月 1 日,中央人民政府政务院颁布了《关于改革学制的决定》,这是新中国成立以来国家颁布的第一个学制。该学制规定了当时我国的教育体系与教育结构,并规定:实施幼儿教育的组织为幼儿园,收 3—7 岁的幼儿,使他们的身心在入小学前获得健全的发育。新学制的颁布,以法令的形式确立了中国人民自己的学制系统,它标志着中国劳动人民在文化教育上的新胜利,也标志着人民教育走上了有计划、有系统的发展新阶段。幼儿教育被列入学制体系之中,成为小学教育的基础。至此,自 1922 年壬戌学制定名的、沿用了近 30 年的"幼稚园",从此改称为"幼儿园"。

2. 明确幼儿教育的双重任务和教育方针

《中国人民政治协商会议共同纲领》规定"妇女在政治的、经济的、文化教育、社会的生活各方面,均有与男子平等的权利",要"注意保护母亲、婴儿和儿童的健康"。中国妇女从此翻身解放做了主人,幼儿成长受到了前所未有的关注。1951 年 10 月,《政务院关于改革学制的决定》明确规定:"幼儿园应在有条件的城市中首先设立,然后逐步推广。"1952 年 3 月 18 日中央人民政府颁发试行的《幼儿园暂行规程(草案)》规定:"幼儿园的任务是:根据新民主主义教育方针教养幼儿,使他们的身心在入小学前获得健全的发育;同时减轻母亲对幼儿的负担,以便母亲有时间参加政治生活、生产劳动、文化教育活动等。"据此,新中国幼儿园承担抚育儿童身心健康发展和便利妇女参加社会建设的双重任务。

为了调动社会各方面力量发展幼儿教育事业,1956 年 2 月,内务部、教育部、卫生部发出《关于托儿所、幼儿园几个问题的联合通知》,其中指出:"随着国家经济建设和文化建设的日益发展,今后将有更多的妇女参加生产劳动和社会工作。为了帮助母亲们解决照顾和教育自己孩子的问题,托儿所和幼儿园必须有相应的增加……在城市中由厂矿、企业、机关、团体、群众举办。在农村提倡农业生产合作社举办

（主要是季节性托儿所和幼儿园）。教育行政部门在可能条件下，应有计划地办一些幼儿园。卫生、教育部门应办好几个托儿所和幼儿园，使它们起示范作用。"

新中国成立初期，我国经济比较落后，幼儿教育事业的发展单靠国家投资是不可能的。因此确定了公办和民办并举的发展方针，依靠群众动员社会各方面的力量，采取多种形式兴办幼儿园，逐步解决广大人民群众的需要，从而有力地促进了我国幼儿教育事业的发展。

（二）学前教育的改革与实施

根据新中国成立初期确定的学前教育的性质、任务、发展方针，在党和政府的关怀下，对学前教育有计划地进行了整顿和改造的工作，制定了一系列政策和办法。

1. 接管外国在我国设立的学前教育机构，收回教育主权

中华人民共和国成立后，本着教育独立自主的原则，收回了被帝国主义掠夺的教育主权。1950 年 12 月和 1951 年 1 月，政务院相继颁布《关于处理接受美国津贴的文化教育机关及宗教团体的方针的决定》和《接受外国津贴及外资经营之文化教育救济机关及宗教团体登记条例》。按此决定和条例，我国各地接管了美国和其他资本主义国家在我国开办的幼稚园、孤儿院、育婴堂、慈幼院等机构 200 余所，把许多孩子从奴化枷锁下解放出来，收回了儿童教育、儿童福利事业的主权，全面结束了一百余年来帝国主义对中国学前教育主权的掠夺。

2. 停办私立幼儿园，向工农子女打开幼儿教育机构的大门

根据 1952 年 9 月教育部《关于接办私立中小学的指示》精神，1952—1954 年期间，教育部陆续接办了全国私立幼儿园，并改为公立，如陈鹤琴主办的南京鼓楼幼儿园、刘文兰主办的重庆景德幼儿园等。

为使劳动人民子女享有受教育的权利，中央教育部为此采取的主要措施有：① 废除幼稚园的招生考试制度，经报名登记和核实情况即可。父母双方因工作家中无人照顾的幼儿得以优先录取；② 日常在园时间从过去的半天予以延长，以利劳动妇女正常工作，并取消寒暑假制度；③ 家庭经济困难的劳动人民子女保教费用可以减收或免收；④ 支持在工人住宅区设立幼儿园。

3. 制定颁布幼儿园规程和幼儿园教学纲要

为切实改革幼儿教育，1951 年中央教育部制定了《幼儿园暂行规程》（以下简称《暂行规程》），并于 1952 年 3 月颁布试行。这是新中国发展幼儿园教育的具体纲要。其中规定：

幼儿园的培养目标：培养幼儿基本的卫生习惯，注重其营养，锻炼其体格，保证幼儿身体的正常发育和健康；培养幼儿正确运用感官和语言的基本能力，增进其对于环境的认识，以发展幼儿的智力；培养幼儿爱国思想，国民公德和诚实、勇敢、团结、友谊、守纪律、有礼貌等优良品质和习惯；培养幼儿爱美的观念和兴趣，增进其想象力和创造力。

幼儿园的教养原则：使幼儿全面发展；使教养内容和幼儿生活实际相结合；使幼儿有独立活动完成简单任务的机会，使幼儿习惯于集体生活；使必修作业、选修作业以及户外活动配合进行；使幼儿家庭教育和幼儿园教育密切配合。幼儿园教养活动项目有：体育、语言、认识环境、图画手工、音乐、计算等。

在学制方面规定：以收 3 足岁到满 7 岁的幼儿为标准；以全日制为原则，幼儿每日在园时间以 8 小时至 12 小时为准，根据需要可办寄宿制幼儿园和季节性幼儿园。为便利妇女工作，以不放寒、暑假为原则，工作人员轮流给予休假。

为了更好地贯彻《暂行规程》，使幼儿体、智、德、美几方面都得到良好发展，建立幼儿园的保教制度，1952 年 7 月，教育部印发了《幼儿园暂行教学纲要》（以下简称《暂行纲要》）。其主要内容包括：各班幼儿的年龄特点和教育要点，体育、语言、认识环境、图画手工、音乐、计算等各科教学纲要均包括目标、教学大纲、教学要点和设备等 4 个方面。

《暂行规程》和《暂行纲要》的制定和试行，明确了幼儿园的双重任务和教养并重的方针，为全面改革旧教育，逐步建立社会主义学前教育新体系奠定了理论基础。

4. 学习苏联学前教育的理论和经验

新中国成立初期，为了加快社会主义建设的步伐，中央发出了全面向苏联学习的号召。在教育上，也积极学习苏联的经验，进行教育改革。

1950 年 9 月,苏联幼儿教育专家戈琳娜被聘为中央教育部幼儿教育顾问,1954 年由马弩依连柯继任。两位幼教专家定期参与教育部对全国幼儿教育情况分析工作,赴上海、天津、南京等地对幼儿师范学校和幼儿园工作进行考察指导,并在北京师范大学开设讲座。苏联幼教理论和经验在我国得到系统而广泛的传播。

从 1950 年下半年开始,教育部指定北京市六一、北海和分司厅三所幼儿园(院)为学习苏联的实验基地,翌年,又增加中央军委保育院和北师大二附小幼儿园两所实验园。苏联专家每周一次轮流到这些幼儿园观摩和分析教育活动,全国各地经常派人参加。1950 年 9 月 4 日,教育部正式通知全国幼教工作者学习《苏联幼儿园教养员工作指南》和《我的儿童教育工作》等书,各地幼儿园进一步广泛深入地向苏联学习。

在教育部确定的向苏联学习的五所实验幼儿园中,六一幼儿园和中央军委保育院系创办于老解放区的幼儿教育机构。两院的幼教工作者在长期艰苦环境中为保护和教育革命后代所付出的对幼教事业的热爱和忠诚,在学习苏联过程中也得到明显体现,不但保证了向苏联学习的质量,同时也对各地幼教工作者产生了积极影响。但是,她们"一切为了革命,一切为了孩子"的精神以及所创造的保教结合的原则等宝贵经验,在当时没有受到足够的重视和传播,以致影响了对老解放区先进保教经验和资料的整理、保存和继承。这对建设我国自己的幼教理论是一大损失。

(三) 学前教育管理体制的建立

1949 年 11 月,中央人民政府教育部成立,在初等教育司内设置幼儿教育处。1952 年 11 月,中央人民政府委员会第十九次会议决定成立高等教育部,中央教育部机构相应调整,幼儿教育处调整为教育部的直属单位。幼儿教育事业在中央教育部直接领导下得到迅速发展。

1956 年内务部、教育部、卫生部下发了《关于托儿所、幼儿园几个问题的联合通知》。通知决定:各类型托儿所、幼儿园的经费、人事、房屋设备和日常行政事宜,均由主办单位(包括教育行政部门、厂矿、机关、团体、部队、学校、群众、私人等)各自负责管理;有关方针、政策、规章、制度、法令、教育计划、教育内容、教育方法、儿童保健等业务,在托儿所方面,则统一由卫生行政部门领导,幼儿园统一由教育行政部门领导。至此,我国的幼儿教育形成了全国统一的领导管理体系。

(四) 学前教育事业的蓬勃发展

1. 幼儿园的发展

1953 年 1 月,政务院文化教育委员会召开大区文教委员主任会议,提出 1953 年文教工作的方针是"整顿巩固、重点发展、提高质量、稳步前进"。

1955 年 1 月,国务院发出《关于工矿、企业自办中小学和幼儿园的规定》,规定提出:根据需要与可能的原则,独办或联办,幼儿园所需教养员由当地教育部门负责解决。

1956 年 2 月,教育部、卫生部、内务部颁发《关于托儿所、幼儿园几个问题的联合通知》,规定应该按照"全面规划,加强领导"和"又多、又快、又好、又省"的方针,"根据需要与可能的条件积极发展托儿所、幼儿园……教育行政部门在可能条件下办一些幼儿园起示范作用"。同时指出,"托儿所、幼儿园可用多种多样办法办理,但必须以整日制(即日托)为努力方向"。

新中国成立后最初几年中,由于领导重视,幼教发展方针积极稳妥,符合国情,切合实际,并与我国当时的经济发展的步调相适应,因而幼儿园以及各级各类幼教专业学校发展速度稳步上升。

从教育科学出版社出版的《中华人民共和国教育大事记 1949—1982》一书中可见:幼儿园事业不仅稳步发展,办园的形式也灵活多样,如有整日制、寄宿制、半日制、季节制和临时性等。说明在这一时期,我国幼儿教育的发展方针是符合当时我国经济发展与幼儿教育发展相适应的现实需要。

2. 幼儿师范学校的发展

良好的师资队伍是办好幼儿园、发展幼儿教育的关键。为此,新中国成立后,各级教育行政部门十分重视幼教干部与师资的培养与培训工作。

1952 年 7 月颁发的《师范学校暂行规程》规定:师范学校得附设幼儿师范科、师范速成班、短期师资训练班等。同时还规定，"为了便利学生观察实习，应设附属小学或幼儿园，或由所在地教育行政机关指定附近小学、幼儿园为实习场所"，使总则中"以理论与实际一致的方针"和"教育原则"中"应注重参观、实习，使学生在实践中提高其专业知识和技能"的精神得以落实。50 年代，一批独立设置的幼儿师范学校先后成立并迅速发展，为新中国的学前教育事业培养了一大批骨干教师和管理干部。

3. 高等师范院校学前教育专业

1952 年 7 月教育部颁发的《关于高等师范学校的规定（草案）》中指出：高等学校设置的教育系分设学前教育组，培养中等幼儿师范学校的专业课教师。根据教育部关于高等学校院系调整的精神，将分散于一些高校的有关专业适当合并，调整为学前教育专业或幼儿教育系，以便集中力量，切实形成幼儿师范学校师资培养基地。此后，南京师范学院教育系、北京师范大学教育系、西南师范学院教育系、西北师范学院教育系、东北师范大学教育系等 5 所院校的学前教育专业承担了为全国培养幼儿师范学校专业课教师和幼教干部的重任。

由于政府对幼儿园师资培养的重视和制定了切合实际需要的多种政策，使正规幼儿师范学校与各种培训相结合的手段产生了良好的社会效益，造就了一批中级和高级的幼儿教育的生力军，提高了原有幼教干部和教师的专业水平，为我国幼儿教育的起步与发展起着奠基的作用。

二、学前教育盲目发展与调整巩固（1958—1965 年）

1958—1965 年间，我国的学前教育事业经历了一个曲折的发展过程，出现了盲目发展、教育质量大幅度下降的情况，也阻碍了学前教育的理论研究的顺利发展。

（一）学前教育的盲目发展阶段

1. 关于学前教育方针的讨论

1957 年，毛泽东在《关于正确处理人民内部矛盾的问题》的报告中，明确提出了社会主义教育方针："应该使受教育者在德育、智育、体育几方面都得到发展，成为有社会主义觉悟的有文化的劳动者。"1958 年 9 月，中共中央、国务院在《关于教育工作的指示》中明确地、系统地提出党和国家的教育工作方针，即"党的教育工作方针，是教育要为无产阶级的政治服务，教育要与生产劳动相结合；为了实现这个方针，教育工作必须由党来领导"。

这两条方针，前者指出了培养目标，后者确定了教育工作的方向。学前教育也必须贯彻党和国家的教育方针。在培养目标上，曾有人提出幼儿园把体育放在首位，是"没有以德育挂帅"的资产阶级教育方针；在工作方向上，普遍加强了为生产服务的措施和对幼儿的劳动教育。总之，在贯彻教育方针的过程中，既有积极的方面，如想方设法为家长服务；也存在消极的一面，如思想品德教育的成人化，脱离了幼儿的年龄特点等。

2. 幼儿园的迅猛发展

1958 年 5 月，中国共产党第八届全国代表大会第二次会议通过了"鼓足干劲、力争上游、多快好省地建设社会主义"的总路线。继而又发动了大跃进运动和农村人民公社化运动，使得高标准、瞎指挥、浮夸风和"共产风"为主要标志的"左倾"错误泛滥。

幼儿教育在大跃进中，出现了盲目发展的现象。短时间内，各地幼儿园，特别是农村幼儿园急剧增加，有些地方还将小园合并成几百人的大园。在有的城市街道和乡村中，托儿所、幼儿园不顾条件，一哄而起，有的地方提出了"三天托儿化""一夜托儿化""实行寄宿制，消灭三大差别"等口号。由于没有足够的物质和资金支持，又脱离了群众的需要，这一大批新发展的幼儿园设施普遍简陋，缺少经费来源，教师水平低下。

1958 年全国幼儿园的数量比 1957 年增加了 1.4 倍，1959 年虽然下降 23.4％，但 1960 年比 1959 年增加 7％，还高过了 1958 年。这样的发展速度大大超越了我国当时农村经济发展水平，违背了幼教事业发展的客观规律。

3. 师资培训发展迅速

自 1955 年,教育部决定幼儿园师资由地方教育行政部门设立的幼儿师范学校负责培养,在全国范围内增设了中级和初级幼儿师范学校,增加了幼儿园教师的培养基地,在大跃进时期幼儿师范学校呈畸形的快速发展。在大跃进年代的 1960 年,学校数比 1957 年增长了 3.5 倍,达 89 所;在校生 69 278 人,增长了 3.5 倍多。

4. 学前教育学术进展受阻

1958 年出现的"左倾"错误不仅促使了学前教育事业规模和速度的盲目大发展,导致了矛头指向各学科教学以及在知识分子中开展批判资产阶级的运动。

1958 年 8 月,教育部主办的《学前教育》杂志和《教师报》《人民教育》同时停刊。北京师范大学教育系学前专业的学生还发起了对《幼儿园教育工作指南(初稿)》(以下简称《指南(初稿)》)批判,给《指南(初稿)》定为"资产阶级方向""一面彻头彻尾,彻里彻外的大白旗""篡改党的教育方针""否定党的领导""反动的儿童中心主义""资产阶级情调与资产阶级生活方式""丑化劳动人民"等莫须有的罪名。《指南(初稿)》是教育部组织编写,经过征询意见,即将作为我国幼儿园教育工作的指导书印发全国使用。此时突然地遭到否定性的批判,导致了幼儿教育的理论与实践的极度混乱,是非、正误混淆。此后在理论教学及幼儿园教育中大量出现了口号化、成人化、形式化的错误,幼儿教育几乎失去了它自身的特点,教育质量显著下降。

在批判中还错误地牵连、伤害了一些教师,影响了学术研究与学术争鸣。南京师范学院院长陈鹤琴教授被强加上"文化买办""冒牌学者"等污蔑之词,他的儿童教育思想被全盘否定和批判。南京师范学院附属小学的优秀教师斯霞所倡导的"母爱教育"也遭到批判,认为"母爱""童心"就是抹杀教育的阶级性,不要无产阶级方向,不要阶级教育。这对幼儿教育界一向强调的教师对幼儿要有"爱心",也起到了干扰作用。

1961—1962 年,虽然对《指南(初稿)》重新作了评价,认为应该重新认识根据儿童年龄特点进行教育的必要性,但批判时所出现的大量口号化、形式化、成人化的错误,对幼儿教育学术研究的影响则是长远的。

(二)学前教育的调整巩固阶段

为促进经济形势的根本好转,中央一方面对"左倾"错误思想和行为进行适当的纠正,另一方面提出了"调整、巩固、充实、提高"的方针。在此方针指引下,学前教育机构根据经济、师资等实际条件采取了保留、撤销、充实等手段,逐步恢复正常发展秩序。

1. 幼儿园的调整与发展

教育部提出:幼儿园的发展,宁可慢些、少些,但要好些。在城市中的幼儿园以提高质量为主,条件不成熟时民办园要调整、收缩。经过切实的调整工作,到 1961 年幼儿园数比 1960 年下降 92.3%,1965 年的幼儿园数和入园幼儿人数,比 1962 年分别增加了 9% 和 18%,略高于 1957 年的数字。调整后,幼儿园重新开始了逐年稳步地回升发展。

2. 师范学校的调整与发展

1961 年 10 月,教育部召开全国师范教育工作会议。1962 年 1 月《教育部党组关于全国师范教育会议的报告》明确指出要重视幼儿园师资培养,"三年制的幼儿师范,主要是培养大中城市重点幼儿园的教养员,目前不能多办","应该多办初级幼儿师范,招收相当于高小毕业程度的青年,培养成为城镇和农村幼儿园内教养员,学习时间的长短,可以因地制宜"。经过调整和整顿,1963—1965 年期间,中级幼儿师范学校稳定在 19 所,每年在校生 5 000 人左右。从此,培养幼儿园教师由初级幼儿师范转为以中级幼儿师范为主(1958 年初级幼师生占在校生总数 62.2%,1959 年下降为占 45%,1962 年下降至只占 3%),幼儿园教师的水平逐步得到提高。

(三)调整巩固阶段存在的问题

自 1961 年开始的调整工作,纠正了幼儿教育中一些左的错误,但同时也出现了一些新问题。例如,主管全国幼儿园工作的领导机构——中央教育部幼儿教育处被撤销,仅保留一名原幼教处干部在普通教育司综合处处理有关日常事务。此后在相当长的一段时间内,教育部基本上没有对幼儿教育工作下发文件指示,幼儿教育的发展与提高受到相当程度的影响。再如,我国当时仅有的 5 所师范院校中的学前教育专业于 1962 年后相继停止招生,致使高层次幼教专门人才培养中断,对幼教理论的提高与发展都是十分不利的。

三、学前教育遭受全面破坏(1966—1976 年)

"文化大革命"自 1966 年 5 月开始,至 1976 年 10 月结束,在这十年动乱中,整个国家遭到浩劫。国民经济几乎崩溃,全国人民都受到了巨大的灾难和创伤。幼儿教育被视为修正主义路线的典型,受到空前的摧残,给我国学前教育的发展,造成严重损失。

(一) 教育方针被严重歪曲

十年动乱中,对新中国 17 年的教育,进行了彻底否定与批判。把学前教育视为推行修正主义路线的典型,对全面发展的学前教育方针进行严重的歪曲,对"四育"的任务和内容全面地横加批判。

首先歪曲体育,把原先科学、合理的幼儿生活和管理制度全部加以抛弃,幼儿园各种体育设施和措施也都被当作资产阶级生活方式予以批判,幼儿园营养计算、体格检查不做了,幼儿的体育活动和基本动作训练也被"集体放羊"而取代,幼儿的生活卫生习惯培养也被取消了,甚至饭后使用餐巾擦嘴、用水漱口这样一些对幼儿讲卫生、保健康十分必要的措施,通通作为资产阶级生活方式加以取消。

在智育方面,把传授知识、发展智力都作为智育第一加以批判。《人民日报》等报刊对《园丁之歌》进行围剿,儿歌、故事、童话等文艺作品均被视为封建主义、资本主义、修正主义的糟粕。幼儿园不引导幼儿认识周围环境与生活,更不能开展启发幼儿的智力活动。例如,幼儿园中不进行自然常识教育,不玩智力游戏,批判直观教具为脱离实际,不予使用。由于否定智育,造成幼儿生活贫乏,智力发展受到阻碍。

在德育方面,以空头政治代替德育的全部内容,以"极左"的政治口号代替日常行为规范。例如,幼儿园增设了"政治课",让幼儿大量地死记硬背他们无法理解的语录、诗词,让幼儿和成人一样参加所谓"革命大批判""批林批孔""评法批儒",对幼儿讲路线等,幼儿鹦鹉学舌般地转述,常常由于不理解而笑话百出,这些德育内容更无法使幼儿付诸行动。对那些能指导幼儿行为的德育内容,如文明礼貌、互助友爱、"五爱"教育等均被排斥于德育内容之外,根本不向幼儿进行基本行为品德的培养和性格的塑造。

在美育方面,把美育视为资产阶级教育的内容,将追求美视为资产阶级思想的表现。幼儿教育中凡涉及美的教育统统禁止,如不讲环境布置,不讲仪表装束,音乐、美术、文学的活动只能作为政治教育的工具被使用,而不能发挥其美育的功能,不去引导幼儿欣赏、领会各种艺术品,极大地阻碍了幼儿美丑的辨别力、美的感受力和美的创造力的发展。

将教师热爱儿童视为资产阶级人性论,一批以热爱孩子为天职的教师横遭批判,阉割了教师与儿童的情感联系,造成一代儿童情感冷漠的社会后果。

(二) 管理体制遭到彻底破坏

广大幼教工作者长期积累形成的幼教管理制度,被视为"管、卡、压"的手段进行批判;幼儿园中人员的合理岗位分工被扣上"资产阶级法权"的帽子而取消,园内各类工作由勤杂工、保育员、园长轮流担任;把园长作为走资本主义道路的当权派批斗,把优秀教师作为修正主义黑干将、反动学术权威进行人身攻击,政治和专业条件并不强的工作人员获取幼儿园的领导权。有的幼儿园园舍、场地被占用、人员被任意调离,幼儿园惨遭解散。幼儿园脱离了科学管理的轨道,处于混乱状态,严重危害了幼儿身心健康发展。

(三) 师资培训被全面取消

在"文化大革命"中,全国 19 所幼儿师范学校统统被取消,有的改为普通中学,房舍被占,图书、钢琴等教学设备被毁坏,教师被迫改行,正规的幼儿师资培养工作中断了10多年。在"文化大革命"期间,幼儿教育的师资培养几乎处于停滞和消亡的状态,直到20世纪70年代初才由部分幼儿师范学校以举办短期培训班的形式,恢复幼教师资的培养工作。高等师范学校的学前教育专业,也只有南京师范学院保留了全部人员,并于70年代初开始为工厂、农村培养幼儿师资。

(四) 幼儿教育事业缓慢回升

十年浩劫使我国幼儿教育事业遭受空前灾难。不过,值得欣慰的是,有的地区在重重困难之中,仍然本着对幼教事业的忠诚,坚持着正确的办园道路。随着计划生育政策的执行,优生优育同幼儿教育事业联系了起来,促使了幼儿教育事业的回升。1975年,卫生部妇幼局在江苏省如东县召开了妇幼保健、优生优育、幼儿教育座谈会。此后,江苏省乃至全国推广了如东县三项工作一齐抓的工作经验。江苏省委宣传部通知南京师范学院幼教系教师赴如东县辅导和培训幼教师资,1972年如东县幼儿入园率已达80%,成为全国农村幼儿教育发展的一面旗帜。据统计:全国幼儿园数1965年为1.92万所,在园幼儿171.3万人,到1973年分别增加到4.55万所、245万人,1976年,分别增加到44.26万所、1 395.5万人。幼儿师范学校也逐渐得到恢复或重建。

四、学前教育的拨乱反正(1976—1978年)

1976年秋,党中央粉碎了"四人帮"篡党夺权的阴谋,结束了十年混乱动荡的局面。教育战线经过拨乱反正,学前教育工作也开始走向正常。但是,由于"两个凡是"错误方针的影响,整个教育工作及学前教育仍存在着"左"的政策。

思考与练习

1. 新中国成立初期我国学前教育的方针是什么?
2. 学前教育盲目发展与调整巩固阶段的发展呈现出哪些特点?应吸取什么经验与教训?

第五编
学前教育的瞻望

第十六讲　改革开放以来中国的学前教育

![本讲提要图标] **本讲提要**

1978 年 12 月,党的十一届三中全会召开,标志着新中国成立以来具有深远意义的伟大历史转折,国家进入了社会主义建设发展的新时期,教育工作走上了健康发展的轨道。在宋庆龄的直接关怀下,学前教育也进入振兴和发展的新阶段。

一、建设中国特色社会主义的学前教育(1978—1989 年)

(一) 政府加强对学前教育工作的领导和管理

第五届全国人民代表大会二次、四次会议所作的《政治工作报告》中指出:要十分重视发展托儿所、幼儿园;要培养大批合格的幼儿教师,使更多的学龄前儿童能够进入幼儿园,并且能够受到适应他们身心特点的教育。教育部于 1983 年 5 月下发的《关于加强和改革农村学校教育若干问题的通知》中,也明确提出"积极发展幼儿教育"的要求。1985 年 5 月,中共中央《关于教育体制改革的决定》中,提出"要努力发展幼儿教育"。1987 年 10 月经国务院批准国家教育委员会还专门召开了全国幼儿教育工作会议。党和政府为了大力加强对学前教育的领导和管理,采取了一系列行之有效的措施。

1. 恢复与建立学前教育管理机构和体制

1978 年原教育部恢复后,在普教司恢复了幼儿教育处,负责对全国城乡各类型幼儿园进行政策及业务的工作指导。省(自治区)、市、县、街道或乡镇的教育部门,陆续设立了幼儿教育的专门机构或设专职人员负责幼教工作。有的农村乡镇设幼教辅导员,一些大城市还设有幼儿教育教研室。

1987 年 10 月,国务院办公厅转发的国家教委等部门《关于明确幼儿教育事业领导管理职责分工请示》中规定,幼儿教育事业"必须在政府统一领导下",实行"地方负责,分级管理"和"有关部门分工负责的原则"。并规定"有关幼儿教育工作中的重大政策问题,由国家教委牵头,有关部门参加,共同研究","属于各部门分工的工作,又需同其他部门共同研究的重要问题,由主管部门牵头,有关部门参加",既突出了幼教事业的教育属性,又显示了计划经济体制下依靠行政加强领导,多渠道发展幼儿教育事业的特点。

目前各级地方政府已将托幼工作纳入自身的工作,加强了领导与管理。我国的托幼工作已建立了由上至下实行统一领导、地方分级管理的领导体制,兼设托幼工作的有关业务部门,按其分工责任,对托幼工作给予指导和支持。今天我国托幼工作能够健康发展,正是得益于这一整套较为健全的纵横管理体制所发挥的机能效益。

2. 逐步完善学前教育法规

为使我国学前教育沿着规范化、科学化的发展道路健康发展,十一届三中全会以来,党和政府及时地、有力地采取了各种措施,制定了一系列的法规。

1979 年 11 月 8 日教育部颁发了《城市幼儿园工作条例(试行草案)》,该条例包含总则,卫生保健和体育锻炼,游戏和作业,思想品德教育,教养员,保育员和其他工作人员,组织、编制及设备等六个部分。

1980 年卫生部、教育部联合颁发了《托儿所、幼儿园卫生保健制度(草案)》,1985 年卫生部进行了修订。该制度就托儿所、幼儿园合理的生活制度、饮食营养、体格锻炼、健康检查、卫生消毒与隔离、防病工作、安全制度、儿童健康记录及与家长进行卫生保健联系等多项工作,作出了详尽、明确的规定,促使托儿所、幼儿园的卫生保健工作有章可循,确保幼儿的健康与安全。

1981 年 10 月 31 日,教育部发出《关于试行幼儿园教育纲要(试行草案)的通知》,作为"各类幼儿园进行教育工作的依据",要求各地幼儿园结合实际试行。此通知包括幼儿年龄特点与幼儿园教育任务、幼儿园的教育内容与要求、教育手段及注意事项等三大部分。此通知将 1952 年的"教学纲要"改为"教育纲要",这一字之差更突出体现了根据幼儿的年龄特点,幼儿园的主要工作是"教育"而不仅仅是"教学";教育内容扩展为生活卫生习惯、思想道德、基本动作发展、常识、语言、计算、美工、音乐等八个方面;强调教育任务、内容、要求应通过游戏、体育活动、上课、观察、劳动、娱乐和日常生活等教育手段来完成,以防止幼儿教育小学化和成人化。此纲要使幼儿园教育有章可循,起到了拨乱反正、提高教育质量的作用。

1983 年 9 月,教育部下发《关于农村幼儿教育的几点意见》,强调农村幼儿教育的发展,有利于小学教育的普及与提高,有利于促进农业生产的发展,有利于实行计划生育这一基本国策,是广大农民群众的迫切要求。教育行政部门应主动同妇联、卫生、农业等部门配合,认真抓好这项工作。

1987 年 3 月,劳动人事部、国家教育委员会联合颁布《国家教育委员会全日制、寄宿制幼儿园编制标准(试行)》,规定班级的规模,小班(3—4 岁)为 20—25 人,中班(4—5 岁)为 26—30 人,大班(5—6 岁)为 31—35 人。教职工与幼儿的比例,全日制幼儿园为(1∶6)—(1∶7),寄宿制幼儿园为(1∶4)—(1∶5);专职教师:全日制幼儿园和寄宿制幼儿园一律平均每班配 2—2.5 人;保育员:全日制幼儿园平均每班配 0.8—1 人,寄宿制幼儿园平均每班配 2—2.2 人。还规定了炊事员、医务人员、财会人员的比例。关于示范性和实验性幼儿园的编制,可参照上述标准安排调整。

1987 年 9 月,城乡建设环境保护部、国家教育委员会颁布《托儿所、幼儿园建筑设计规范》,规定了生活用房、服务用房、供给用房和游戏场地的面积标准与要求,以及给水与排水、采暖与通风、电气等的标准与要求。

1988 年 8 月 15 日,国务院办公厅转发国家教委、国家计委等八个部门《关于加强幼儿教育工作的意见》。1989 年 8 月 20 日,国务院批准了新中国成立后的第一个幼儿教育行政法规《幼儿园管理条例》,1989 年 9 月 11 日以国家教育委员会第 4 号令发布。该条例对幼儿园的基本条件、行政管理、保教工作等作了规定。

1989 年 6 月颁布《幼儿园工作规程》。此规程是幼儿园内部的工作法规,是对全国各类幼儿园的指导性文件,贯彻了国家对幼儿教育的基本指导思想:把儿童发展放在首位,创造和谐的环境,实行保育与教育结合的原则,对幼儿实施体、智、美全面发展的教育,促进每个幼儿身心和谐发展。该规程结合我国学前教育发展的实际,充分体现了原则性与灵活性的结合,具有较强的指导意义。

改革开放以来,在党和政府的领导下,我国学前教育法规建设取得了巨大成就,为学前教育事业的发展起到保驾护航的作用。

(二) 编写幼儿园教材及幼儿园教师培训教材

在《幼儿园教育纲要(试行草案)》颁布以后,为配合该纲要的贯彻实施,教育部组织全国幼儿园优秀教师和幼教理论工作者编写幼儿教师用书一套共 7 种,包括体育、语言、常识、计算、音乐、美术、游戏等。上海教育出版社还为《幼儿园教育纲要(试行草案)》配印了全套教学挂图,人民教育出版社也编写了有关读物。重视和有计划地出版幼儿园教材及有关教学用书,这在新中国成立后还是首次。

针对农村幼儿教师缺乏系统专业培训的实际,原教育部初等教育司于 1984 年组织有关力量编写了一套 12 种 13 册的农村幼儿园教师培训教材,包括《幼儿教育学》《幼儿教育心理》《幼儿卫生学》《语言教学法》《常识教学法》《计算教学法》《体育教育法》《音乐教学法》《美术教学法》《幼儿园玩具教具制作》《音乐基础知识》(两册)、《幼儿园舞蹈和歌曲》,由人民教育出版社于 1987 年后陆续出版。

(三) 多渠道、多层次、多形式地发展学前教育事业

从1976年到1989年的十余年里,在各级政府的高度重视下,正确贯彻执行学前教育指导方针,幼教改革成果显著——幼儿园的数量和质量的发展,幼儿教师的数量增加,水平提高,学前教育事业进入前所未有的发展时期。

1. 幼儿园的发展

在学前教育的拨乱反正与改革振兴时期,各类幼儿园得到了较快的发展,特别是厂矿、机关、学校和农村幼儿园有较快的发展。统计数字表明:10年来除1981—1983年减少外,幼儿园数一直稳定在17万余所,入园幼儿数一直保持增长的趋势,幼儿教育事业稳步向前发展,如1989年的入园幼儿数达1 847.66万人,比1979年的879.23万人增加了一倍以上。此期间幼儿入园率逐年提高,1983—1989年,历年的入园率分别为17.2%、19.6%、21.5%、23.9%、28.2%。

2. 师资队伍的建设

十年动乱造成了幼儿教师与幼师师资的严重不足,给幼教事业的恢复和发展带来极大的困难,为此,必须积极发展幼儿师范教育,同时抓紧在职教师的培训工作。经过各级政府和师范院校的努力,我国的幼教干部和师资培训工作有着较大的发展。

(1) 高等师范院校内学前教育专业的发展与改革

1978年10月,教育部发出《关于加强和发展师范教育的意见》指出:"原有的学前教育专业的师范院校应积极办好这个专业,扩大招生名额,为各地培养幼儿师资。"1978—1979年北京师范大学、南京师范学院、西南师范学院、西北师范学院、东北师范大学等高等师范院校先后恢复学前教育专业的招生。20世纪80年代初期,华东师范大学、陕西师范大学以及一些省(市、自治区)师范学院也增设了学前教育专业。据1987年统计,共有22所师范院校设置了学前教育专业。另在上海幼儿师范学校的基础上,成立了上海幼儿师范专科学校,实行三、二分段(即中专3年、大专2年),培养幼儿园的骨干教师。从80年代初起,北京师范大学和南京师范大学学前教育专业设有2个硕士点。

教育改革主要反映在:① 改革招生制度。除招普通高中生外,从20世纪80年代末起招收有5年以上工龄的有实践经验的幼儿教育工作者。② 改革课程设置。改变以往高师、中师都是"三学六法"一贯制的情况,增加了比较教育、研究方法以及操作技术方面的课程,并注意吸收国内外最新研究成果,更新教学内容。③ 增强实践环节,包括结合教学的调查、观察、实践等,如集中进行社会调查、教育实习,以培养学生理论与实际相结合的能力。④ 加强教材建设。从20世纪70年代起,教育部即组织力量编写高师学前教育专业的各科教学用书,并分别纳入国家的"六五"和"七五"规划。这在中国学前教育史上是一项开创性的工作。从80年代末开始,由人民教育出版社陆续出版了下列书籍:黄人颂主编《学前教育学》及《学前教育学参考资料》(上下册),陈帼眉、冯晓霞编《学前心理学参考资料》,王坚红编《学前儿童发展与教育科学研究方法》,屠美如著《学前儿童美术教育》,王志明编著《幼儿科学教育》,唐淑、钟昭华主编《中国学前教育史》,中国学前教育史编写组编《中国学前教育史资料选》,赵寄石、楼必生主编《学前儿童语言教育》等。

(2) 中等幼儿师范学校的发展与改革

幼儿师范学校是培养幼儿教师的主要阵地,党和政府要求迅速恢复原有的幼儿师范学校,并要做到每个省和直辖市至少有一所独立的幼儿师范学校。各地教育行政部门把恢复与发展幼儿师范学校作为重点工作,1978—1979年幼儿师范学校从1所恢复到22所,以后逐年递增。1989年独立设置的幼儿师范学校有63所,为1965年19所的3.3倍;在校学生35 498人,为1965年5 267人的6.7倍;毕业生10 956人,为1965年861人的12.7倍。各地幼儿师范学校均有较完善的教学设备,师资力量经过几年的增添与培训已达到合格水平,幼儿师范学校承担了为地区培养骨干幼儿师资的任务。幼儿师范学校在各地培养幼儿园新师资的工作中起着示范作用。

此外,20世纪80年代还出现了一种新颖的师训机构,即职业高中幼师班,以弥补幼儿师范和普通师范附设幼师的不足。这类幼师班同样招收初中毕业生,学制2—3年,学生毕业后自谋出路,不包分配。

（3）在职教师的进修和提高

由于幼儿园的迅速发展，新师资的培养跟不上幼儿园发展的需要，致使大多数教师未受过专业训练。同时，培训幼儿园师资的教师也需增补和提高。

1986年底，各地教育行政部门开始对幼儿园教师进行考核。根据规定，不具备国家合格学历的幼儿园教师，还应参加《教材教法考试合格证书》和《专业合格证书》的考试。这为幼儿园教师评定职称打下基础，同时又促进幼儿园教师全面地提高自己的文化、业务水平。据1987年统计，全国取得《专业合格证书》的有5 765人；到1988年，共有21 952人；1989年为35 366人。

总之，通过各方面努力，教师队伍逐年扩大，学历层次呈上扬的趋势，中师、高中以上毕业者和受过专业训练一年以上者所占比例逐年增加，大批在职幼儿教师与干部获得培养与提高，逐年达到合格水平，并向着更高层次的提高迈进。

（四）开展科学研究，促进学前教育改革

幼儿教育科学研究的开展情况，是幼儿教育发展水平的重要标志。十年动乱前，我国的幼教科研只在较小的范围内进行，没有专门的幼教科研机构和群众性的幼儿教育研究组织，科研的开展比较落后。20世纪70年代末开始建立专门的科学研究机构和群众性的科学研究组织，开展了一些课题的研究。经过十几年的努力，取得了一定的成果，对繁荣学前教育科学、提高学前教育工作者的理论水平和实际教育工作质量，起着积极的推动作用。

1. 学前教育科学研究机构的建立

学前教育科学研究机构是由相当水平的学前教育研究人员组成，专门从事学前教育科学研究工作，针对学前教育领域中的重要问题进行探索研究。

1978年7月，恢复了中央教育科学研究所，设立了幼儿教育研究室，这是我国第一个国家级的幼儿教育研究机构。除了中央教育科学研究所的幼儿教育研究室外，在全国先后建立的36个省（市）、自治区及计划单列市的教育科学研究所中，辽宁等7个省、市都设有幼儿教育研究机构，北京等13个省（市）、自治区的教育科学研究所内设有专职幼儿教育科研人员。各级幼儿教育科学研究机构及教育行政部门还相互协作，培养科学研究人才，带动了全国相当一部分地区的幼儿园的科学研究工作。

2. 学前教育学术团体的成立

1979年11月3日，中国教育学会幼儿教育研究会在南京成立，并举行第一届学术会议。幼儿教育研究会于1982年和1985年召开了第二届和第三届全国学术年会，学术交流的主题有新中国成立以来的幼教经验，幼儿园的爱国主义教育，幼儿园教育改革等。近年还召开幼儿园课程改革、幼儿园数学教育、幼儿园品德教育等小型专题研讨会。各省市也纷纷建立相应的幼儿教育研究会，定期召开学术年会。幼儿教育研究会的建立，对组织科研队伍、培植科研骨干、推进群众性幼教科研等方面，都起了积极的促进作用。

1987年1月，全国幼儿教育研究会与湖南长沙师范学校联合出版了《学前教育研究》杂志（双月刊）。

3. 学前教育主要研究课题及成果

（1）总结我国幼儿教育的经验，重点总结"新中国成立以来的幼儿教育"

70年代末80年代初中央教育科学研究所幼儿教育研究室主持"新中国成立32年来幼儿教育的历史经验和教训"的课题研究，并于1982年撰写成论文《回顾与展望》。

（2）对我国现代教育家陶行知、陈鹤琴、张雪门、张宗麟等幼儿教育思想的研究

先后出版了《陶行知幼儿教育的理论和实践》《陈鹤琴教育文集》（上下卷）、《陈鹤琴全集》（第一卷、第二卷）、《张雪门幼儿教育文集》及《张宗麟幼儿教育论集》等书。

（3）加强对幼儿体、智、德、美教育方面的研究

体育方面的课题有"我国幼儿形态、机能、基本体育活动能力的调查研究"和"幼儿园幼儿膳食营养调查与实验研究"，这两项由中央教育科学研究所与各省、市协作进行；《幼儿一日生活组织》的研究，是全国幼儿教育研究会组织的，其他如幼儿体育课的密度、"三浴"锻炼等的研究，也取得显著效果。智育方面的课题有"幼儿园3—6岁儿童言语发展的特点与教育的研究"，由中央教育科学研究所与10个省

市协作进行,该研究成果已写成综合论文编入《中国儿童青少年心理发展特点和教育》一书;以发展幼儿观察力和创造力为中心的实验研究,由北京师范大学学前教育专业和该校实验幼儿园合作进行,成果已发表。在德育方面的课题有幼儿友好关系、爱祖国教育、劳动教育和"幼儿德育大纲"。北京师范大学学前教育专业研究的"幼儿园德育大纲"先后在 27 所幼儿园进行为期 3 年的验证、实验研究,已有成果。美育方面,就美术教育和音乐教育对发展幼儿的审美情操及创造力的培养等课题作了重点研究,上海和南京师范大学学前教育专业已有不少论文和专著。

（4）农村幼儿教育的调查和实验研究

中央教育科学研究所幼儿教育研究室于 20 世纪 80 年代初期开始调查农村幼儿教育,1987 年开始与河北省教委合作,对农村幼儿教育进行宏观和微观的研究,以探索农村幼儿教育事业发展和提高的特殊规律。

（5）幼儿园课程结构的实验研究

1983 年起南京、北京、上海等地先后开始课程改革的实验研究,旨在克服现行幼儿园课程结构的弊端,探索新的课程结构,以利于幼儿身心得到充分的发展。他们学习古今中外的课程理论,借鉴系统论、认知建构理论及人类发展生态理论等,结合中国国情探索多种课程模式,主要包括:南京师范大学与南京市实验幼儿园的"幼儿园综合教育";上海市长宁区教育科学研究所与愚园路第一幼儿园合作进行的"幼儿园综合性主题教育的实验";南京师范大学与鼓楼幼儿园协作进行的"活动教育课程";东北师范大学教育系与该校实验幼儿园的"整体教育课程"等。

4. 新中国成立后学前教育基本经验总结

中华人民共和国建立后的 40 年,我国幼儿教育走过了一条坎坷的发展道路,其基本经验可概括为以下几点。

（1）学前教育的发展必须与国民经济发展水平相适应

学前教育离开了经济发展实力,不从客观实际出发,任凭主观意向促发展,是不能巩固的,必将以解体失败告终。为此,应不断从调查研究入手,根据本地区的社会需求,调整学前教育发展的数量、布局、形式与制度等,使之与经济发展和群众需求相适应,避免主观性、盲目性。

（2）必须加强领导、构建科学的学前教育管理体制

发展学前教育离不开各级政府支持,更不能没有科学的管理。幼儿园的经费、人事、行政事务可由主办单位负责,保教业务可由卫生部门及教育部门负责。我国幼儿园发展的实践已证明,实行"统一领导,地方分级管理、分工负责"的方针是适合我国国情的,是促进幼儿教育事业发展的有效方针,今后仍然适用于幼儿园的发展。

（3）必须明确幼儿园为儿童成长和为家长工作服务的双重任务

建设幼儿园是培养革命接班人的需要,又是广大适龄妇女投身社会主义劳动的需要。幼儿园工作的实践业已证明,幼儿园的这两项任务能够统一地、协调地实现。将这两项任务对立或偏向某一方面的做法是不妥的。

（4）必须坚持保育与教育相结合的原则

幼儿园是保育和教育儿童的机构。从幼儿发展需要出发,施以体、智、德、美全面发展的教育,促进幼儿身心的和谐发展,是幼儿园保育和教育的任务,不容偏科。对幼儿实施全面发展的教育,要根据幼儿年龄发展与个性特征,通过游戏活动,把教育渗透于幼儿生活的各项活动之中。幼儿园教育在于引导每个幼儿身心得到健康与充分的发展,应予以克服纠正幼儿园教育的"小学化"与"早期定向培养"的倾向。

（5）应充分重视古今中外的学前教育理论与实践

借鉴古今中外学前教育理论与实践经验,是幼儿教育健康、快速发展的需要。历史的经验与教训告诉我们,以马列主义思想为指导,结合我国的国情和具体教育对象的实际,有选择地吸取古今中外学前教育理论的精华,对建设与发展我国的幼儿教育理论和幼儿教育实践是非常有利的。

（6）应确保乳婴儿教育和幼儿教育两部分的衔接

乳婴儿教育和幼儿教育是连续的、衔接的,构成学前教育阶段教育的整体。我国在 20 世纪 50 年代学习苏联的做法,将托儿所与幼儿园分别划给卫生部门与教育部门分管,这种分工管理在当时起了加强领导

的作用,但也由此铸成了托儿所教育与幼儿园教育的脱节或重复,其影响延续至今。21世纪以来,世界各国对学前儿童生理与心理研究日趋精细,大量研究成果证明从低龄开始教育的可能性与必要性,从而提出了对乳儿、婴幼儿的教育应作连续的、统一的考虑,使各阶段教育更加适应和促进各年龄儿童的发展。

二、建设中国特色社会主义的学前教育(1990—1999年)

(一) 政府高度重视,制定多项政策性文件

《中共中央关于教育体制改革的决定》中指出"要改革同社会主义现代化不相适应的教育思想、教育内容、教育方法……使基础教育得到切实的加强",根据此精神,国家教委于1989年6月5日颁布了《幼儿园工作规程(试行)》,在重申1981年《幼儿教育纲要(试行草案)》基本精神的基础上,突出了促使幼教现代化的教育原则。

1990年,李鹏总理签署了世界儿童问题首脑会议《儿童生存、保护、发展世界宣言》。1991年,全国人民代表大会常务委员会批准我国政府参加签署的、由联合国制定的《儿童权利公约》从1992年4月1日起在我国生效。

1991年9月颁发了《中华人民共和国未成年人保护法》,1992年2月公布国务院妇女儿童工作协调委员会编制的《九十年代中国儿童发展规划纲要》,1995年3月颁发了《中华人民共和国教育法》。这些国家法律和纲领性文件,将儿童的生存、保护和发展与人类未来之间的关系提到"人口素质基础"和"未来发展的先决条件"的高度。面对国家尚处于社会主义初级阶段、儿童保教需求与实际尚存在较大差距的实情,幼教界将促进少数民族、边疆和贫困地区幼教事业发展,将改善广大幼儿生活和受教育条件列入了重要的议事日程。根据国家教委基础教育司、卫生部医政司、民政部社会福利司、中国残联康复部等单位于1993年6月联合发出的《关于进一步做好学龄前智残儿童康复训练工作的通知》精神,从提高全民族素质的最终目的出发,幼教工作者将视野从正常幼儿教育扩展至特殊幼儿教育。

江泽民主席在党的十四大报告中提出"鼓励多渠道、多形式社会集体办学和民间办学",李岚清副总理在1994年6月召开的全国教育工作会议总结讲话中也指出"企业在转换经营机制和建立现代企业制度过程中,应继续办好所属中小学、幼儿园",此后各地针对实际,大胆改革,勇于创新,形成各自的特色,为幼教事业发展增添了活力。其中青岛市城市学前教育体制改革模式、温州市社会力量办园模式、北京崇文区幼儿园体制改革模式、上海市适应城市整体建设的幼教事业发展措施等较有代表性。

国家教委、国家计委、全国妇联等部门于1995年9月19日联合发布的《关于企业办幼儿园的若干意见》,指出"有条件的企业应继续办好幼儿园""加强社区对幼儿教育的扶持与管理""在城市规划建设中安排好幼儿园规划和建设"。

1996年9月,全国妇联、国家教委颁布《全国家庭教育工作"九五"计划》,提出"到2000年,使90%儿童(14岁以下)的家长不同程度地掌握保育、教育儿童的知识……掌握科学的教育方法,提高家长素质;使家庭、学校、社会协调配合"。

1997年7月17日,国家教委印发了《全国幼儿教育事业"九五"发展目标实施意见》(以下简称《实施意见》),为实现《全国教育事业"九五"计划和2010年发展规划》对幼儿教育事业提出的目标奠定了坚实的基础。《实施意见》提出,2000年全国学前三年幼儿入园(班)率达到45%以上,大中城市基本解决适龄幼儿入园问题,农村学前一年幼儿入园(班)率达到60%以上,并按"普九"情况和经济发展水平提出分区实施要求。

(二) 开展科学研究,探索建设有中国特色社会主义学前教育体系和规律

1990年世界全民教育大会通过《世界全民教育宣言》和《满足基本学习需要的行动纲领》。1993年3月1日,中国全民教育国家级大会召开,通过了《中国全民教育行动纲领》,将"大小城市基本满足幼儿接受教育要求,农村学前一年教育的幼儿入园率达60%"列为2000年的"全民教育目标"。1994年6

月，江泽民主席在全国教育工作会议上号召"要加快教育改革和发展"，"全面实现党中央、国务院颁布的《中国教育改革和发展纲要》"；李鹏总理在《动员起来，为实施〈中国教育改革和发展纲要〉而努力》的报告中提出要"重视发展幼儿教育"。所有这些使幼教工作者的科研行为更加自觉和自主。

1. 全国教育科学研究规划组批准的幼教科研课题

经全国教育科学研究规划组批准的幼教科研课题，其项目数量由"七五"时期的2项发展到"八五"时期的7项和"九五"时期的9项；研究领域从幼教机构扩展至家庭，从城市扩展至农村，从幼儿发展扩展至幼儿园师资水平的提高；研究内容从单一走向综合；研究方法从侧重调查研究到以实验研究为主；研究结论的获取从重视定量分析发展至定量和定性分析兼顾；研究主持者从专职研究人员发展至各层面的幼教工作者，从以中老年为主扩展为以中青年占多数。

各地根据地区特点确立研究项目。例如：北京市教育科学"九五"规划重点研究课题"北京市幼儿园课程方案实验研究"，为指导北京市幼教界贯彻《幼儿园工作规程》的基本精神，提供了具有本地区特色的指导教育实践活动的依据；上海市教委于1999年颁发的《上海市学前教育纲要》，是由市教委、市教科所、华东师范大学、长宁区实验幼儿园等单位共同组成的上海市中小学课程教材审查委员会学前教育分会的科研产物；江苏省教委1996年经研究后颁发《江苏省基本实现现代幼儿园评估细则（试行）》，对重视教育质量、提高幼儿发展水平的教育思想的确立，起到了导向作用。

依据何东昌1985年在全国中小学师资工作会议上的讲话精神——"高等师范学校的所谓'师范性'与'学术性'应当是统一的"，"高等师范学校的教育科学研究必须面向实际……面向基础教育的实践，注重调查，开展试验"，高等师范学校主持的部、委级以上的科研项目有所增加。例如：由赵寄石主持的"农村幼儿教育课程研究"、卢乐珍主持的"当前我国道德启蒙教育的研究"、陈帼眉主持的"我国幼儿家庭教育研究"、陈帼眉和刘焱主持的"中外幼教理论与实践研究"、屠美如主持的"儿童早期艺术教育的改革与研究"、冯映霞主持的"幼儿园课程标准研究"、唐淑主持的"幼儿园课程体系研究"、庞丽娟主持的"幼儿社会性发展研究"等。除全国科研规划项目外，高等师范学校学前专业教师在为建立我国幼教体系，将教研与科研结合中，成效颇为明显。

幼儿园工作人员根据本园工作需要、个人专长特点和时代要求，独自立题研究也屡见不鲜。

2. 通过群众学术团体推动学前教育科学研究

中国教育学会幼儿教育研究会于1979年11月成立后，始终以调动广大幼教工作者进行研究的积极性和主动性作为主要任务。90年代，其研究工作主要从以下几方面不断强化和深化：第一，紧密配合政府有关规章制度的出台，发挥研究会在建设有中国特色社会主义幼教体系过程中的作用。第二，紧密配合幼教科研单位的研究课题，在提供人力资源的过程中锻炼幼教队伍。第三，通过研究会的学术组织进行专题研究，如"幼儿园教育整体改革""幼儿园课程模式""幼儿园语言教学"等，在研究会专门课题小组领导下，进行了较长时间的有计划的研究。尤其是1992年研究会被批准成为国家教委下属的一级学会并更名为"中国学前教育研究会"后，建立了五个专业组织，使学术研究进行得更加有计划、有目的、有层次和有实际指导意义。第四，通过国际交流提高广大幼教工作者进行研究的主动性。尤其是研究会1986年正式成为联合国教科文组织资助的世界学前组织（简称OMEP）的会员后，基层幼教工作者参加国际会议的机会明显增加。第五，挖掘历史财富，推动现代幼教事业，如陈鹤琴教育思想研究会、徐特立教育思想研究会的研究活动，均对幼教改革产生良好的影响。第六，通过传播媒介，推广研究成果，调动群众进行研究的积极性。从1997年开始，借助中国福利会学前教育信息中心的力量，建立了中国学前教育研究会信息中心。

（三）学前教育师资素质的重要性被提到新的高度

1993年10月31日，第八届全国人民代表大会常务委员会第四次会议通过了《中华人民共和国教师法》，规定"取得幼儿园教师资格应该具备幼儿师范学校毕业及其以上学历"。1995年1月27日，国家教委发布《三年制中等幼儿师范学校教学方案（试行）》，提出了幼儿师范学校的培养目标与规格。

1997年10月29日，国家教委颁发《关于组织实施〈高等师范教育面向21世纪教学内容和课程体系改革计划〉的通知》，指出世纪之交的高等师范教育改革计划"起点高、立意新、针对性强"，"具有鲜明的时代特征"，高等师范教育须"用现代文化、科技发展新成果充实和更新教育内容"，要"采取科研立项的办法，把研究过程和改革实践紧密结合起来"。高等师范院校加强学前教育的科研队伍，促使学前教育研究成果日益增加，对推进幼儿教育基层实践和高等师范院校学前教育专业水平的提高起了明显的作用。例如，我国高等师范院校学前教育专业增加了一处博士生培养点（南京师范大学学前教育系）；华东师范大学成立了幼教特教学院幼教系和幼儿教育研究所。高等师范院校主持的全国教育科研规划的科研项目在"九五"期间的 9 项研究中有 5 项，占 55.5%，较"七五"期间的 33.3% 有明显增加。

1996 年 1 月 25 日，国家教委颁发《关于开展幼儿园园长岗位培训工作的意见》。同年 1 月 26 日，又颁发《全国幼儿园园长任职资格、职责和岗位要求（试行）的通知》，要求"采取多种形式开展培训工作，争取用五年左右的时间将全国幼儿园园长轮训一遍"。

以提高教师素质为主题的科学研究在"九五"时期受到了更多的重视。中央教育科学研究所幼儿教育研究室主持的"提高幼儿园教师素质的研究"和南京师范大学教科院主持的"幼师互动研究"均系"九五"全国科研规划国家教委级的有关教师素质提高的课题。上海教育科研市级课题"对八位优秀幼儿园教师教育行为的研究"，通过对优秀教师经验的提炼，为提高教师素质提供了有效借鉴。

通过职前和在职培训，幼教师资水平进一步提高。1996 年，全国幼儿师范学校在校生达到 8.43 万人（1989 年为 3.65 万人）。1981 年，全国 43 万名幼儿园教师中，文化业务水平为中等师范和高中毕业者占教师总数的 35.5%；到了 1996 年，全国 96.2 万名幼儿园教师中，中等师范、职业高中毕业以上者占幼儿园教师总数的 58.8%，已经取得专业合格证书的占幼儿园教师总数的 12.55%。此外还有 5 070 名高等师范毕业的幼儿园教师。1996 年国家教委提出全国幼儿园园长任职资格、职责和岗位要求后，各地均采取多种形式开展培训工作。

（四）明确 21 世纪学前教育目标

1999 年 1 月 13 日，国务院批转了教育部 1998 年 12 月 24 日制定的《面向 21 世纪教育振兴行动计划》，指出"实施素质教育，要从幼儿阶段抓起，要用科学的方法，启迪和开发幼儿的智力，培养幼儿健康的体质、良好的生活习惯与求知的欲望"，激励幼教工作者以创造性的劳动实现国家规定的幼教事业的发展蓝图。

1999 年 6 月 13 日，颁发《中共中央国务院关于深化教育改革全面推进素质教育的决定》（以下简称《决定》）。

《决定》明确指出，"实施素质教育应当贯穿于幼儿教育、中小学教育、职业教育、成人教育、高等教育等各级各类教育，应当贯穿于学校教育、家庭教育和社会教育等各个方面"，"要重视婴幼儿身体发育和智力开发"，"实施素质教育，必须把德育、智育、体育、美育等有机地统一在教育活动的各个环节中……促进学生的全面发展和健康成长"。

《决定》强调"积极发展以社区为依托的、公办与民办相结合的幼儿教育"，提出了"建设全面推进素质教育的高质量的教师队伍"的要求。

教育部基础教育司于 1999 年 7 月初召集地方幼教行政部门负责人共同商议贯彻《决定》的措施，为实施科教兴国战略切实做好幼儿教育工作。

（五）通过多种途径，促进中国学前教育与国际接轨

改革开放政策，将中国学前教育界推向了世界。自 20 世纪 80 年代中期开始，我国学前教育界经常参加国际合作学前教育研究项目，举办国际学术研讨会，参加国际会议等。90 年代以后，则更加注意此类行动对世界儿童发展事业的推动作用。

1993 年 5 月 18 日至 22 日，联合国儿童基金会和国家教委联合举办"幼儿的教育发展——对 90 年代的挑战"国际研讨会，参加会议的有澳大利亚、美国、中国香港和中国澳门等的专家、代表共 200 余人。

1996 年 4 月 23 日至 25 日，在北京师范大学举行了国家教委—联合国教科文组织联合主办的中国履行《儿童权利公约》研讨会。会上，联合国儿童权利委员会副主席汉姆伯格介绍了《儿童权利公约》精神。国家教委法规司副司长李连宁作了《中国儿童受教育权的法律保护》的报告。国家教委基础教育司

幼教处处长朱慕菊以《幼儿受教育权利的保护与国家政策》为题作了讲话，指出"中国幼儿教育事业的发展政策始终围绕着为更多的儿童提供学前教育的机会这一核心"进行。另有高等师范院校教师和教育科研机构研究人员作了有关报告。

（六）20世纪90年代幼儿教育课程的改革

在20世纪80年代幼儿教育课程改革的基础上，90年代的幼儿教育课程向纵深的方向发展。90年代的课程改革的指导思想在保持80年代的整体观、主体观、个体观、活动观的基础上，又提出了"中国化、科学化、现代化"的观点[①]。所谓"中国化"，是指在课程研究、设计和实施中要考虑我国的社会文化背景，考虑我国的社会价值观念，考虑我国幼儿园的人力、物力、空间、规模等现实条件，真正借鉴和吸收国外的课程思想。所谓"科学化"，是指幼儿教育课程应该从相关学科的理论发展中寻找培植自己的根基所必需的理论营养，把握教育哲学、教育心理学、发展心理学、教育社会学、人类发展生态学等学科的理论发展，以建构科学的幼儿教育课程。所谓"现代化"，是指幼儿教育课程应该把握社会和时代的发展方向，关注周围社会现实，放眼世界，面向未来。

在课程理论研究方面，90年代的幼儿教育课程改革进一步深入地探讨了幼儿教育课程的价值、本质和理论基础、目标、结构、内容、特点、组织和实施及其评价等问题。达成共识的看法主要有以下几点：

（1）在课程目标方面，认识到幼儿教育课程不仅要关注幼儿的知识和技能的发展，更要关注幼儿的情感和能力的培养，要把培养幼儿的基本素质作为幼儿教育课程的中心任务。

（2）在课程内容方面，强调培养幼儿不断学习的愿望和能力、独立思考和判断的能力、对他人和社会的责任感、合作的意识和能力、创新的意识和能力、自我保护的意识和能力、环境保护的初步意识和能力、人际交往的兴趣和能力等，帮助幼儿学习关心、学习生活，为可持续发展奠定良好的基础[②]。

（3）在课程的组织方面，强调以"教育活动"为基本的组织形式，改变了长期以来幼儿园一直把"上课"当作幼儿教育的组织形式的观念，并把游戏确定为幼儿教育的基本活动。

（4）在课程的实施和评价方面，在显性课程继续受到重视的同时，隐性课程也受到重视。

在课程的实践研究方面，广大幼儿教师积极参与到课程研究的各个领域，形成了教育理论工作者和一线教师共同研究的热潮。主要的研究成果有：南京师范大学和南京市鼓楼幼儿园的"活动教育课程中的小组活动教育"、上海市静安区的"幼儿园游戏课程研究"、上海市宝山区的"幼儿园情感课程研究报告"、江苏无锡市实验幼儿园的"幼儿园'生活、学习、做人'课程的研究"、湖南省长沙师范的"农村一年制学前班课程实验报告"。[③] 还有中央教科所刘占兰、周俊鸣的"对河北省农村学前班课程的探索"和云南省教委裴康敏、张锦弼的"新加坡小学预备班教材介绍及评析"[④]等等。上述这些研究代表着20世纪90年代课程研究发展的总趋势。

总之，90年代的幼儿教育课程改革，是在80年代课程改革基础上的深化。它虽然不像80年代的课程改革那样具有开拓性，却产生了广泛而深远的影响，其研究成果对我国21世纪幼儿教育的发展起了很好的促进作用。

三、21世纪我国学前教育事业的改革与发展

（一）幼儿教育改革的目标与政策

1.幼儿教育改革的总目标

2001年，教育部在青岛召开全国学前教育工作座谈会，对学前教育的发展前景进行了全面总结和

---

① 虞永平.学前教育课程研究漫议[J].学前教育研究，1996(3)：41-43.
② 石筠弢.90年代我国幼儿园课程改革和发展的特点[J].幼儿教育，1998(10)：6-7.
③ 唐淑.幼儿园课程基本理论和整体改革[M].南京：南京师范大学出版社，1998.
④ 中国学前教育研究会.继往开来共创辉煌　全国幼儿教育第五届学术研讨会文选　上[M].北京：北京师范大学出版社，1995：252-283.

深刻分析,并对新时期学前教育事业的发展提出改革思路。2001 年,颁布《幼儿园教育指导纲要(试行)》,提出了与以往不同的教育领域和目标内容,开启我国幼儿园教育教学的全面改革。

2003 年 3 月 4 日国务院办公厅转发教育部等部委《关于幼儿教育改革与发展的指导意见》,提出了新世纪我国幼儿教育改革的总目标是:形成以公办幼儿园为骨干和示范,以社会力量兴办幼儿园为主体,公办与民办、正规与非正规教育相结合的发展格局。根据城乡的不同特点,逐步建立以社区为基础,以示范性幼儿园为中心,灵活多样的幼儿教育形式相结合的幼儿教育服务网络,为 0—6 岁儿童和家长提供早期保育和教育服务。

2010 年《国家中长期教育改革和发展规划纲要(2010—2020 年)》颁布,对学前教育的发展进行了专门论述,单列学前教育的发展目标,将基本普及学前教育、明确政府职责、重点发展农村学前教育作为三大发展任务,并将发展农村学前教育作为重大项目和改革试点。2012 年,陆续颁布了《幼儿园教师专业标准(试行)》《3—6 岁儿童学习与发展指南》。2013 年,又陆续出台了《幼儿园教职工配备标准(暂行)》和《幼儿园工作规程(修订稿)》(征求意见稿)。学前教育管理和事业发展的系列法规政策陆续出台和完善,学前教育的教育教学与课程改革逐步向纵深发展,农村学前教育日益受到重视。

2. 进一步完善幼儿教育管理体制和机制

第一,坚持实行地方负责,分级管理和分工负责的幼儿教育管理体制,明确各级政府的职责。

(1)国家制定有关幼儿教育的法规、方针、政策及发展规划。

(2)省级和地(市)级人民政府负责本行政区域幼儿教育工作,统筹制定幼儿教育的发展规划,因地制宜地制定相关政策并组织实施,积极扶持农村及老少边穷地区的幼儿教育工作,促进幼儿教育事业均衡发展。

(3)县级人民政府负责本行政区域幼儿教育的规划、布局调整、公办幼儿园的建设和各类幼儿园的管理,负责管理幼儿园园长、教师,指导教育教学工作。

(4)城市街道办事处配合有关部门制定本辖区幼儿教育的发展计划,负责宣传科学育儿知识、指导家庭幼儿教育、提供活动场所和设备、设施,筹措经费,组织志愿者开展义务服务。

(5)乡(镇)人民政府承担发展农村幼儿教育的责任,负责举办乡(镇)中心幼儿园,筹措经费,改善办园条件;要发挥村民自治组织在发展幼儿教育中的作用,开展多种形式的早期教育和对家庭幼儿教育的指导。

(6)建立和完善政府领导统筹,教育部门主管,有关部门协调配合,社区内各类幼儿园和家长共同参与的幼儿教育管理机制。发挥城市社区居委会和农村村民自治组织的作用,综合协调、动员并利用各种社会资源,促进幼儿教育事业健康发展。

第二,加强管理,保证幼儿教育事业健康发展。

(1)地方各级人民政府要加强公办幼儿园的建设。保证幼儿教育经费投入,全面提高保育、教育质量。不得借转制之名停止或减少对公办幼儿园的投入,不得出售或变相出售公办幼儿园和乡(镇)中心幼儿园,已出售的要限期收回。公办幼儿园转制必须经省级教育部门审核批准。城乡中小学布局调整后,空余校舍要优先用于开办幼儿园。

(2)积极鼓励和提倡社会各方面力量采取多种形式开办幼儿园。社会力量开办的幼儿园,在审批注册、分类定级、教师培训、职称评定、表彰奖励等方面与公办幼儿园具有同等地位。各级教育部门要加强对社会力量开办幼儿园保育、教育工作的指导和监督,规范办园行为,保证办园的正确方向。

(3)加强对企事业单位幼儿园的管理。企事业单位转制后,可以继续开办幼儿园,也可将企事业单位办园资产整体无偿划拨,移交当地教育部门统筹管理;要通过实施联办、承办、国有民办等办园体制改革,提高办园效益和活力。实施办园体制改革要保证国有资产不流失,保育、教育质量不下降,广大幼儿教师合法权益受到保障、整体素质得到提高。

(二)21 世纪学前教育三大重要文件的主要内容

1.《幼儿园教育指导纲要(试行)》

2001 年 9 月教育部颁布了《幼儿园教育指导纲要(试行)》(以下简称新《纲要》)。这是为进一步贯

《幼儿园教育指导纲要(试行)》

彻第三次全国教育工作会议精神，落实《国务院关于基础教育改革与发展的决定》推进幼儿园实施素质教育而颁布的全国幼教纲领性指导文件。

新《纲要》是在总结了近些年来我国幼儿教育改革的经验，并充分吸纳了世界范围内早期教育优秀思想与研究成果的基础上制定的。新《纲要》立足于我国幼教改革的现实，坚持贯彻党的教育方针，坚持全面推进素质教育的思想；新《纲要》倡导先进的教育观念，如尊重每个幼儿，尊重幼儿身心发展规律；新《纲要》力求体现终身教育的思想，将社会、文化、环境与教育密切结合起来；努力实现教育的目的性与幼儿发展的可能性相适宜的思想以及促进教师与幼儿的相互作用、共同成长的思想等等。

2.《中国儿童发展纲要（2001—2010 年）》

《中国儿童发展纲要（2001—2010 年）》是国务院按照《中华人民共和国国民经济和社会发展第十个五年计划纲要》的总体要求，根据我国儿童发展的实际情况，以促进儿童发展为主题，以提高儿童身心素质为重点，以培养和造就 21 世纪社会主义现代化建设人才为目标，从儿童与健康、儿童与教育、儿童与法律保护、儿童与环境四个领域，提出了 2001—2010 年的目标和策略措施。

《中国儿童发展纲要（2001—2010 年）》的总目标是：坚持"儿童优先"原则，保障儿童生存、发展、受保护和参与的权利，提高儿童整体素质，促进儿童身心健康发展。儿童健康的主要指标达到发展中国家的先进水平；儿童教育在基本普及九年义务教育的基础上，大中城市和经济发达地区有步骤地普及高中阶段教育；逐步完善保护儿童的法律法规体系，依法保障儿童权益；优化儿童成长环境，使困境中的儿童受到特殊保护。

《中国儿童发展纲要（2001—2010 年）》

3.《3—6 岁儿童学习与发展指南》

《3—6 岁儿童学习与发展指南》（以下简称《指南》）是教育部为深入贯彻《国家中长期教育改革和发展规划纲要（2010—2020 年）》和《国务院关于当前发展学前教育的若干意见》，指导幼儿园和家庭实施科学保育和教育，促进幼儿身心全面和谐发展所制定和颁布的。它以为幼儿的后继学习和终身发展奠定良好素质基础为目标，促进幼儿的体、智、德、美各方面协调发展，帮助幼儿园教师和家长了解 3—6 岁幼儿学习与发展的基本规律和特点，从而建立对幼儿发展的合理期望，实施科学、适宜的保育与教育。

《3—6 岁儿童学习与发展指南》

《指南》提出了 3—6 岁幼儿学习与发展目标和相应的教育建议，具体分 3—4 岁、4—5 岁、5—6 岁年龄段，从健康、语言、社会、科学、艺术五个领域，按学习与发展目标和教育建议两个部分，描述了幼儿的学习与发展方向，列举了一些能够有效帮助和促进幼儿学习与发展的教育途径与方法。

（三）21 世纪幼儿教育课程的改革

21 世纪的幼儿教育课程改革，是在 20 世纪 80 和 90 年代幼儿教育课程改革基础上的进一步的研究。它为新世纪的幼儿教育课程改革奠定了理论基础，为广大幼儿教育的理论和实践工作者在 21 世纪开展幼儿教育工作指明了方向。

21 世纪课程改革的指导思想除 20 世纪 80 年代的整体观、主体观、个体观、活动观和 90 年代的"中国化""科学化"和"现代化"的观点之外，还明确提出了一些新的观点，如终身教育的观点、以人为本的观点、新的知识观和学习观等。终身教育的观点要求幼儿教育课程真正为幼儿一生的可持续发展打好基础，重视为幼儿奠定生存的基础、做人的基础、做事的基础和终身学习的基础。以人为本的观点要求从课程目标到课程的实施都要尊重幼儿、保障幼儿权利、促进幼儿富有个性的发展。新的知识观把知识看作是动态变化的，是幼儿主动建构的过程，这就要求课程的组织方式必须是活动，通过活动来促进幼儿主动建构知识。新的学习观认为，学习是与环境相互作用而发生的；学习必须引起相对稳定的变化，这种变化既包括内部的，也包括外部的。只要是具备这两个特点的现象就是学习。[①] 这种广义的学习观承认了幼儿学习的多样性和开放性，也促使我们对课程实施中的过程、方法和策略等重新思考。与此同时，对整体观、科学化等 80 或 90 年代已经提出的观点又进行了深入的研究，给予了新的注解。整体观要求幼儿教育应注重整体性和全面性；应对课程内容进行合理的、有效的整合；应有机地整合各项活动，努力提高各项活动的成效；应充分发挥各种教育资源的整体性影响；应有机地、综合地利用课程实施的

---

① 李季湄.对"幼儿园教育指导纲要"中的几个基本观点的理解[J].学前教育研究，2001(6)：6-9.

方法、形式及手段等。科学化的基本观点和 20 世纪 90 年代相同,但提出了要体现新的科学研究成果的具体方面的要求。

上述这些观点都明确体现在教育部 2001 年颁布的新《纲要》和《指南》中。新《纲要》把幼儿教育课程分为健康、语言、社会、科学和艺术五个领域,具体规定了这五个领域的目标、内容与要求和指导要点,并对课程的组织实施和教育评价等方面作了一些具体的规定。作为法规文件之一,新《纲要》推动着我国幼儿教育的科学化和法制化进程,促使幼儿教育课程朝着更加健康、正确的方向前进。

21 世纪的课程理论研究呈现出一片欣欣向荣的景象,具体表现在以下几个方面:

1. 研究在各种新观点(或旧观点新看法)指导下的幼儿教育课程的目标、内容和实施等问题

华东师范大学的李季湄在“科学化”的观点之下,提出了应该在课程的哪些方面实施科学化:在课程目标方面,要重视幼儿的兴趣、情感、态度,并在实施中重视以幼儿为主体的探索性学习;在课程内容方面,吸收了建构主义和现代认知心理学的成果,强调作为教育内容的知识的建构性、过程性;在课程的实施中,根据现代学习心理学的研究,从广义的学习观出发,要求保证幼儿的游戏、自由和自发的活动时间等等(参阅李季湄:《幼儿园教育指导纲要(试行)简析》)。南京师范大学虞永平在“整体观”之下,提出了幼儿教育课程整合的层次、内容和策略。北京师范大学的冯晓霞从新知识观出发,将将幼儿教育课程内容分为四个方面:① 关于周围世界(包括自己)的浅显而基本知识经验;② 关于基本活动方式(包括认识活动)的行动经验(“做”的经验);③ 关于发展智力、提高各种基本能力的经验;④ 关于对待世界(包括自己)和活动的态度,即情意方面的经验(冯晓霞:《新〈纲要〉的知识观与幼儿园课程内容》)。

2. 对瑞吉欧课程的学习与探讨

从 20 世纪 90 年代中后期开始,瑞吉欧教育经验开始被介绍到我国,但真正形成学习瑞吉欧热潮的是在 21 世纪初。瑞吉欧课程的理论和实践给了我们很多的启示,其中最重要的是,它为我国幼教工作者在设计和实施幼儿园课程时,如何处理幼儿生成的活动和教育预定的活动之间的关系提供了思路和样板。而这一关系的处理,正是当今我国幼儿园课程改革的重点和难点之一。瑞吉欧教育经验运用了方案教学的方式处理这对矛盾关系,强调要处理好幼儿自发的学习与教师有目的、有计划的教学之间的关系,强调教师在设计活动的过程中充分顾及儿童已有的知识和经验的重要性,主张让儿童在游戏状态中主动地去建构知识。瑞吉欧还主张,教师在实施方案教学时,从主题的设计、方案活动的展开和实施到方案的总结,整个过程都要重视通过积极的师生互动,给予儿童自由探索、尽兴表达的机会(朱家雄:《瑞吉欧教育经验能给我国幼教改革带来什么启示》)。

3. 对“园本”课程理论的探讨

针对目前许多幼儿园热衷于开发自己的特色课程,并宣称为“园本课程”的现象,一些专家进行了冷静的思考和探索,发表了自己的见解。例如,华东师范大学的李季湄认为,幼儿园课程本来就属于“园本课程”,或者说,“园本”是幼儿园课程本身固有的特性。把幼儿园的特色课程简单地改称为“园本课程”,或者把所谓的“园本课程”看成是与幼儿园课程具有并列关系或包含关系的课程都是错误的(李季湄:《“园本课程”小议》)。华南师范大学的袁爱玲认为,当前我国的幼儿教育课程正发生着深刻的变革,幼儿园正从单纯的课程实施者向课程开发者转变,但这种开发工作并不意味着就开发出了园本课程。她认为,园本课程具有民主性、开发性、独特性、完整性和补充性等特征,否则便不是园本课程(袁爱玲:《冷静思考园本课程的热潮》)。

4. 对幼儿教育课程生活化的探讨

浙江师范大学杭州幼儿师范学院的王春燕提出将幼儿园课程与幼儿的日常生活、幼儿的感性经验联系起来,使幼儿在一日生活中获得身体、认知、情感、社会性等方面的和谐发展。在此基础上,她指出课程的生活化是幼儿园课程应有的特点,并提出了幼儿园课程生活化的主要途径(王春燕:《试论幼儿园课程的生活化》)。华东师范大学的张明红提出了幼儿园课程应该向生活世界回归的看法,指出幼儿生活是幼儿园课程整合的基点,是幼儿园课程开发的新的生长点(张明红:《幼儿园课程生活化》)。

在课程的实践研究方面,研究者和广大幼儿教师形成一定的合力,继续对课程研究的各个领域进行研究。与 90 年代不同的是,广大幼儿园教师参与课程研究的积极性更加高涨,而且研究的水平也有了很大的提高。主要的研究成果有:广州的“自主性活动”课程研究(详见高岚《寻找意义——自主性活动

课程》、张琼《自主性活动课程的实践探索》）；深圳的"叙事性整合课程"研究（详见马荣《叙事性整合课程简述》《"叙事性整合课程"的预成与生成》）；南京的"融合式课程"研究（详见屠美如《以审美教育为中心的生态式教育》、石岩等《融合式课程研究体会集锦》）；上海的"学前教育课程改革"研究（详见何幼华《推进学前课程改革、促进学前儿童发展》）；杭州的"艺术活动体验式课程"研究（详见杭州大地幼儿园课题组《幼儿园艺术活动体验式课程实验研究》）和山东青岛的"新课程"研究（详见纪沛《树立新观念，实施新课程》）等。

上述成果有些是根据国外的研究，结合我国的国情和各地幼儿教育的实际而进行的研究；有些是根据某些幼儿教育的理论，结合幼儿园自身的特点自行进行的研究。

总之，我国20世纪80年代以来的幼儿教育课程的改革，在世界幼儿教育课程改革的推动下，经历了20世纪80年代的改革热潮和90年代的逐渐深化到21世纪的初见成效的过程，尽管才走过了短短的几十年，但在广大理论工作者和幼儿教师的共同努力下，已经取得了很大的成绩。当然，我国的幼儿教育课程改革还在继续，在如何将国外的经验很好地理解和吸收，如何探索适合我国幼儿教育的课程体系，建立适合各地发展的课程模式，如何更好地学习、探讨和完善新《纲要》和《指南》中有关幼儿教育课程的目标、内容、组织、实施和教育评价，并将之灵活运用到实践等等方面，还有大量的研究工作要做，还需要幼教理论和实践工作者的进一步努力。

思考与练习

1. 简述党的十一届三中全会以后，政府加强对学前教育工作的领导和管理所采取的具体措施。
2. 简述我国21世纪幼儿教育发展的具体表现。
3. "十五"至"十三五"期间我国幼儿教育发展的政策有哪些？
4. 简述《幼儿园教育指导纲要（试行）》和《3—6岁儿童学习与发展指南》的颁布对我国幼儿教育事业的发展的历史意义。
5. 简述21世纪幼儿教育课程改革的进展情况。

第十七讲　当代西方学前教育发展概述

本讲提要

20世纪50年代以来,西方各国均普遍重视学前教育在整个教育体系中的作用和地位,学前教育的重要性得到全社会的认可,并获得发展。在以实证研究为特点的心理学发展影响下,西方许多心理学家的思想对学前教育改革产生重要影响,学前教育理念不断得到更新与发展,学前教育实践与应用研究也不断获得突破。

一、当代西方学前教育发展的新动向

20世纪50年代末,美国兴起了课程改革运动,促使教育工作者为课程改革寻找理论依据,皮亚杰的理论适合了这种需求。此后,包括在美国以及其他许多国家,皮亚杰理论曾在很大程度上影响着甚至支配着儿童认知发展的理论研究,不少教育界人士尝试将他的理论运用于学龄前儿童教育的实践之中,从20世纪70年代开始,以皮亚杰理论为主要理论基础的学前教育课程和方案不断涌现。

近一二十年来,俄国认知心理学家维果茨基的理论对早期儿童教育产生了相当大的作用影响。以维果茨基为代表的理论流派重视社会文化对儿童发展的作用,反映了认知心理学从强调个体到强调情景的发展趋向。维果茨基的理论已被许多学前教育工作者作为编制幼儿园课程的重要理论依据之一。

近年来,认知心理学的研究有了新的进展,特别是对于认知的领域特殊性、发展的认知神经科学和认知行为遗传学方面的研究有了许多新的发现,产生了一些新的认知发展理论,如以"理论为基础的知识"的理论、生物(成熟)限制论等,反映了认知心理学理论工作者已从皮亚杰时代强调儿童学习的普遍性发展为开始强调学习的特殊性的倾向。

以"理论为基础的知识"的理论主要源自认知的特殊性观和朴素的理论观。这种观点认为,特殊领域知识的获得对儿童在这一领域内问题解决和其他信息加工活动具有巨大而普遍的影响;儿童在各个领域所获得的知识具有理论的基本性质,是非正式的直觉"理论";思维发展的差异主要体现于儿童关于世界的直觉"理论"。在婴儿期,这些"理论"非常简单,以后逐渐变得复杂。一个"理论"包含一系列关于存在于某一领域的实体及这些实体间关系的信念。"理论"尤其不同于其他类型的心理表征,它是解释性的,能够回答"为什么"的问题,并有别于皮亚杰主义的概念结构,它只针对某个特定知识领域,如生物理论、物理理论或心理理论。儿童的直觉"理论"不如科学"理论"那样精确和连贯,但它们具有相似之处,其中之一是两者都不断经受检验和修正。在这种观点看来,认知发展就是"理论"的变化发展,认知的发展具有领域特殊性,认知发展的过程就是各领域内一系列朴素"理论"的形成过程。

强调领域特殊性的认知心理学发展新动向已经开始影响幼儿园课程的编制和实施。近年来,一些认知心理学家和学前教育家们正在将他们的注意力集中在领域特殊性方面,强调各领域中儿童知识形成的特殊性和差异性,这些研究对当今幼儿园课程中的语言教育、数学教育和科学教育等领域正在产生越来越大的影响。"光谱方案"就是反映了当今认知心理学发展这一新动向的一种教育方案。

二、光谱方案

(一) 光谱方案的由来和理论基础

光谱方案是由哈佛大学的加德纳教授和塔伏茨大学的费尔德曼教授率领哈佛大学零岁方案和塔伏茨大学的合作研究小组合作完成的,是一项持续了 10 年的研究(1984—1993 年)。

光谱方案的理论基础有两个,一是加德纳的多元智能理论,二是费尔德曼的非普遍性理论。

这两大理论都看到了儿童在智力上的多样性,都认为儿童具有独特性,应该相应地给儿童提供多种发展空间和机会,使每一个儿童都有机会发挥和实现自己的潜能,从而奠定了光谱方案的基调。其中非普遍性理论确认了人类对非普遍性领域的追求,而多元智能理论则明确了 7 大智力领域:语言、数理逻辑、空间、音乐、身体动觉、自知自省和交流交往智力,于是就有了光谱方案的 8 大课程领域:机械和建构、科学、音乐、运动、数学、社会理解、语言、视觉艺术活动,以及 8 大评估领域:运动、语言、数学、科学、社会理解力、视觉艺术、音乐、工作风格(普遍认为成年人的成功不仅仅需要某一方面的能力,还需要有特定的工作方法,如集中注意、坚持。即使对于学前儿童来说,他们完成一定任务的方法也是不一样的。观察儿童的工作风格能够理解儿童在不同领域、不同情境下的表现。所以光谱评估方案包括了工作风格这一项)。

加德纳

(二) 内容及特点

光谱方案活动主要分四个步骤:① 让儿童见识或接触广泛的学习领域;② 在丰富的学习环境中发现儿童的强项;③ 发展儿童的强项;④ 把强项迁移到其他领域和学业表现中去。从目前的教育实践来看,光谱方案采取的主要活动形式有:在教室里设立学习中心、与社区(如儿童博物馆)联合、实行导师制等。例如学习中心,一般每一个光谱教室会开设 8 个学习中心,包括语言、数学、自然科学、机械和建构、艺术、社会理解力、音乐和运动等,而这些学习中心是从 7 个评估领域(除工作风格外的语言、数学、科学、视觉艺术、社会理解力、音乐和运动)引申出的,同时这 7 个领域又细分为 7 个评估方面,延伸出 8 套关键能力,然后教师再根据这些关键技能来建构各种活动材料和形式。从这里可以看出,光谱课程来源于光谱评估,同时光谱课程也使得光谱评估不至于成为无本之木。课程和评估相结合,既有利于教师设计相应的活动,又有利于教师根据这些关键技能来对孩子进行评估,是为光谱方案的特点之一。

光谱方案的特点之二表现在光谱课程的综合性上。光谱方案的出发点是:每一个人生来都拥有各种智力,同时,每一个人都有智力上的优势领域和弱势领域,不管这"强"和"弱"是相对于他自己而言,还是相对于他人而言。因此它不仅强调为儿童准备来自各个领域的材料、强调材料的丰富性和启发性,还强调儿童以自己独特的方式探索材料和展示才能,强调课程的个性化,以及儿童的积极参与。光谱活动是游戏,但它绝不仅仅是游戏——它们是一些如果没有教师的支持和指导,儿童就不太容易掌握的认知技能和基本技能。可以说,光谱课程是学术型课程和建构型课程之间的过渡,它综合了学术型课程对基本技能的直接教学的强调和建构型课程对儿童的自发游戏和自动发现的重视。而这种综合代表了早期教育课程的发展趋势,因为研究和经验已经告诉我们,这两种课程对于儿童的发展都各有所长,各有所短。光谱课程认为要用一定的材料使儿童参与到活动中来,但儿童的能力不会自动得到提高,需要有目的、有计划的指导,它同时认识到了教师的不可替代的作用和发挥儿童主体性的重要性,体现了世界早期教育课程发展的趋势。

光谱方案的特点之三表现在它作为一种评估方案对传统的评估方案的超越,也就是说,光谱评估方案对于传统评估方案的超越即构成了光谱方案的特色。在光谱研究者看来,儿童正处于智力的快速增长期,不能过早地给孩子盖棺定论。而且即使测量在有时候很有必要,但在学前阶段儿童的学习主要不是集中在读写算上,而是应该发展他成为一个自知、自制、自信、自尊的人。光谱评估方案以皮亚杰的认知理论为基础,同时还超越了皮亚杰的理论,指出皮亚杰事实上主要集中在数理逻辑智力上,没有说明个体之间存在差异的原因、教育影响发展的方式,并且还假设各个智力领域都会有一样的发展,无论是在方式还是速度上。光谱评估方案认识到了儿童在智力快速成长期的特殊品质和能力,涉及了传统的测试方法所忽略的地方,它的特点主要体现在以下几个方面:

第一,在评估的目标上,光谱方案不像其他的许多以发现儿童的缺陷为导向的评估方法,它的目标首先是发现儿童的强项,并主张为促成儿童积极的变化而提供基础,强调在儿童的强项和弱项上建立联系,最终促成儿童方方面面的发展。

第二,在评估的重点上,光谱方案强调发现并赞扬孩子的强项,并以此为切入点,相应地给儿童提供适宜的学习机会和学习经验,这与评估的目的是一致的。该理论认为所有儿童至少在一个领域有优势,不管这优势是相对于自己还是他的同龄人而言。正是在这样的目的引导和认识基础上,光谱评估注重的是孩子所表现出来的强项。

第三,在评估的环境上,光谱方案着重的是创设具体的情境,在儿童的具体活动中对儿童进行评估,而不像传统的智力测试,一般是在一个小屋子里进行,在一个陌生人的指导下来做一些脱离生活情境的测试。光谱方案强调教师的观察和环境的准备,并提供了一种在一定情境下对认知技能进行评估的基本框架。在具体评估的时候,教师会运用光谱活动材料,并根据光谱评估方案提供的、对某一具体领域进行观察的详细框架,来对孩子进行观察,从而对儿童在某一领域的发展作出深入评估。

第四,在评估范围和程度上。光谱方案以多元智能理论和非普遍性理论为基础,在评估的范围和程度上要比传统的评估更广更深。光谱评估涉及的智力领域包括:语言、数学、运动、音乐、科学、社会理解力和视觉艺术,很显然突破了传统智力测试的狭窄性,也体现了智力评估手段的公平性——它以各个领域为媒介来直接了解孩子的各种能力,而不以语言和逻辑为评估的工具。而且光谱方案中还有一个维度,即儿童在不同领域的工作风格,如儿童的自信心水平、坚持性水平,以及对细节的关注程度。另外光谱方案也有助于深入了解孩子在各个领域的表现。比如,在运动领域,除了要考虑儿童的一般体能发展以外(比如他们是否能跳、能单脚站立),还要看他们是否有创造性想法、是否能在活动中激发自己的情绪,或敏捷而快速地完成障碍跑。它比起简单地测试孩子的一般能力发展水平要深入而具体得多。从光谱评估范围来看,所涉及的领域与7大智力并不是一一对应的,不过还是能够反映出这些智力在幼儿身上的表现,而且因为各智力不是孤立起作用的,个体要完成一项任务必须要用到好几种智力,如社会理解力领域就需要不止一种智力(内省和交往智力),而某种智力(如空间智力)可以在几个不同的领域发挥作用(视觉艺术、机械和建构),因此,这种不一一对应的关系也是可以理解的。

第五,在评估的结果上,光谱评估除了对课程有补充和发展的作用以外,还能够对儿童个体和班级整体产生积极的影响。对7大智力的认识使教师和儿童对学习有了新的认识,同时,教师的期望以及儿童自我意识的发展,使得儿童认识到每一个同学在学习和问题解决中都各有各的强项,没有人比其他人强,也没有人比其他人笨,这样他们就会更加尊重同伴,也会更尊重自己。因此无论是对被评估儿童个体而言,还是对班级整体而言,这种不是旨在给儿童贴标签的评估活动带来的是积极的影响。

(三)"光谱方案"的组织与实施设计

光谱方案在8个知识领域里为教师提供了不同类型活动的样板,使教师能够看到儿童的长处,并能够在儿童长处的基础上有所作为。每个知识领域由15—20个活动组成,选择这些活动的理由是:① 能反映各种类型的智能;② 在各个学习领域内,能强调和练习关键能力;③ 在有意义的背景中能与解决问题的技能有关;④ 能为教师提供有关为每个儿童准备适合的课程的信息。

每个知识领域的一组活动一般都是自由游戏和结构化活动的组合。有些结构化的活动是与技能联系在一起的,旨在让儿童能在这个知识领域中以现有的、或略微高一点的能力去完成学习任务,还有些结构化的活动将儿童的各种学习经验与课程目标整合一体。

每个知识领域的一组活动都用类似的形式加以表述：首先，有一个有关该知识领域的简介，随后，提出一些与在此领域学习中成功有关的关键能力，有些组的活动还对活动所需的材料作了交代。

在每一个具体的活动中，都列出了目标、核心成分、材料以及具体步骤。在活动的结束部分，还常包括教师应该注意的事项、对教师的建议、活动的改进和拓展等。这些活动都有益于教师的教学和评价，即教师可以运用核心成分表作为观察和记录孩子在知识领域中学习的兴趣和能力的依据。

智能光谱的学习活动分为 4 个类型：① 儿童为中心的小组活动：教师作一简述，或作简单演示，4—6 名儿童自己进行活动；② 教师为中心的小组活动：教师与一个小组的儿童一起活动；③ 儿童为中心的大组活动：教师向儿童介绍活动，随后全体儿童或半数以上儿童进行活动，活动可以是个别化的，也可以是合作进行的；④ 教师为中心的大组活动：教师指导下的全班活动，教师对于儿童完成学习任务起重要的作用。

在每一组活动的后面，都有一些"回家作业"，这些活动为的是使家长能够参与儿童的活动过程；培养儿童所具有的长处。在许多情况下，这些活动与教室中的活动是相对应的，这样，这些技能和概念在学校和家庭中都能得到强化，而活动所需的材料大部分都能在家庭中找到。

三、瑞吉欧学前教育体系

（一）瑞吉欧学前教育体系概述

瑞吉欧·艾米里亚是意大利北部一座小城，具有良好的城市公共生活传统和艺术、人文的精神氛围。20 世纪 60 年代以来，该市在马拉古兹的发起和领导下，凭借市政府和社区民众的全力支持、合作与参与，经过专业人员（包括教师和教研员）数十年的艰苦努力，终于继蒙台梭利之后，又推出了一个颇具特色的、堪称影响世界的幼儿教育模式或体系——瑞吉欧体系。

瑞吉欧体系的特色几乎体现在所有的方面：机构的组织与管理，资源的配置和利用，校内校外的人际、群际互动与合作，课程与教学，教师的成长等等，而其中最直接最感性的特色，就是幼儿在教育过程中生动而丰富的表现。

为弘扬进步主义的教育理念，推广自己的教育经验，自 20 世纪 80 年代初期以来，马拉古兹率部在欧美各国举办巡回展览。这个名为《儿童的百种语言》的展览获得的巨大成功，使瑞吉欧的精神理念与教育经验得到各国"教育界、学界和政治界人士的赞赏"，被美国《新闻周刊》评为"全世界最好的教育系统之一"，并刮起了一场席卷西方世界的瑞吉欧教育"旋风"：不仅慕名前往的参观学习者络绎不绝，而且它所提倡的哲学观"成为美国、日本、澳洲和欧洲幼教界人士的主要参照对象"。

马拉古兹

瑞吉欧成功的关键在于它的教育理念和实际做法，正好应和了当前世界幼儿教育改革与发展的最迫切的呼声。即使剔除这种时代性的因素，瑞吉欧教育体系中，幼儿、教师和家长这三种"主角"，在共同活动中所表现的积极参与、主动探索、团结互助、友好合作的精神，所营造的自由表达、通融理解、开放民主的氛围，所焕发出的责任心和想象力，以及在长期的合作中所结成的共同体，无不向人们展示了幼儿教育中永恒为真、为善、为美的景象。这种景象，是任何一个真正称得上是成功的幼儿教育机构所必备的人文景观。

（二）瑞吉欧教育体系的主要特色

瑞吉欧教育体系的主要特点是：

1. 全社会的幼儿教育：社会支持和家长参与

瑞吉欧·艾米里亚的幼儿教育是全社会的事。社会教育几方面给予家庭以有力的支持，素来是意大利文化中集体主义的一种体现。在瑞吉欧市，0—6 岁的保育和教育是一项十分重要的市政工程，享有 12% 的政府财政拨款。许多由社区公民自发组织起来的民间组织对地方政府施加实质性影响,以保障和改善该地区学龄前儿童的家庭教育和正规教育。

家长在学校中所起的种种实质性的作用,本身也是社会支持的一种表现。在全市所有的幼儿学校中,家长都有权利参与学校所有环节的一切事务,并自觉承担起这一责任。例如家长要讨论学校的各项政策,研究有关幼儿身心发展的状况,参与课程的计划与实施并给予一定的评价。

2. 民主与合作:学校管理风格

瑞吉欧学前教育系统是一个以儿童为中心的联盟,一个教师与儿童同样能获得"家一样的感觉"的地方。这些学校并没有我们在一般机构中所见的那些行政事务,教师之间也没有任何的层次等级,他们只是平等的共事者与合作者。所有学校由一位主管直接向市政府汇报工作,他还要组织协调一群教研员进行宏观的决策、计划和研究,并对各所学校进行具体的指导。这些教研员是该市幼儿教育的课程决策者,其中每个人都要协调和指导五六所学校的全部教师的业务工作。

学校每个班配备两名教师(幼儿的数量:婴儿班 12 人,托儿班 18 人,幼儿班 24 人),实行三年一贯制随班教学,以在教师和幼儿之间保持长期稳定的联系。每所学校都有一名在艺术方面受过专业培训的艺术教员,他除了自身要在艺术教育方面为瑞吉欧幼儿教育作出特殊的贡献,还要协助教师发展课程并作好课程、教学与幼儿活动的记录。

3. 项目活动:弹性课程与研究式的教学

项目活动是对该学校的课程与教学最全面准确的概括,这种活动的基本要素或关键词包括:解决真实生活中的问题,小群体共同进行长期、深入的专题研究等等。

项目活动一般始于教师对幼儿的观察或者教师就某一主题对幼儿的询问,其起点是幼儿的自发性、兴趣和教师敏锐的判断,其过程充满了大量不期而至的偶然性,其结果导致幼儿的发现学习、自由的表达和创造性地解决问题。教师们常常同某一个小组的幼儿一起开展一个项目,此时其他幼儿可以从事一些常见的自选活动。

瑞吉欧没有固定的课程计划,项目活动强调深入而富有实效地学习,绝不匆匆忙忙"走过场"。整个教育过程显得自然而流畅。

4. 百种语言:儿童学习与表达的手段

在幼儿小组围绕着一个共同的项目开展研究,探索解决问题的办法,并不断有所发现的过程中,自我表达和相互交流是两种基本的活动。在瑞吉欧看来,幼儿表达自我和彼此沟通的手段,以及教师判断幼儿对于相关的内容是否理解的标志,不应只是人类特有的语言符号,还应包括动作、手势、姿态、表情、绘画、雕塑等等一切表达方式。在绝大多数情况下,幼儿的学习、探索和表达是许多种"语言"的综合。这也是为什么上述的展览被称为"儿童的百种语言"的缘故。

5. 合作学习和反思实践:教师的成长

瑞吉欧全部教育过程与效果得以有效地进行和保证的最关键的要素,乃是教师们一直孜孜不倦地努力提升自己对于幼儿的认识和对幼儿教育的理解。

瑞吉欧的教师和孩子一样,都不是"训练"出来的。相反,教师是通过进入一个充满各种关系(与孩子、与家长、与其他教师、与教研员等的关系)的环境之中学习的,环境中的这些关系支持教师们合作建构了关于儿童、关于学习过程以及关于教师角色的知识。

教师的成长与孩子的发展被视为一个"连续体"。在与儿童合作开展的项目活动中,教师不断地观察幼儿,并采用多种方式记录、保存学习过程和"产品",为孩子建立"档案"。记录、整理、分析解释档案的过程,不仅为教师本人计划和实施课程提供了充分的信息基础,而且成为教师自我反思和同其他教师、教研员、艺术教员及家长共享的宝贵资源。

6. 开放的环境:学校的第三位教师

物质环境的设计布置同样也是瑞吉欧教育的中心环节,而该环节的一个核心问题就是如何增进环境的开放和资源的综合利用。学校在设计新的空间和改造旧的场所时,一个通常的考虑就是如何使各部分的教室能够便利有效地衔接起来,并且使学校与周围的社区密切互动。学校所有的教室都向一个中心区域敞开大门,厨房间可以随时提供参观的便利,大大的玻璃窗、教室后面的院落、开向外面的大门,也使学校同社区保持随时的沟通;入口处放着各种各样的镜子、照片和儿童作品。教室内部也基本上照此办理。

瑞吉欧的教师们将幼儿学校的环境称作"我们的第三位教师"。教师们竭力创造机会,要在学校的每一个角落都为幼儿提供充分的交往机会,便利他们的沟通。为此,教师们在学校的大厅里设置一个活动中心;教师之间可以通过电话、过道或玻璃窗进行联系;餐厅和浴室的设计也以促进幼儿之间游戏性的交流为宗旨。

瑞吉欧的早期教育方案并非全新的创造。在理论上,它遵循了许多大师们的教导与指示,其中主要包括杜威、皮亚杰、维果茨基、布鲁纳等。在实践上,它则继承了20世纪以来的进步主义的传统,接受了60年代以来的开放教育运动的熏陶,并与它们有着许多类似之处。但是,瑞吉欧教育不是一种模式或理论派别的附属物,它是特定时代下的生动的实践,而且是极为成功的实践。这种实践较之于一些理论和派别能够给我们更多更切实的启示和借鉴。

四、当代西方学前教育研究的主要特点

当代西方幼儿教育研究有3个主要特点:基础研究与应用研究相结合、课程开发研究与课程评价研究相结合,以及课程开发研究与教师发展研究相结合。

(一) 基础研究与应用研究相结合

当代西方的幼儿教育研究非常重视基础研究与应用研究的结合——基础研究引领应用研究,同时又寻求来自应用研究的多方支持;应用研究渴求基础研究的指导,同时又不断为基础研究提供新的研究课题。原来远离实践的基础理论研究有了"用武之地",幼儿教育改革实践中的应用研究有了理论的引导和支撑。

美国哈佛大学加德纳教授在20世纪80年代提出了"多元智能理论",应该说,这是一个基础性研究的成果——心理学研究或者更准确地说是智力心理学研究的新突破。该理论提出后很快进入实践层面,在教育改革包括幼儿教育改革的广阔天地中找到了一块块"试验田",从而在美国迅速出现了一些在该理论指导下的课程改革方案,如"光谱方案""新汇流课程方案""艺术推进方案"等。"光谱方案"这个在当今世界幼儿教育改革中颇具影响力的早期教育方案可以被看作是基础性的"多元智能理论"走向幼儿教育改革实践应用研究的典范。

与"光谱方案"相比,当今世界上颇具影响力的另一个早期教育方案——"瑞吉欧教育方案"则更多的是实践研究的总结和提升。"瑞吉欧教育方案"初步成型以后,它主动寻求多种理论——基础研究的支持,"多元智能理论"的提出者加德纳教授和美国一些著名的幼儿教育专家都曾给予它多方面的理论指导,提升了"瑞吉欧教育方案"的教育思想内涵,并推动了它在世界范围内的广泛传播,使之对世界各国的幼儿教育改革,特别是幼儿园课程改革产生了巨大的影响。

蒙台梭利的教育思想和皮亚杰的认知发展理论作为对当代幼儿教育领域有重要影响的理论,均有自己独到的理论体系以及与理论体系相"匹配"的教育方案或课程方案——"蒙台梭利教育法"和"高瞻课程",它们也都可以被看作西方理论研究和实践研究相结合的典范。

(二) 课程开发研究与课程评价研究相结合

当代西方幼儿教育研究的一个主要内容是幼儿园课程开发研究。可以说,在20世纪80年代以前的幼儿教育研究中,幼儿园课程开发研究和幼儿园课程评价研究是分别进行和各行其是的——课程开发研究在先,课程评价研究在后;课程开发研究由课程专家组织,课程评价研究由评价专家进行。90年代以来,幼儿园课程开发研究和幼儿园课程评价研究走向了同时进行和相互交织:由幼儿园课程开发研究开始,西方幼儿园课程开发研究和幼儿园课程评价研究已经紧密地结合在一起,形成了一种"你中有我,我中有你"的新关系。

"瑞吉欧教育方案"非常强调教师通过各种评价手段观察并记录儿童在教育活动中的表现,并根据所观察到的儿童发展状况和教育需求随时调整下一步的教育活动方案以生成新的课程。教师对幼儿的观察和评价在课程的组织和实施中随时进行,教师根据自己对课程实施过程中幼儿在实际情景中的反应不断对课程进行进一步的提升和调整——课程的不断开发与对课程的持续评价走向一体化。

"光谱方案"则明确提出它是一份早期教育课程开发和课程评价研究一体化的早期教育方案——课程开发研究和对课程的评价研究是紧密地结合在一起的。在"光谱方案"中,对课程的评价不是在课程开发前的前测和课程实施后的后测,也不是和课程开发分开进行、在课程实施的过程中不断对课程进行评价的形成性评价,而是自始至终相互交织在一起、难分彼此的"一体化进程"。虽然在观念上我们可以把"光谱方案"中的课程开发和课程评价分开来谈,但它们在幼儿教育实践中是交织进行、相辅相成和相得益彰的:从课程开发的角度来看,课程的总体规划和基本框架的设计基于对儿童年龄特征、发展特征的评价,课程的不断生成、随时调整基于对教育活动过程中不同儿童的个性特征和发展需求的评价;从课程评价的角度来看,对儿童整体地评价是为了设计出适合所有儿童的基本课程,而不间断、随时随地地观察分析和评价每一个教师的所教和每一个儿童的所学是为了调整基本课程,使之更适合于每一个儿童的学习需求。

正是由于课程开发研究和课程评价研究走向结合,西方幼儿教育改革中才出现了"发展性课程"和"发展性评价",以及两者的紧密结合——"发展性课程"是基于"发展性评价"的课程,"发展性评价"促进"发展性课程"的发展。课程评价研究再也不是游离于课程开发研究之外的研究活动,而是与课程开发研究交织在一起并促进课程发展的研究活动。

(三) 课程开发研究与教师发展研究相结合

幼儿园课程开发研究和教师的专业化成长研究紧密地结合在一起,已经成为西方幼儿教育研究的又一个重要特点。可以说,20 世纪 80 年代以前,西方的幼儿教育课程研究多由课程专家在研究机构里进行,教师发展的途径不外乎职前专门学校的培训和在职返回专门学校的进修。90 年代以来,西方的早期教育课程研究形成了专家指导下的、以教师为中心开发课程的新模式,教师发展的途径除了职前学习和在职进修外,增加了在专家的指导下、和专家一起、和课程一起在开发课程的过程中得到发展——教师有了专业化成长的一种不同以往的新途径。

从专家的角度来讲,西方的幼儿教育课程开发可分为三个阶段:第一阶段,专家根据新的课程理念设计出新的课程方案或课程框架,并走向课程现场向参与课程开发和实施的教师讲解课程理念,演示课程方案,即对参与课程开发研究的教师进行有关课程开发研究的整体培训。第二阶段,在教师按照新的课程方案或课程框架实施课程时,专家深入到课程实施的现场进行课程研究,并长期留在研究现场,和教师一起将新的课程方案或课程框架转化为教师具体的教育行为。课程专家是教师的引导者、支持者和合作者,他和教师"同吃同住同劳动","拧成一股绳",共同开发课程。第三阶段,在课程开发告一段落后,专家应有一段时间离开课程研究现场,在课程之外客观地反观和透视课程研究的现场,进一步完善课程方案,并帮助教师进一步提升课程实践。也就是说,专家既需要在第二阶段时作为"内部人员"认同所处的情境,以便能设身处地地了解该情境中人们的思想与行为,也需要在第三阶段作为外部来客退出这个情境,去思考、分析、解释所观察到的现象。

从教师的角度来讲,对应着专家在课程开发中三个阶段的工作,教师在每一个阶段中都得到了专门化的发展。在第一阶段,教师可以近距离地向专家系统地学习一种专门的课程理念和课程模式——这种学习在一般性的职前培训和在职培训中、在书本上、在会议中、在自己的经验性的工作中都是不可能得到的,而且,教师并不是为了学习而学习,而是带着把学到的课程理念和课程模式很快运用到实践中的任务,以及解决困惑和问题来学习的,因此,这种学习的目的性更强,研究性更强,反思性更强。第二阶段,教师可以和原来"可望而不可即"的专家面对面地讨论课程开发中的实际问题,特别是他们能够把课程理念和课程模式落实到自己的教育行为中之后出现的新情况、新问题及时反馈给专家,并和专家就这些专门问题开展现场的、情景式的讨论,请专家及时解决他们的困惑,以接受专家的指导,并与专家一起将课程理念和课程模式更好地转化为实际的教育行为和儿童的发展。第三阶段,教师成长为"研究型"或"反思型"的教师。在专家离开课程研究现场之后,教师的课程研究工作不仅不能停顿下来,而且应该更好地向前推进,因为经过前面两个阶段的发展,到这个阶段教师已经成长为能够独立把课程开发和课程研究继续进行下去的具有"研究性"和"反思性"特点的教师——他们不仅能够在原有的课程理念下和课程模式中发展出新的教育行为,而且能够对课程理念和课程模式,特别是课程模式,提出建设性的改进和提升的意见。

正是由于幼儿教育研究中课程开发研究和教师发展研究的结合,开发一种课程模式,成就一个(或几个)有作为的专家,带出一批研究型的教师已经成为西方幼儿教育研究的一个重要特点。

思考与练习

一、简答题

1. 试论述埃里克森的个性发展理论。

2. 简述加德纳的多元智能理论的主要观点、智力种类及教育启示。

3. 简述光谱方案的设计思路并进行简要评价。

4. 瑞吉欧课程模式及其内容如何?

5. 当代西方学前教育研究有哪些新的方向,对我国学前教育有哪些启示?

参 考 文 献

1. 何晓夏.简明中国学前教育史[M].北京：北京师范大学出版社,1990.

2. 唐淑,钟昭华.中国学前教育史[M].北京：人民教育出版社,1993.

3. 栗洪武,朱智斌.中国教育发展史[M].西安：陕西师范大学出版社,2000.

4. 中国学前教育史编写组.中国学前教育史资料选[M].北京：人民教育出版社,2002.

5. 唐淑,冯晓霞.百年中国幼教[M].北京：教育科学出版社,2003.

6. 唐淑.学前教育史[M].北京：人民教育出版社,2007.

7. 陈文华.中外学前教育史[M].北京：科学出版社,2007.

8. 余子侠,方玉芬.中国幼儿教育名著选读[M].武汉：华中师范大学出版社,2008.

9. 唐淑,何晓夏.学前教育史[M].大连：辽宁师范大学出版社,2001.

10. 朱家雄.幼儿园课程[M].上海：华东师范大学出版社,2003.

11. 吴式颖.外国教育史教程[M].北京：人民教育出版社,1999.

12. 周采,杨汉麟.外国学前教育史[M].北京：北京师范大学出版社,1999.

13. 袁锐锷.外国教育史新编[M].广州：广东高等教育出版社,2002.

14. [法] 蒙田.蒙田随笔[M].梁宗岱,黄建华,译.长沙：湖南人民出版社,1987.

15. [意] 康帕内拉.太阳城[M].陈大维,等译.北京：商务印书馆,1997.

16. [捷] 夸美纽斯.大教学论[M].傅任敢,译.北京：人民教育出版社,1984.

17. 任钟印.夸美纽斯教育论著选[M].任宝祥,等译.北京：人民教育出版社,2005.

18. [日] 日本世界教育史研究会.世界幼儿教育史[M].刘翠荣,等译.长春：吉林人民出版社,1986.

19. 单中惠,刘传德.外国幼儿教育史[M].上海：上海教育出版社,1997.

20. 王天一,夏之莲,朱美玉.外国教育史[M].北京：北京师范大学出版社,1992.

21. 李永连,李秀英.当代日本幼儿教育[M].太原：山西教育出版社,1997.

22. [英] 约翰·洛克.教育漫话[M].傅任敢,译.北京：人民教育出版社,1985.

23. 滕大春.卢梭教育思想述评[M].北京：人民教育出版社,1984.

24. [法] 卢梭.爱弥尔[M].李平沤,译.北京：商务印书馆,1994.

25. [瑞士] 裴斯泰洛齐.林哈德和葛笃德[M].北京编译社,译.北京：人民教育出版社,1984.

26. [德] 赫尔巴特.普通教育学　教育学讲授纲要[M].李其龙,译.杭州：浙江教育出版社,2002.

27. 张焕庭.西方资产阶级教育论著选[M].北京：人民教育出版社,1979.

28. 李明德,金锵.教育名著评介·外国卷[M].福州：福建教育出版社,1992.

29. [德] 福禄培尔.人的教育[M].孙祖复,译.北京：人民教育出版社,1991.

30. 单中惠.外国教育思想史[M].北京：高等教育出版社,2000.

31. [意] 玛丽亚·蒙台梭利.童年的秘密[M].马荣根,译.北京：人民教育出版社,1990.

32. [意] 玛丽亚·蒙台梭利.蒙台梭利早期教育法[M].北京：中国发展出版社,2003.

33. [英] 伯特兰·罗素.教育论[M].靳建国,译.北京：东方出版社,1990.

34. 吴式颖.外国教育史教程[M].北京：人民教育出版社,1999.

35. 杨汉麟,周采.外国幼儿教育史[M].南宁：广西教育出版社,1998.

36. [美] 约翰·杜威.民主主义与教育[M].王承绪,译.北京：人民教育出版社,1990.

37. ［苏］A. C. 马卡连柯.儿童教育讲座［M］.诸惠芳,译.石家庄：河北人民出版社,1997.

38. 赵祥麟,王承绪.杜威教育论著选［M］.上海：华东师范大学出版社,1981.

39. ［奥］弗洛伊德.精神分析引论［M］.高觉敷,译.北京：商务印书馆,1986.

40. 朱智贤.儿童心理学史论丛［M］.北京：北京师范大学出版社,1982.

41. 朱智贤,林崇德.儿童心理学史［M］.北京：北京师范大学出版社,1982.

42. 赵祥麟.外国现代教育史［M］.上海：华东师范大学出版社,1987.

43. 朱家雄.超越儿童认知发展的普遍性——从"光谱方案"看当今学前教育发展的新动向［J］.学前教育研究,2002(5)：5－7.

44. 霍力岩.当代西方幼儿教育研究的几个特点［J］.学前教育研究,2004(1)：58－59.

45. 霍力岩.加德纳的多元智力理论及其对我国幼儿教育改革的积极意义［J］.学前教育研究,2000(2)：11－13.

46. 王春华.光谱方案述评——看实践中的多元智力理论［J］.学前教育研究,2001(6)：16－19.

47. 陈虹.陈鹤琴家教故事之十——教小孩子服从［J］.早期教育,1994(11)：12.

48. 史慧中.中华人民共和国幼儿教育50年大事记［J］.幼儿教育,1999(10－12),2000(1－3).

49. 薛生.探索具有中国特色的幼儿教育——赵寄石教授谈21世纪中国幼教改革之路［J］.早期教育,2000(1)：4－5.

50. 庞丽娟,胡娟,洪秀敏.当前我国学前教育事业发展的问题与建议［J］.学前教育研究,2002(1)：40－42.

51. 朱家雄.我国幼儿园课程改革的应然发展趋向［J］.幼儿教育,2008(1)：4－6.

52. 陈远.陈鹤琴：甘做幼稚园园长的大学教授［N］.新京报,2004－04－02.